21世纪 经济学教材

新编国际经济学

International Economics

（第二版）

赫国胜　杨哲英　关宇　主编

清华大学出版社
北京

内 容 简 介

国际经济学是一门研究国际范围内资源的最优配置以及国际经济关系对资源配置影响的学科。本书内容包括国际贸易、国际金融和国际要素流动三部分：国际贸易部分主要阐明贸易基础、贸易均衡价格的决定、贸易利益的分配、贸易政策工具的成本—收益分析、各种贸易干预的观点以及多边贸易体制与经济一体化；国际金融部分包括国际收支与国际收支平衡表、汇率制度与汇率决定理论、国际收支调节理论、开放经济条件下的宏观政策以及国际货币体系及其改革；国际要素流动部分包括资本和劳动力的国际流动以及跨国公司理论。

本书主要适用于高等院校经济学类及其相关专业的本科生以及同等学力的读者。

图书在版编目（CIP）数据

新编国际经济学/赫国胜，杨哲英，关宇主编．—二版．—北京：清华大学出版社，2008.7（2019.3 重印）
（21 世纪经济学教材）

ISBN 978-7-302-16531-6

I. 新…　II. ①赫…　②杨…　③关…　III. 国际经济学-高等学校-教材　IV. F11-0

中国版本图书馆 CIP 数据核字（2007）第 183582 号

责任编辑：陈仕云　孙　斌
封面设计：张　岩
版式设计：杨　洋
责任校对：姜　彦
责任印制：李红英

出版发行：清华大学出版社
　　网　　址：http://www.tup.com.cn，http://www.wqbook.com
　　地　　址：北京清华大学学研大厦 A 座　　**邮　　编**：100084
　　社 总 机：010-62770175　　**邮　　购**：010-62786544
　　投稿与读者服务：010-62776969，c-service@tup.tsinghua.edu.cn
　　质 量 反 馈：010-62772015，zhiliang@tup.tsinghua.edu.cn
印 装 者：三河市君旺印务有限公司
经　　销：全国新华书店
开　　本：185mm×230mm　　**印　张**：22　　**字　　数**：416 千字
版　　次：2008 年 7 月第 2 版　　**印　　次**：2019 年 3 月第 9 次印刷
定　　价：33.00 元

产品编号：021503-01

第二版前言

《新编国际经济学》自 2003 年 3 月出版以来，已连续 9 次印刷，受到了相关院校师生的好评。

本书为 2003 年版的修订版。与 2003 年版相比，本书在以下方面作了较大的修改和增添：

第一，第一、二、五、七、九、十三、十四章与初版相比，在结构上作了适当的调整，在内容表述上进行了较大的修改或补充，使之更加精练、严谨，更利于学生和读者的理解。同时，对实际资料根据时间进展进行了更新。

第二，修订了第三章“经济增长与国际贸易”，修订后的第三章包括四节：“经济增长及其源泉”、“两种类型的经济增长”、“增长、贸易与国家福利”和“增长与贸易的相互作用”。

第三，在第四章中，除了已有的对传统贸易政策工具分析的内容外，增加了对新贸易保护主义的主要手段如技术壁垒、环境壁垒和社会壁垒的介绍；第六章在初版重点讨论经济一体化问题的基础上，增加了以 GATT 和 WTO 为代表的多边贸易体制及其主导下的多边贸易谈判的有关内容。

第四，将初版的“外汇与汇率”和“汇率决定理论”两章合并为一章，合并后的第八章“外汇与汇率决定理论”在内容上简明扼要，更加符合理论经济学的学科特点。

第五，第十章“开放经济条件下的宏观政策”增加了第四节“宏观经济政策的溢出效应”；第十二章“国际货币体系及其改革”增加了第四节“汇率制度选择理论”。

第六，新增了第十一章“外汇风险与外汇管制”，包括“外汇风险及其类型”、“外汇风险的管理”和“外汇管制政策”三节内容。

参加《新编国际经济学》修订的成员及具体分工为：关宇（第一、二章）；佟硕（第三章）；高卓（第四章）；杨哲英（导论、第五、六、九章）；慕丽杰（第七章）；赫国胜、慕丽杰（第八、十章）；王兴运（第十一、十二章）；慕丽杰、余锋（第十三章）、郭媛（第十四章）。全书由赫国胜、杨哲英和关宇统纂定稿。由于作者的水平和能力所限，书中难免存在不足甚至失误之处，恳请读者给予批评指正。

孙军同志对本书的修订提供了重要的帮助，在此表示诚挚的谢意。特别要感谢清华大学出版社的责任编辑对本书编者始终如一的信任和支持，激励我们以认真的态度对待本书的修订工作。

最后，衷心希望《新编国际经济学》（第二版）能够得到广大同学和读者的认可。

编　者

2008 年 5 月

初 版 前 言

在经济类学科的教学中，国际经济学已经越来越成为一门重要的课程。目前，国内各种版本的教材非常多，有引自国外、久享盛誉的原版教材及中译本，也有近年来国内学者编写的同类教材，分别适应不同层次学生学习的需要，在帮助学生掌握这门学科的基本体系和结构，并了解它的前沿发展方面起到了重要的作用。

《新编国际经济学》以高等院校经济类学科本科生或同等水平的读者为对象。在编写过程中，我们在借鉴国内外优秀同类教材的基础上，结合教学工作实践，融入自己的认识和理解，力求做到以下几点：第一，体系简明扼要，重点突出基本理论；第二，使经济学基础知识与在本学科中的应用相互衔接；第三，保持内在逻辑的一致性，各部分内容渐次展开；第四，将介绍一般性知识与学科的新进展结合起来。

本书的总体框架由赫国胜教授负责设计。参加编写的成员及具体分工为：关宇（第一、二、三章）；杨哲英（导论和第四、五、六章）；慕丽杰（第七章）；马明辉（第八、九、十一章）；张日新（第十章）；陈巍（第十二章）；李东、慕丽杰（第十三章）；李东（第十四章）。全书由赫国胜、杨哲英和张日新统纂定稿。由于水平和能力所限，书中肯定存在着不足甚至错误之处，恳请读者给予批评指正。

本书在编写前组织部分学生进行了讨论，他们是刘程、田岗、卜晓楠、张可、冯清泉、崔悦、金铁鹰、王丹萍。同学们从不同角度对编写工作提出了宝贵的意见，在此谨致谢忱。张凤林、孙军同志对本书的编写提出了中肯的建议和积极的帮助，这里一并表示感谢。

最后，感谢清华大学出版社的陈仕云女士，是她认真细致、富有成效的工作，使本书得以顺利出版。

编　者

2002 年 12 月

目　录

第二篇　国际金融

第三篇　国际要素流动

导　　论

一、国际经济学的研究对象和主要内容

国际经济学是一门独特的经济学科，与其他经济学科不同，它是以各国间的经济活动及国际经济关系为其研究对象，研究国际范围内资源的最优配置以及国际经济关系对资源配置的影响。今天，随着经济一体化与经济全球化的发展，不同国家之间的经济联系变得比以往任何时候都更加紧密。与此同时，世界经济的不稳定性也大大增强了。在这样的宏观背景下，对于国际经济学的研究具有十分重要的意义。

国际经济学包括微观和宏观两部分：微观部分又称为国际贸易部分，在研究方法上主要使用微观经济分析的基本工具，如供求曲线、生产可能性曲线、社会无差异曲线、边际替代率、边际转换率等，属于实物层面（real side）的研究；宏观部分又称为国际金融部分，在研究方法上主要使用宏观经济分析的基本工具，如开放条件下的国民收入恒等式、货币方程式、货币乘数、外贸乘数等，属于货币层面（monetary side）的研究，因此国际金融理论又称为开放经济的宏观经济学（open economy macroeconomics）或国际货币经济学（international monetary economics）。

国际贸易部分包括理论和政策两大部分。国际贸易理论主要说明国际贸易产生的原因或基础、均衡国际交换比率的确定、贸易利益在国与国之间和一国内部的分配、贸易与经济增长的相互关系等问题；国际贸易政策主要说明各种贸易保护的观点、贸易政策工具的福利效应、贸易政策的政治经济学分析、多边贸易体制和经济一体化等问题。

国际金融部分主要说明国际经济活动（如商品、劳务的国际贸易和资本、劳动力的国际流动）在各国国民收入决定中的作用，以及各种国内经济活动对国际经济关系的影响，具体包括国际收支平衡表和国际收支分析、汇率理论与汇率制度、国际收支调节理论、开放经济条件下的宏观经济政策、外汇风险与外汇管制、国际货币体系及其改革等问题。

二、国际经济学的特征

国际经济学研究的是国际范围内资源的最优配置，研究国际经济关系对资源配置的影响。从资源配置的角度来看，国际经济学的研究体现了经济学的一般特征，即研究稀

缺资源的配置问题。然而，国际经济学的研究是在国际范围内进行的，研究的主要内容从一个经济社会的运行转为两个或两个以上经济社会的相互联系。因此，国际经济学又有其自身的特殊性，主要表现在：

1．国际经济学在研究资源配置时，以国家或独立的行政区域为单位，其研究对象是跨越国界的。因此，国际交易不同于国内交易，在国际交易中存在着对商品贸易和要素流动的自然的和人为的障碍。例如，劳动力和资本在国家间的流动程度远远要低于在一国之内的自由流动程度；国际贸易中的关税与非关税壁垒在一国范围之内一般也是不存在的；由于各国使用不同的法定货币，这就必然涉及到国际交易中货币的转换，因此必须考虑本国货币对外国货币的相对价格即汇率，以及如何保持国际收支平衡等问题。国际交易与国内交易的差异表明，需要有一套专门的理论来解释国际交易活动。

2．国际经济关系是发生在各个独立的国家或行政区域之间的。在国家存在的条件下，各国的对外经济政策从本质上说都是自利的，一国在制定对外经济政策时，通常考虑的只是本国的利益而并非世界整体的利益。不同国家之间利益的相互冲突和政策目标的差异，往往导致某项政策对一国而言可以使福利增加，而对他国和世界整体而言则会使福利受损。另一方面，国际经济的相互联系使得一国的经济政策，例如财政政策和货币政策，不仅会影响本国的资源配置，而且还会影响到其他国家的资源配置。特别是在经济一体化、全球化发展的背景下，一国政府在制定政策时，必须考虑国与国之间经济活动的传递性及其相互影响。因此，在研究与国际经济问题相联系的政策时，也需要有一种区别于一般国内经济政策的解释。

三、本书的结构及主要内容

本书共分为三篇。

第一篇国际贸易，包括6章。

第一章：传统国际贸易理论及其现代分析。首先简要回顾了传统国际贸易理论从古典贸易理论到新古典贸易理论的发展、演化过程，然后运用现代的分析方法和分析工具，对李嘉图模型、标准贸易模型和要素禀赋模型进行分析，重点说明国际贸易的三个核心问题——贸易基础、贸易条件和贸易利益的分配。

第二章：现代国际贸易理论。在说明现代国际贸易理论产生的背景和理论演化过程的基础上，重点介绍改变要素禀赋理论的若干关键假定后所发展起来的新贸易理论——重叠需求理论、动态技术差异贸易理论、规模经济与不完全竞争贸易理论。

第三章：经济增长与国际贸易。这一章分析经济增长与国际贸易之间存在的双向因果关系。首先介绍经济增长及其源泉，区别两种类型的经济增长，然后分别在大国和小国条件下说明增长对贸易和国家福利的影响，最后说明贸易与增长的相互作用。

第四章：贸易政策工具分析。在现实中，各国都不同程度地采取了贸易保护政策。这一章运用成本—收益方法对各种贸易政策工具如关税、配额、出口补贴、倾销等进行分析比较，考察它们所产生的各种经济效应，以及对贸易双方和世界整体福利的影响。此外，特别对新贸易保护主义的主要手段如技术壁垒、环境壁垒等进行了介绍。

第五章：各种贸易保护的观点。重点介绍了在国际贸易理论体系中并不居于主导地位，但在历史和现实中都有着重要和深远影响的几种主要的贸易保护和贸易干预的观点，主要包括幼稚产业理论、贸易条件恶化论、国内市场失灵论、战略性贸易政策和贸易保护的政治经济学。

第六章：多边贸易体制与经济一体化。贸易自由化是国际贸易的理想状态，它通过多边贸易体制与经济一体化两条途径展开。这一章一方面介绍了多边贸易谈判的历史演进过程以及 WTO 的产生，另一方面阐述了有关区域经济一体化的理论以及当今世界上主要的区域经济组织发展的实践过程。

第二篇国际金融，包括 6 章。

第七章：国际收支与国际收支平衡表。作为从微观分析向宏观分析的过渡，这一章首先说明国际收支的基本概念，然后介绍国际收支平衡表及其记账方法和国际收支平衡表的分析，最后说明国际收支账户与其他宏观经济账户的关系。

第八章：外汇与汇率决定理论。首先说明外汇与汇率的基本概念，然后介绍外汇市场与外汇交易，影响汇率决定的主要因素及主要的汇率制度，最后阐述有关汇率决定的理论，主要包括汇率决定的购买力平价理论、利率平价理论以及其他汇率决定理论。

第九章：国际收支调节理论。这一章主要介绍国际收支的自动调节理论，主要包括价格—铸币流动机制、国际收支调节的弹性分析法、吸收分析法以及货币分析法。

第十章：开放经济条件下的宏观政策。这一章首先介绍开放经济的宏观政策目标（内部均衡和外部均衡）、开放经济的政策工具与政策搭配，重点讨论了开放经济条件下（固定汇率制和浮动汇率制下）货币政策和财政政策的效应，以及宏观经济政策在国际间的影响即溢出效应问题，最后阐述了宏观经济政策国际协调的重要性。

第十一章：外汇风险与外汇管制。在外汇交易过程中，外汇风险是经常发生的，具有极高的不确定性。面对种类众多的外汇风险，研究对外汇风险的管理非常必要。这一章首先介绍外汇风险及其类型，然后介绍外汇风险的管理，最后说明外汇管制政策对经济稳定发展的作用以及实施的成本。

第十二章：国际货币体系及其改革。这一章首先介绍国际货币体系的基本内容和类型，然后分别说明国际货币体系的演变过程和区域性货币制度安排——从欧洲货币体系到欧元的产生，阐述有关汇率制度选择的各种观点和争论，最后介绍有关国际货币体系改革的各种方案以及改革的发展前景。

第三篇国际要素流动，包括两章。

第十三章：资本的国际流动。作为国际经济关系中一个重要的方面，资本的国际流动对各国与世界的经济发展有着极为重要的影响。这一章在说明资本国际流动的原因及类别的基础上，分别对国际间接投资及其福利效应、国际直接投资与跨国公司进行了专门的分析。

第十四章：劳动力的国际流动。劳动力国际流动的影响已经超出了对劳动力市场供求关系的影响，形成广泛的外部经济效应和社会效应。这一章重点讨论劳动力国际流动的特点、影响劳动力流动的因素、劳动力流动的福利效应和其他经济影响。

本书在结构安排上借鉴了国内外优秀教材的经验，吸收并采用了其中比较成功的分析方法和分析工具。为了巩固所学知识和培养学生独立思考的能力，在每章的结尾都提供了一些复习题（练习题），希望对进一步提高学生与读者分析、解决问题的能力有所帮助。

第一篇　国际贸易

第一章　传统国际贸易理论及其现代分析

【引言】

国际贸易即商品在国际间的流动，它是国际经济活动最基本的内容。为什么会产生国际贸易？国与国之间怎样开展贸易？贸易利益如何分配？这是任何国际贸易理论都必须研究的三个基本问题，即贸易基础（basis for trade）、贸易模式（pattern of trade）和贸易利益（gain from trade）问题。对这些问题的回答即构成了国际贸易理论的基本框架。

传统国际贸易理论以比较优势为核心，包括古典贸易理论和新古典贸易理论。本章通过对李嘉图模型、标准贸易模型和要素禀赋模型的分析，从供给与需求、短期分析和长期分析、局部均衡和一般均衡的结合上得出结论：各国间商品的相对价格差异即比较优势是国际贸易产生的基础；国与国之间按照资源禀赋决定的比较优势进行分工与贸易将增进各国的福利；国际贸易在增进一国和世界整体福利的同时，会对一国国内的收入分配产生强烈的影响。

【学习目标】

① 传统国际贸易理论的演进过程；

② 李嘉图模型——国际贸易的基础；

③ 标准贸易模型——国际贸易均衡价格的确定；

④ 要素禀赋模型（H-O 定理）——国际贸易的模式以及贸易对一国收入分配的影响。

第一节　传统国际贸易理论的演进

传统国际贸易理论产生于18世纪中叶，完成于20世纪30年代。传统贸易理论以比较优势理论为核心，包括英国古典经济学家亚当·斯密的绝对优势理论、大卫·李嘉图的比较优势理论，以及瑞典经济学家埃利·赫克歇尔和伯蒂尔·俄林的要素禀赋理论。

斯密与李嘉图的理论被称为古典贸易理论，而要素禀赋理论则被称为新古典贸易理论。以比较优势为核心的传统贸易理论，曾经在相当长的历史时期内成为国际贸易的主流理论。

一、重商主义学说及其贸易观点

现代国际贸易理论的最初起源，可以追溯到 15 世纪初到 17 世纪的重商主义学说（mercantilism）。在那一时期，西欧各国均处于封建主义的自然经济瓦解和资本主义原始积累的时期，经济的发展迫切要求资本的流入，这种社会经济的历史性变化在经济思想上的反映就表现为重商主义的理论和政策主张。

重商主义认为，金银货币是财富的唯一形式，一切经济活动的目的就是为了使金银财富增加。然而，在一国范围内，由于一人所得就是他人所失，因此国内贸易不会使一国的财富增加。一国要使金银货币的绝对量增加，从而使国家富裕起来，必须发展国际贸易，并且在贸易中保持出口大于进口。因为，只有当一国的出口大于进口时，其他国家要向该国支付，该国的金银财富才会增加，其经济才会因资本流入而获得发展。由此可见，重商主义建立在金银货币财富观之上的贸易观是一种典型的“零和”理论，在国际贸易中，你之所得就是我之所失。因此，重商主义者主张国家应当干预贸易，通过补贴等方式奖励出口，对进口则采取征税的办法加以限制。重商主义的上述观点，反映了资本原始积累时期一国经济发展的内在要求，促进了 15 世纪初到 17 世纪西欧各国资本主义经济的发展。然而随着资本主义经济的发展，重商主义的贸易保护观点日益显示出局限性。

18 世纪中叶，英国发生了第一次工业革命，资本主义经济从此进入了大机器工业时代，劳动生产率大幅度提高。在这种条件下，国内市场的规模已经不能适应迅速发展的生产力，因此英国的工业资产阶级要求向国际市场扩张。与这一历史性变化相适应，以亚当·斯密为代表的古典贸易理论应运而生。

英国古典经济学家批判了重商主义的两大缺陷——金银货币财富观和贸易保护主义。大卫·休谟（David Hume）提出“价格—铸币流动机制”（price-specie flow mechanism），批驳了重商主义认为出口大于进口可以使一国金银货币增加的观点。休谟指出：在金本位制下，金银货币的流入会增加一国的货币供应量，从而使该国的物价水平上升，出口商品的价格相应提高，结果该国的出口就会减少；相反，进口商品的价格相对便宜，结果该国的进口就会增加。如果进口大于出口，该国就要向外国支付，金银货币就会流出。这一过程将一直持续到该国的贸易顺差全部消除为止。休谟的理论说明，金银货币会随着各国贸易收支的变化呈反方向变动，而不会在一个国家永远停留下去。

重商主义的另一个重大缺陷是由英国古典经济学的杰出代表亚当·斯密（Adam Smith）指出的。1776 年，斯密在其代表作《国民财富的性质和原因的研究》一书中批评了重商主义的金银财富观，提出了物质财富观。他指出：一国的实际财富并不是金银货币的存量。金银货币只是获得物质财富的媒介或手段，真正的财富是该国国民所能消费的本国和外国的商品的数量和种类。因此，金银货币的增减变动，并不代表一国财富的多少。各国进行贸易的目的不是获得金银货币，而是使一国的物质财富得到增进。

二、古典国际贸易理论

关于国际贸易产生的原因，最早是由英国古典经济学家在劳动价值论的基础上，主要是从国际贸易的供给或成本方面加以说明的。古典国际贸易理论包括亚当·斯密的绝对优势理论、大卫·李嘉图的比较优势理论以及约翰·穆勒的相互需求理论。

1. 绝对优势理论

1776 年，亚当·斯密在其划时代的经典巨著《国富论》中提出了以绝对优势为基础的古典国际分工和贸易理论。绝对优势理论（absolute advantage theory）的基本思想是：在两国生产两种商品的情况下，其中一国在一种商品的生产中具有较高效率，另一国在另一种商品的生产中具有较高效率，则两国在不同商品的生产上分别拥有绝对优势，此时如果两国根据各自的绝对优势进行专业化分工，并相互进行交换，双方均能从中获益。

亚当·斯密

假定世界上只有两个国家：本国和外国，同时生产小麦和布两种商品，并且均使用劳动一种投入要素。本国 1 小时劳动可以生产 6 单位小麦，同样 1 小时的劳动可以生产 4 单位布；外国 1 小时劳动可以生产 1 单位小麦和 5 单位布。详见表 1-1。

表 1-1　绝对优势

国家 商品	本国	外国
小麦	6	1
布	4	5

从表 1-1 中可以看出，贸易前，两国两种产品生产的劳动生产率存在着差异：1 小时

劳动在本国可以生产 6 单位小麦，但在外国只能生产 1 单位小麦；另一方面，1 小时劳动在本国生产 4 单位布，但在外国可以生产 5 单位布。因此，本国在小麦生产上有绝对优势，而外国则在布的生产上有绝对优势。按照绝对优势理论，两国具有了开展贸易的基础。

按照绝对优势理论，本国应当专门分工生产小麦，外国则应当专门分工生产布，然后相互进行交换。假定小麦与布的国际交换比率为 6W=6C，即按照 1:1 的比率进行交易，其结果是：本国可获利 2 单位布或节约了 0.5 小时的劳动，因为在本国国内只能用 6 单位小麦交换 4 单位布。同样，外国也从贸易中获利，因为外国从本国获得的 6 单位小麦如果在国内生产需要 6 小时劳动，而 6 小时劳动在外国可以生产 30 单位布。外国用 6 单位的布换取本国的 6 单位小麦，因此可获利 24 单位布或节约了 4.8 小时劳动。可见，通过国际分工，然后按照适当的比率进行交换，两国的福利都能得到改善。因此，两国应当取消贸易保护，实行自由贸易。

2. 比较优势理论

然而，并不是所有的国家都能够拥有一项商品生产上的绝对优势，如果一国在两种商品的生产中均居于劣势地位，国家之间还能否开展贸易呢？这是绝对优势理论所无法回答的。

大卫・李嘉图

英国古典经济学家大卫・李嘉图在 1817 年出版的《政治经济学及赋税原理》的著作中，继承并发展了斯密的绝对优势理论，进一步提出了比较优势理论（comparative advantage theory）。比较优势理论的基本观点是：在两国生产两种商品的条件下，其中一国在两种商品的生产上均占据绝对优势，另一国在两种商品的生产上均处于绝对劣势。则优势国可以专门分工生产其优势较大的那种商品（这是其具有比较优势的商品），劣势国可以专门分工生产其劣势较小的那种商品（这是其具有比较优势的商品），然后进行国际交换，双方仍能从中获益。简言之，“两利相权取其重，两弊相权取其轻”。

仍然沿用绝对优势例子的基本框架，假定本国和外国使用劳动一种要素，生产小麦和布两种商品。不同的是现在外国 1 小时劳动可以生产 1 单位小麦和 2 单位布，本国的生产情况没有变化。见表 1-2。

表 1-2 比较优势

商品 \ 国家	本国	外国
小麦	6	1
布	4	2

从表 1-2 可知，在单位劳动时间内，本国小麦的劳动生产率是外国的 6 倍，布的劳动生产率是外国的 2 倍，因此，外国在两种商品的生产上均处于绝对劣势。然而，由于外国生产布的劳动生产率是本国的 1/2，而生产小麦的效率仅是本国的 1/6，因此外国在布的生产上具有比较优势。另一方面，本国生产小麦的绝对优势（6:1）比生产布的绝对优势（2:1）要大，因此本国在小麦的生产上具有比较优势。

根据比较优势理论，本国应当专门分工生产小麦，外国应当专门分工生产布，然后进行自由贸易，假定小麦与布的国际交换价格为 6W=6C，即按照 1:1 的比率进行交换，其结果是：本国可获利 2 单位布或节约了 0.5 小时劳动，因为在本国国内只能用 6 单位小麦换取 4 单位布。外国同样可以从贸易中获利，因为外国从本国获得的 6 单位小麦在国内生产需要 6 小时劳动，而 6 小时劳动在外国可以生产 12 单位布，外国用 6 单位的布换取本国的 6 单位小麦，因此可获利 6 单位布或节约了 3 小时劳动。从这个例子可以看出，即使一国在两种商品的生产上都处于绝对劣势，只要两种商品生产上的劣势存在着程度上的差别，则双方仍然可以进行互利贸易。

斯密和李嘉图的贸易理论都包含着这样一个基本命题：国际贸易对所有的贸易参加国都是有利的，因此，政府应该采取自由贸易政策或不干预的贸易政策。所以，古典贸易理论的实质就是自由贸易的理论。

3．相互需求理论

李嘉图的比较优势理论主要论述了国际贸易的供给和成本方面，但忽视了国际贸易的需求方面。1848 年，英国经济学家约翰·穆勒（John Mill）在《政治经济学原理》一书中，从需求的角度对比较优势理论做出补充。他认为李嘉图虽然对两种产品的国际交换比率介于两国的国内交换比率之间做出了规定，但并未说明在这个范围内实际的交换比例是如何确定的。为此，他提出相互需求理论（reciprocal demand theory）加以解释。

约翰·穆勒

相互需求理论认为，两国两种产品的国内交换比率（反映了两国的比较成本优势）决定了两国两种产品国际交换比率的上下限，实际的国际交换比率必定介于由两国国内交换比率所确定的界限之内。

在上面关于比较优势的例子中，假设两国是以 1:1 的比例进行交换，但这并不是双方均可获利的唯一交换比率。在没有国际贸易时，由于在本国国内 6 单位小麦可以交换 4

单位布（两者均需要 1 小时劳动），如果用 6 单位小麦从外国换取多于 4 单位的布，本国就可以获利。另一方面，在外国国内，6 单位小麦可换 12 单位布（两者均需要 6 小时劳动），如果用少于 12 单位的布从本国换取 6 单位小麦，则外国也可以获利。因此，双方互利贸易交换比率的范围是：

$$4C<6W<12C\text{（或 }2/3C\sim2C\text{）}$$

相互需求理论认为，两国两种产品的国内交换比率决定两国两种产品国际交换的上下限，实际的国际交换比率必定介于由两国国内交换比率所确定的界限之内。在自由贸易条件下，两种商品实际的交换比率必然是唯一的，这一比率究竟确定在什么水平上，取决于两国对对方商品的需求强度。在国际交换比率确定的同时，也就确定了国际贸易的规模和贸易双方从贸易中获益的大小。外国对本国商品的需求强度越大，国际交换比率越是接近于外国国内两种商品的交换比率，本国从贸易中所获得的利益就越大；反之则相反。

三、新古典国际贸易理论

李嘉图的比较优势理论证明了比较优势即生产成本的相对差异是互利贸易产生的基础。然而比较优势又是如何产生的呢？古典贸易理论只是简单地认为比较优势源于各国劳动生产率的差异，并没有解释产生这种差异的原因。在比较优势理论创立 100 年之后，瑞典经济学家埃利·赫克歇尔（Eli Heckscher）以及他的学生伯蒂尔·俄林（Bertil Ohlin）[①]在继承古典贸易理论的基础上提出了要素禀赋理论。

埃利·赫克歇尔

1919 年，赫克歇尔在《对外贸易对收入分配的影响》一文中，首次提出了两国间比较成本的差异取决于要素禀赋差异的观点。俄林在 1933 年出版的《地区间贸易与国际贸易》一书中，用两个国家、使用两种要素各生产两种产品的 2×2×2 模型系统地阐述要素禀赋理论。俄林认为，一个国家应当分工生产并出口密集使用其相对丰裕要素所生产的商品，进口密集使用其相对稀缺要素所生产的商品。通过国际分工和开展贸易，将会使各国的福利都得到增进。

[①] 由于在国际贸易理论方面的贡献，俄林与詹姆斯·米德一起分享了 1977 年度的诺贝尔经济学奖。

要素禀赋理论用各国要素禀赋的差异来解释国际贸易产生的原因。各国资源拥有的相对状况不同，要素在生产中密集使用的程度不同，因而商品的生产成本也不尽相同，从而形成各国商品的相对价格优势。贸易使各国要素禀赋的优势得到充分发挥，因此自由贸易对于各贸易参加国以及世界整体都是有利的。就其本质来说，新古典贸易理论与古典贸易理论是一致的，赫克歇尔和俄林的贡献在于进一步完善了传统国际贸易理论的理论体系。

伯蒂尔·俄林

第二节　传统贸易理论的现代分析：李嘉图模型

现代经济依赖于企业内部和社会的专业化分工，斯密将社会分工扩展到国际范围内，提出了绝对优势原理。在斯密绝对优势理论的基础上，李嘉图进一步阐明了比较优势原理，认为比较优势是国际贸易的基础，它决定贸易的模式和方向，并且构成贸易利益的来源。

一、模型的假设条件

在阐述比较优势原理时，为了从纷繁的现实世界中抽象出经济系统内在的本质规律，集中说明基本的理论内容，需要对经济环境进行简化，这些简化便构成其理论的一系列假定条件。李嘉图的比较优势模型是以古典学派的劳动价值论为基础的，它建立在以下的假定条件之上：

（1）两个国家（本国和外国）使用一种生产要素（劳动）生产两种产品（小麦和布），即建立起一个 2×1×2 模型；

（2）劳动力在一国国内可以自由流动；但在国家之间不能自由流动；

（3）生产商品的成本是固定的；

（4）商品生产的技术条件既定不变；

（5）所有生产要素都得到了充分利用；

（6）商品市场和劳动力市场都是完全竞争的；

（7）没有运输成本和其他交易成本。

二、固定成本下的国际贸易模型

从以上假设条件出发，表 1-3 给出了假想的两国小麦与布的生产情况。

表 1-3 本国与外国生产小麦与布的生产可能性组合

本国		外国	
小麦	布	小麦	布
180	0	60	0
150	20	50	20
120	40	40	40
90	60	30	60
60	80	20	80
30	100	10	100
0	120	0	120

1. 固定成本下的生产可能性曲线

生产可能性曲线（production possibility frontier）表示一国在现有最佳技术的条件下，将全部资源充分利用时所能生产的两种商品的各种组合点的轨迹。在生产可能性曲线下方的各点，表示该国没有能够充分利用资源和现有的最佳技术。另一方面，在生产可能性曲线上方的各点，则代表该国在现有资源和技术条件下无法达到的生产情况。由表 1-3 提供的数据，可以画出本国与外国各自的生产可能性曲线，如图 1-1 所示。

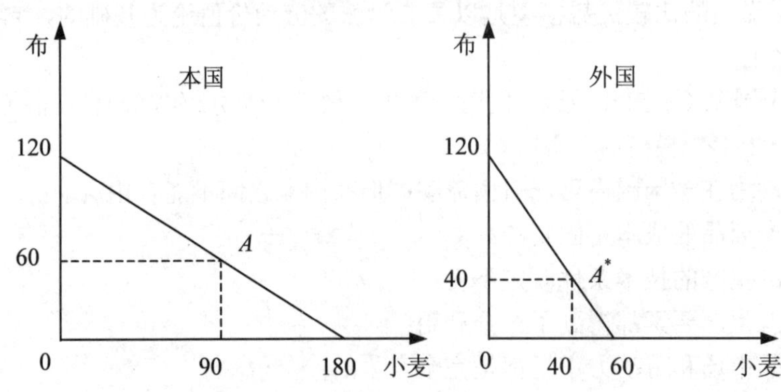

图 1-1 固定成本下的生产可能性曲线

在图 1-1 中，本国和外国的生产可能性曲线向下倾斜表明了稀缺和选择两者之间的基本关系。当生产资源既定时，社会在两种商品的生产中存在着替代关系。如果想多生产一种产品（如小麦），必定要减少另一种产品（如布）的生产。图中的两条生产可能性曲线均是直线，这表明两种商品之间的替代关系是固定的，生产可能性曲线的斜率即一种商品与另一种商品的替代比率是不变的。例如在本国，多生产 1 单位的小麦就必定减少 2/3 单位的布；在外国，多生产 1 单位的小麦就必定减少 2 单位的布。

在封闭经济条件下，一国将选择在生产可能性曲线的某一个点上进行生产，如本国选择 *A* 点（90W，60C）生产，小麦与布的交换价格为 1W=2/3C；外国选择 A^*点（40W，40C）生产，小麦与布的交换价格为 1W=2C。在没有贸易时，两国均处于自给自足状态，生产什么，消费什么；生产多少，消费多少。因此，*A* 与 A^*既是两国各自的生产点，也是两国各自的消费点。

然而，同一种商品在两国有着不同的相对价格，这就为互利贸易提供了基础：小麦在本国相对便宜（1W=2/3C），而在外国相对较贵（1W=2C）；另一方面，布在外国相对便宜（1C=1/2W），而在本国相对较贵（1C=3/2W）。两相比较，小麦是本国的比较优势产品，布是外国的比较优势产品。

2．固定成本下的国际贸易

如果两国进行自由贸易，本国将专门生产具有比较优势的产品小麦，外国将专门生产具有比较优势的产品布。由于机会成本是固定不变的，本国将选择在 *B* 点（180W，0C）生产，外国则选择在 B^*点（0W，120C）进行生产。假定本国以 70W 交换外国的 70C（即按照 1:1 的比率进行交换），贸易后本国将在 *E* 点（110W，70C）进行消费，外国将在 E^*点（70W，50C）进行消费，如图 1-2 所示。

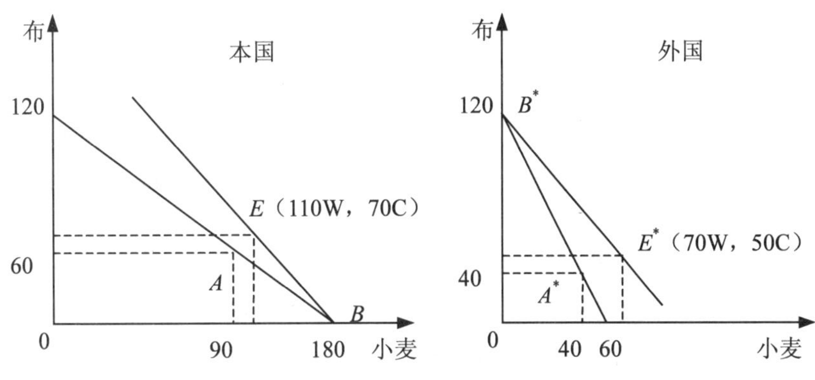

图 1-2　李嘉图模型

在固定成本条件下，两国都进行完全专业化（complete specialization）的生产，即将生产资源全部投入到具有比较优势的产品上面，不再生产另一种商品。在图 1-2 中，本国选择 B 点（180W，0C）进行生产；外国选择 B^* 点（0W，120C）进行生产。

与封闭经济条件下相比，通过国际贸易两国的福利都得到提高：两国贸易后的消费点都在其生产可能性曲线之上。我们已经知道，封闭经济中生产可能性曲线以上的各点，是一国在给定技术与资源约束下无法达到的点，如今能够实现应归结于贸易之功。

三、机会成本与比较优势

在李嘉图模型中，假定劳动是唯一的生产要素，并且是同质的，由于这两条假定均与现实不符，因此比较优势理论不能建立在劳动价值论的基础上。1936 年，奥地利经济学家戈特弗里德·哈伯勒（G. Haberler）引入机会成本的概念，重新解释了比较优势原理。

1. 机会成本与比较优势

机会成本（opportunity cost）是指在资源既定的条件下，额外生产 1 单位某一种商品所必须放弃的生产另一种商品的最大数量。机会成本的概念不包括劳动是唯一的投入要素或劳动是同质的假定。引入机会成本后，在一个两国、两种商品的模型中，当一国在一种商品的生产中相对另一国具有较低的机会成本时，该国在这种商品上便具有比较优势，而在另一种商品上具有比较劣势。例如，在图 1-1 中，本国为了追加生产 1 单位小麦，必须把一部分资源从布的生产转移到小麦的生产中，从而放弃 2/3 单位布的生产量，因此小麦的机会成本就是 2/3 单位的布（即 1 单位小麦=2/3 单位布）。如果外国小麦的机会成本是 1 单位小麦=2 单位布，那么小麦的机会成本在本国要比在外国低，因此本国在小麦的生产上具有比较优势。相应地，外国在布的生产上具有比较优势。

2. 机会成本递增与生产可能性曲线

在现实中，一国在生产中通常面对的是递增的机会成本而不是固定成本。机会成本递增（increasing opportunity）是指一国为了多生产 1 单位某一种商品而必须减少越来越多的另一种商品的数量。

机会成本递增的产生是由于生产所需要的生产要素具有以下特征：（1）生产要素不是同质的，即同一种生产要素并不是完全相同或质量相同的；（2）商品的生产中投入生产要素的比例并非是固定不变的。这意味着，在资源给定的条件下，一国在生产越来越多的某一种商品的同时，导致资源不断地从另一种商品的生产中转移出来，这些转移出来的资源并不一定完全适合生产这种商品，或者相对来说是效率较低的，这就使得该国每多生产 1 单位该种商品，就必须越来越多地放弃另一种商品的生产以获得足够的资源。

在几何图形中，机会成本递增通常表现为生产可能性曲线是一条凹向原点的曲线而并非一条直线，如图 1-3 所示。

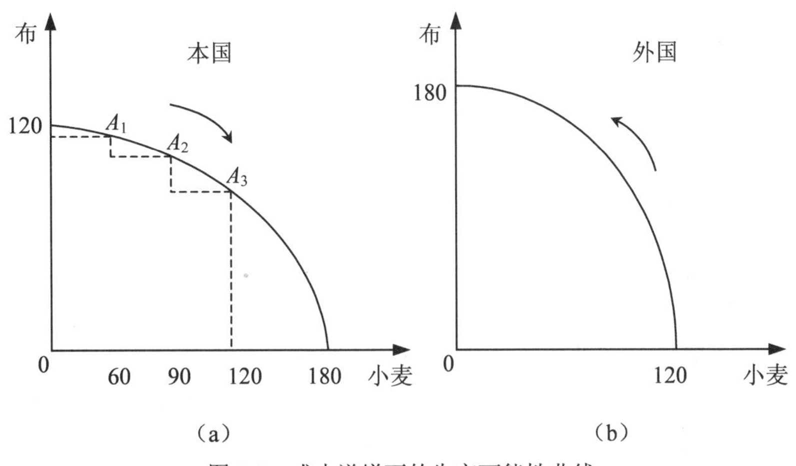

图 1-3　成本递增下的生产可能性曲线

在图 1-3 中，两国的生产可能性曲线都是凹向原点的曲线，这表明两国在生产这两种商品时都具有机会成本递增的特点。以本国为例，随着小麦的产量逐渐增加，它必须放弃越来越多的布的产量。如图 1-3（a）所示，当本国小麦的生产从 A_1 点经由 A_2、A_3 点向下移动时，每一次移动都增加相同的小麦产量（30W），然而每一次增加小麦生产时的机会成本逐渐增加，这使得生产可能性曲线凹向原点。同理，在图 1-3（b）中，外国在生产布时也面临着递增的机会成本，只不过生产点移动的方向与本国相反。

图 1-3 中生产可能性曲线的斜率即一种商品（小麦）与另一种商品（布）的替代比率，也叫做边际转换率（marginal rate of transformation，MRT）。边际转换率就是每多生产 1 单位小麦时所必须放弃的另一种商品布的数量，因此边际转换率可以用来表示小麦的机会成本。在没有贸易时，小麦的机会成本也就是它的国内的相对价格，因此边际转换率的公式可以表示为：

$$MRT=\frac{\Delta 布}{\Delta 小麦}=\frac{P_{小麦}}{P_{布}}$$

成本递增下的生产可能性曲线与固定成本时不同。如果生产可能性曲线是一条直线，直线上任意一点的斜率都是相同的，即小麦的机会成本始终是一个常数。如果生产可能性曲线凹向原点，曲线上各点的斜率都是不同的。

第三节　传统贸易理论的现代分析：标准贸易模型

李嘉图模型只论述了国际贸易的供给和成本方面，而忽视了国际贸易的需求方面，因此无法说明国际贸易均衡价格的确定以及贸易利益的分配。

任何市场需求都取决于消费者的偏好和收入，如果引入能够反映一国需求偏好情况的分析工具，就可以把它和上面论述过的由成本因素决定的生产可能性曲线结合起来，从而说明国际贸易均衡价格的确定，并在此基础上分析贸易利益的分配。这正是标准贸易模型分析的主要内容。

一、社会无差异曲线

对需求的分析是围绕消费者行为进行的，消费者行为的目标是追求效用最大化。效用函数反映了消费者通过商品消费所获得的满足程度与其所消费的商品的数量组合之间的关系。如果可供选择的商品是小麦和布，则效用函数的数学表达式为：

$$U = u(\text{小麦}, \text{布})$$

一定的效用水平可以从小麦和布的不同组合中得到。令$U = U_0$为常数，代表既定的效用水平。假设消费者从 50 单位小麦和 20 单位布中获得的效用水平 U_0，与消费者从 40 单位小麦和 35 单位布中获得的效用水平 U_0 是相等的，即组合（50，20）与组合（40，35）对他而言是无差别的。这样的商品组合有无数个。所有能使消费者获得相同效用水平的商品组合的轨迹，形成一条消费无差异曲线。将一个国家所有的个人消费无差异曲线予以综合，即得出该国的社会无差异曲线[①]。社会无差异曲线（community indifference curve）反映了能使社会或国家获得相同效用水平（或满意程度）的两种商品的不同组合，如图 1-4 所示。

社会无差异曲线表示一国对两种商品的偏好程度。一般情况下，不同国家的社会无差异曲线形状各异。图 1-4 中的社会无差异曲线具有如下特征：

[①] 社会无差异曲线的工具便于进行分析并且简单明了，但是这种描述还存在一些问题：一是个人无差异曲线形状各不相同，难以明确无误地进行“加总”；二是国家的效用或福利的概念无法解决效用或福利水平在不同的人之间比较的问题。因而当社会无差异曲线显示出较高的国家福利水平时，并不意味着一国内部每个人状况的改善。在利用社会无差异曲线分析国际贸易时，应当记住它所存在的问题。

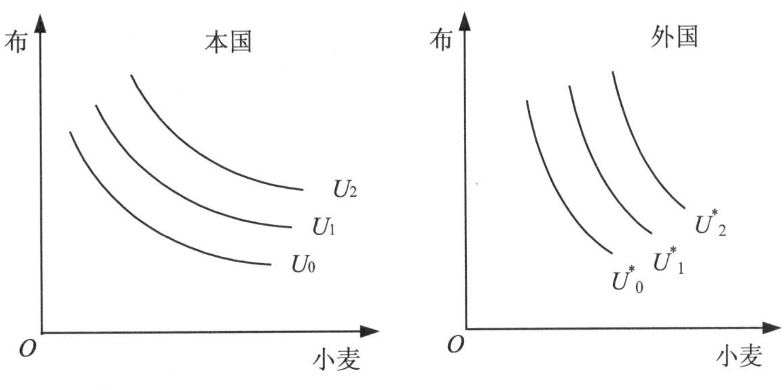

图 1-4　本国与外国的社会无差异曲线

（1）社会无差异曲线是一条向下倾斜的曲线，它表明在效用一定的情况下，多消费 1 单位小麦必须要减少另一种产品布的消费。社会无差异曲线的斜率即一种商品（小麦）与另一种商品（布）的替代比率，也称为边际替代率（marginal rate of substitution，MRS）。边际替代率是指一国为了保持原有的效用水平，多消费 1 单位小麦而减少的另一种商品布的数量。社会无差异曲线上某一点上小麦对布的边际替代率可以用该斜率的绝对值表示。边际替代率的公式为：

$$MRS=\frac{\Delta 布}{\Delta 小麦}=\frac{P_{小麦}}{P_{布}}=\frac{U_{小麦}}{U_{布}}$$

（2）社会无差异曲线凸向原点意味着边际替代率递减，表明在效用水平一定的条件下，增加 1 单位某种商品（小麦）的消费数量所减少的另一种商品（布）的数量越来越少。原因是随着小麦消费数量的增加，它在消费者心中的主观评价越来越低，其边际效用是递减的；而随着布的消费数量减少，它在消费者心中的主观评价越来越高，所以随着小麦的增加，更少量的布就可替代相同数量的小麦。

（3）与个人无差异曲线相似，在同一组社会无差异曲线中，任意两条无差异曲线不能相交。同一条无差异曲线上任意两点所代表的效用水平是相同的。距离原点较远的无差异曲线代表更高的效用水平，距离原点较近的无差异曲线代表较低的效用水平。

二、成本递增下的国际贸易模型

将生产可能性曲线和社会无差异曲线结合起来，可以很容易地探讨国际贸易的均衡问题。

1．封闭条件下一国国内均衡

在封闭条件下，当一国达到其生产可能性曲线所允许的最高的社会无差异曲线时，该国就达到了均衡状态。均衡点位于社会无差异曲线与生产可能性曲线相切的位置上，两条曲线的公切线的斜率给出了一国在封闭条件下国内的均衡相对价格，反映了该国的比较优势。假设有两个国家，生产两种商品：小麦和布。图 1-5 给出了本国和外国的生产可能性曲线和社会无差异曲线。

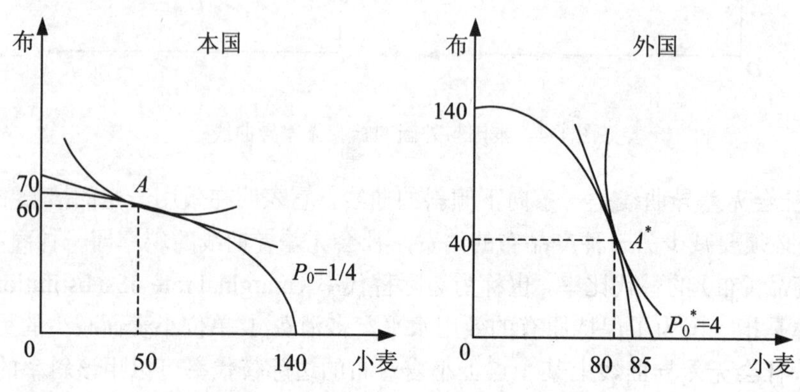

图 1-5　封闭条件下一国的国内均衡

在封闭条件下，两国各自达到国内均衡的条件是：*MRT*=*MRS*。反映在图 1-5 中，两国的国内均衡发生在各自的社会无差异曲线与生产可能性曲线相切的位置上，本国国内均衡发生在 *A* 点（50W，60C），外国国内均衡发生在 A^*点（80W，40C），因为没有国际贸易，两国均处于自给自足状态，因此 *A* 点和 A^*点既是两国的生产点，也是两国的消费点。

经过国内均衡点的公切线，表示在没有贸易时国内的均衡相对价格。本国的国内均衡价格 P_0=1/4，即 1 单位小麦可换取 1/4 单位布；外国的国内均衡价格 P_0^*=4，即 1 单位小麦可换取 4 单位布。当一国在一种商品的生产中相对另一国具有较低的机会成本时，该国在这种商品上便拥有比较优势。据此，可以判断出本国具有比较优势的产品是小麦；相应地，外国具有比较优势的产品是布。

2．成本递增下的国际贸易

根据比较优势理论，一国应该分工生产并出口具有比较优势的产品，而进口具有比较劣势的产品，通过贸易两国均可获利。贸易的情形如图 1-6 所示。

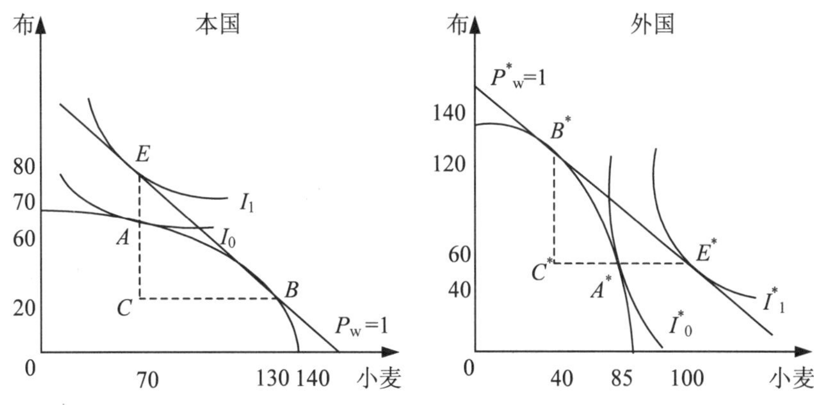

图 1-6　成本递增条件下的国际贸易

观察图 1-6 可知，遵循比较优势原理，本国从封闭条件下的 *A* 点（50W，60C）出发，将多生产并出口具有比较优势的小麦。然而随着小麦产量的增加，其机会成本不断递增（在图 1-6 中，随着本国生产从 *A* 点向 *B* 点移动，本国生产可能性曲线上各点切线的斜率逐渐增大）。外国从封闭条件下的 A^*点出发，将多生产并出口具有比较优势的布。然而随着小麦产量的减少，其机会成本不断递减（在图 1-6 中，随着外国生产从 A^*点向 B^*点移动，外国生产可能性曲线上各点切线的斜率逐渐减小），相应地，布的机会成本不断递增。

这种情形一直持续到两国商品的相对价格相等时才会停止，最终本国在 *B* 点（130W，20C）上进行生产，外国在 B^*点（40W，120C）上进行生产。在开展贸易的条件下，两国共同的均衡相对价格一定介于贸易前两国国内的均衡相对价格（1/4～4）之间。在贸易中，本国以 60 单位小麦与外国的 60 单位布进行交换，国际贸易均衡价格为 P_w=1，这一国际贸易均衡价格的确定是通过现实中不断摸索和“试错”完成的。贸易后，本国的消费点确定在 *E* 点（70W，80C），外国的消费点确定在 E^*点（100W，60C）。两国的贸易同时实现了均衡，表现为图 1-6 中两国的“贸易三角形”全等（$\triangle BCE \cong \triangle B^*C^*E^*$）。

与封闭条件下相比较，各国按照比较优势分工并进行自由贸易，两国的福利水平都有提高。例如，本国贸易后的消费点 *E* 点（70W，80C）与贸易前的 *A* 点（50W，60C）比较，*E* 点的福利显然好于 *A* 点。不仅所消费的商品组合的数量增加了，更重要的是，在图 1-6 中，*E* 点位于生产可能性曲线之上，这是在封闭条件下一国生产无法实现的。与 *A* 点相比，*E* 点位于一条更高的社会无差异曲线 I_1 上，说明它带给消费者的福利更大。与此同时，专业化分工使两国的生产能力也扩大了。详细的比较见表 1-4。

表 1-4　贸易前后国家福利的比较

	本国		外国	
	生产点	消费点	生产点	消费点
贸易前	A（50W，60C）	A（50W，60C）	A^*（80W，40C）	A^*（80W，40C）
贸易后	B（130W，20C）	E（70W，80C）	B^*（40W，120C）	E^*（100W，60C）

在成本递增的条件下，各国仍然可以通过分工生产与贸易，消费生产可能性曲线以外的商品组合，从而突破了封闭条件下生产可能性曲线对消费的制约。所以，放松李嘉图模型固定成本的假定，并不影响模型的结论。

但是，成本递增条件下的模型和固定成本条件下的模型之间存在一个基本的差异。在固定成本条件下，各国在生产和贸易中都实行完全的专业化分工，生产自己具有比较优势的商品，而在成本递增的条件下，两国在生产和贸易中存在着不完全专业化分工（incomplete specialization）。本国在扩大小麦生产的同时，仍然生产少量的布；外国在大量生产布的同时，仍然生产少量的小麦。存在这种情况的原因是：随着分工和生产规模的扩大，两国具有比较优势的产品的机会成本都在不断递增，从而商品的相对价格在逐渐接近。当商品的相对价格完全相等时，两国就会在均衡点上进行生产和贸易，不会有继续扩大生产的动力，所以成本递增将导致两国实行不完全分工。

三、局部均衡分析与贸易利益分配

两国封闭条件下均衡相对价格的差异是两国进行互利贸易的前提，贸易双方通过不断摸索和试错的过程，终于确定了国际贸易的均衡价格。在前面分析的基础上，继续深入研究国际贸易均衡价格的确定，并在此基础上说明国际贸易对收入分配的影响。首先运用供求曲线讨论局部均衡，然后运用提供曲线讨论更为复杂的一般均衡。[①]

1．国际贸易均衡价格的局部均衡分析

图 1-7 是以小麦为例的对国际贸易均衡价格进行局部均衡分析（partial equilibrium analysis）的图示。图中横轴代表小麦的数量，纵轴代表小麦的相对价格（即一国为多生产 1 单位小麦而必须减少的布的数量），（a）图和（c）图中的 D 曲线与 S 曲线分别是本国和外国对小麦的需求与供给曲线。

[①] 局部均衡分析是指假定其他市场的情况不变，单独分析某一市场（或经济单位）的价格和供求变动的一种分析方法。而一般均衡是指经济中所有经济单位及市场同时处于均衡的一种状态。

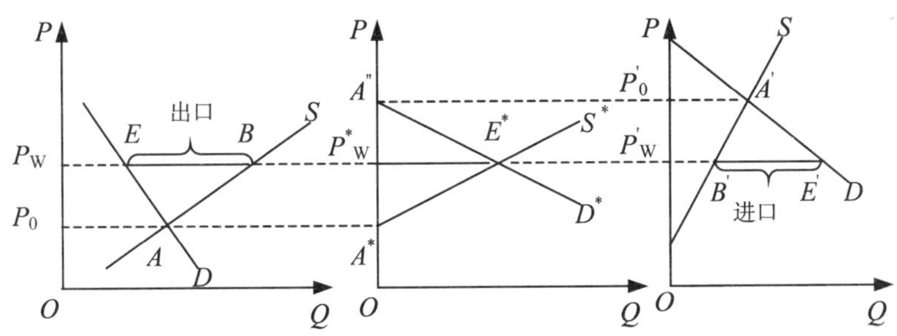

（a）本国的小麦市场　　（b）小麦的国际市场　（c）外国的小麦市场

图 1-7　国际贸易均衡价格的局部均衡分析

图 1-7（a）表示，封闭条件下本国在 A 点达到均衡，均衡的相对价格为 P_0。图 1-7（c）表示，封闭条件下外国在 A' 点达到均衡，均衡的相对价格为 P_0'。当两国开展贸易之后，小麦的国际贸易均衡价格将介于 P_0 和 P_0' 之间（假定两国均为大国）。当价格高于 P_0 时，本国将生产比其需求量更多的小麦，并将这部分超额供给用于出口。另一方面，当价格低于 P_0' 时，外国对小麦的需求将超出其所能供给的数量，因此将进口小麦以满足这部分超额需求。

那么，图 1-7（b）所代表的国际市场上小麦的供求曲线是如何形成的呢？首先来看供给曲线（S^*）的推导。（a）图说明，本国在均衡的相对价格为 P_0 时，其国内小麦的供求正好相等，所以不会出口小麦，由此得到了这一价格水平下国际市场小麦供给曲线上的一点 A^*，它表示国际市场在该价格水平下小麦的供给量为零。此外，（b）图还表明在 P_W 的价格下，本国对小麦的供给量超过了国内的需求，超额部分（BE）正是本国在 P_W 价格下想要出口的小麦数量，将 BE 平移至（b）图，就得到（b）图上的 $P^*_W E^*$，确定了本国对于小麦的出口供给曲线上的 E^*点。连接点 A^*和点 E^*，就得到国际市场上小麦的供给曲线。

另一方面，（c）图显示外国在均衡的相对价格为 P_0' 时，其国内小麦的供求正好相等，所以不会进口小麦。由此确定了这一价格水平下国际市场小麦需求曲线上的一点 A''，它表示国际市场在该价格水平下需求量为零。此外，（c）图还表明在 P_W' 的价格下，外国对小麦的需求量超过了国内的供给，超额部分（$B'E'$）正是外国在 P_W' 价格下想要进口的小麦数量，将 $B'E'$平移至（b）图，就得到（b）图上的 $P^*_W E^*$，确定了外国对于小麦的进口需求曲线上的 E^*点。连接点 A''和 E^*，就得到国际市场上小麦的需求曲线。

在 P^*_W 的价格水平上，外国对小麦的进口需求数量（$B'E'$）等于本国对小麦的出口供给数量（*BE*）。在（b）图中，这表现为曲线 D^* 和 S^* 的交点。于是，P^*_W 就是小麦的贸易均衡相对价格。在（b）图中还可以发现：当贸易相对价格大于 P^*_W 时，对小麦的出口供给将大于对小麦的进口需求，结果导致贸易相对价格向 P^*_W 回落；另一方面，当贸易相对价格小于 P^*_W 时，对小麦的进口需求将大于对小麦的出口供给，结果使贸易相对价格向 P^*_W 回升。

2．贸易利益分配与福利的变动

国际贸易使贸易的参加国均能从中获益，但是不同国家的获利程度可能存在差别。即使在一国内部，一些社会集团成为贸易受益者的同时，另一些社会集团却可能遭受贸易带来的损失。因此，贸易利益的分配并非对所有社会成员都是均等的。

下面用消费者剩余和生产者剩余来分别衡量消费者和生产者两大集团各自的利益状况及其变化。消费者剩余（consumer surplus）是指消费者所获得的效用超过其实际支付的价格而产生的净利益，具体表现为供求曲线图中价格线以上、需求曲线以下所围成的面积。生产者剩余（producer surplus）是指生产者因产品销售收益大于其生产成本而产生的净利益，具体表现为价格线以下、供给曲线以上所围成的面积。

在国际贸易局部均衡分析的基础上，图 1-8 展示了小麦的国际贸易所产生的贸易利益及其分配。

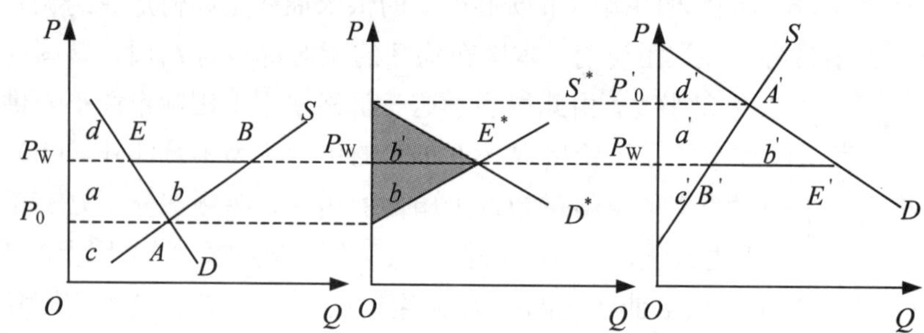

（a）本国的小麦市场　（b）小麦的国际市场　（c）外国的小麦市场

图 1-8　国际贸易的利益分配

在图 1-8（a）中，贸易前本国消费者剩余从贸易前 $a+d$ 的面积减少为 d 的面积，减少了 a 的面积；相应地，生产者剩余从贸易前 c 的面积增加为 $a+b+c$ 的面积，增加了 $a+b$ 的面积。整个国家的净福利为：生产者福利增加−消费者福利损失=$(a+b)-a=b$。

在图 1-8（c）中，贸易前外国消费者剩余从贸易前 d' 的面积增加为 $a'+b'+d'$ 的面积，增加了 $a'+b'$ 的面积；相应地，生产者剩余从贸易前 $a'+c'$ 的面积减少为 c' 的面积，减少了

a'的面积。整个国家的净福利为：消费者福利增加−生产者福利损失=$(a'+b')-a'=b'$。

通过小麦的国际贸易，出口国的福利将增加 b，进口国的福利将增加 b'，整个世界的福利增加了 $b+b'$，由此可见，自由贸易有助于一国和世界整体福利的增加，见表 1-5。

表 1-5　国际贸易对贸易参加国的福利影响

	项　目	贸易前	贸易后	净福利变化
本国	消费者福利	A 点：$a+d$	E 点：d	$-a$
	生产者福利	A 点：c	B 点：$a+b+c$	$a+b$
	整个国家		b	
外国	消费者福利	A'点：d'	E'点：$a'+b'+d'$	$a'+b'$
	生产者福利	A'点：$a'+c'$	B'点：c'	$-a'$
	整个国家		b'	

然而，国际贸易在使一国和世界整体获益的同时，却会改变一国内部的收入分配状况。就一种产品（上例中是小麦）的国际贸易而言，从出口国来看，由于贸易增加了国内生产者的福利，出口部门的生产者是自由贸易的拥护者；由于贸易减少了国内消费者的福利，消费者是自由贸易的反对者，除非国家能对他们的损失给予补偿。从进口国来看，由于贸易增加了国内消费者的福利，消费者是自由贸易的拥护者；同时由于贸易减少了国内生产者的福利，进口替代部门的生产者是自由贸易的反对者，除非国家能对他们的损失给予补偿。

四、一般均衡分析与提供曲线

提供曲线（offer curve）是国际经济学研究中一个非常有用的研究工具，它是 20 世纪初由英国经济学家马歇尔和埃奇沃斯共同提出的。提供曲线表明一国在不同的相对价格水平下，为了获取一定数量的进口商品而愿意提供的出口商品的数量。由于提供曲线的定义中包含了两个商品市场供给和需求的变动情况，因此它特别适合用于一般均衡分析（general equilibrium analysis）。

1. 提供曲线及其推导

一国的提供曲线可以容易地从它的生产可能性曲线、社会无差异曲线和假设的进行贸易的商品相对价格中推导出来（以下将介绍这种简便的推导方法），但是这种推导是不很严格的。更为严格的推导是由 1977 年诺贝尔经济学奖获得者英国经济学家詹姆斯·米德完成的。本国提供曲线的推导及形状如图 1-9 所示。

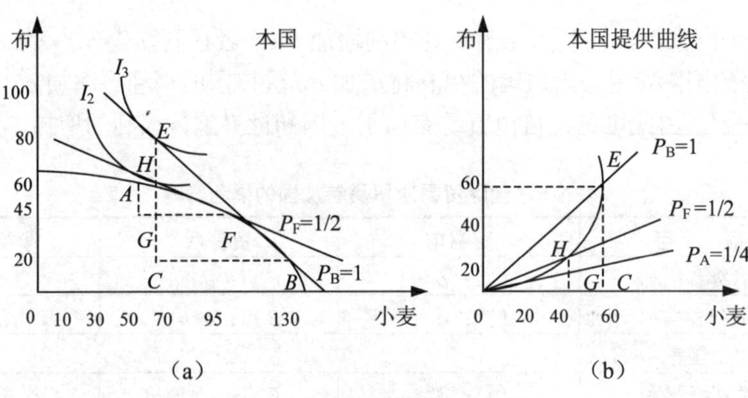

图 1-9 本国提供曲线的推导

如图 1-9（a）所示，本国最初处于封闭经济状态下的 A 点，小麦的国内均衡相对价格 P_A=1/4（为使（a）图清晰起见，图中略去了封闭经济下的相对价格线和与生产可能性曲线切于 A 点的无差异曲线 I_1）。在这个价格水平下，本国的生产和消费达到均衡，因此既没有出口也没有进口。如果贸易在价格 P_B=1 时发生，本国将分工生产具有比较优势的产品小麦，沿着生产可能性曲线向下移动到 B 点进行生产，然后用 60W 换取外国的 60C，最终到达社会无差异曲线 I_3 上的 E 点进行消费。当价格为 P_F=1/2 时，本国将移至 F 点进行生产，用 40W 换取外国的 20C，从而到达社会无差异曲线 I_2 上的 H 点消费。

将根据上述分析得出的 A、E、H 各点在（b）图中标明，连接以上各点以及其他用类似方法得到的点，可得到（b）图中本国的提供曲线。这条提供曲线表明，在每一个相对价格水平上，本国为了获取一定数量的布而愿意出口的小麦的数量。用同样的方法可以得到外国的提供曲线，如图 1-10 所示。

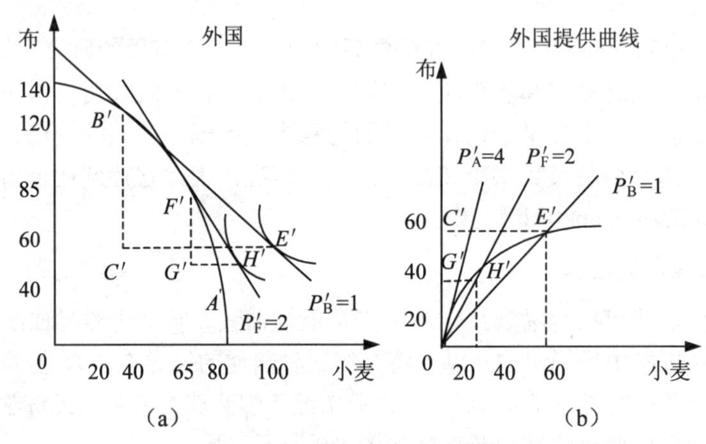

图 1-10 外国提供曲线的推导

观察图 1-9 和图 1-10 中提供曲线的形状可知：当一国具有比较优势的产品为小麦时，其提供曲线凸向横轴；当一国具有比较优势的产品为布时，其提供曲线凸向纵轴。

2．国际贸易一般均衡分析

利用提供曲线的工具，可以使国际贸易的一般均衡分析大为简化。

两国提供曲线的交点确定了两国在开展国际贸易时的均衡相对价格。只有在均衡的相对价格水平上两国贸易才能达到均衡，如图 1-11 所示。

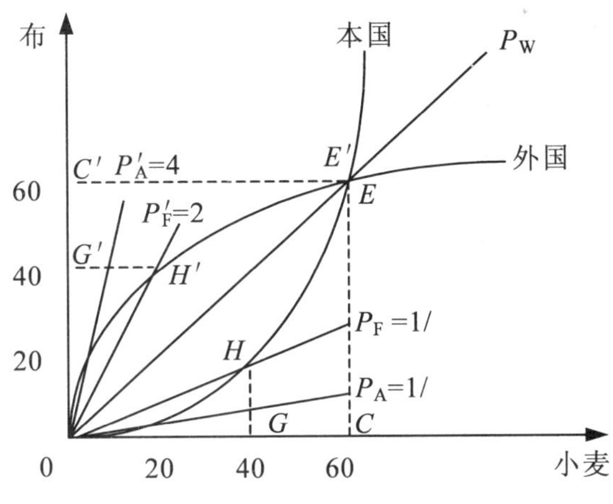

图 1-11　国际贸易一般均衡分析

图 1-11 中的提供曲线就是在图 1-9 和图 1-10 中得到的本国和外国的提供曲线。两条曲线相交于 E 点（E'点），确定均衡的贸易相对价格 P_W=1。在这个均衡价格上，本国用 60 单位小麦交换 60 单位布（位于本国提供曲线上的 E 点），而外国恰好要用 60 单位布交换 60 单位小麦（位于外国提供曲线上的 E'点）。这样，两国的贸易在 P_W=1 时达到均衡。在此之外的任一价格水平上，对两种商品的进口与出口意愿都不会相等，因此不能使贸易达到均衡。

上述贸易均衡具有自动稳定性。当相对价格偏离 P_W=1 而发生波动时，供求力量会自动促使其回归到均衡水平。例如，由于某种原因，贸易相对价格下降到 P_F=1/2。此时，本国愿意出口小麦的数量为 40 单位，而外国在这个价格下愿意进口的小麦数量要远远大于 40 单位（图 1-11 中没有画出这一点，它是 P_F =1/2 与外国提供曲线的交点），因此外国存在对小麦的超额进口需求。外国对小麦的超额进口需求会使得相对价格上升，这时本国将会增加对小麦的出口供给（即本国沿其提供曲线向上移动）；外国则减少对小麦的进口需求（即外国沿其提供曲线向下移动）。这种移动将会一直持续到供给与需求在 P_W=1 时达到均衡。使相对价格自动恢复到均衡的情况，也可以用布和其他不等于均衡相对价格 P_W 的价格比率来加以说明。

3．贸易条件

一国的贸易条件（term of trade）是指一国出口商品价格和该国进口商品价格的比值。以 T 表示贸易条件，以 P_X 和 P_M 分别表示出口商品价格和进口商品价格，贸易条件的公式为：$T=P_X/P_M$。在理论分析中通常采用这种形式的贸易条件。由于在两国模型中一国的出口正好是其贸易伙伴的进口，因此一国的贸易条件就等于另一国贸易条件的倒数。

在一个多商品的现实世界中，贸易条件定义为一国出口商品价格指数与该国进口商品价格指数的比值，它通常要乘以 100，以百分比的形式表示。由于贸易条件指数是所有出口商品价格和所有进口商品价格的比率，因此要计算加权平均的进出口价格。出口商品价格指数的计算公式为：

$$\frac{P_1X_1+P_2X_2+\ldots\ldots+P_nX_n}{X_1+X_2+\ldots\ldots+X_n}=\overline{P}_X \quad 即 \frac{\sum P_iX_i}{\sum X_i}=\overline{P}_X$$

同样的方法可以得到进口商品的价格指数 $\dfrac{\sum P_iX_i}{\sum X_i}=\overline{P}_M$，贸易条件指数的公式为：$(\overline{P}_X/\overline{P}_M)\times 100$。在国际贸易统计中通常采用这种形式的贸易条件。

随着时间的推移，一国的贸易条件会发生变动。计算贸易条件变动的公式是：$(\overline{P}_{X_1}/\overline{P}_{X_0})/(\overline{P}_{M_1}/\overline{P}_{M_0})$。其中，$\overline{P}_{X_1}/\overline{P}_{X_0}$ 为出口商品比较期价格与基期价格之比，$\overline{P}_{M_1}/\overline{P}_{M_0}$ 为进口商品比较期价格与基期价格之比。基期的指数通常设定为 1 或 100。相对于设定的基期（即 $T_0=1$），若 $T>1$，表示贸易条件改善；若 $T=1$，表示贸易条件不变；若 $T<1$，表示贸易条件恶化。

贸易条件的变化反映出一国在一定时期内贸易地位的改变。贸易条件的变化可以运用提供曲线直观地说明，如图 1-12 所示。

图 1-12 中，OA 和 OB 分别是本国和外国的提供曲线。贸易条件变动的结果有两种情况：一种是本国贸易条件改善而外国贸易条件恶化；另一种是外国贸易条件改善而本国贸易条件恶化。图 1-12 主要说明了本国贸易条件改善的情况：假设外国提供曲线 OB 不变而本国提供曲线 OA 内移至 OA'，均衡的贸易条件从 P_W 变化到 P'，对于本国来说，小麦的相对价格提高，每单位小麦所交换的布的数量增加，因而本国的贸易条件改善；假设本国提供曲线 OA 不变而外国提供曲线外移至 OB'，均衡贸易条件仍为 P'，对于外国来说，布的相对价格降低，每单位布所换得的小麦的数量减少，因而外国的贸易条件恶化。本国贸易条件恶化、外国贸易条件改善的情况恰好相反。

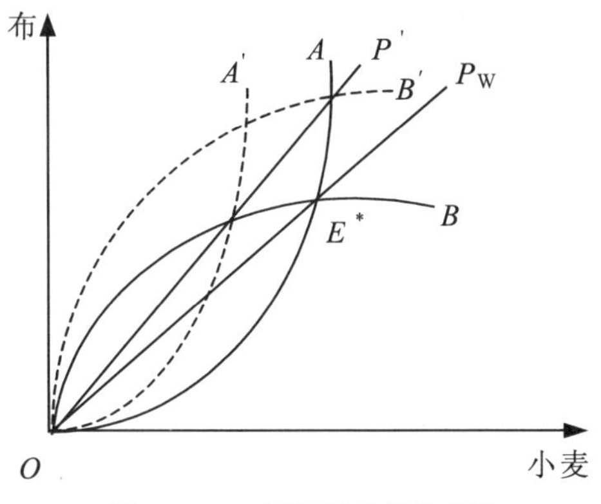

图 1-12　一国贸易条件的变化

五、标准贸易模型的进一步扩展

1．基于偏好差异的国际贸易

在国际贸易实践中，即使两国的供给条件完全相同，只要消费偏好存在差异，同样会产生互利性的国际贸易，即偏好差异也能成为国际贸易的基础。

假设在小麦与大米的生产上本国与外国具有相同的技术，因此两国的生产可能性曲线完全相同。但是两国对食物的偏好不同：本国人更喜食米饭，而外国人更喜食面包。在这种情况下，两国间会产生国际贸易吗？如图 1-13 所示。

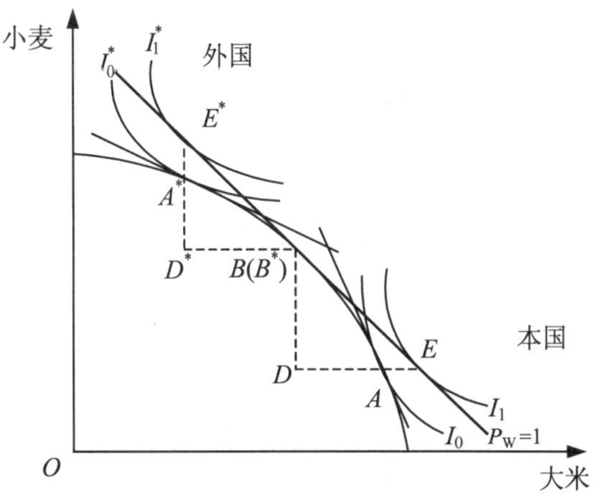

图 1-13　基于不同偏好的国际贸易

从图 1-13 可以看出，两国具有相同的生产可能性曲线，但因消费偏好不同，社会无差异曲线的形状不同：本国偏好横轴上的商品大米，外国偏好纵轴上的商品小麦。因此，在封闭条件下，本国与外国国内的均衡点分别是 A 与 A^*。同一种商品的国内相对价格不同，本国国内大米的价格比外国要高，而外国国内小麦的价格比本国要高。

国际贸易使两国通过商品交换而从中获益。由于假设两国的生产可能性曲线相同，因此它们在同一点即 B 点进行生产。喜食米饭的本国通过出口小麦和进口大米，到达 E 点所在的位置较高的无差异曲线来满足它对大米的偏好。外国则通过出口大米和进口小麦在 E^*点得到更大的满足。在这种情况下，由于商品的相对价格差异是由偏好差异决定的，因此国际贸易会导致较高的消费专门化。

2．引入交易成本的因素

交易成本是指进行交易所花费的成本。在新古典经济学的分析传统中是假设不存在交易成本的，然而在现实中交易成本不仅存在，并且在某些情况下十分昂贵。国际贸易所涉及的交易成本主要来自三个方面：（1）由于地域和空间的距离所引起的运输、通信方面的成本；（2）由于文化传统，政治、经济和法律制度等方面的差异所引起的成本；（3）由于贸易保护政策所引起的交易成本，如关税、配额等。

交易成本会缩小作为贸易动机的商品相对价格的差异，削弱一国的比较优势，从而导致贸易规模的缩小和贸易利益的减少。在极端的情形下，甚至会造成比较优势和贸易利益的消失。以下以运输成本为例来说明，如图 1-14 所示。

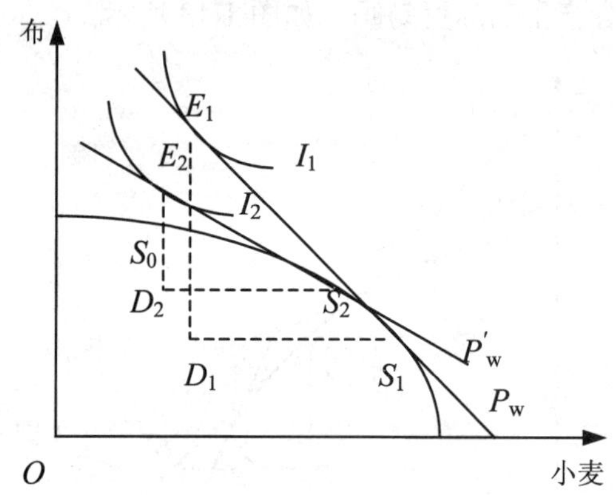

图 1-14　交易成本对国际贸易的影响

假设本国贸易前的均衡点为 S_0（为了使图形清晰起见，图中省略了贸易前的社会无差异曲线及相对价格线），本国在小麦的生产上具有比较优势。在不考虑运输成本的情况下，本国按照比较优势扩大小麦的产量，生产均衡点移至 S_1，点 S_1 的斜率 P_W 即为小麦的国际交换价格，贸易后的消费均衡点为 E_1，达到了更高的社会无差异曲线 I_1，贸易三角形为△$S_1D_1E_1$。加入运输成本以后，小麦成本的增加抵消了一部分比较优势，导致本国的生产均衡点从 S_1 移动到 S_2，点 S_2 的斜率 P'_W 即为加入运输成本后小麦的国际交换价格，本国的贸易条件恶化，贸易后的消费均衡点为较低的社会无差异曲线 I_2 上的 E_2，贸易三角形为△$S_2D_2E_2$。

由此可见，运输成本降低了本国的专业化程度（生产均衡点从 S_1 移动到 S_2），使得贸易规模缩小（贸易三角形△$S_2D_2E_2$＜△$S_1D_1E_1$）和贸易利益减少（社会无差异曲线从 I_1 降至 I_2）。如果增加的运输成本小于贸易利益，则贸易仍可进行；如果增加的运输成本大于贸易利益，便不会有贸易发生。

3．多国多产品贸易模型

在两国生产两种以上商品的情形下，两国的贸易模式决定于比较优势的对比。假定本国、外国以相同的投入成本分别生产五种商品，具体情况如表 1-6 所示。

表 1-6　多产品贸易

国家＼商品	A	B	C	D	E
本国	10	10	10	10	10
外国	5	8	10	12	15

根据生产率的对比，本国比较优势最大的商品是 A，最无优势的是 E；外国比较优势最大的商品是 E，最无优势的是 A。

开放贸易之后，若只有两种商品参与贸易，则本国生产和出口 A，外国生产和出口 E。但这并不意味着其他商品就不能进入国际贸易。事实上，本国在 B 以及外国在 D 上仍分别拥有成本上的优势，只是优势程度有所缩小，因此，本国出口 B 和外国出口 D 依然具备互利贸易的基础。至于 B 和 D 是否实际参与贸易尚需考虑相互需求、贸易平衡等方面的因素。本国通常会依照比较优势的大小顺序出口 A、B；外国则出口 E、D。至于商品 C，由于两国生产成本相同，因此进入国际市场的机会甚微。进一步的分析可知，即使贸易模型扩展到多个国家和多种商品的情形，比较优势仍然是国际贸易中起决定作用的力量。

第四节　传统国际贸易理论的现代分析：要素禀赋模型

如前所述，一国的比较优势决定了其参与国际分工与贸易的地位。那么，又是什么决定了一国的比较优势呢？古典经济学家并没有解决这个至关重要的问题。20 世纪 30 年代，瑞典经济学家赫克歇尔和俄林创立了要素禀赋理论，该理论从两个方面对比较优势理论进行扩展：一方面从要素禀赋的角度解释比较优势产生的根源，另一方面通过分析要素价格的变动说明了国际贸易对收入分配的影响。

一、要素禀赋模型的假设条件与一般均衡框架

瑞典经济学家赫克歇尔及其学生俄林在继承古典贸易理论的基础上创立了要素禀赋理论（又称为赫克歇尔—俄林模型或 H-O 模型），从生产要素禀赋的角度解释了比较优势的根源。

1. 要素禀赋模型的假设条件及其含义

（1）两个国家（本国与外国）使用两种生产要素（劳动与资本），生产两种商品（小麦与布），即建立一个 2×2×2 模型。假设（1）是为了用一个二维平面图来说明这一理论。实际上，放松这一假设（即研究更为现实的多个国家、多种商品、多种要素）并不会对所得出的结论产生根本性的影响。

（2）在两个国家中，小麦都是劳动密集型产品，布都是资本密集型产品。假设（2）表明，在相同的要素价格下，生产小麦的资本/劳动比率均低于生产布的同一比例，即不存在要素密集度逆转的情况。

（3）两国在生产中都使用相同的技术。假设（3）意味着如果要素价格在两国是相同的，两国在生产同一种商品时就会使用相同数量的劳动和资本。由于要素价格通常是不同的，因此两国的生产者都倾向于使用更多的便宜要素以降低生产成本。

（4）在两个国家中，两种商品的生产都是规模报酬不变的。假设（4）意味着增加某一种商品生产的劳动和资本投入会带来该商品产量的同一比例的增加。

（5）两国在生产中均为不完全分工。假设（5）表明，即使在自由贸易条件下，两国也仍然继续生产两种商品，这意味着两国都不是“很小”的国家，且生产中成本是递增的。

（6）两国的需求偏好相同。假设（6）表明，由无差异曲线的位置和形状所反映的需求偏好在两国是完全相同的。

（7）在两个国家中，商品与要素市场都是完全竞争的。假设（7）表明，在完全竞争条件下，每一个市场的参与者都只是价格的接受者，而非价格的制定者。在长期中，商品价格将与生产成本相等，不存在超额利润。

（8）要素在一国国内可以自由流动，但不能在国际间自由流动。假设（8）表明，劳动和资本可以自由地从低收入的地区和产业流向高收入的地区和产业，直至该国同类劳动和资本的收益相等为止。同时，国与国之间没有要素流动，因而在没有国际贸易的情况下，国际要素收入差异将会永久存在。

（9）没有运输成本、没有关税或影响自由贸易的其他壁垒。假设（9）说明，只有当两国的相对（或绝对）商品价格完全相等时，两国的生产分工才会停止。如果存在运输成本和关税，则当两国的相对（或绝对）价格差不大于每单位贸易商品的关税和运输成本时，两国的生产分工就会停止。

（10）两国资源均得到了充分利用。假设（10）表明两国均不存在未被利用的资源和要素。

（11）两国的贸易是平衡的。假设（11）意味着每一国的总进口额等于其总出口额。

2．要素禀赋模型的一般均衡框架

赫克歇尔和俄林在上述假设条件的基础上，提出了要素禀赋理论的一般均衡框架。从决定商品相对价格的各种因素中，抽象出一国资源拥有的相对状况即要素禀赋，并将其作为决定一国比较优势的最重要的因素。图 1-14 所示是该框架的一个直观的表达。

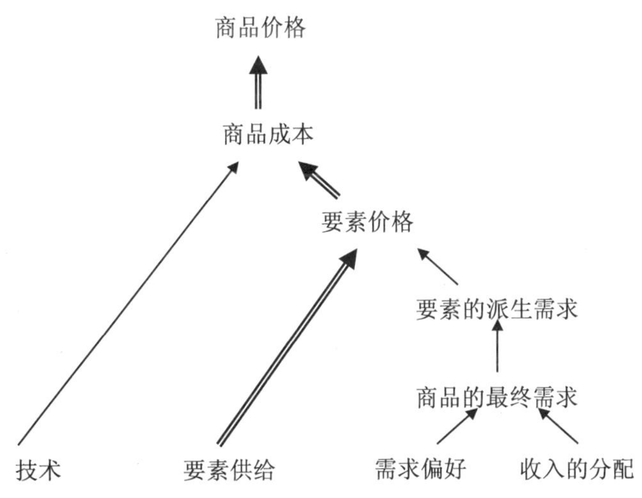

图 1-14　赫克歇尔—俄林模型逻辑框架

同一种商品在不同的国家有着不同的相对价格，是国际贸易产生的关键因素，一国倾向于生产并出口其相对价格较低的商品。因此，比较优势取决于商品的相对价格。那么商品的相对价格又是由什么因素决定的？从图 1-14 中可以得出清晰的结论。

从该图的右下角出发，可以看到需求偏好和收入的分配共同决定了对商品的最终需求；对商品的需求决定了对生产商品所需要素的派生需求；生产中对要素的需求和对要素的供给共同决定了完全竞争下的要素价格；要素价格和生产中采用的技术决定了最终商品的价格。不同国家之间商品相对价格的差异决定了各国的比较优势和贸易模式。由于假设两国的偏好（以及收入分配）和技术均相同，赫克歇尔和俄林将研究的重点放在商品生产的供给和成本方面。他们认为，由要素供给（即资源的自然禀赋）决定的要素价格决定了生产商品的成本，进而决定了商品的价格。图 1-14 中的双线箭头表示了赫克歇尔—俄林理论一般均衡框架的主线。

简言之，在所有可能造成国家之间商品相对价格差异和比较优势的原因中，赫克歇尔和俄林认为，要素禀赋是各国具有比较优势的基本原因和决定因素。这样，赫克歇尔和俄林就解释了比较优势产生的原因，而不像古典经济学家那样只是假设其成立。

二、要素密集度、要素丰裕度与生产可能性曲线

要素禀赋理论是建立在两个重要概念即要素密集度和要素丰裕度的基础上的，因此在介绍要素禀赋贸易模型之前，准确地理解这两个概念的含义是十分重要的。

1．要素密集度与要素丰裕度

（1）要素密集度。任何一种商品的生产过程，都是劳动、资本、自然资源和企业家精神等生产要素的投入产出过程。要素密集度（factor intensity）衡量的是商品生产中不同生产要素被密集使用的程度。

对于任何商品生产来说，上述各种生产要素缺一不可，然而不同的商品生产对要素需求的相对量不同。例如，与钢铁生产相比，小麦的生产过程需要更多的劳动与土地，而钢铁的生产过程更需要资本、技术与管理。因此可以说，在小麦生产中，劳动与土地被使用的“密度”更大；在钢铁生产中，资本、技术与管理被使用的“密度”更大。

在一个只有两种商品（小麦和布）与两种生产要素（劳动与资本）的世界中，如果生产布的资本/劳动比率（K/L）大于生产小麦的同一比率，就称布为资本密集型商品，小麦是劳动密集型商品。例如，如果为了生产 1 单位的小麦需要 2 单位的资本（$2K$）和 8 单位的劳动（$8L$），则小麦生产的资本/劳动比率为 1/4（$K/L=1/4$）；如果为了生产 1 单位的布需要 6 单位的资本（$6K$）和 6 单位的劳动（$6L$），则布匹生产的资本/劳动比率为 1

（*K*/*L*=1）。由于 1＞1/4，因而布是资本密集型商品而小麦是劳动密集型商品[①]。关于小麦与布在本国与外国生产的情况如图 1-15 所示。

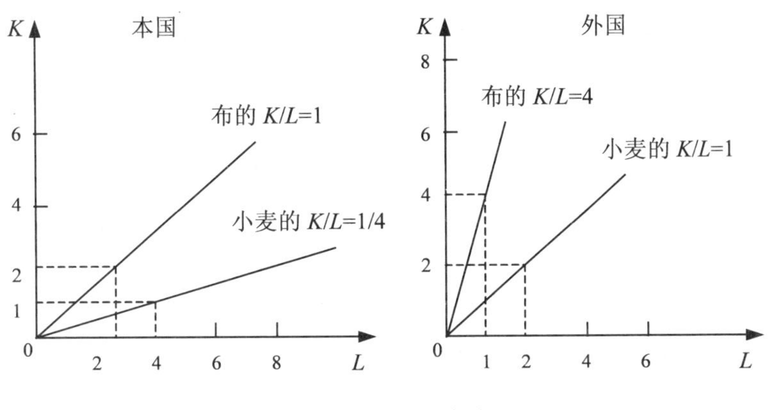

图 1-15　要素密集度

图 1-15 中横轴表示劳动力的数量，纵轴表示资本的数量。假设商品生产的规模报酬不变，生产过程中的 *K*/*L* 均不变，因此生产是沿着一条从原点出发的射线即生产扩张线进行，生产扩张线的斜率表示生产该种商品的 *K*/*L*。从图中可以看出，布的生产扩张线比小麦的要陡峭，其斜率代表的 *K*/*L* 较高，因而很容易判断布为资本密集型产品，而小麦为劳动密集型产品。

图 1-15 中，无论在本国还是在外国，布的 *K*/*L* 均大于小麦的 *K*/*L*；这表明在两个国家，小麦都是劳动密集型商品，布都是资本密集型商品。尽管如此，外国生产两种商品的 *K*/*L* 比本国都高，相应地，本国生产两种商品的 *K*/*L* 比外国都低：外国生产小麦的 *K*/*L*=1，大于本国生产小麦的 *K*/*L*=1/4；外国生产布的 *K*/*L*=4，大于本国生产布的 *K*/*L*=1。

一个很明显的问题就是：在生产两种商品时，为什么外国都使用了比本国资本密集度更高的技术？答案在于外国资本的价格比本国便宜，而外国劳动的价格比本国要贵。从成本节约的角度，外国在生产中更愿意多使用资本而较少使用劳动。那么，为什么外国的资本便宜而劳动昂贵呢？这个问题与要素丰裕度有关。

（2）要素丰裕度。要素丰裕度（factor abundance）衡量的是一国所拥有的某种生产要素的丰富程度。不同的国家要素的相对拥有量即各国的要素禀赋（factor endowments）一般是不同的。例如，中国与美国相比较，中国的劳动相对丰裕，而资本相对稀缺；美

[①] 注意：正如这里用资本/劳动比率的比较来得出结论所表明的，要素密集度衡量的是要素使用的相对量而并非绝对量。下面的要素丰裕度也是如此。

国的资本相对丰裕，而劳动相对稀缺。

要素丰裕度可以用两种方法来测量并进行比较：第一种方法是以实物单位来定义。将本国的资本和劳动进行总计，然后计算出资本总量与劳动总量的比率（TK/TL），用相同的方法计算出外国资本总量与劳动总量的比率。如果外国的 TK/TL 大于本国的 TK/TL，则认为外国的资本拥有量相对本国较多，即称外国为资本丰裕的国家，相应地，本国为劳动丰裕的国家。

第二种方法是以要素的相对价格来定义。资本的价格是利率（*r*），劳动的价格是工资率（*w*）。一国丰裕的要素其价格相对较低，而稀缺的要素其价格相对较高。用 *w*/*r* 表示劳动的相对价格，如果外国的 *w*/*r* 大于本国的 *w*/*r*，即劳动的相对价格在外国高于本国，则称外国是资本丰裕的国家，而本国则是劳动丰裕的国家。

2．要素禀赋与生产可能性曲线的形状

根据以上分析，本国是劳动力丰裕的国家，并且小麦是劳动密集型的商品，那么本国就可以比外国生产相对更多的小麦。另一方面，外国是资本丰裕的国家，并且布是资本密集型的商品，那么外国就可以比本国生产相对更多的布。在同一坐标平面上，绘制本国与外国的生产可能性曲线，如图 1-16 所示。

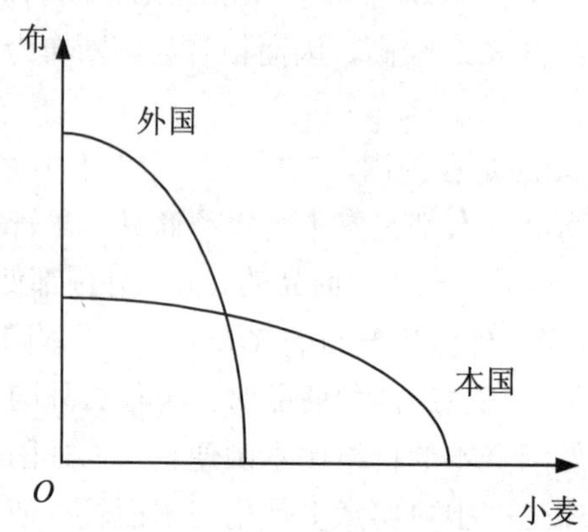

图 1-16　要素丰裕度与生产可能性曲线

从图中可以看出，由于本国是劳动丰裕的国家，并且小麦是劳动密集型的商品，因此本国的生产可能性曲线朝横轴方向扩展。由于外国是资本丰裕的国家，并且布是资本密集型的商品，因此外国的生产可能性曲线更加偏向纵轴。两国生产可能性曲线的不同是由于要素丰裕度的差别造成的。

三、赫克歇尔—俄林贸易模型

下面通过图形说明赫克歇尔—俄林贸易模型。图 1-17（a）表示贸易前的情况。根据上面的分析，本国的生产可能性曲线偏向横轴，外国的生产可能性曲线偏向纵轴。由于假定两国有相同的需求偏好，因此它们面临的无差异曲线是完全一样的①。相同的无差异曲线 I_0 与本国生产可能性曲线切于点 A，与外国生产可能性曲线切于点 A^*，使它们各自达到封闭经济下的均衡。点 A 和点 A^* 反映了两国在贸易前的生产和消费的均衡点，确定了两国国内均衡的商品相对价格，本国为 P_0，外国为 P^*_0。由于 $P_0<P^*_0$，说明小麦在本国的相对价格较低，本国在小麦的生产上具有比较优势，相应地外国在布的生产上具有比较优势。贸易模式的选择为：本国成为小麦的出口国，而外国成为布的出口国。

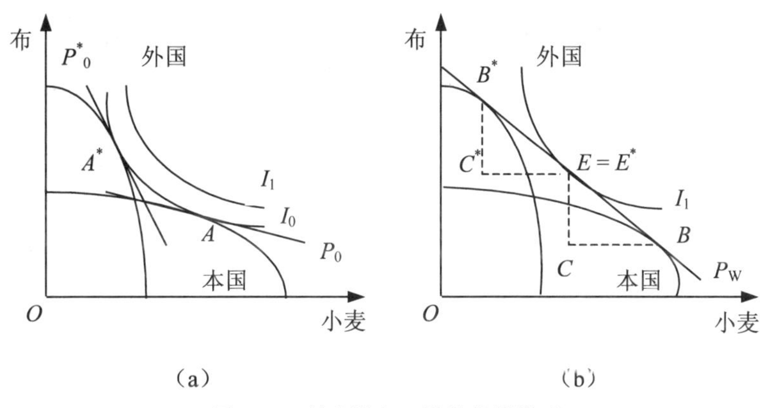

图 1-17　赫克歇尔—俄林贸易模型

图 1-17（b）表示，贸易中，本国分工生产小麦，外国分工生产布。由于机会成本递增，两国的分工将进行至本国达到点 B，外国达到点 B^* 为止。这时两国的生产可能性曲线与共同的相对价格线 P_W 相切。本国出口小麦以交换布，最终的消费均衡点为无差异曲线 I_1 上的点 E（见贸易三角形 BCE）。同时，外国则出口布交换小麦，最终的消费均衡点为与点 E 相重合的点 E^*（见贸易三角形 $B^*C^*E^*$）。两国均在贸易中获益，因为它们通过贸易都达到了贸易前所无法达到的、更高的无差异曲线。

综上所述，可以这样来表述赫克歇尔—俄林定理：一国应当分工生产和出口密集使用该国相对丰裕和便宜的要素生产的商品，进口密集使用该国相对稀缺和昂贵的要素生

① 赫—俄理论并不要求两国的需求偏好完全相同。如果需求偏好不同，它只要求需求偏好的差异不足以完全抵消两国要素禀赋及其所导致的生产可能性曲线之间的差异。上述假设只是为了简化分析。

产的商品。在只有劳动和资本两种要素的情况下，劳动相对丰裕的国家应当生产并出口劳动密集型商品，进口资本密集型商品，而资本相对丰裕的国家则恰好相反。

四、国际贸易对要素价格与收入分配的影响

赫克歇尔—俄林定理说明了一国的要素禀赋决定了一国的比较优势，一国应根据由要素禀赋决定的比较优势进行专业化分工并参与国际贸易。另一方面，国际贸易反过来必然对该国生产要素的价格产生影响，从而使要素所有者的收入分配状况发生变化。

1. 要素价格均等化定理

要素价格均等化定理（factor-price equalization theorem）实际上是赫克歇尔—俄林定理的推论，它可以表述为：国际贸易在使同种商品在两国的相对价格差异均等化的同时，会使各国同质的生产要素获得相同的相对与绝对收入。保罗·萨缪尔森（1970 年诺贝尔经济学奖获得者）用数学方法严格证明了要素价格均等化定理。因此，该定理通常被称为赫克歇尔—俄林—萨缪尔森定理（H-O-S 定理）。

保罗·萨缪尔森

如图 1-18 所示，在没有贸易的条件下，本国小麦的相对价格低于外国，而布的相对价格高于外国。原因在于小麦是劳动密集型产品，本国劳动的价格即工资率较低；布是资本密集型产品，本国资本的价格即利率较高。当本国分工生产小麦并减少资本密集型产品布的生产时，对劳动的相对需求就会上升，从而使工资率提高；同时对资本的相对需求下降，从而使利率降低。在外国发生的情况与本国正好相反，参与国际贸易后，外国的工资率降低而利率提高。

总之，国际贸易使得两国间工资与利率的差异缩小。从长期来看，贸易将使得两国同种商品的相对价格完全相等，从而使得两国要素的相对价格完全相等。图 1-18 说明了这一过程。

如图 1-18 所示，横轴代表劳动的相对价格（w/r），纵轴代表小麦的相对价格（P_W/P_C）。由于两国都处于完全竞争的条件下，且生产技术相同，因此在 w/r 和 P_W/P_C 之间存在着一一对应的关系。贸易前，本国与外国各自国内均衡点位于点 A 与点 A^*。可以看出，两国小麦的相对价格存在差异，本国小麦的相对价格$(P_W/P_C)_1$ 低于外国的相对价格$(P_W/P_C)_2$，原因是本国劳动的相对价格$(w/r)_1$ 低于外国$(w/r)_2$，所以本国在小麦的生产上具有比较优势。开展贸易后，两国同种商品之间的价格差异不再存在，本国商品的相对价格上升至

$(P_W/P_C)_W$，外国商品的相对价格下降至$(P_W/P_C)_W$。商品相对价格的变化导致两国要素的相对价格均等，本国要素的相对价格上升至$(w/r)^*$，外国要素的相对价格下降至$(w/r)^*$。

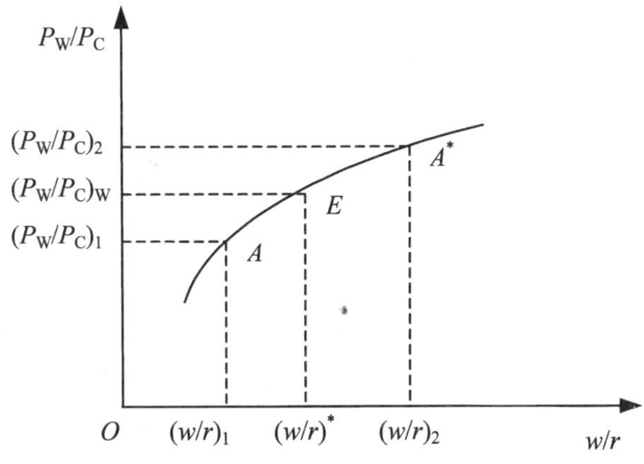

图 1-18　要素相对价格的均等化

以上说明的是要素相对价格的均等化过程。如果赫克歇尔—俄林模型的所有假设条件完全满足，国际贸易不仅会使两国同质要素的相对价格相等，从长期来看，两国同质要素的绝对价格也应当相等。这样，国际贸易实际上成为了国际要素流动的替代。

2．斯托尔珀—萨缪尔森定理

以上研究了国际贸易对两国要素相对价格差异的影响。在此基础上，进一步考察一国内部不同要素的所有者在国际贸易中实际收入的变化。

根据上例，本国增加生产并出口具有比较优势的小麦，同时减少布的生产并从外国进口。通过国际贸易，小麦的相对价格将提高，而布的价格下降。产品价格和产量的变动引起要素在部门间的重新配置，生产要素从布的生产部门流向小麦生产部门。由于小麦是劳动密集型产品而布是资本密集型产品，因此，贸易引起了对劳动的超额需求和对资本的超额供给，这将使两种要素的边际产出发生变化。

根据微观经济学的原理，在产品市场和要素市场都是完全竞争的条件下，要素的价格等于其边际产品价值，而边际产品价值又是产品价格与边际产出的乘积，即：

$$w = P_w \cdot MPL_w = P_c \cdot MPL_c$$

$$r = P_w \cdot MPK_w = P_c \cdot MPK_c$$

上式中，w、r 分别表示劳动和资本的报酬，MPL_w 和 MPL_c 分别表示劳动在两个部门中的边际产出，MPK_w 和 MPK_c 分别表示资本在两个部门中的边际产出。

由上述两式可以得到：

$$w/P_w = MPL_w \quad w/P_c = MPL_c$$
$$r/P_w = MPL_w \quad r/P_c = MPL_c$$

由于小麦的相对价格上升，小麦部门对劳动力的需求超过供给，劳动力的边际产出也将上升，两个因素的共同作用将推动小麦部门劳动的报酬工资的加速上升。另一方面，由于布的相对价格下降，布的生产部门对资本的供给超过需求，资本的边际产出也将下降。两个因素的共同作用将推动布的生产部门资本的报酬利率的加速下降。

在完全竞争和国内要素自由流动的假设下，布的生产部门劳动的工资也将加速上升，与小麦部门的工资保持同一水平；而小麦部门资本的利率也将加速下降，最终与布的生产部门的利率相等。综合上述，贸易将导致本国工资的上升和利率的下降。进一步地，本国两个部门劳动的实际工资 w/P_w、w/P_c 均上升，而两个部门资本的实际利率 r/P_w、r/P_c 均下降。同理，贸易将导致外国实际利率的上升和实际工资的下降。

将上述结果一般化即可得出斯托尔珀—萨缪尔森定理（Stolper-Samuelson theorem）的主要结论：某一商品相对价格的上升，将导致该商品密集使用的生产要素的实际价格或报酬提高，而另一种生产要素的实际价格或报酬则下降。因此，一国丰裕要素的所有者从贸易中获利，而稀缺要素的所有者则因贸易而受损。

3．特定要素模型

在以上的分析中，一直假设生产要素在一国国内是自由流动的，但是在短期内，要素的流动性可能是不充分的。因此，通过假定一种生产要素流动而另一种生产要素不流动，可以分析短期内国际贸易对一国收入分配的影响，这种分析方法称为特定要素模型（specific factor model）。

下面假设劳动力是流动要素，可以在不同部门间自由流动，而资本和土地是特定要素，分别用于制造品和粮食的生产，在短期内不能流动。本国具有比较优势的产品是制造品，而外国是粮食。下面以本国为例说明：通过开展国际贸易，本国将增加生产并出口制造品，同时减少粮食的生产，这将在提高制造品相对价格的同时降低粮食的相对价格。贸易所引发的商品相对价格变化对资源的配置产生影响，劳动力从粮食生产部门转移到制造品生产部门中，这种变化对不同部门要素所有者的影响如下：

（1）制造品生产部门的资本所有者。由于制造品的相对价格上升，劳动力从粮食生产部门转移到制造品生产部门，而短期内该部门的资本无法流动。一方面，制造品的价格上升，其产量在增加；另一方面，该部门的资本由于劳动力的流入而更加稀缺，资本的边际产出上升。因此，贸易会使制造品生产部门资本所有者的收入增加。

（2）粮食生产部门的土地所有者。由于粮食的相对价格下降，劳动力从粮食生产部门向制造品生产部门转移，而该部门的土地要素在短期内无法流动。一方面，粮食的价格下降，其产量在减少；另一方面，该部门的土地由于劳动力的流出而相对过剩，土地的边际产出下降。因此，贸易会使粮食生产部门土地所有者的收入减少。

（3）劳动力所有者。在特定要素模型中，劳动力是流动要素，可以自由地从低收入部门向高收入部门转移。贸易使制造品的相对价格上升，这将导致劳动力从粮食生产部门向制造品生产部门转移，这种转移最终会使得两个部门的工资水平都得到提高。因此，贸易从整体上提高了工人的名义工资。然而，名义工资的提高是否真正提高了工人的实际购买力，还要进一步考虑工人的消费偏好（工人是更偏好消费粮食，还是更偏好消费制造品），因此，贸易对一国劳动力所有者收入的影响是不确定的。

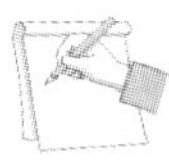

复习题

1．怎样评价重商主义的贸易观点？

2．阐述李嘉图比较优势理论的基本思想，他在哪些方面发展了斯密的绝对优势理论？

3．什么是机会成本？如何用它来说明比较优势原理？请分别举例说明机会成本不变、机会成本递减和机会成本递增。

4．机会成本递增与固定成本条件下的贸易分工有什么不同？其原因何在？

5．试用局部均衡分析方法说明国际贸易均衡价格的确定。

6．提供曲线是如何确定国际贸易一般均衡的？

7．说明赫克歇尔—俄林模型的假设条件及含义。

8．为什么要素禀赋决定了一国的比较优势及贸易模式？

9．要素价格均等化定理的主要内容是什么？要素相对价格均等化是如何实现的？

10．说明并比较斯托尔珀—萨缪尔森定理和特定要素模型关于贸易对国内收入分配影响的结论。

练习题

1．根据表 1-7：

表 1-7 比较优势判断

产量/单位劳动时间

产品	情况 A		情况 B		情况 C		情况 D	
	本国	外国	本国	外国	本国	外国	本国	外国
小麦	4	1	4	1	4	1	4	2
布	1	2	3	2	2	2	2	1

（1）以上四种情况下，分析贸易的可能性与贸易基础。

（2）在情况 B 中，如果 4W= 4C，计算本国与外国各获利多少？

（3）在情况 B 中，如果 4W= 6C，计算本国与外国各获利多少？

（4）在情况 B 中，分析互惠贸易的交换范围有多大？

2．根据表 1-8：

表 1-8

产量/单位劳动时间

产品＼国家	本国	外国
小麦	6	15
布	2	12

（1）说明贸易前的相对价格是什么？

（2）说明比较优势的形态。

3．根据表 1-9：

表 1-9

要素＼国家	本国	外国
劳动	45	20
资本	15	10

（1）分析本国哪种资源相对丰富？

（2）如果 X 是资本密集型产品，Y 是劳动密集型产品，分析两国的比较优势。

第二章　现代国际贸易理论

【引言】

现代国际贸易理论是相对以比较优势为核心的传统国际贸易理论而言的，是指自20世纪60年代以来，随着国际贸易实践的迅速发展而产生的一系列新的国际贸易理论。里昂惕夫对要素禀赋理论的实证检验开辟了现代贸易理论研究的道路，国际经济学家们从放松和改变传统国际贸易理论的基本假定入手，提出了各种新的解释国际贸易发展现实的理论。这些理论主要包括重叠需求理论，基于动态技术差异的技术差距模型和产品生命周期理论，以及规模经济、不完全竞争与产业内贸易理论。

【学习目标】

① 现代国际贸易理论产生的两大渊源；
② 重叠需求与国际贸易；
③ 技术差距模型与产品生命周期理论；
④ 规模经济、不完全竞争与产业内贸易；
⑤ 外部规模经济与国际贸易。

第一节　从传统贸易理论到现代贸易理论

一、“里昂惕夫之谜”

现代国际贸易理论是相对于以比较优势为理论基石的传统国际贸易理论而言的，是指20世纪60年代以来，随着国际贸易实践的迅速发展而产生的一系列新的国际贸易理论。现代国际贸易理论的产生有两大渊源：一是随着时代的发展，传统的贸易理论已不能很好地解释许多重要的国际贸易现象；二是经济理论的前沿发展为现代贸易理论的产生奠定了坚实的理论基础。

赫克歇尔—俄林模型秉承了比较优势理论关于自由贸易的传统，从要素禀赋的角度解释了一国比较优势的根源。比较优势决定了国际贸易的产生，而一国的要素禀赋决定了它的比较优势。因此，赫克歇尔—俄林模型使得比较优势理论在逻辑上更加完备。从20世纪30年代到70年代末，要素禀赋理论成为国际贸易理论的主流理论。

1．“里昂惕夫之谜”

瓦西里·里昂惕夫

1951年，瓦西里·里昂惕夫（Wassily Leontief，1973年诺贝尔经济学奖获得者）依据美国1947年的贸易数据，对赫克歇尔—俄林模型进行了检验。当时，美国是世界上资本最丰裕的国家，根据赫克歇尔—俄林模型，美国在国际贸易中应当出口资本密集型产品，进口劳动密集型产品。

里昂惕夫对美国1947年的数据进行了计算，以验证美国的贸易结构同H-O理论的结论是否一致。他选择一组具有代表性的出口品和进口竞争品[①]，计算每百万美元出口品和进口竞争品所使用的资本和劳动量，从而得到出口品和进口竞争品的资本/劳动比率。计算结果如表2-1所示。

表2-1　1947年美国进出口商品的资本和劳动投入量

每百万美元商品要素投入量	出　口　品	进口竞争品	出口/进口
资本	2 550 780	3 091 339	
劳动	182	170	
资本/劳动	14 010	18 180	0.771

根据表2-1，1947年，美国生产百万美元出口品的资本/劳动比率为14 010，生产同量进口竞争品的资本/劳动比率为18 180，两者之比等于0.771，即出口品的资本密集度低于进口竞争品的资本密集度。据此可以认为，美国出口的是劳动密集型产品，进口的是资本密集型产品。但根据常识判断，美国资本相对丰裕而劳动相对稀缺，于是，验证结果与H-O理论发生矛盾，从而出现所谓的“里昂惕夫之谜”（Leontief paradox）。其后，一些学者利用其他年份或其他国家的数据进行检验，都得出了类似的验证结果。

2．关于“里昂惕夫之谜”的几种解释

里昂惕夫之谜提出后，经济学家们纷纷从不同角度对里昂惕夫的验证结果进行探讨，试图解释里昂惕夫之谜产生的原因。其中，较为典型的观点主要有：

（1）自然资源稀缺说。在要素禀赋理论中，只考虑劳动和资本两种生产要素，而忽略了诸如土地、森林、矿藏等自然资源。自然资源与资本之间有一定的替代性，如果生产某种产品的自然资源不足，就不得不投入较多的资本。一些研究表明，美国的多数进

[①] 由于无法获得美国进口商品的投入—产出数据，里昂惕夫采用进口竞争品数据来代替进口品数据，这种处理方式尽管会带来一定误差，但不会从根本上影响结论。

口品正是其自然资源稀缺的产品，作为进口竞争品在国内生产时资本投入的比例必然较高。而对于出口国来说，这些产品却是自然资源密集型产品，所需投入的资本较少。这也是用进口竞争品代替进口品计算要素投入比例所产生的一个误差。由于这个原因，就会导致里昂惕夫之谜。

（2）人力资本说。要素禀赋理论假设各国同类要素是同质的，但实际情况是，美国的劳动与国外的劳动相比具有更高的效率。美国的高劳动生产率得益于劳动者对教育、职业培训、卫生保健等方面的投资，即人力资本（human capital）投资。因此，如果把这种人力资本折算进去考虑，美国的出口产品就会是资本密集型的，而进口产品是劳动密集型的。所以，人力资本在决定美国的贸易模式上起着重要作用。这种观点是对里昂惕夫之谜最有说服力的一种解释。

（3）贸易壁垒说。要素禀赋理论是建立在自由贸易的假设基础之上的，没有运输成本等各种贸易壁垒。但现实是，国际贸易中存在着大量的关税和非关税壁垒，人为地扭曲了贸易条件，使得产品的相对价格不能反映出真正的比较优势。有关资料显示，当时美国的贸易政策倾向于限制高技术的资本密集型产品出口，阻止技术落后的劳动密集型产品进口。正是这些人为的政策因素扭曲了美国正常的贸易模式。

（4）需求逆转说。要素禀赋模型假设两国需求偏好是一致的，贸易模式完全决定于要素禀赋的差异。但是如果两国需求偏好的差异超过其在要素禀赋上的差异，就会出现所谓的需求逆转（demand reversal），从而造成与要素禀赋模型推论完全相反的贸易模式。这种观点认为美国的需求强烈偏好资本密集型商品，从而使得其相对价格较高，因此美国反而出口劳动密集型商品，进口资本密集型商品。但实证研究表明，基于需求逆转的解释并不是很有说服力。

（5）要素密集度逆转说。要素密集度逆转（factor intensity reversal）指的是这样一种情况：一种给定的产品在劳动丰裕的国家是劳动密集型产品，而在资本丰裕的国家是资本密集型产品。在要素禀赋模型中，假设小麦与布的要素密集度始终是不变的，即对任何一组要素价格，布始终是资本密集型产品，而小麦始终是劳动密集型产品。如果在某些要素价格下，小麦是劳动密集型产品，布是资本密集型产品；但在另一些要素价格下，布变为劳动密集型产品，小麦却变为资本密集型产品，这时就发生了要素密集度逆转，如图 2-1 所示。

图 2-1 中两条曲线分别代表 X、Y 两种商品的等产量线，与 X、Y 等产量线相切的两条直线 w_1、w_2 分别代表劳动丰裕的本国和资本丰裕的外国的等成本线，即要素的相对价格。w_1 较平缓，表明劳动的相对价格在本国较低，而 w_2 较陡峭，表明劳动的相对价格在外国较高。从原点出发的四条射线分别代表在不同的要素相对价格下 X、Y 的资本/劳动

比率。从图中可见，本国在 a 点生产 X，在 b 点生产 Y，b 点的资本/劳动比率比 a 点要高，这表明在本国 X 为劳动密集型产品，而 Y 为资本密集型产品；外国则在 c 点生产 Y，在 d 点生产 X，而 d 点的资本/劳动比率要高于 c 点，表明在外国 X 成为资本密集型产品，而 Y 成为劳动密集型产品。在这种情况下，本国和外国都会同时出口自己具有比较优势的 X 产品，但这是不可能的。所以当发生要素密集度逆转时，要素禀赋理论失效。

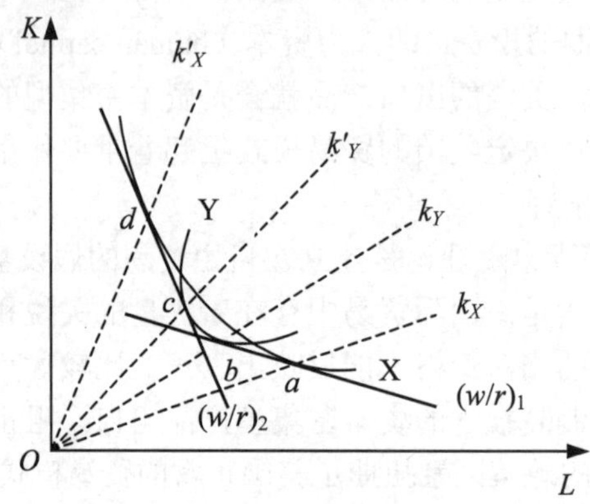

图 2-1　要素密集度逆转

在现实中，要素密集度逆转的产生与生产要素的替代弹性有很大关系。替代弹性表示当一种生产要素价格变化时，另一种生产要素与之相互替代的程度。替代弹性越大，要素密集度逆转越有可能发生。

如果考虑到要素密集度逆转现象，则里昂惕夫之谜也不难解释。因为里昂惕夫是根据美国的技术条件来测算进口品生产的要素密集度，在要素密集度逆转存在的情况下，这可能会造成误会。例如，美国的农业生产机械化程度很高，属于典型的资本密集型，但在其他一些落后国家，农业生产则是一种典型的劳动密集型生产。因此，以美国的情形来衡量其进口品在生产中的要素密集度，不能真实地反映蕴含在产品中的要素投入比例。

二、现代国际贸易理论产生的背景

第二次世界大战结束后，由于第三次科技革命的重大影响和跨国公司的迅速发展，极大地促进了国际分工向全球分工发展，推动了国际贸易的迅速发展，产生了一系列深刻的变化。

20 世纪 60 年代以来，国际贸易的发展呈现出新的特点，亟待从理论上得到解释。首先，从贸易的参加国来看，要素禀赋相似的发达国家之间的贸易占世界贸易的比重不断上升，取代了战前发达国家与发展中国家之间的贸易而占据主导地位。其次，从贸易的商品来看，发达国家之间的贸易主要表现为同一产业类别的相似产品，即以规模经济和产品差异性为基础的工业制成品的大量交换，“产业内贸易”（intra-industry trade）现象日益显现（见表 2-2）。最后，从贸易的市场结构来看，随着战后跨国公司的迅速兴起，一些大型公司垄断了全球某些产业的生产与销售，使得传统贸易理论中完全竞争的假设与现实相去甚远。

表 2-2 经合组织成员国工业制成品中产业内贸易的比重（%）

国　家	1970 年	1980 年	1987 年
美　国	45.4	52.5	51.4
英　国	57.8	66.8	68.8
德　国	58.9	67.1	65.5
法　国	65.5	71.6	72.3
意大利	54.2	53.8	55.3
加拿大	44.8	47.0	55.7
日　本	23.6	23.6	22.2
平　均	49.0	55.5	57.8

资料来源：转引自 Dominik Salvatore “International Economics” Fifth Edition，Prentice-Hall International，Inc.

建立在商品相对价格差异基础上的传统国际贸易理论，大都强调国家间技术、要素禀赋及偏好等方面的差异在国际贸易中的决定作用。依据这些理论，国际贸易应当发生在商品的供给或需求条件不同的国家之间，贸易的形态属于产业间贸易。然而，在国际贸易发展的现实面前，以比较优势为核心的传统国际贸易理论遇到了严重的挑战。例如，发达的工业国之间的要素禀赋非常相似，然而，为什么发达国家之间的贸易量会超过发达国家与发展中国家之间的贸易量？为什么发达国家之间的大量贸易是同一产业内部相似产品的双向贸易？上述现象是传统的国际贸易理论所无法解释的，这说明传统贸易理论所依据的基本假设即生产技术给定、规模报酬不变、需求偏好不同以及完全竞争的市场结构，在现实世界中已经发生了很大的变化。

三、现代国际贸易理论的发展过程

实践的发展呼唤着新的理论的产生。20 世纪 60 年代以来，经济学家们从现实出发，提出了一系列新的、以规模经济为核心的国际贸易理论。

在 20 世纪前半期，以新古典模型为表达形式的要素禀赋理论在国际贸易理论中占据着主导地位。50 年代初，里昂惕夫的实证检验结果使得这一理论的追随者产生了怀疑。60 年代，林德（Linder）、波斯纳（Posner）、弗农（Vernon）等人从不同的角度提出了有别于比较优势的新的贸易基础，但要素禀赋理论并未受到真正的挑战。直到 70 年代末，国际贸易理论的发展才出现了重大的突破。

20 世纪 70 年代末，以美国经济学家保罗・克鲁格曼（Paul Krugman）为代表的一批经济学家提出了“新贸易理论”（new trade theory）。该理论认为除了要素禀赋的差异外，规模经济也是国际贸易的起因和贸易利益来源的另一个独立的决定因素。新贸易理论引入了规模经济的假设，从而打破了比较优势理论中规模报酬不变和完全竞争这两条基本假设，使得研究的重心由国家间比较优势的差异转向市场结构和厂商行为方面。

实际上，早在斯密的贸易理论中，就已经提出了规模经济的思想。但后来随着新古典经济学的兴起，规模经济由于与完全竞争的市场结构相悖，所以一直被排除在以竞争性均衡为核心的一般均衡理论之外。长期以来，规模经济与不完全竞争分析一直未能被纳入主流经济学的视野。20 世纪 40 年代兴起的产业组织理论可以看作是微观经济学中市场结构理论的一个后续发展，它以不完全竞争的市场结构为考察对象，主要分析市场结构、厂商行为和市场绩效三者之间的因果关系。特别是在 70 年代中期，当博弈论方法被引入到产业组织理论后，使得对不完全竞争市场结构下（主要针对寡头市场）厂商行为的研究取得了重大的突破，丰富和发展了经济学的理论基础。1978 年，克鲁格曼将包含差异产品和（内部）规模经济的垄断竞争模型推广到开放经济条件下，首次证明了规模经济是国际贸易的另一重要起因，以及产品的差异性决定了贸易形态为产业内贸易。

由于不完全竞争理论至今没有形成统一的分析模式，所以现代贸易理论至今还没有像比较优势理论那样在表达形式上达到完美的境界，造成这种局面的一个重要原因是不完全竞争的市场结构过于复杂。对于完全垄断和寡头垄断这两种市场结构与国际贸易的关系，目前还没有构建出令人信服的模型。但是从 20 世纪 80 年代以来，垄断竞争模型已经在贸易理论的研究中得到了广泛运用。迄今为止，现代国际贸易理论经历了 30 多年的发展，已经成为国际经济学或国际贸易理论的重要组成部分。

四、现代贸易理论与传统贸易理论的关系

综合传统国际贸易理论的基本假设，可以概括成以下五个条件：（1）生产技术；（2）要素禀赋；（3）消费偏好；（4）规模报酬不变；（5）完全竞争市场。如果上述五个条件在各国完全相同，各国封闭条件下商品的相对价格也就完全相同，在这种情况下国际贸易是不可能发生的。虽然以上述条件为标志所描述的没有贸易的世界在现实中根本不存在，但以此为起点，可以容易地辨别国际贸易的各种起因。

传统国际贸易模型通常构建两个国家、两种产品和两种要素的模型，在完全竞争的假设下，贸易前两国商品的相对价格差异是国际贸易产生的基础。国家间的供给、需求方面的差异是造成商品相对价格差异的根源。可见，上述五个条件中的任一条件存在差异，原来无贸易的假设状态就会被打破，贸易基础就因此而产生。贸易后，国际贸易的均衡价格由两国的供给与需求因素共同决定，均衡价格处于两国贸易前的国内相对价格之间，因此国际贸易使参加贸易的双方都可以获益。下面依次排除前面假设相同的各项条件，分别探讨国际贸易的起因及其影响：

如果假设第（1）项条件发生变化而其他条件不变，这时两国间生产同种商品的生产技术就不再相同，生产可能性曲线的形状也将随之不同。由于社会无差异曲线的形状仍是相同的，所以两国在封闭条件下商品的相对价格便会存在差异，两国间开展贸易的基础也就产生了。在这种情形下，两国间生产技术的差异便是国际贸易的一个重要起因。

如果假设第（2）项条件在两国间不同而其他条件不变，这时两国间要素拥有的相对状况便存在差异，生产可能性曲线的形状也会不同，从而商品相对价格的差异就会出现。因此，要素禀赋的差异便成为国际贸易的另一个重要起因。生产技术差异和要素禀赋差异反映了两国在供给方面的差异。在国际贸易理论的发展史上，从供给因素来解释国际贸易的起因和影响的理论占据主要的地位。

如果假设第（3）项条件在两国是不同的而供给条件完全相同，虽然两国生产可能性边界的形状相同，但由于社会无差异曲线的形状不同，即两国对两种商品的需求强度不同，需求方面的差异同样也可以引起国际贸易的产生。

需要指出的是，当放松第（4）项或第（5）项假设条件时，会遇到一些超越传统国际贸易理论分析框架的新问题。在存在着规模经济或不完全竞争的条件下，商品相对价格的差异不再是国际贸易的唯一基础。在这种情形下，即使两国不存在商品相对价格上的差异，国际贸易仍然可以发生，因为规模经济会导致国际分工的完全专业化，不同的国家可以选择生产不同种类的差异产品以获得规模经济的好处，然后通过交换满足消费的多样性。此外，在不完全竞争的条件下，传统国际贸易理论基于完全竞争假设的分析方法和模型也不再适用了。因此，国际贸易理论实际上包括两类不同的理论体系：以比较优势理论为核心的传统贸易理论可以称为“国际贸易的完全竞争理论”，而以规模经济为核心的现代贸易理论则可以称为“国际贸易的不完全竞争理论”。综合上述，国际贸易基础的决定因素可用图 2-2 概括。

现代贸易理论的出现并不意味着它取代了传统的比较优势理论。从理论基础上看，前者以规模经济和不完全竞争为前提，建立在不完全竞争理论基础之上，而后者则以规模报酬不变和完全竞争为前提，建立在完全竞争理论基础之上。从解释对象上看，它们分别解释的是不同的贸易现象，前者主要解释发生在发达国家之间的产业内贸易，而后者则着重解释发达国家与发展中国家之间进行的产业间贸易。因此，二者不是排斥或替代的关系，而是共存和互补的关系，它们共同丰富和完善了国际贸易的理论体系。在以下各节中，将从需求结构相似、技术的动态变化、规模经济与不完全竞争等方面来介绍现代国际贸易理论的主要内容。

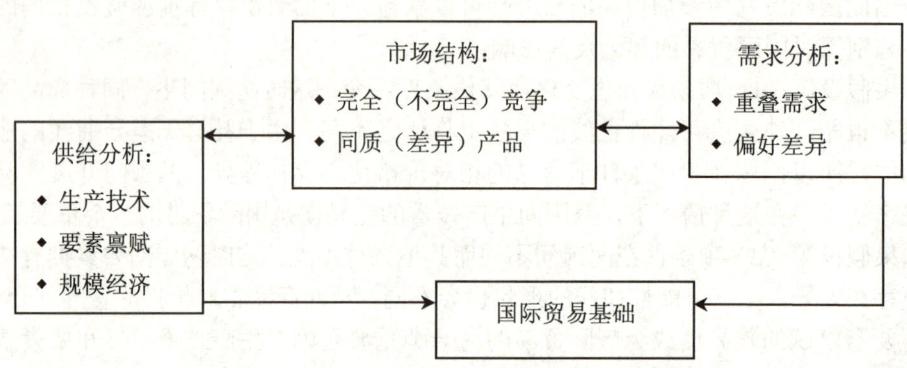

图 2-2 国际贸易基础的决定因素

第二节 重叠需求与国际贸易

传统国际贸易理论主要是从供给方面来探讨国际贸易的基础，即从技术差异、要素禀赋差异等供给方面的因素来解释比较优势的决定，而对于国际贸易需求方面的因素则较少涉及。1961 年，瑞典经济学家斯特凡·林德（Staffan Linder）提出了重叠需求理论（overlapping demand theory），又称作偏好相似理论（preference similarity theory），着重从需求的角度探讨了工业制成品贸易发生的原因。这一理论的核心思想是：两国之间开展贸易的可能性及贸易的规模是由两国的需求结构和平均收入水平决定的。

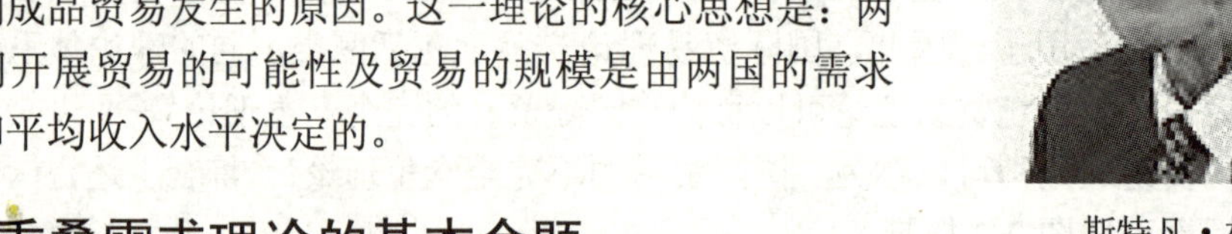

斯特凡·林德

一、重叠需求理论的基本命题

传统国际贸易理论假设一国的偏好是完全相同的。林德通过对制成品贸易的研究提出：在一国内部，不同收入阶层的消费者偏好是不同的——收入水平高的消费者偏好奢侈品，收入水平低的消费者则偏好必需品。因此，同一种类的商品可以划分成不同的质量等级。另一方面，不同国家的消费者如果收入水平接近，则其消费偏好和需求结构也相似或相同。

林德的重叠需求理论建立在以下三个基本命题的基础之上：

第一，一种产品要成为潜在的出口产品，首先应该是在本国存在消费需求并投资生产的产品。当产量的增长超过了国内需求增长的速度时，生产者就会将产品向国外销售。也就是说，产品的国内需求是其能够出口的前提条件。一国生产者总是首先发展具有国内需求的产品，而不可能想到去满足国内根本不存在的需求。

第二，两个国家的消费偏好越是相似，则它们的需求结构也越接近，或者说需求的重叠部分就越大。这样，一国的生产就很容易与另一国的需求相互适应，两国之间开展贸易的可能性就越大。

第三，平均收入水平是影响需求结构的最主要的因素，它可以作为衡量两国需求结构或偏好相似程度的指标。两国的人均收入水平越接近，其需求结构越相似，它们之间的重叠需求就越大，从而贸易规模也就越大。

二、重叠需求贸易模型

以上述三个基本命题为基础，林德从需求的角度解释了发达国家之间日益上升的工业制成品贸易产生的原因。由于发达国家的人均收入水平较高并且相互接近，它们对制成品的需求比重较大并且需求结构相似，又由于制成品之间的差异性使它们之间的相互需求也较大。图 2-3 阐述了林德的这一思想。

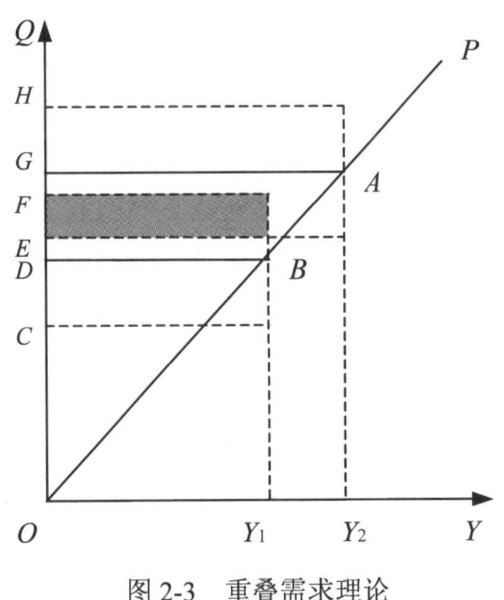

图 2-3　重叠需求理论

在图 2-3 中，横轴表示一国的人均收入水平（Y），纵轴表示商品的质量等级（Q）。一国的人均收入水平越高，则消费者所需商品的质量等级也就越高，二者的关系由图中的 OP 线表示，OP 的斜率为正表明随着平均收入水平的提高，所需商品的质量等级也相应提高。

图 2-3 中，Y_1 和 Y_2 分别代表本国和外国的平均收入水平。相应地，本国所需商品的质量等级处于以 D 为基点、上限点为 F、下限点为 C 的范围内；外国所需商品的质量等级处在以 G 为基点，上限点为 H、下限点为 E 的范围内。对于两国来说，处在各自质量等级范围之外的商品不是太过高档就是太过低劣，是它们不能或不愿购买的。

本国的质量等级处于 C 和 E 之间的商品、外国的质量等级处于 F 和 H 之间的商品均只有各自国内的需求，没有来自国外的需求，所以不可能成为贸易品。但是在 E 和 F 之间的商品（图中矩形的阴影面积），则在两国都有需求，即存在所谓重叠需求，这种重叠需求是两国开展贸易的基础，质量处于这一范围内的商品，本国与外国均可以进口或出口。

由图 2-3 可知，当两国的人均收入水平越接近时，存在重叠需求的商品的范围就越大，两国重复需要的商品就越有可能成为贸易品。所以，收入水平相似的国家之间的贸易关系也就可能越密切。反之，如果收入水平相差非常悬殊，两国重复需要的商品就可能很少，甚至完全不存在，因此贸易的密切程度也就很小。由此可见，人均收入水平接近导致的需求结构相似也可以成为贸易开展的基础。

三、重叠需求模型的理论与实证意义

林德曾经指出，重叠需求理论主要是用来解释发达国家之间工业制成品的双向贸易（即产业内贸易）。依据重叠需求理论，发达国家之间的制成品贸易与要素禀赋理论并无关系，而应当用需求方面的因素加以解释，这是对传统贸易理论的进一步延伸和发展。

林德认为，初级产品的贸易是由于资源禀赋不同引起的，其消费需求与一国的收入水平无关。而且，即使出口国缺少对初级产品的国内需求，它也仍然可以成为出口品。也就是说，初级产品的贸易可以在收入水平相差很大的国家之间进行。所以，初级产品的贸易可以用要素禀赋理论来加以说明。

工业制成品存在着明显的品质差异，其消费需求与一国的收入水平有密切的关系。发达国家的人均收入水平普遍较高，它们之间对制成品的重叠需求范围较大，因此制成品的贸易主要发生在人均收入水平比较接近的发达国家之间。所以，重叠需求理论适合用来解释工业制成品之间的贸易。

重叠需求理论在林德的祖国瑞典得到了证实，但在其他国家实证检验的情况并不乐观。例如，非天主教国家如日本、韩国大量出口人造圣诞树和圣诞卡等商品，尽管这些商品在其国内的需求量很小。

第三节　基于动态技术差异的国际贸易

要素禀赋理论在考察国际贸易时，假定两国在同种产品的生产中使用相同的技术，因此两国的生产函数是相同的。但是，当各国所使用的技术随时间发生变化时，两国的生产函数就不再是相同的了。现实中各国所使用的技术确实存在差距，并且这种差距是动态变化的。那么，如何解释建立在技术变化基础上的国际贸易的动因与贸易模式呢？

一、技术差距模型

1961 年，美国经济学家迈克尔·波斯纳（Michael Posner）提出技术差距模型（technological gap model），对建立在技术变化基础上的国际贸易进行了解释。

按照技术差距模型，工业国之间的大量贸易建立在通过技术创新开发新产品和采用新工艺生产的基础上。各国技术创新的进展情况很不一致，新产品和新工艺使技术创新的国家在世界市场竞争中占据了有利的地位，因而可以凭借这种技术差距形成的比较优势对外出口新产品。模仿国通过进口新产品或技术合作等方式进行模仿，随着技术的传播与扩散，当它们完全掌握创新国的先进技术时，就可以逐渐减少进口甚至大量对外出口，直至占领创新国的国内市场。然而，与此同时，原有的技术差距和垄断利润的消失会促使创新国不断地开发更新的产品、采用更先进的工艺，这样新一轮的技术差距又重新开始了。

在创新国进行技术创新以后，它与模仿国之间的贸易状况取决于模仿国的消费者和生产者对新产品的反应。波斯纳把这些反应统称为“模仿滞后”（imitation lag），它们对创新国和模仿国贸易的影响如图 2-4 所示。

在图 2-4 中，需求滞后（$t_0 \sim t_1$）是指从创新国开始技术创新（生产新产品或采用新工艺生产）到模仿国的消费者对新产品产生需求的时间，它取决于模仿国人均收入水平的提高；反应滞后（$t_0 \sim t_2$）是指从创新国开始技术创新到模仿国以创新方式开始进行生产的时间，它取决于模仿国消费者的反应和企业家的创新精神；掌握滞后（$t_2 \sim t_3$）是指从模仿国开始进行生产到停止进口的时间，它取决于技术的传导、扩散与消化吸收等因素；模仿滞后则是反应滞后与掌握滞后之和。在度过掌握滞后期以后，创新国由原来新产品的出口国变为进口国，要继续保持它的国际竞争力，就必须不断地进行创新。

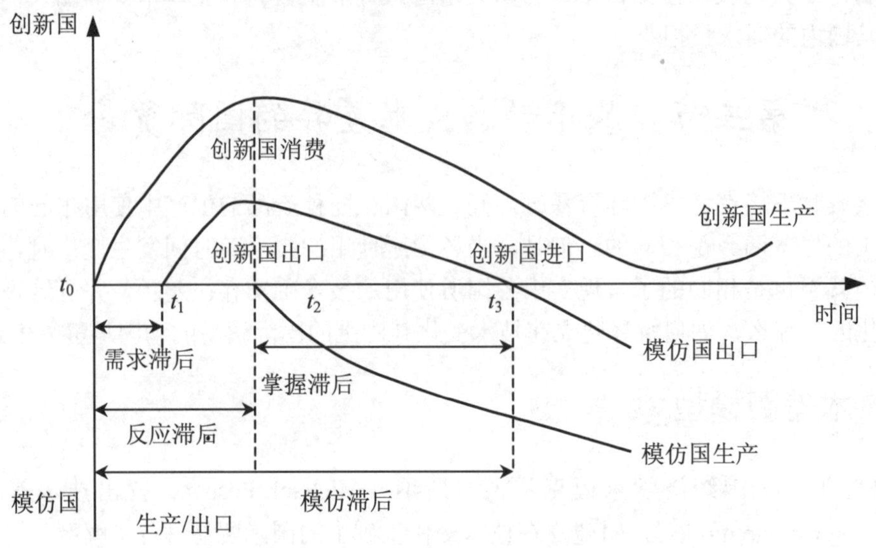

图 2-4　技术差距与模仿滞后

技术差距模型说明，即使在禀赋和偏好均相似的国家间，技术创新所形成的比较优势也会产生贸易。这一理论也很好地解释了现实中技术领先国与落后国之间技术密集型产品的贸易周期。但该模型的缺陷是，它没有说明技术差距的规模，也没有解释它产生的原因以及如何随时间的推移而消失，因而该理论还需要进一步发展。

二、产品生命周期理论

产品生命周期理论（product cycle theory）是美国经济学家雷蒙德·弗农（Raymond Vernon）于 1966 年在其《产品周期中的国际投资和国际贸易》一文中首次提出的，它是对技术差距模型的扩展和一般化。

雷蒙德·弗农

与技术差距模型强调模仿过程中的时间滞后性不同，产品生命周期理论强调的是产品在其生命周期的不同阶段上投入要素比例的规律性变化。这一理论认为，一种产品从其创新引入到发展成熟的过程中，需要多种不同的投入要素。在生命周期的不同阶段，产品投入要素的比例会发生变化。由于各国在投入要素上具有不同的相对优势，这种变化就使得最初集中于技术和资本丰裕的创新国的产品生产可以逐步地向劳动力成本低廉的发展中国家转移。弗农以美国为例，说明了产品生命周期与国际贸易的动态变化，如图 2-5 所示。

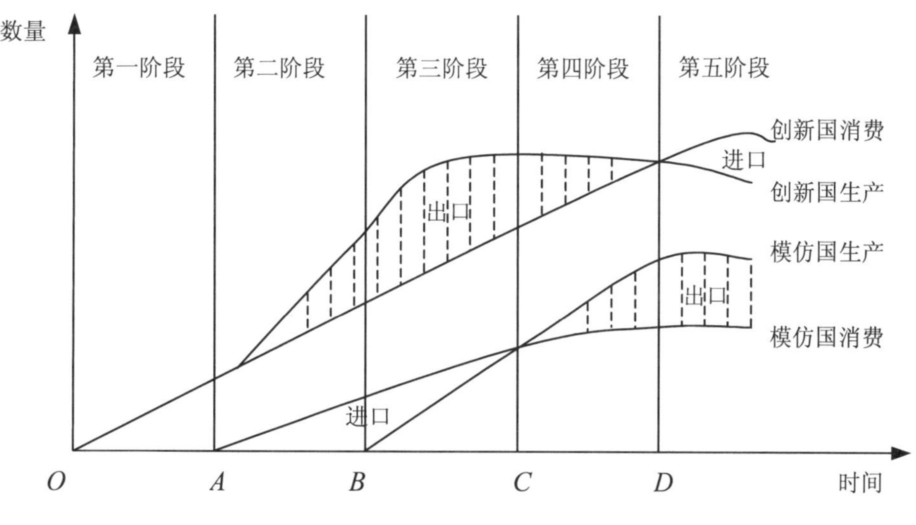

图 2-5　产品生命周期理论

在图 2-5 中，第一阶段（*OA* 段）是产品创新阶段。在这一阶段，产品只在美国生产与消费。弗农认为美国在发展新产品生产方面具有优势，因为美国平均收入水平较高，国内市场规模巨大，因而会不断产生出对新产品的需求；企业对于本国消费者进入的市场非常熟悉，能够提供适合市场需要的新产品并及时从消费者那里获得信息反馈；美国拥有大量的研究与开发（R&D）费用和高素质的人力资源。

第二阶段（*AB* 段）是产品成长阶段。产品的生产在美国得到改进，为满足国内外不断增长的需要，产量迅速提高。在这一阶段，国外还不能生产这种产品，因此美国企业在国内和国际市场上都处于完全垄断的地位。由于新产品的价格较高，贸易主要发生在美国与其他工业发达国家之间，因为这些国家的收入水平相对较高并且比较接近。

第三阶段（*BC* 段）是产品成熟阶段。新产品在美国已经实现标准化，创新企业发现授权外国企业生产这种产品也是有利可图的。这样，模仿国就开始生产这一产品供本国消费。由于技术已定型并被普遍采用，企业之间围绕着扩大生产与销售规模展开竞争。在这一阶段，资本在各种投入要素中占最大的比例，竞争优势开始由具有技术优势的美国向其他资本要素丰裕的发达国家转移，这导致美国企业的生产越来越受到模仿国竞争的威胁。为了维持国外市场，美国企业会在海外建立子公司，在靠近市场的地方进行生产与销售。美国企业通常会选择发达国家如日本、西欧国家进行投资，因为那里技术比较先进，人均收入水平较高，需求结构与美国相似，但劳动力成本较低。

在第四阶段（*CD* 段），由于企业的生产基本达到最佳规模，只需熟练劳动力即可完成生产，技术优势开始让位于成本优势，品牌竞争让位于价格竞争。在这一阶段，低工资的熟练劳动成为决定产品价格的最重要因素。发展中国家凭借低廉的劳动力成本开始大量投入生产，创新国的产量开始下降。

最后，在第五阶段（*D* 点以后）模仿国在美国市场上开始低价销售产品，美国的产量大幅度下降或完全停止。第四阶段和第五阶段通常被称为产品衰退阶段。技术扩散、生产标准化和更低的成本优势最终使这一产品的生命周期结束，创新国又会致力于更新的产品的研究与开发。在这一阶段，产品主要由发展中国家向发达国家出口。

三、对产品生命周期理论的评价

1．产品生命周期理论是对要素禀赋理论动态化的扩展

如果说要素禀赋理论解释的是静态的比较优势，产品生命周期理论则试图解释新产品或新工艺的动态比较优势。对于一个技术创新的产品来说，生产这种产品的投入要素的比例会随其生命周期发生规律性的变化。在创新阶段，它具有技术和资本密集的特点，使它具有比较优势的要素是大量的研究与开发（R&D）费用和高素质的人力资源如科学家、工程师和高技术工人的劳动。在成熟阶段，它是资本密集型的，必须依靠资本投入扩大生产规模才能获得竞争优势。在衰退阶段，它成为劳动密集型产品，低工资的劳动是其具有比较优势的关键。由于各国生产要素的特点不同，它们在产品生命周期各个阶段的比较优势并不一样，新产品主要的生产、贸易与投资就是随着比较优势的变迁而发生转移的。

2．产品生命周期理论受到了重叠需求理论的影响

产品生命周期理论在研究产品生命周期与国际贸易的动态变化时，接受了林德重叠需求理论的基本思想，例如该理论分析技术创新的产品为什么会在美国率先开发并生产，模仿者为什么首先会是日本、西欧等国，美国对外进行的防御性投资为什么选择在发达的工业国家等问题时，都注意到了一国的收入水平与需求结构对新产品产生与发展的影响。

3．产品生命周期理论研究了国际贸易与国际直接投资的关系

产品生命周期理论认为，与要素投入比例在产品生命周期不同阶段上的规律性变化

相对应，制造业厂商在国际化过程中依次经过一系列与贸易和投资相关的经济活动，其顺序一般是：在国内进行生产与销售→通过国内外代理向国外销售→公司总部的出口部门通过非股权参与形式进入国外生产→在一国或多国建立生产设施直接进行生产→国外子公司开始向其他国家出口。由此可见，制造业的国际贸易与国际直接投资之间存在着替代关系。

第四节　规模经济、不完全竞争与国际贸易

20 世纪 70 年代末，以保罗·克鲁格曼为代表的一批经济学家提出了“新贸易理论”（new trade theory）。新贸易理论认为，国际贸易的产生源于两个原因：（1）比较优势。即国与国之间在资源上或技术上存在差异，因此各国只生产自己具有比较优势的产品并进行自由贸易。（2）规模经济。是指生产过程中产出增长的比例高于要素投入增长比例的生产状况，规模收益递增使得每个国家只能在少数有限的产品和服务上具有专业化生产的优势。克鲁格曼认为，“即使在缺少偏好、技术和资源禀赋方面差异的情况下，规模经济也可以引导各国开展专业化分工和贸易。”[①]

一、规模经济与国际贸易

新贸易理论通过引入规模经济的假设，打破了传统贸易理论规模收益不变和完全竞争这两条基本假设，使得研究的重心由国家间的差异转向市场结构和厂商行为方面。以规模经济为基础的新贸易理论，深刻地揭示了当代国际贸易领域中诸如产业内贸易、跨国公司的兴起等新现象。

1. 一个规模经济的例子

传统的贸易理论是以规模经济不变的假设为基础的，即假定某一产业中的投入增加一倍，产出也相应地增加一倍。事实上，许多产业都具有生产规模越大，生产效率越高的规模经济特征。所谓规模经济（economies of scale）是指生产过程中随着产量的增加，产品的平均成本递减，换言之，是指生产过程中产出的增长比例高于要素投入增长比例的生产状况，又称为规模报酬递增（increasing returns to scale）。

表 2-3 列出了某一产业的投入产出情况，假定这种产品的生产只需要劳动一种生产要素。表中显示了生产中所需的劳动与该产品产量的关系。

[①] 保罗·克鲁格曼。新贸易理论呼唤着新贸易政策吗？现代外国哲学社会科学文摘，1993 年 12 月

表 2-3　规模经济

假想中的某一产业投入产出关系		
产出/个	总劳动投入/小时	平均劳动投入/小时
5	10	2
10	15	1.5
15	20	1.333 33
20	25	1.25
25	30	1.2
30	35	1.166 66

如表 2-3 所示，这一产业的生产具有典型的规模经济效应：生产 10 个产品需要 15 个小时的劳动，而生产 25 个需要 30 个小时。规模经济表现在，劳动投入增加 1 倍（从 15 到 30），产出却增加了 1.5 倍（从 10 到 25）。再观察单位产品的平均劳动量：当产出为 5 个时，每个产品的平均劳动投入为 2 小时，而当产出为 25 个时，平均劳动投入只有 1.2 小时。可见随着产量增加，生产的平均成本下降，劳动的效率提高。

从上述例子可以看出，如果生产规模太小，劳动分工和生产管理都会受到限制，产品的平均成本会比较高。而大规模生产可以有效地利用劳动力进行专业分工，所以规模收益递增有可能发生。

2．规模经济与国际贸易

上述具有规模经济特征的生产可以解释国际贸易产生的原因。假定世界上只有本国与外国两个国家，两国具有生产某种产品相同的技术与资源禀赋（在这样的假设条件下，还有比较优势吗？当然没有！那么，没有比较优势，还会有国际贸易吗？有！）。如果最初两国都生产 10 个该种产品，根据表 2-3 可知，每个国家均需要投入 15 小时的劳动，那么，为生产 20 个单位的产品，两国总计需要投入 30 小时的劳动。然而，如果让这种产品集中在一个国家内进行生产（假如在本国生产），同样投入 30 个小时的劳动，却可以生产出 25 个产品。显然，规模经济使得生产更有效率。

问题在于，本国从哪里获得这增加的 15 小时劳动呢？与此同时，外国原来生产这种产品的工人又去做什么呢？为了获取这种产品扩张所需要的劳动，本国必然减少或放弃其他产品的生产，这些放弃的产品将在外国生产；外国则将原来从事该产品生产的工人用于从事本国所放弃的产品的生产。因此，为了获得规模经济效应，两国都将“有所为有所不为”，集中生产有限类别的产品。

另一方面，消费本身又具有多样性，消费者都希望能够消费种类、花色繁多的产品。国际贸易在这一过程中扮演了关键的角色：在两国各自集中生产有限类别产品的基础上，贸易使得本国与外国互通有无，从而扩大了消费者购买商品的范围。因此，国际贸易既能充分利用规模经济的好处，同时又不牺牲消费的多样性。

3. 规模经济与国际贸易

图 2-6 显示了在规模经济基础上开展的国际贸易。横轴和纵轴分别代表特定的差异产品节能汽车和豪华汽车。假定本国和外国的要素禀赋和偏好均相同，这样可以用相同的生产可能性曲线和社会无差异曲线来表示两国的情况。规模报酬递增的特点使得生产可能性曲线的形状凸向原点。由于两国的生产可能性曲线和社会无差异曲线完全相同，所以贸易前两国的相对商品价格也相同，图中生产可能性曲线和社会无差异曲线 I_0 在 A 点的公切线的斜率为 $P_1/P_2=P_A$。

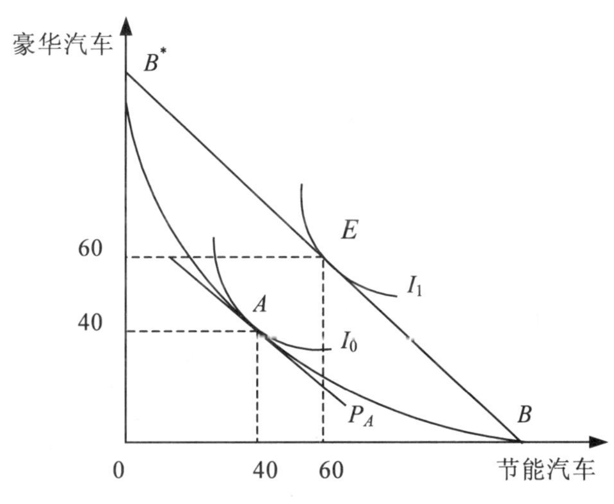

图 2-6　基于规模经济的贸易

贸易前，本国与外国的国内生产与消费均衡于 A 点，各自生产国内所需的节能汽车与豪华汽车。当有限的资源分散在两种商品的生产上时，并没有发挥出生产所具有的规模经济特点。

当本国由于某种原因扩大了节能汽车的生产，规模经济的作用使商品的相对价格下降，本国将进一步扩大节能汽车的生产并出口。同时外国则扩大豪华汽车的生产以获得规模经济并参与贸易。规模报酬递增将导致两国最终实行完全专业化分工，本国在 B 点专门生产节能汽车，外国在 B^* 点专门生产豪华汽车。通过贸易，彼此用 60 单位的节能汽车与 60 单位的豪华汽车交换，两国最终的消费组合都达到了更高的均衡点 E 点，贸易后的社会无差异曲线 I_1 高于贸易前的社会无差异曲线 I_0。

关于以上分析还需要说明的是：（1）在规模报酬递增的生产可能性曲线上，两国贸易前的均衡点 A 点是不稳定的。因为如果在某种原因下，本国沿其生产可能性曲线向 A 点右侧移动，则节能汽车的相对价格（P_1/P_2）会不断下降，直至本国完全生产节能汽车为止。同样，如果外国沿其生产可能性曲线向 A 点左侧移动，P_1/P_2 就会不断上升（即 P_2/P_1 下降）直至外国完全生产豪华汽车为止。（2）本国分工生产节能汽车和外国分工生产豪华汽车并不是必然的，在现实中，国际分工与贸易的模式可能完全是由某种历史原因或偶然因素决定的。（3）在规模报酬递增的条件下，两国进行互利贸易并不要求两国的条件完全一致，上述假定只是为了简化分析。

二、不完全竞争与国际贸易

1. 规模经济的类型与市场结构

规模经济可分为内部规模经济（internal scale economies）与外部规模经济（external scale economies）。如果企业单位产品的平均成本下降依赖于整个行业规模的扩大，当整个行业的产量扩大时（由于企业外部的某些原因），单个企业的平均生产成本下降，这时便存在着外部规模经济。假定某一行业现有 10 个企业，每一企业生产 100 个产品，整个行业产出 1 000 个产品。如果整个行业规模扩大，由 10 个企业增至 20 个企业，每一企业仍提供 100 个产品，如果单个产品的成本下降了，这就是外部规模经济的情况。企业在地理上的聚集导致专业化供应商的形成和劳动力市场的共享，以及技术与知识在行业内各企业间的扩散等，都会产生外部规模经济。

如果企业单位产品的平均成本下降依赖于单个企业本身规模的扩大，即当企业的产量增加时，企业生产的平均成本下降，这时便存在着内部规模经济。上例中，如果整个行业产出不变，仍为 1 000 个产品，但企业数目由 10 个减少至 5 个，每一企业的产出由 100 个增至 200 个。如果单个产品的成本下降了，这就是内部规模经济的情况。大企业可以通过更有效地利用劳动力进行专业化分工、采用更为专业化的机器设备、将固定成本分摊到更多单位的产出等途径来降低平均成本。

不同类型的规模经济对行业的市场结构具有不同的影响：存在内部规模经济的行业，大企业的生产规模和产量比小企业大，因而与小企业相比更具有成本优势，从而形成不完全竞争的市场结构。存在外部规模经济的行业，主要是依赖行业内企业的“聚集效应”，所以一般由许多相对较小的企业构成，它们之间的竞争导致了完全竞争的市场结构。两类规模经济对国际贸易产生的影响是不同的，将在下面分别进行考察。

2．不完全竞争市场：基本要点

如上所述，内部规模经济往往引发市场结构由完全竞争向不完全竞争转变。关于不完全竞争市场的内容，微观经济学教材有更为具体的阐述。这里从国际贸易理论研究的角度，择其要点说明。

（1）市场结构的不同类型。市场结构包括四种类型：完全竞争（perfect competition）、垄断竞争（monopolistic competition）、寡头垄断（oligopoly）与完全垄断（monopoly）。其中，垄断竞争、寡头垄断与完全垄断统称为不完全竞争市场（imperfect competition）。区分不同的市场结构主要有两个方面：一是同行业中企业的数量，二是同种产品的差异性。具体情况可见表 2-4。

表 2-4 市场结构的不同类型

市场类型	市场参与者	产品差异性
完全竞争	众多的企业	产品均质化，无差异性
垄断竞争	较多的企业	产品具有相似性，但存在差异
寡头垄断	少数几个企业	有的产品具有差异性，有的没有
完全垄断	只有一个企业	只有一种产品，不存在差异性

（2）垄断企业的价格制定。完全竞争市场与不完全竞争市场是两种不同类型的市场：在完全竞争市场中，由于存在着众多的卖者和买者，产品是同质的，因此企业只是价格的被动接受者；而在不完全竞争市场中，由于企业数目相对减少，并且各家企业生产有差异的产品，因而企业是价格的制定者而不是价格的接受者。当企业不是价格的接受者时，价格的形成与产量的决定与完全竞争是不一样的。

最简单的不完全竞争市场结构是完全垄断，图 2-7 表明了一个垄断企业的价格制定和生产决策情况。

在图 2-7 中，由于垄断企业只生产某种产品的少数类别，在生产中就会产生规模经济效应，因此平均成本曲线 AC 是向下倾斜的，同时边际成本曲线 MC 位于 AC 曲线的下方。在不完全竞争条件下，企业面临着一条向下倾斜的需求曲线（D），它表明只要降低价格，企业就能销售更多产品。与需求曲线对应的是一条边际收益曲线 MR，对垄断企业来说，边际收益总是低于价格（而不像完全竞争市场那样总是等于价格），原因是为了多销售 1 单位产品，企业必须降低所有产品的价格（而不仅仅是最后 1 单位产品）。因此，边际收益曲线总是位于需求曲线的下方。

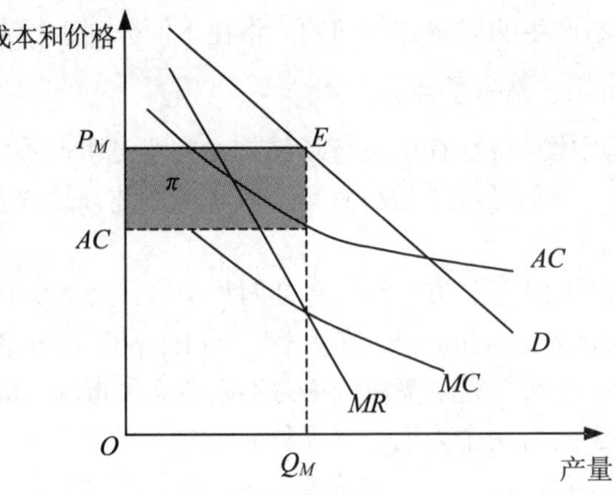

图 2-7 垄断企业的价格制定和生产决策

价格与边际收益的关系取决于两个因素：一是企业的销售量 Q。销售量越少，降价给企业带来的损失就越小，边际收益就越高；销售量越多，降价对企业的损失就越大，边际收益就越低。二是需求曲线的斜率。需求曲线的斜率表示企业为了多销售 1 单位产品所降价的程度。需求曲线越平缓，意味着企业多销售 1 单位产品只需降低较少的价格，这样边际收益就越是接近单位产品价格；需求曲线越陡峭，企业为了多销售 1 单位产品不得不大幅度降价，边际收益就越是低于价格。

根据企业实现利润最大化的条件（$MR = MC$），垄断企业最终将均衡产量确定在 Q_M，对应的均衡价格为 P_M，企业的利润（π）为图中矩形的阴影面积，即等于价格与平均成本之差乘以产量 Q_M。

（3）垄断竞争市场的均衡。不完全竞争理论至今没有形成统一的分析模式，造成这种局面的一个重要原因是市场结构过于复杂：完全垄断在现实中是很罕见的，对寡头垄断的分析目前还不能得出一般性的结论。困难在于当企业的数目极少时，它们的价格政策是相互依存的，市场的均衡是一个复杂的博弈过程，厂商不同的行为方式会导致不同的结果。然而，垄断竞争的市场结构相对比较容易分析。

垄断竞争的市场具有两大特点：一是同一行业由数量较多的企业所组成；二是每个企业的产品不完全相同但相互可以替代。在一定意义上说，各个企业均是其特定产品的唯一生产者，但对其产品的需求却取决于同一行业其他企业生产的相似产品的数量和价格。[①]据此，垄断竞争模型说明了垄断竞争行业中的企业数目和它们的定价决策受到市场规模大小的影响。

---

① 垄断竞争模型假设每个企业都把其竞争对手的价格看作是既定的，即不考虑自己的价格对其他企业价格的影响。

图 2-8 显示了垄断竞争市场的均衡状态。为了集中分析整个行业的问题，假定行业内所有企业的需求曲线和成本函数是完全一致的。图中横轴表示行业内厂商的数量（N），纵轴表示产品的价格（P）或成本（C）。

在图 2-8 中，向下倾斜的 PP 曲线表示产品的价格与企业数量之间的关系。在市场规模（行业总销售量）给定的条件下，企业的数量越多，意味着企业之间的竞争越激烈，相应地各企业的产品定价就越低。因此，产品的价格与企业的数量呈负相关。另一方面，向上倾斜的 CC 曲线表示产品的平均成本与企业数量之间的关系。在市场规模给定的条件下，随着企业数量的增加，每个企业的市场份额和销售量就越少，生产的规模经济效应无法发挥，产品的平均成本就会上升。因此，产品的平均成本与企业的数量呈正相关。

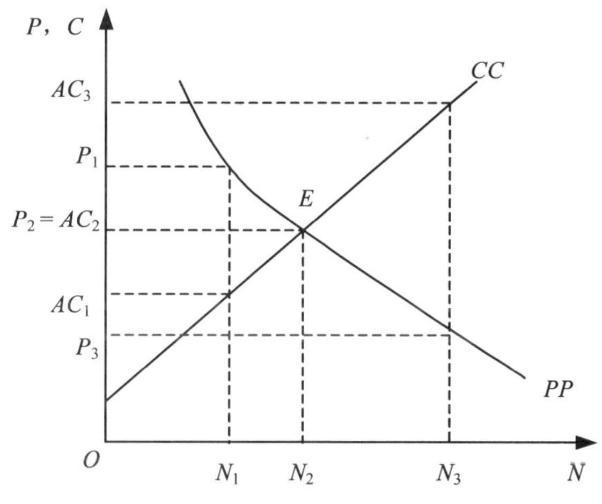

图 2-8　垄断竞争市场的均衡

PP 曲线和 CC 曲线的交点 E 为垄断竞争市场的均衡点，对应的企业数量为 N_2（N_2 代表全行业利润等于零时的企业数量），企业利润最大化的产品定价为 P_2，并且价格正好等于平均成本（$P_2=AC_2$）。如果企业数量为 N_1（$N_1<N_2$），那么企业的定价是 P_1，但是成本只有 AC_1，企业可以获得垄断利润，这会吸引更多的企业进入，直至数量达到 N_2。反过来，如果企业数量为 N_3（$N_3>N_2$），那么企业只能把价格定为 P_3，而平均成本为 AC_3，企业存在着亏损，这时一些企业会退出该行业，直至数量达到 N_2 时为止。因此，在封闭经济条件下，N_2 为该行业企业数量的均衡点，P_2 为均衡价格。

3. 垄断竞争条件下的国际贸易模型

尽管垄断竞争模型忽略了现实中一些更为复杂的现象，但由于它成功地分析了规模经济在国际贸易中的作用，从 20 世纪 80 年代以来，这一模型在贸易理论的研究中得到了广泛运用，被用来说明国际贸易是如何解决各国所面临的生产规模与商品种类之间的平衡问题。

贸易能够扩大市场的规模是垄断竞争模型的核心思想。我们知道，规模经济的实现要求一国集中生产少数种类的产品。然而，一国所能生产的产品种类和生产规模都受到市场规模的制约。一国市场规模较小的问题是通过国家之间开展贸易来解决的。国际贸易可以创造出一个比任何单个国家的市场都要大的世界市场，各国因此从限制中解脱出来，专门从事某些产品的大规模生产；同时，通过与其他国家进行交换来满足消费者的多样化要求。图 2-9 显示了垄断竞争条件下的国际贸易模型。

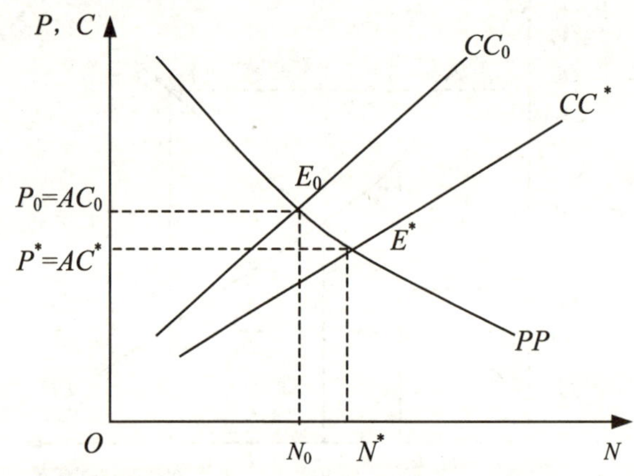

图 2-9　垄断竞争条件下的国际贸易模型

图 2-9 表明，国际贸易所形成的世界市场扩大了市场规模，使得每个企业的销售量（产出）增加，产品的平均成本下降，规模经济效应得以体现。在图中表现为，当以行业销售量衡量的市场规模扩大后，CC 曲线由 CC_0 向右下方移动到 CC^*。由于企业的定价只取决于行业中企业的数量，不受行业销售量扩大的影响，所以 PP 曲线仍然不变。因此，均衡点由贸易前的 E_0 点移至贸易后的 E^*点，产品价格由 P_0 下降为 P^*，企业数量则由 N_0 增加至 N^*。显然，国际贸易在有利于企业的同时也有利于消费者。贸易扩大了市场容量，使得企业的销售量上升，从而可以降低产品成本。同时，企业数量的增加意味着差异性产品的增多，使得消费者能够以更低的价格购买种类更加丰富的商品。

在不完全竞争的条件下，垄断企业为了获得规模经济效应，希望向市场上销售更多的商品。因此，市场的扩展成为企业追求的目标。当企业在国内市场上占有一定份额以后，国内的市场就很难进一步扩展，因此企业就将眼光转向国外市场。一般来说，企业会低于国内市场价格向国外出口商品。在国际贸易中，垄断企业的这种价格差异战略被称为倾销。关于倾销的具体分析详见本书第四章。

4．产业内贸易

产业内贸易是战后国际贸易领域中出现的重要的贸易现象。从统计的角度来说，产业内贸易（intra-industry trade）是指一个国家同时出口和进口同一种产品分类目录中的产品。20 世纪 70 年代，格鲁贝尔（H. Grubel）、劳埃德（P. J. Lioyd）等人开创了产业内贸易理论的研究，成功地引入了规模经济和不完全竞争的假设。一般来说，规模经济（内部规模经济）导致完全竞争假设的失效。由于规模经济的存在，各国都生产少数种类的有差异的产品，因而对它所特有的产品拥有垄断地位。因此，分析有规模经济存在的贸易必须运用不完全竞争模型。

（1）产业内贸易产生的原因。产业内贸易产生的原因主要有：

第一，产品的差异性。由于消费者希望产品具有多样的特征以便增加其选择的机会，或者是生产者为了突出产品的特征以使消费者忠实于其品牌，一种产品有着许多不同的品种。例如，美国可能生产大型豪华汽车，而日本则可能生产小型节能汽车。结果是，一些喜欢豪华汽车的日本消费者可能购买美国的产品，而一些美国的消费者则可能购买日本的产品。产品的差异性导致了产业内贸易的发生。

第二，动态规模经济。这一点与产品的差别性有关。设想产业内贸易发生在同一种产品的不同款式之间。那么，本国和外国的生产企业都有可能处于“边干边学”（learning by doing）即动态规模经济的过程中。随着生产特定商品的经验积累，单位产品的成本下降，每种款式商品的销售经过一定时间后都会有所增长。对于两国来说，由于其中一种款式是出口品，另一种款式是进口品，因此产业内贸易会随着时间的推移而增加。

第三，运输成本和地理位置。一个地理意义上的大国，产品的运输成本可能对产业内贸易的发生起到一定作用，特别是对于那些相对于其价值而言体积较大的产品。例如，一种特定的产品同时在加拿大的东部和美国的加利福尼亚生产，那么，缅因州的消费者可能购买加拿大的产品而不是加利福尼亚的产品，因为前者的运输成本更低。另一方面，墨西哥的消费者反而可能去购买加利福尼亚的产品。所以，美国同时在出口和进口同一种商品。

第四，产品目录的分类程度。产业内贸易也可能纯粹是由于产品目录的分类程度引起的。如果产品目录定得较粗，那么，这种情况较之目录定得较细的情况而言，就会出现更多的产业内贸易。例如，根据产品分类目录是“饮料和烟草”；“饮料”和“烟草”；还是“酒类饮料”、“果汁饮料”、“碳酸饮料”……，所计算出的产业内贸易水平是完全不同的。

（2）产业内贸易指数。格鲁贝尔和劳埃德在研究产业内贸易现象时，用产业内贸易指数（intra-industry trade index）这一指标来衡量产业内贸易的水平。产业内贸易为非产业间贸易部分的贸易，即进口与出口相抵消的那一部分贸易。产业内贸易在一国贸易总量（或某一产业的贸易总量）中的比重可以由下面的产业内贸易指数公式来计算：

$$T = 1 - \frac{|X - M|}{X + M}$$

在上式中，X 表示某种特定产品的出口量，M 表示某种特定产品的进口量。$|X-M|$ 为产业间贸易量[①]。产业内贸易指数（式中的 T 值）等于 1 减去产业间贸易量在贸易总量中的比重。

T 值的取值范围介于 0～1 之间，当 T=0 时，表示一国（或某一产业）的该种产品只有出口（X）或者只有进口（M），即完全没有产业内贸易。当 T=1 时，表示该种产品的出口与进口（X=M）相等，所有的贸易都是产业内贸易。如果某些贸易为产业间贸易，某些贸易为产业内贸易，产业内贸易指数便位于 0～1 之间，其数值的大小表明产业内贸易的水平或重要程度。

使用产业内贸易指数来衡量产业内贸易水平有一个重要的缺陷，就是产品目录分类的程度会影响 T 值的大小。一般来说，产品目录的分类越笼统，T 值就越大。但是在对产品分类界定一致的情况下，利用该指标对不同产业的产业内贸易水平进行比较，或者分析同一产业的产业内贸易随时间推移而发生的变化，还是比较有效的。

（3）产业内贸易的重要性。

首先，产业内贸易能够使各国从更大的市场规模中获益，这种收益来自两个方面：规模经济和增加商品选择的机会。因此，从基于规模经济和产品差异的产业内贸易中可以获取额外的收益，并且比从基于比较优势的产业间贸易中获取的更多。正如上面所分析的，一国通过开展产业内贸易，能够在更大规模上进行生产，从而提高生产效率和降低产品成本；另一方面，国内消费者可以消费种类繁多的商品，从更广泛的选择中受益。

其次，以要素禀赋为基础的国际贸易虽然能够增加一国整体的福利，但是贸易通过影响要素相对价格的变化对一国的收入分配产生强烈的影响，因此贸易的发展会遇到政治上的阻碍。但是，基于规模经济和产品差异的国际贸易使各国从贸易中获益，同时并不会引起要素相对价格的变化，因此贸易对收入分配的影响将会很小。在经济发展水平比较接近的国家之间，由于要素禀赋和技术水平等方面相类似，产业内贸易成为相互贸易的主体。所以，在发达工业化国家之间（例如在欧盟内部）的制成品贸易中，贸易的

[①] 计算产业内贸易指数时，只需计算任何产业间贸易的数值，而不论它是正值还是负值，所以对产业间贸易量取其绝对值。

发展所引起的社会与政治问题要少得多。

三、外部规模经济与国际贸易

上面分析了在内部规模经济条件下，垄断企业进行产业内分工并开展贸易的情况，以下分析外部规模经济与国际贸易的关系。

1. 外部规模经济及产生的原因

如前所述，外部规模经济指由于行业规模扩大而非企业自身生产规模扩大所引起的生产效率的提高。而行业规模的扩大主要是通过行业内企业在地理上的聚集实现的。俗话说“同行是冤家”，是指同一行业内的企业由于相互间存在着激烈的竞争所形成的利益对立和冲突。然而，现实中却普遍存在着同一行业的企业在地理位置上聚集的现象。例如，集中于美国加利福尼亚州著名的硅谷的IT产业，集中于纽约华尔街的投资银行业，以及集中于好莱坞的电影娱乐业。在日常生活中也经常可以见到像旅馆、餐饮、理发等服务行业集中在同一地区“扎堆”经营的现象。既然“同行是冤家”，为什么还要聚集在一起呢？答案就是追求外部规模经济。

为什么集中在一起的企业要比单个企业更加有效率呢？外部规模经济的产生主要有三个原因：

（1）专业化的供应商。在许多行业中，产品与服务的生产需要使用专门的设备与配套服务，然而单个企业不可能提供足够大的服务需求市场来满足众多供应商。行业内大量企业在地理上的聚集中可以解决这个问题。由于存在着密集的专业化的供应商网络，使得一些关键的设备和服务变得便宜和容易获得。

（2）劳动力市场共享。企业的集中能够为具有专业化技能的工人创造出一个完善的劳动力市场。这个市场不仅有利于企业同时也有利于工人，因为企业会较少面临劳动力短缺的问题，而工人也会较少面临失业。例如，两部战争题材的电影同时拍摄，影片中需要大量的群众演员，但导演事前并不确切知道需要雇佣的人数。比较两种情况：一是两部电影在两个城市不同的“影视城”分别拍摄；二是两部电影在同一城市的“影视城”同时拍摄。显然，两部电影在同一个“影视城”中拍摄更能够节约拍摄成本，原因是这里存在着由于劳动力市场共享而产生的外部规模经济。

（3）技术扩散与知识外溢。行业的集中分布导致了不同企业员工的集中，通过员工在企业之间的流动或自然的接触与交流可以实现技术、知识的扩散，这种知识的非正式扩散是非常有效的，往往可以成为企业通过研究开发来获取技术的重要补充。例如在硅谷，行业内部信息的非正式流动使得在硅谷的企业比其他地方的企业更容易与技术发展的前沿保持一致。

2．外部规模经济与贸易模式

当存在外部规模经济并且其他条件相同时，一个国家由于某种原因在某一行业产品的生产上领先一步，通过大规模生产降低了生产成本，这种情况使得该产品的生产规模进一步扩大，而不论该国是否拥有生产这种产品的要素禀赋。因为成本与产量的相互推动，将会产生很高的门槛，使得后来的国家很难进入这个行业。也就是说，强烈的外部经济会巩固已有的贸易模式。图 2-10 阐释了这种外部经济效应。

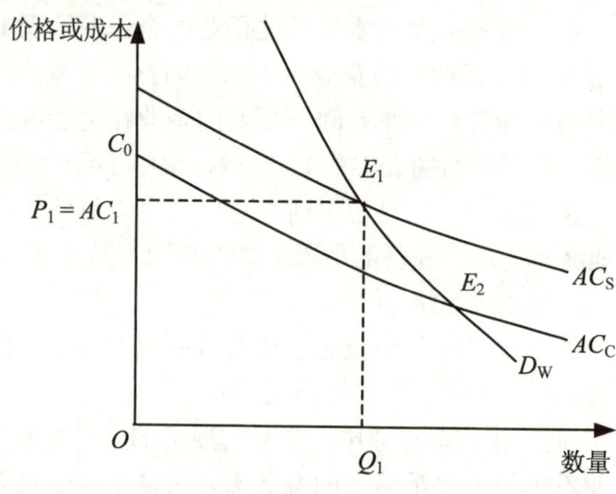

图 2-10 外部规模经济与国际贸易模型

在图 2-10 中，两个国家分别为瑞士和中国，横轴表示手表的产量，纵轴表示手表生产的成本或价格。D_W 代表世界手表需求，并假定瑞士和中国均能满足这一需求。AC_S 为瑞士钟表业的平均成本曲线，AC_C 为中国钟表业的平均成本曲线，两条平均成本曲线向下倾斜表示该行业具有外部规模经济。由于在企业层次上不存在规模经济，所以两国的钟表业均由众多完全竞争的小企业组成，竞争的结果使手表的价格等于平均成本。

假设中国的工资比瑞士低，因此图 2-10 中 AC_C 位于 AC_S 之下，这意味着在每一产量水平上，中国的手表的平均成本比瑞士更低。与瑞士相比，中国更应当进行生产供应世界手表市场。然而由于历史的原因，瑞士首先建立了钟表工业并扩大产量，在外部经济的作用下不断降低成本，并且占领了世界市场，如图中所示，世界手表市场的均衡点是 E_1，其价格为 P_1（$P_1 = AC_1$），手表的产量为 Q_1。

那么，中国是否有机会进入世界钟表市场呢？如果中国能够生产并出口钟表的话，世界手表市场的均衡点就会移向 E_2，在均衡点 E_2，中国可以以更低的价格 P_2（$P_2<P_1$）

提供更多数量（$Q_2>Q_1$）的手表。但是，如果中国以前没有生产过手表（即 $Q=0$），而瑞士已经领先一步，先于中国占领了世界市场，并将成本降至 AC_1，那么对于中国钟表行业而言，就得面临较高的初始进入成本 C_0，如图 2-10 所示，C_0 高于瑞士手表的价格（或平均成本）。因此，即使中国钟表业潜在的生产效率高于瑞士，但在起步阶段却无法与瑞士竞争，瑞士钟表业的先期建立使它能够将优势地位持续地保持下去。由此可见，外部规模经济可能导致一国贸易模式被“锁定”（lock in）。

复习题

1．什么是里昂惕夫之谜？人力资本理论是如何解释里昂惕夫之谜的？
2．现代国际贸易理论与传统贸易理论的关系。
3．简述重叠需求贸易模型。
4．画图表示产品生命周期各个阶段创新国与模仿国的贸易情况。
5．试述内部规模经济与国际贸易的关系。
6．说明垄断竞争条件下的国际贸易模型。
7．怎样理解和计算产业内贸易指数？
8．外部规模经济为什么会导致一国贸易模式被“锁定”？

练习题

1．判断下列情形中规模经济与比较优势的相对重要性：
（1）世界上大部分的铝由挪威冶炼；
（2）世界上大部分的客机由美国生产；
（3）大部分的苏格兰威士忌产自苏格兰；
（4）许多世界上最好的葡萄酒产自法国。
2．在下列进出口条件下，计算产业内贸易指数：
（1）1 000，1 000；
（2）1 000，750；
（3）1 000，500；
（4）1 000，25；
（5）1 000，0。

第三章　经济增长与国际贸易

【引言】

前两章主要阐述了静态的国际贸易理论，即不考虑生产要素供给、技术进步和对产品需求变化条件下的国际贸易状况。现实中，随着经济增长生产要素的供给、技术的变革、收入水平以及需求偏好都会发生变化，这种变化必然对贸易和国家福利产生重要影响。另一方面，国际贸易的发展又反过来影响到一国的经济增长。目前，动态的国际贸易理论还处于发展阶段。本章运用比较静态的方法考察经济增长与国际贸易的关系。这一方法主要是对经济条件发生变化前后的均衡状况进行比较，并不考虑变化的时间调整过程。

【学习目标】

① 经济增长、经济发展及增长的源泉；

② 两类经济增长及生产可能性曲线的形状；

③ 雷布津斯基定理；

④ 经济增长对小国福利的影响；

⑤ “悲惨的增长”及其发生的经济条件。

第一节　经济增长及其源泉

一、经济增长与经济发展

1．经济增长的定义

美国经济学家库兹涅茨对经济增长的定义是，“一个国家的经济增长，可以定义为给居民提供种类日益繁多的经济产品的能力上升，这种不断增长的能力是建立在先进技术以及所需要的制度和思想意识之相应的调整的基础上的。”经济增长的成果集中表现为商品供给总量或国内生产总值的增加。如果考虑到人口与价格因素，经济增长就表现为人均实际国内生产总值的增加。所以，经济增长（economic growth）是指一个国家实际国内生产总值或者人均实际国内生产总值从一个阶段到另一个阶段的增长，通常用一定时期内（通常为一年）一个国家（或地区）的人均国内生产总值来衡量。用公式表示为：

$$人均实际GDP = \frac{实际GDP}{总人口}$$

上述公式基本反映了一个国家的经济实力和社会福利水平的高低。

2．经济发展的概念

实际上，库兹涅茨关于经济增长的定义已经是发展意义上的增长。不过，通常在使用经济增长和经济发展这两个概念时还是有所区别的：经济增长意味着更多的产出数量，而经济发展（economic development）除了产出的增长外，还包括伴随产出增加而出现的经济、社会和政治结构的变化包括投入产出结构、产业比重、分配状况、消费模式、社会福利、文教卫生、公民参与等在内的所有变化。简言之，经济增长侧重于经济的数量方面，而经济发展的内涵较宽，既包含数量的增长又包含质量的提升，突出体现为经济、社会结构的深刻变化。

3．两者的相互关系

从两者的关系来看，经济增长是手段，经济发展是目的。一般来说，没有经济增长不可能有经济发展。正如赫利克（B. Herrick）和金德尔伯格（C. P. Kindleberger）所说，"很难想象没有增长的发展。功能的变化总是自然而然地包含规模的变化。一国的经济除非能够生产超过它生存所需要的东西，作为发展标志的产出结构的变化是不可能出现的。"另一方面，经济增长也并不一定都会导向经济发展。如果由于制度上或政策上的原因，经济增长没有使社会福利普遍提高，而是造成收入分配极度不均；或者由于片面追求经济增长速度，国民并没有从增长中得到真正的实惠，这些都是有增长而无发展的情况。理解经济增长和经济发展的区别，对于分析经济增长与国际贸易的关系具有重要的意义。

二、经济增长的源泉

任何社会产出的增加都取决于生产要素的投入以及生产中所使用的技术。社会中最基本的生产要素就是劳动和资本，在其他条件不变的情况下，增加生产过程中资本和劳动的投入量，产量必然增加。另一方面，在资本和劳动投入量不变的情况下，由于技术进步，资本和劳动的生产率提高，产量也会增加。所以，劳动投入量的增加、资本投入量的增加和科技进步是经济增长的三个源泉。

根据柯布—道格拉斯生产函数，即：

$$Y = AK^{\alpha} L^{1-\alpha} \quad (0<\alpha<1)$$

式中，Y 为产量，A 为技术水平，K 为资本投入量，L 为劳动投入量。α 为产出的资本弹性，即产量对资本投入量变化的反应程度；$1-\alpha$ 为产出的劳动弹性，即产量对劳动投入量变化的反应程度。

运用数学方法可以证明：

$$\dot{Y} = \dot{A} + \alpha \dot{K} + (1-\alpha)\dot{L}$$

式中，$\dot{Y}$ 为产量增长率，$\dot{A}$ 为技术进步率，$\dot{K}$ 为资本投入量增长率，$\dot{L}$ 为劳动投入量增长率。上式表明了经济增长与其源泉之间的关系。

美国经济学家罗伯特·索洛（R. M. Solow）使用一个与上述方程类似的方程对美国1909—1949 年间的经济增长进行了估算，发现技术进步、劳动供给增加和资本积累对经济增长的贡献能力是不同的，如表 3-1 所示。

表 3-1 美国经济 1909—1949 年的增长情况

1909—1949 年 GDP 年平均增长	2.90
其中：1. 要素投入	1.41
劳动	1.09
资本	0.32
2. 技术进步	1.49

资料来源：多恩布什，费希尔，斯塔兹. 宏观经济学. 北京：中国人民大学出版社，2000，P44

在有关经济增长的文献中，传统上把技术进步看作是外生的。20 世纪 80 年代末发展起来的“新增长理论”对把技术看作外生给定的观点提出批评，认为技术是人为的结果，而不是在某一特定的经济体制之外生成的东西。在“内生增长模型”中，技术进步的水平是内生给定的。在这个框架结构中，根据保罗·罗默（Paul Romer）的理论，生产函数呈现一般的形式，即：

$$Y = f(K, L, A)$$

式中，A 是经济在一定时点上的技术水平，现在它作为一个内生的投入要素出现在生产函数中。技术进步的水平由这样一些因素决定，例如研究与开发、资本（包括实物资本和人力资本）的增长、技术的获得以及各种与增加的资本、劳动相联系的溢出效应。就以下研究的内容而言，无论技术进步是内生的还是外生的，它都会导致生产可能性曲线向外移动。

第二节　两种类型的经济增长

经济增长的过程同时也是供给条件发生变化的过程。供给条件的变化取决于生产要素的增长和技术进步。生产要素的增长表现为在既定的生产函数下要素投入量的增加，技术进步则表现为一个新的生产函数的产生。在现实中，要素的增加与技术变革往往是联系在一起的。但是，这种简单的划分却有助于我们的分析。

一、生产要素的增长

随着时间的推移，生产要素的供给是不断增长的。不仅一国的人口和劳动的数量会随时间而增长，而且资本存量也会通过积累而增加，从而使一国的生产和供给能力提高。

在以下的分析中，仍然假定一国的经济增长是在规模报酬不变的条件下，使用劳动（L）和资本（K）两种要素，生产小麦（劳动密集型）和布（资本密集型）两种产品。

1. 平衡增长与不平衡增长

一国劳动与资本的存量会随时间而发生积累性扩张，从而导致生产可能性曲线的外移，其外移的形状与程度取决于劳动和资本的增长比率。如果二者以某种相同的比率增长，那么产量也会以相同的比率增长，生产可能性曲线将均匀地向外扩张。过原点作任意一条射线，它与增长前后两条生产可能性曲线的交点处的斜率相等，这就是平衡增长（balanced growth）的情况，也称为要素中性增长效应（factor-neutral growth effect）。

如果仅有劳动的增长，由于劳动投入于两种产品的生产过程，它在一定程度上可以替代资本，故两种产品的数量均会增加。然而劳动密集型产品小麦的增加将快于资本密集型产品布的增加。在仅有资本增长时情形相反。如果劳动和资本以不同比率增长，生产可能性曲线的外移也可类似地确定。要素的不同增长对生产可能性曲线的影响如图 3-1 所示。

图 3-1（a）图说明，当劳动与资本以相同比率增长时，一国的生产能力提高，生产可能性曲线均匀地向外平行移动。图中从原点出发的条射线与增长前后两条生产可能性曲线的交点处（B，B'）的斜率相等。

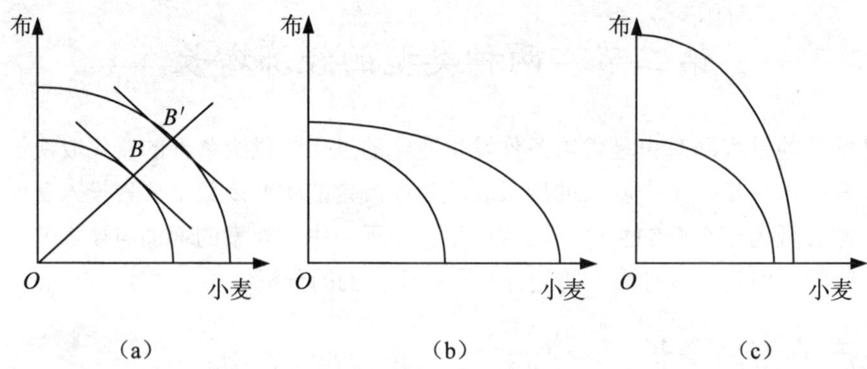

图 3-1 要素增长与生产可能性曲线的形状

图 3-1（b）说明，当仅有劳动的增长时，一国的生产能力提高，但劳动密集型产品小麦的增加快于资本密集型产品布的增加，因此生产可能性曲线更多地向衡量劳动密集型产品的横轴扩展。

图 3-1（c）说明，当仅有资本的增长时，一国的生产能力提高，但资本密集型产品布的增加快于劳动密集型产品小麦的增加，因此生产可能性曲线更多地偏向衡量资本密集型产品的纵轴。

注意：当仅有劳动或资本一种要素增长时，产出增加的比率就会小于单个要素增长的比率。例如，当劳动增长 1 倍时，小麦的最大产量并不是也增加 1 倍。要使小麦的产量加倍，必须是劳动和资本都同时加倍。

2. 雷布津斯基定理

假定商品的相对价格保持不变，一种要素例如劳动增长而资本保持不变时，生产将会发生什么样的变化呢？由于假定商品的相对价格（P_W/P_C）不变，劳动供给增加后要素的相对价格（w/r）仍然保持不变，从而两个部门的要素使用比率（K/L）也保持不变。

为了使新增的劳动（ΔL）能够被全部利用，则需要小麦生产部门来吸收这部分劳动。但要保证将新增劳动全部吸收，还需要有一定的资本与其搭配。所以布的生产部门不得不缩减生产，以便转移出一定的资本（ΔK_Y）。但为了保持要素使用比率不变，布的生产部门在转移出资本的同时，还要转移出一定的劳动（ΔL_Y），这部分劳动也由小麦生产部门来吸收，最后达到如下状态：$\dfrac{K_F}{L_F}=\dfrac{K_F+\Delta K_C}{L_F+\Delta L+\Delta L_C}$　　$\dfrac{K_C}{L_C}=\dfrac{K_C-\Delta K_C}{L_C-\Delta L_C}$

当上述两式满足时，所有的要素都得到了充分利用，并且两个部门的要素密集度保持不变，其结果必然使得小麦生产部门的产量增加，而布的生产部门的产量则下降。

如果资本增长而劳动保持不变，同理，布的生产部门的产量将增加，小麦生产部门的产量将缩小。于是可以得出如下结论：在商品相对价格不变的前提下，某一要素的增加会导致密集使用该要素部门的生产以更大比率增长，而另一部门的生产则下降。这一结论被称为雷布津斯基定理（Rybczynski theorem）。图 3-2 显示了雷布津斯基定理。

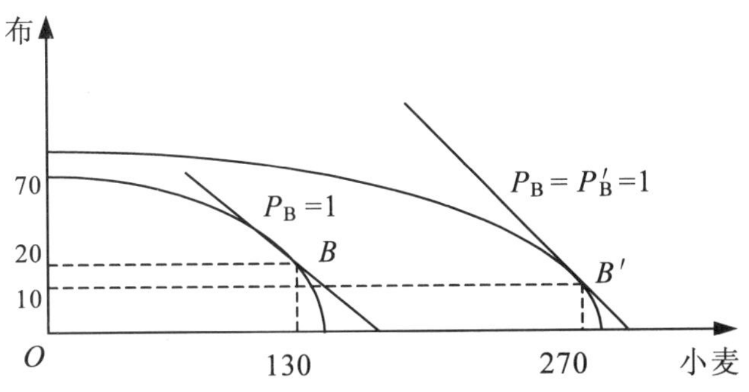

图 3-2　雷布津斯基定理

如图 3-2 所示，在劳动要素增长之前，一国通过贸易确定在 *B* 点进行生产（130W，20C），相对产品价格 $P_W/P_C=P_B=1$。当仅有劳动增长而资本要素不变时，生产可能性曲线如图所示向衡量劳动密集型产品的横轴移动，相对产品价格不变，仍为 $P_W/P_C=P_B=P'_B=1$。这样，该国的生产将在扩张后的新的生产可能性曲线与平行移动的相对价格水平线相切的点上进行，在这一新的切点（*B′*点）上，小麦的产量增加了 1 倍多，而布的产量则减少了。

二、技术进步

经济增长的源泉之一是技术进步。所谓技术进步就是发明和应用新技术生产新产品或者降低同类产品的成本，或者在生产中引进新的生产工艺。近代经济发展的历史表明，发达国家人均实际收入的增加主要是依靠技术进步，而资本积累的作用比较有限。

1. 技术进步的不同类型

一切技术进步都能在给定的产量水平上节约生产要素的使用。根据技术进步与要素节约的关系，技术进步通常可以划分为三类：

（1）中性技术进步（neutral technical progress）。发生中性技术进步时，劳动与资本的生产效率以相同的比率提高，资本和劳动的相对价格即 w/r 不变，在生产过程中不会发生资本与劳动相互替代的情况，因此资本和劳动的比率 K/L 也不变。

（2）劳动节约型技术进步（labor-saving technical progress）。发生该种技术进步时，资本生产效率的提高大于劳动生产效率的提高。结果在生产过程中有资本大量替代劳动，在 w/r 不变的情况下，K/L 上升。由于每单位劳动现在使用更多的资本，因而将这种技术进步称为劳动节约型的。

（3）资本节约型技术进步（capital-saving technical progress）。发生该种技术进步时，劳动生产效率的提高大于资本生产效率的提高。结果在生产过程中有劳动大量替代资本，在 w/r 不变的情况下，K/L 下降。由于每单位资本现在使用更多的劳动，因而将这种技术进步称为资本节约型的。

2．技术进步与生产可能性曲线的形状

任何类型的技术进步都将引起生产可能性曲线的外移，移动的程度决定于技术进步的类型与程度。由于非中性技术进步的情况相当复杂，这里只研究中性技术进步对生产可能性曲线的影响，如图 3-3 所示。

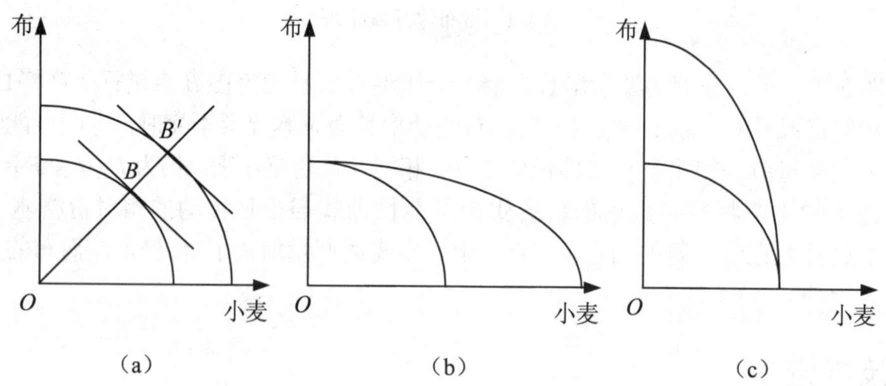

图 3-3　中性技术进步与生产可能性曲线的形状

中性技术进步在两种产品生产过程中的作用也有区别：（1）当两种产品生产中的中性技术进步相同时，一国的生产可能性曲线在所有方向均匀向外移动，这类似生产要素平衡增长的效应；（2）若中性技术进步只发生在其中一种产品的生产过程中，则一国的生产可能性曲线不均匀地向外移动。

图 3-3（a）说明，两种产品生产的中性技术进步相同，一国的生产可能性曲线均匀向外移动。图 3-3（b）说明，这种中性技术进步只发生在小麦的生产中而布的生产不受其影响，因此，生产可能性曲线如图所示向衡量小麦的横轴移动，而布的最大产量不变。图 3-3（c）说明，中性技术进步只发生在布的生产中而小麦的生产不受其影响，因此，生产可能性曲线向衡量布的纵轴移动，而小麦的最大产量不变（注意图 3-3 和图 3-1 之间

的区别）。

第三节　增长、贸易与国家福利

本节在前述分析的基础上分别引入小国模型与大国模型，考察经济增长对一国贸易及其福利的影响。

一、增长及贸易与福利：小国情形

1．增长的贸易效应

要素的增长和技术进步都会导致经济增长，对国际贸易的影响取决于一国进出口商品增长的比率；另一方面，还取决于收入增长后一国消费方式的变化。

假设本国是一个劳动丰裕的国家，小麦是该国的出口商品而布是进口商品。增长对贸易的影响有三种情况：（1）产生贸易（pro-trade）。如果本国丰裕要素劳动的增长快于资本的增长，或者中性技术进步发生在出口商品小麦的生产中，那么本国小麦的增长比率快于布的增长比率，这种增长必然带来贸易规模的扩大。（2）制约贸易（anti-trade）。如果本国稀缺要素资本的增长快于劳动的增长，或者中性技术进步发生在进口商品布的生产中，本国布的增长比率快于小麦的增长比率，这种增长对贸易起着制约作用。（3）中性（neutral）贸易。如果本国要素投入的增长和技术进步使两种商品的增长比率相同，这种增长对贸易的影响是中性的。

消费对贸易的影响也有三种情况，仍以本国为例说明：（1）如果本国对进口商品布的消费增长比率大于对小麦的消费增长比率，则消费的增长带来更大比率的贸易扩张。（2）如果本国对进口商品布的消费增长比率小于对小麦的消费增长比率，则消费增长对贸易起着制约作用。（3）如果本国对两种商品的消费增长比率相同，消费增长对贸易的影响是中性的。

经济增长对国际贸易的实际影响是由生产和消费的综合作用决定的。如果二者都是产生贸易的，则贸易就会以更大的比率增长；如果二者都是制约贸易的，则贸易就会以较小的比率增长；如果生产是产生贸易的，而消费是制约贸易的，或者相反，其对贸易的影响由两种相反力量的净效应决定。

2．小国增长与贸易模型

国际经济学中的"小国"，不同于地理意义上的小国概念，它是指该国在国际贸易中所占的比重非常之小，以至于其进出口数量的任何变化都不足以影响国际贸易条件，因而只能是国际市场上价格的被动接受者。继续以本国为例来说明。

在小国情形下，经济增长将会对国际贸易产生什么样的影响呢？假设本国仅有劳动要素增加，增长对该国贸易及福利的影响如图 3-4 所示。

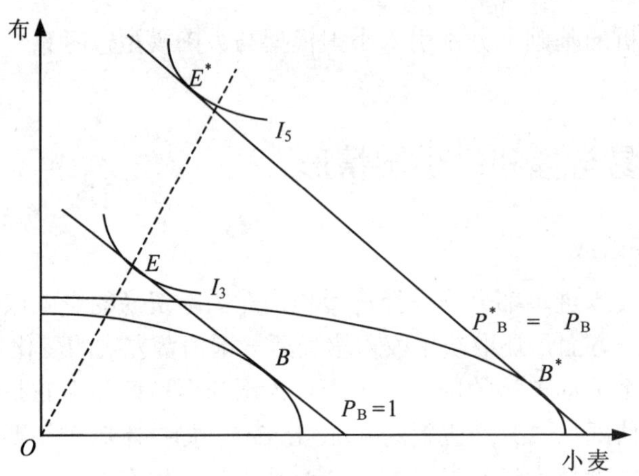

图 3-4　劳动增长对贸易影响的小国模型

在图 3-4 中，经济增长之前，本国在 B 点进行生产，按照 $P_{B}=1$ 的世界价格进行贸易后在 E 点进行消费。当本国劳动要素加倍时，其生产可能性曲线如图 3-4 所示的那样向横轴方向外移。由于本国是一个小国，它所发生的变化对小麦的世界价格没有影响，因而世界价格保持不变。那么，根据雷布津斯基定理，本国将在 B^*进行生产，该点与 $P^*_{B}=P_{B}=1$ 的相对价格线相切。本国生产更多的小麦，而减少布的生产，贸易后选择 E^*点作为消费均衡点。

从图 3-4 中可以看出，由于小麦（本国的出口产品）增加而布的产量下降，因此增长是产生贸易的。另一方面，由于布（本国的进口商品）的消费增长大于小麦的消费（即 E^*点位于从原点出发通过 E 点的射线的左边），因而消费的增长也是产生贸易的。生产与消费都是产生贸易的，贸易量的增长也就超过小麦产量的增长。

在仅有劳动要素增长的情况下，如果采用人均收入来衡量福利水平，那么本国的福利水平将下降。这是因为在规模报酬不变的条件下，如果所有投入要素都以一定的百分比增长，产出也会以相同的百分比增加。但是，如果仅有一种投入要素增加，产出增加的百分比就会小于单个要素增加的百分比，因而劳动的增长将导致人均收入下降，在其他条件不变的情况下，亦会导致本国的福利水平下降。

如果增长是由于资本要素的增加或者是技术进步的推动，在劳动和人口不变、贸易条件不变的情况下，无论贸易量的情况如何，由于任何一种变动都会提高人均实际收入水平并使该国到达一条更高的社会无差异曲线，因此，本国的社会福利水平都会得到改善。

二、增长及贸易与福利：大国情形

1. 大国增长与贸易模型

“大国”是与“小国”相对的概念，它是指该国在国际贸易中占有很大的比重，其进出口数量的变化将对国际市场价格产生重要的影响，因而不再是价格的被动接受者。在以下的分析中，本国是一个能够影响相对商品价格的大国。

对于一个大国而言，经济增长会产生贸易条件效应（terms of trade effect）。不考虑增长的原因和类型，只要增长在不变价格下增加国家的贸易量，它就会使贸易条件恶化；反之，增长在不变价格下减少国家的贸易量，则会使贸易条件改善。另一方面，经济增长还会产生福利效应（wealth effect），即增长可以改变每一工人或每人的人均产出量。正福利效应使国家福利增加，负福利效应使国家福利下降或者不变。经济增长对国家福利的影响取决于这两种效应的净效应。

在大国情形下，经济增长会对国际贸易产生什么样的影响呢？假设本国仅有劳动要素增加，增长对本国贸易及福利的影响如图 3-5 所示。

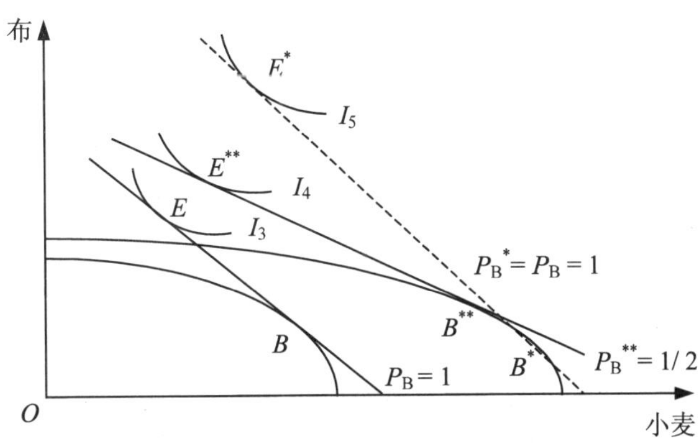

图 3-5　劳动增长对贸易影响的大国模型

如图 3-5 所示，经济增长之前，本国在 B 点进行生产，按照 $P_B=1$ 的国际价格进行贸易后在 E 点进行消费。当劳动要素加倍时，本国的生产可能性曲线向横轴方向外移，在

$P^*_B=P_B=1$ 的价格下，这种类型的增长会增加本国的贸易量。由于本国是一个大国，小麦产出的增加导致其世界相对价格下降，由 $P^*_B=P_B=1$ 下降至 $P_B^{**}=1/2$，本国将在 B^{**}点进行生产。相应地，贸易后选择 E^{**}点作为消费均衡点。

与前面分析的小国情况相同，本国仅有劳动要素增加后，增长的福利效应会降低国家的福利。而在大国情况下，本国可出口商品的增长会影响其贸易条件并使之恶化，所以本国增长后的福利水平与小国增长后的情况相比下降得就更多。图 3-5 中无差异曲线 I_3 比无差异曲线 I_2 的水平更低就反映了这一点。

贾格迪什・巴格瓦蒂

2. 悲惨的增长

即使福利效应自身可以使国家福利增加，然而负的贸易条件效应非常之大，以至于增长后国家福利反而出现净下降。贾格迪什・巴格瓦蒂（Jagdish N. Bhagwati）在考察大国要素增长对贸易和福利的影响时，提出了“悲惨的增长”（immiserizing growth）的命题，如图 3-6 所示。

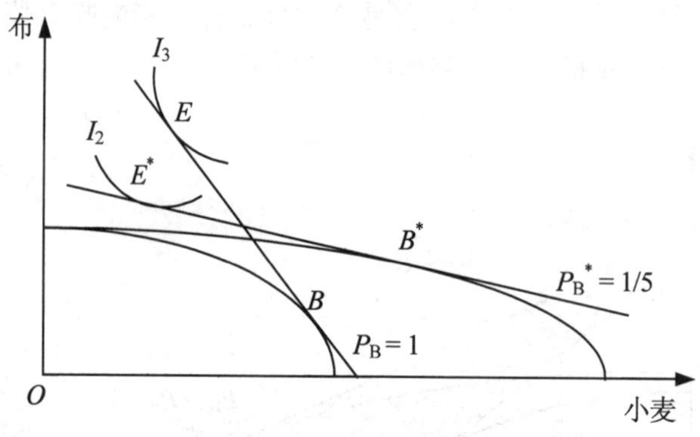

图 3-6 “悲惨的增长”

如图 3-6 所示，中性技术进步发生在可出口商品小麦的生产中，使劳动和资本同比率增加，因此本国生产可能性曲线向横轴方向外移。由于本国在劳动要素和人口不变时使产出增加，福利效应会在不变价格下增加国家福利。然而，由于这种类型的增长使本国向世界出口更多的小麦，从而大大地降低了小麦的世界相对价格，使本国的贸易条件急剧恶化（小麦的世界相对价格由 $P_B=1$ 下降到 $P_B^*=1/5$）。在新的世界相对价格下，本国将在 B^*点进行生产，并选择 E^*点作为其消费均衡点。在图 3-6 中，无差异曲线 I_2 上的 E^*点所代表的福利水平低于本国在经济增长前自由贸易时的无差异曲线 I_3 上的 E 点。因此，增长后一国参与国际贸易所获得的国家福利比增长前绝对地减少，这种情形的经济增长即为“悲惨的增长”。

“悲惨的增长”更容易在以下几种条件下发生：（1）增加的生产要素用来生产可出口商品的或者消费偏好向进口商品转移都会使贸易量在不变价格下大大增加；（2）本国是一个大国，当其出口商品在国际市场上已经占有相当的比重时继续增加出口会导致贸易条件恶化；（3）当世界其他国家对本国出口商品的价格与收入的需求弹性非常低时，本国的贸易条件会大大恶化；（4）本国对贸易的依赖性很强，以至于贸易条件的恶化引起国家福利的减少。

由于“悲惨的增长”发生的条件比较极端，因此，经济学家通常认为它只是一个理论问题而在现实中较少发生。一般来说，这种类型的增长更有可能发生在发展中国家而不是发达国家，特别是那些经济严重依赖于贸易的初级产品出口国。

3. 有利于大国福利改善的增长

现在分析当大国仅有资本（该国的稀缺要素）加倍时的贸易和福利效应。在这种情况下，增长的结果与仅在商品布（资本密集型商品）的生产上发生中性技术进步时相类似。由于在不变价格下，稀缺要素的增加会导致商品布（本国的进口商品）产出的增加和小麦（本国的出口商品）产出的减少，假定消费对贸易的影响为中性，这种类型的增长会减少贸易量，因此本国的贸易条件会改善。由于在资本要素增加时的福利效应为正，贸易条件改善的效应又进一步强化了正的福利效应，本国的福利肯定会增加，如图 3-7 所示。

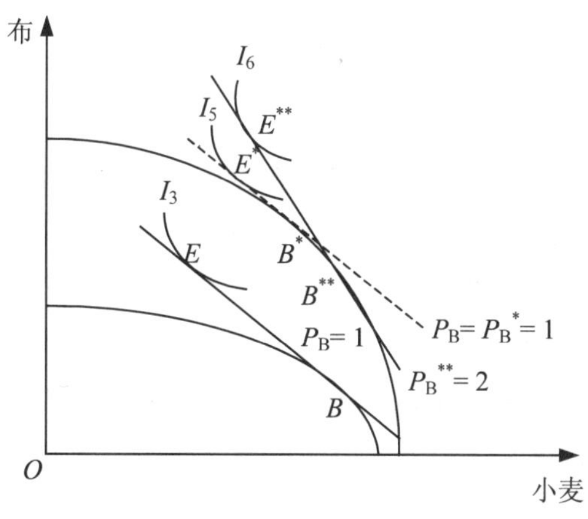

图 3-7　改善大国贸易条件和福利的增长

图 3-7 显示本国在仅有资本加倍时，生产可能性曲线向纵轴方向外移，在不变的相对价格 $P_B = P_B^*=1$ 时，本国在 B^*点进行生产，贸易后的消费均衡点为无差异曲线 I_5 上的 E^*点。由于劳动和人口不变，这种经济增长会增加本国的福利。进一步地，由于本国在不变价格下贸易量下降，本国的贸易条件比增长前改善，从 $P_B = P_B^*=1$ 变为 $P_B^{**}=2$。在 $P_B^{**}=2$ 时，本国在 B^{**}点进行生产，以较少的小麦与外国交换布，消费为无差异曲线 I_6 上的 E^{**}点。这样，由于福利效应和贸易条件效应共同作用的结果，本国的福利比增长前有所增加。

第四节　增长与贸易的相互作用

经济增长与国际贸易之间存在着密切的关系：一方面，经济增长必然对贸易与福利产生重要的影响；另一方面，国际贸易又反过来影响一国的经济增长。

一、增长、需求变化与贸易条件

随着经济增长所带来的人均收入增加，一国对产品的需求结构必然发生变化——从生活必需品转向奢侈品，这种变化可以运用恩格尔效应和恩格尔定律来分析。

1．需求的收入弹性

人们对收入增加做出的反应是他们对不同商品的需求增加有不同的百分率，这种反应可概括为需求的收入弹性（η_i），即对每一个第 i 种商品来说，假定价格和其他变量都保持相等，则有：

$$\eta_i = \frac{\text{第}i\text{种商品需求量增加的百分比}}{\text{引起这种需求变动的收入增加的百分比}}$$

当收入增加后，如果人们继续按照与增长前相同的比例购买所有商品和劳务，则所有商品的收入弹性都等于 1。但实际上，当收入增加时，某些商品的需求占总需求的比重不变或下降（即对这些商品来说 $\eta_i \leqslant 1$），这类商品被称为大宗商品；而另一些商品的需求占总需求的比重则上升（即对这些商品来说 $\eta_i > 1$），这类商品被称为奢侈品。

2．恩格尔效应与恩格尔法则

19 世纪以来，经济学家对家庭消费模式进行了考察，以确定在一国规模很大的家庭消费经济部门中，哪些商品会成为大宗商品，哪些商品会成为奢侈品。研究的成果以德国经济学家恩斯特·恩格尔（Ernst Engle）的名字命名。这一成果反映了随着收入增长而产生的对于商品需求比重的净变动，用 η_i-1 表示，称为恩格尔效应（Engle's effect）。

大多数耐用消费品（如电视机、音响等）的恩格尔效应为正值（$\eta_i > 1$），也就是说，它们是奢侈品，随着收入的增长人们更加偏好消费奢侈品，因而其占总需求的比重是上升的。传统的大宗商品是食品，恩格尔认为随着收入的增加，食品需求占总需求的比重必定下降。如果价格和人口统计上的变量（指家庭的大小及组成）保持不变，收入增加会使得人们对食品的需求占总需求的比重降低，表现为人们花费在食品上的支出占总消费支出的比重下降，即 $\eta_i < 1$，这就是著名的恩格尔定律（the Engle's Law）。

恩格尔定律意味着，当人均收入随着经济增长而增加时，由于奢侈品的需求收入弹性大于生活必需品，在国际贸易中奢侈品价格上升而必需品价格下降，这种变动将不利于需求收入弹性较低的必需品（如食品）的生产者，而有利于奢侈品（如制造品）的生产者。

3. 增长与发展中国家的贸易条件

根据以上分析可知，由于两类商品具有不同的需求收入弹性，那些单一地依赖初级产品（必需品）出口实现增长的国家，其出口商品的国际价格与进口的制造品价格相比，上涨的幅度相对较小甚至是绝对地下降，这就必然导致这些国家贸易条件的恶化。贸易条件恶化会减少增长带来的福利，并且从长期来看会降低未来的增长率。

一些经济学家如劳尔•普雷维什（Raul Prebisch）、汉斯•辛格（Hans Singer）和冈纳•缪尔达尔（Gunnar Myrdal）指出，长期以来，发展中国家的贸易条件在不断地下降，这使得他们在国际竞争中处于明显的劣势。他们得出这种论断不仅基于两类商品不同需求特征的分析，而且也包括技术进步的价格效应的分析。根据普雷维什等人的分析，发展中国家的技术进步通常会导致其出口商品价格的下降，而在发达国家中，技术进步则会带来生产要素报酬的提高而不是制造品价格的下跌[①]。从现实情况来看，由于初级产品的价格和收入弹性往往小于工业制成品，其相对价格具有不稳定性，一些发展中国家确实出现过短期贸易条件恶化的情况。虽然“悲惨的增长”似乎并不常见，但贸易条件的不利变化显然会减少增长和贸易对发展中国家的好处，这就对发展中国家增长和贸易战略的制定提出了更高的要求。

二、国际贸易对增长的作用

1. 贸易与增长关系的简单回顾

回顾历史可以看到，一国参与国际贸易的程度与其经济发展水平有着显著的关系。在 19 世纪，国际贸易对西欧国家（特别是英国）起到了“增长发动机”的作用。第二次

---

① 详细分析见第五章第二节“贸易条件恶化论”

世界大战后是世界经济增长最快的历史时期，也是国际贸易发展最快的时期。从具体的国家（地区）来说，亚洲"四小龙"实现经济起飞，步入新兴工业化国家行列，与其迅速增长的对外贸易有着重要的关系。中国自 1978 年实行改革开放以来，对外贸易与经济水平同步增长。联合国贸易与发展组织的研究表明：对外贸易最为开放的国家，其出口增长最快，经济增长率相应地也最高。表 3-2 显示了战后世界经济发展与国际贸易的关系。

表 3-2　战后世界经济发展与国际贸易的关系（%）

项　　目	第一组 低度程度保护国家	第二组 中度程度保护国家	第三组 高度程度保护国家
年均出口增长率	8.5	7.8	3.5～3.7
年均 GDP 增长率	5.1	4.6	3.5～4.4

资料来源：联合国贸易与发展组织. 贸易与发展报告. 1992

2. 贸易对增长作用的观点

早在 19 世纪古典经济学的产生时期，国际贸易在一国经济发展中的作用就受到了极大的关注。古典经济学家是自由贸易的热烈拥护者，他们大力宣扬自由贸易的优越性。在他们的著作中，不仅论证了贸易的静态利益，而且还包含了贸易动态利益（亦即发展利益）的思想。最早认识到国际贸易与经济发展的相互关系的，是英国古典经济学家亚当·斯密，他在《国富论》一书中最早提出了贸易与国际分工可以提高世界资源配置效率的思想。大卫·李嘉图创立的比较优势理论，在斯密绝对优势理论的基础上，更加科学地论证了贸易静态利益的基础。较为系统地论述贸易的发展利益的，是英国经济学家约翰·穆勒。他认为国际贸易具有两种利益，一种是直接利益，另一种是间接利益。直接利益包括两个方面，一是通过国际分工，使生产资源向效率较高的部门转移，从而提高经济的产出和实际收入；二是通过贸易可以得到本国不能生产的原材料、设备等从事经济活动所必需的物质资料。间接利益则表现在通过专业化分工推动国内生产过程的创新和改良，提高劳动生产率；通过产品进口造成新的需求，刺激储蓄的增加，加速资本积累等。受古典经济学家上述观点和理论的启发，后来的经济学家进一步探讨了贸易对经济发展的拉动作用。

20 世纪 30 年代，罗伯特逊提出"国际贸易是经济增长的发动机"的命题，认为贸易对一国经济增长具有重要的拉动作用。20 世纪 50 年代，纳克斯进一步发展了这一命题，指出较高的出口增长率通过以下途径带动经济增长：（1）较高的出口水平意味着一国拥有了扩大进口的手段，资本货物的进口对于促进一国的经济增长特别重要，它使得该国能够获得国际分工的利益，节约生产要素的投入量，从而提高产业部门的经济效益。

（2）出口的增长使得一国将资源配置到经济中最有效率的部门，即该国具有比较优势的部门，在具有比较优势的部门进行专业化生产，可以极大地降低成本，提高生产效率。（3）出口使得一国能够获得规模经济的利益，因为一体化的市场与孤立的、狭小的国内市场相比，可以在容纳更多企业的同时使单个企业的生产规模扩大，这一方面可以降低产品的平均成本从而降低商品的价格，另一方面也使得消费者可消费的商品种类大为增加。（4）世界市场的竞争会给一国的出口企业造成压力，迫使其降低产品成本，提高产品质量，并淘汰那些效率低下的企业。（5）一个日益发展的出口部门还会鼓励国内外的投资，刺激加工工业及其附属工业、交通运输、能源动力等部门的发展，并促进国外先进技术和管理知识的引进。不仅如此，在纳克斯等人的观点中还包含着贸易中心国家对边缘国家的带动作用，中心国家经济的增长通过对边缘国家产品的需求拉动，从而将经济增长传递到边缘国家。

1970 年，克拉维斯提出了不同的观点，他认为国际贸易的作用不能过高估计，它至多只是“经济增长的侍女”。克拉维斯强调指出，一国经济增长的主要源泉是其国内因素，外部因素只构成对经济增长的刺激，这种刺激效应的大小根据各国的具体情况而有所不同。1987 年，在世界银行的《世界发展报告》中，将 41 个发展中国家和地区的贸易发展战略分成四种类型，即坚定外向型、一般外向型、一般内向型和坚定内向型。世界银行的专家通过研究发现，对国际贸易依赖较大的国家和地区比对国际贸易依赖较小的国家和地区经济发展的速度要快。

从实证分析的情况来看，国际贸易对一国的经济增长具有积极的作用，但作用程度的大小却存在着差别。一般来说，国际贸易对一国经济的影响程度取决于两个方面的因素：一是一国经济对国内市场和国外市场依赖程度的对比关系。一个地理面积较大、收入水平较高、人口较多的国家，对国外市场的依赖性应该比一个地理面积较小、收入水平较低、人口较少的国家要低。对前者而言，说国际贸易是“经济增长的侍女”似乎比较贴切，而对一个小国而言，由于其国内市场狭小，对国外市场的依赖性较强，国际贸易可能成为推动其经济增长的关键因素。二是一国进出口贸易的商品结构。如果一国经济长期停留在需求收入弹性较低的商品的生产和出口上，国际贸易对于经济增长的推动作用可能只存在于短期。在特定条件下，甚至有可能出现如同巴格瓦蒂所说的经济增长而净福利下降的“悲惨的增长”。

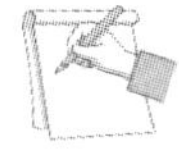

复习题

1．如何理解经济增长和经济发展？说明经济增长的源泉。

2．两种类型的经济增长以及生产可能性曲线的形状有何区别？

3．什么是雷布津斯基定理？

4．经济增长对小国贸易及福利的影响。

5．什么是“悲惨的增长”？如何避免出现“悲惨的增长”？

6．怎样认识国际贸易对一国经济增长的作用？

练习题

1．画出外国（小国）的图形，要求与图 3-4 类似并符合假设（1）、（2），同时回答问题（3）。

（1）外国仅资本量增加 1 倍；

（2）外国增长前后的贸易均衡情况；

（3）外国增长后的社会福利状况如何？

2．画出与图 3-6 相似的图形，表示外国仅在商品布的生产中发生中性技术进步后出现的悲惨的增长。

第四章　贸易政策工具分析

【引言】

国际贸易的主流理论证明，自由贸易可以使贸易双方乃至世界整体的福利得到增进，因此自由贸易政策无疑是各国最佳的政策选择。然而在现实中，各国政府都采取了不同程度的贸易保护措施，以达到保护国内产业和市场，促进本国产品出口的目的。限制进口的贸易政策工具主要有两类：一类是关税贸易壁垒；另一类是非关税贸易壁垒。鼓励出口的手段主要有出口补贴和倾销。所有贸易保护政策都无一例外地会产生保护成本，影响资源在世界范围内的有效配置。本章运用成本—收益方法为理解贸易政策提供一个基本的分析框架，考察并比较各种贸易政策工具对于贸易参加国以及世界整体福利的影响。

【学习目标】

① 关税的经济效应（包括小国情况和大国情况）；
② 最优关税率的确定；
③ 有效保护率的计算方法；
④ 进口配额与关税的比较；
⑤ 出口补贴的经济效应；
⑥ 倾销的经济学分析。

第一节　关税贸易壁垒

一、关税的概念及其分类

关税（tariff）是一个国家对通过该国国境的贸易商品所课征的税收。关税是一种间接税，它在贸易商品过境时由进出口商支付，最终作为成本转移到进出口商品价格上由消费者负担。按照不同的标准，关税可以分为不同的种类。

1．按照征收目的分类

（1）财政关税（revenue tariff）。财政关税是指把征收关税作为政府财政收入的一个重要源泉，它多为经济发展水平较低的国家所采用。由于高税率会限制进出口商品的贸易量，从而减少关税征收的税源，因而财政关税的税率一般较低。

（2）保护关税（protective tariff）。保护关税是指以保护本国同类产品为主要目的而对进口商品征收的关税。与财政关税相比，保护关税的税率一般较高，这样可以提高进口商品的国内市场价格，削弱其竞争能力，从而达到保护本国产业的目的。

2. 按照征税对象分类

（1）出口税（export tariff）。出口税是对出口商品课征的税收。各国政府为了鼓励出口，一般很少征收出口税。

（2）进口税（import tariff）。进口税是对进口商品课征的税收，进口税使得进口商品的国内市场价格提高，以达到保护国内同类产品的目的，因此又被称为“关税壁垒”（tariff barrier）。

（3）过境税（transit tariff）。过境税是一国对途经本国关境，运往他国的外国商品所征收的关税。

3. 按照征收方法分类

（1）从量税（specific tariff）。从量税是按照商品的实物计量单位如重量、数量、容量等为标准计征的关税。从量税的优点是计征简便，但由于它与商品价格无关，所以当商品价格上涨时，关税的保护作用就会降低；反之则会增强。

（2）从价税（ad valorem tariff）。从价税是按照商品的价格为标准计征的关税，表示为进出口商品价格的一个固定的百分比。从价税的保护作用不随价格变化而变化，税负较为公平，但缺点是计征手续较复杂。

（3）混合税（compound tariff）。混合税是指同时采用从价、从量两种方法计征的关税。

本章主要分析作为贸易壁垒的进口关税。对进口商品征收关税将产生一系列的经济效应。总的来说，征收关税的经济效应与自由贸易正好相反，它虽然会增加政府的财政收入，但却会导致资源配置效率的降低，并在国内不同利益集团之间以及贸易国之间引发收入的再分配。

二、关税对小国的经济效应

首先分析在小国情况下，征收关税对于进口国所产生的经济效应。由于小国只能是国际市场上价格的被动接受者，因此，小国所面对的外国出口供给曲线是一条完全弹性的曲线，如图 4-1 所示。

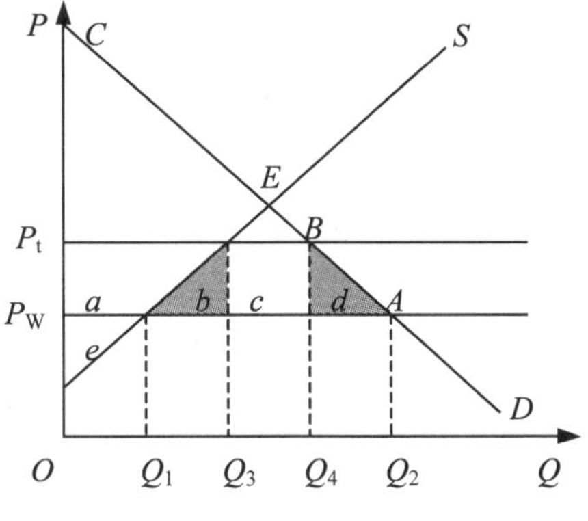

图 4-1　关税对小国的经济效应

在图 4-1 中，曲线 S 和 D 分别表示小国国内进口竞争商品的供给和需求曲线，二者的交点 E 点为封闭经济的均衡点。P_W 表示自由贸易下的国际市场价格，沿 P_W 的水平线代表外国对小国完全弹性的出口供给曲线。

在自由贸易条件下，小国面对 P_W 的国际市场价格，国内需求量为 OQ_2，但国内供给量只有 OQ_1，存在着需求缺口，因此应进口 Q_1Q_2 数量的商品来满足这一超额需求。现在，假定小国政府对每单位进口商品征收 t 的从量税，这一关税会导致以下经济效应。

1．关税的价格效应

征税导致进口商品的价格提高到 $P_t\ (= P_W + t)$，图 4-1 中沿 P_t 的水平线代表包含关税的外国进口商品的供给曲线，价格的提高导致进口需求相应减少，这就是关税的价格效应（price effect of a tariff）。由于小国是国际市场价格的被动接受者，所以 P_W 不会因小国进口需求的下降而发生变动。这样，征税所导致的进口商品价格提高就全部表现为小国国内价格的上升，关税全部由该国消费者负担。

2．关税的消费效应

征税使进口商品的国内市场价格提高，价格提高导致需求量减少，这就是关税的消费效应（consumption effect of a tariff）。在图 4-1 中，征税后，国内需求量从征税前的 OQ_2 减少到 OQ_4。征税对消费者福利的影响可以用消费者剩余（consumer's surplus）的变动来衡量。在图 4-1 中，征税前的消费者剩余为 ACP_W 的面积，征税后消费者剩余减少到 BCP_t 的面积，消费者福利的损失为梯形 $a + b + c + d$ 的面积。

3．关税的生产效应

征税前，对应于国际市场价格 P_W，国内生产为 OQ_1；征税后，国内价格由原来的 P_W

上升至 P_t。由于价格提高，国内生产增加为 OQ_3，这就是关税带来的生产效应（production effect of a tariff）。国内生产者因征税而获得的利益可以用生产者剩余（producer's surplus）的变动来衡量。在图 4-1 中，征税前，生产者剩余为 e 的面积；征税后，生产者剩余增加为 $a+e$ 的面积，a 的面积即为征税后生产者福利的增加。

4．关税的贸易效应

征税前，小国面对 P_W 的国际市场价格，国内的需求量为 OQ_2，而国内的供给量仅为 OQ_1，故需进口 Q_1Q_2 数量的进口商品来满足国内的超额需求。征税后，由于国内市场价格提高，国内的需求量缩减为 OQ_4，而国内的供给量增加为 OQ_3，相应地，进口数量减少到 Q_3Q_4，减少了 $Q_1Q_3+Q_4Q_2$ 的数量，这就是关税的贸易效应（trade effect of a tariff）。

5．关税的财政收入效应

关税的财政收入效应（revenue effect of a tariff）是指政府由于征收关税而增加的财政收入，它等于单位商品税额 t 与进口量（Q_3Q_4）的乘积，即图 4-1 中以 c 表示的面积。

以上分别说明了关税的各种经济效应，现在综合上述分析，考察关税对小国整体福利的影响。征税引起国内价格上涨，使消费者剩余减少了 $a+b+c+d$ 的面积；国内产业由于受到保护，使生产者剩余增加了 a 的面积；同时，政府也从征税中获得了面积为 c 的财政收入。其中，生产者和政府收入的增加部分（a 和 c）正是消费者剩余损失的一部分，这是关税引起的国内收入重新分配的结果，并非是社会福利真正的损失或增加。

但是，消费者剩余减少的另外两个部分 b 和 d（图中两块三角形的阴影面积）则不同，它们没有被任何社会成员所获得而是白白损失了，因而是社会福利的净损失（deadweight loss），或者说是关税带来的保护成本（protection cost）。其中，b 的部分称为生产扭曲（production distortion），它是由于 Q_1Q_3 数量的商品在征税前由国外高效率的生产者生产，而征税后转由低效率的国内生产者生产所导致的资源配置的效率损失；d 的部分称为消费扭曲（consumption distortion），它是由于关税提高了国内市场价格，使需求量减少了 Q_4Q_2 所导致的资源闲置的消费损失。

$$\text{关税的净福利效应}=\text{生产者福利增加}-\text{消费者福利损失}+\text{政府财政收入}$$
$$=a-(a+b+c+d)+c=-(b+d)\text{。}$$

以上分析的是包括进口商品的国内供给和国外供给在内的市场情况，下面单独考察进口商品市场的情况，同样可以说明小国征收关税的福利效应。

图 4-2 中的 MD 为小国对进口商品的需求曲线，它表示在各种价格水平上对进口商品的需求量超过国内供给的数量。这条曲线是在各个价格水平上，从进口商品的国内需求曲线的横坐标值减去国内供给曲线的横坐标值得出来的（因为进口量等于需求量减去国

内供给量）。MD 与纵坐标的交点 P_E 为图 4-1 中的 E 点所决定的国内均衡价格，此时进口需求为零。当进口商品的国际市场价格低于 P_E 时，小国的进口需求不断增大，因此 MD 向右下方倾斜。沿国际市场价格 P_W 的水平线 XS 代表自由贸易条件下外国对小国的出口供给曲线。

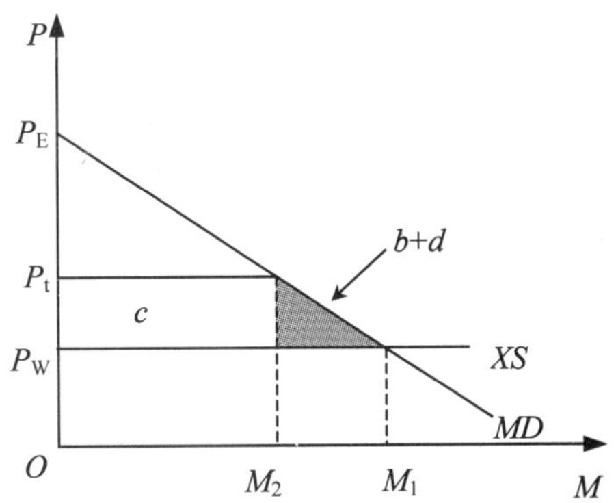

图 4-2　关税对小国的经济效应（进口商品市场）

征税前，在国际价格 P_W 下，小国的进口为 OM_1，即图 4-1 中的 Q_1Q_2。征税后，国内价格上升为 P_t $(=P_W+t)$，沿 P_t 的曲线代表国内价格上升后的出口供给曲线，它与 MD 的交点所决定的进口量减少到 OM_2，即图 4-1 中的 Q_3Q_4。由于价格上升，小国的消费者需求减少而损失了消费者剩余 $(b+c+d)$ 部分。其中 c 的部分转化为政府的税收收入，是收入的重新分配；而 $b+d$ 部分则是小国的净福利损失。由于面积 b 和 d 的关税高度相同，并且分别对应于进口转为国内生产的部分和需求的下降部分，因此面积 $b+d$ 便是一个以关税率为高、以进口减少总量为底的三角形，它等同于图 4-1 中的两个三角形面积 b 和 d 之和。

三、关税对大国的经济效应

接下来考察征收关税对大国的影响。由于大国进出口数量的变化能够影响国际市场价格，因而不再是价格的被动接受者。大国对进口商品征收关税，也会产生小国情况下的各种经济效应，但是关税所产生的价格效应和贸易条件效应与小国不同。

1. 关税的价格效应

一国征收进口关税会使进口商品的国内市场价格上升，但国内市场价格上涨的幅度和关税负担的分配则取决于该国对国际市场价格的影响程度。如果征收国是一个小国，征税后，该国会因进口商品的国内价格上涨而减少进口，但不会改变国际市场价格。因此，征税后的国内市场价格等于征税前的国际市场价格 P_W（亦即小国的国内市场价格）再加上关税 t。这时，国内市场价格的上涨部分就等于所征收的关税，它将全部由该国消费者负担。

如果征收国是一个大国，征税后，由于进口商品的国内价格上涨，该国的进口需求减少，从而引起国际市场价格下降。因此，征税后的国内市场价格等于征税后的国际市场价格 P_W'（低于征税前的国际市场价格 P_W）再加上关税 t。在这种情况下，征收的关税实际上由国内消费者和出口国共同负担：其中一部分通过提高国内市场价格由消费者负担；另一部分通过降低国际市场价格转嫁给出口国负担。

2．关税的贸易条件效应

如果征税国是一个大国，那么除了上述各种影响外，关税还会产生贸易条件效应（terms-of-trade effect）。因为在大国情况下，征收关税会降低进口商品的国际市场价格，即征税国在国际市场上购买进口商品的价格要低于征税前的价格。如果出口商品价格不变，进口商品价格的下降意味着其贸易条件的改善，即征税国在世界市场上用一单位的本国商品可以换取更多的进口商品。

在图 4-3 中，S_H 为大国的国内供给曲线，S_{H+F} 为国内供给曲线与外国出口供给曲线加总得出的总供给曲线。D_H 为大国的国内需求曲线。D_H 与 S_{H+F} 的交点 E_1 决定了征税前的国际市场价格为 P_W，此时国内生产者提供 OQ_1 单位的商品，再从国外进口 Q_1Q_2 单位的商品以满足国内 OQ_2 单位的需求。

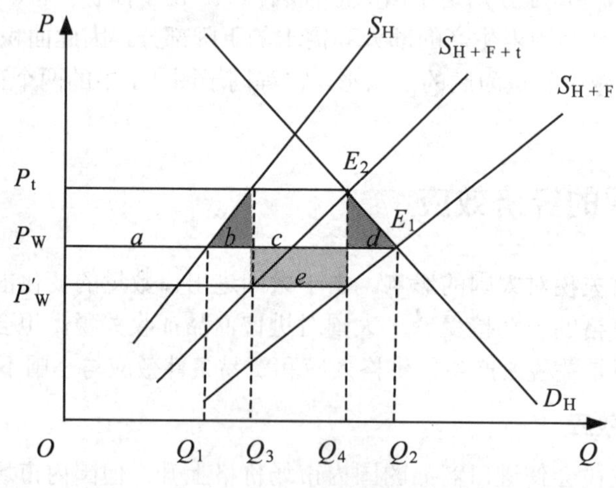

图 4-3　关税对大国的经济效应

征税后，总供给曲线从原来的 S_{H+F} 上移为 S_{H+F+t}。S_{H+F+t} 与 D_H 相交于 E_2 点，决定了进口商品的国内价格从原来的 P_W 上升到 P_t，现在国内生产由 OQ_1 增加到 OQ_3（关税的生产效应）；国内需求相应减少，需求量从 OQ_2 降为 OQ_4（关税的消费效应）；进而导致进口量从征税前的 Q_1Q_2 减少到征税后的 Q_3Q_4（关税的贸易效应）。由于大国需求量的变动会影响国际市场价格，使 P_W 降至 P'_W，这样外国只能以 P'_W 的价格向大国出口商品（关税的价格效应）；征税后国际市场价格的下降对外国来说，意味着其贸易条件的恶化，对征税国来说则意味着其贸易条件的改善，用一单位的本国商品可以换取更多的进口商品（关税的贸易条件效应）；政府征收关税的收入则为单位商品税额 $t\times$ 进口量 Q_3Q_4，即图 4-3 中（$c+e$）的面积（关税的财政收入效应）。

在大国情况下，对应于相同的关税，征税后国内价格的上升幅度要小于小国国内价格的上升幅度。国际市场价格的下降部分地抵消了关税所引起的国内价格上升，减弱了关税对国内生产和消费的影响。在图 4-3 中，征税后的国际市场价格从 P_W 下降为 P'_W，政府财政收入中面积为 e 的部分表示征税国因贸易条件改善、向出口国转嫁了一部分税收负担而获得的额外收益。

综合以上分析，我们来考察关税对大国整体的净福利影响。

关税的净福利效应=生产者福利增加-消费者福利损失+政府财政收入 $=a-(a+b+c+d)+(c+e)=e-(b+d)$。当 $e>(b+d)$ 时，进口国社会福利增加；当 $e<(b+d)$ 时，进口国社会福利减少。结论是：在大国情况下，关税的净福利效应是不确定的，它取决于贸易条件效应与关税保护成本的对比。

同样，我们来考察大国征收关税时的进口商品市场。图 4-4 与图 4-2 的不同之处在于，外国对大国的出口供给曲线 XS 不是一条代表不变价格的水平线，而是一条向右上方倾斜的曲线。

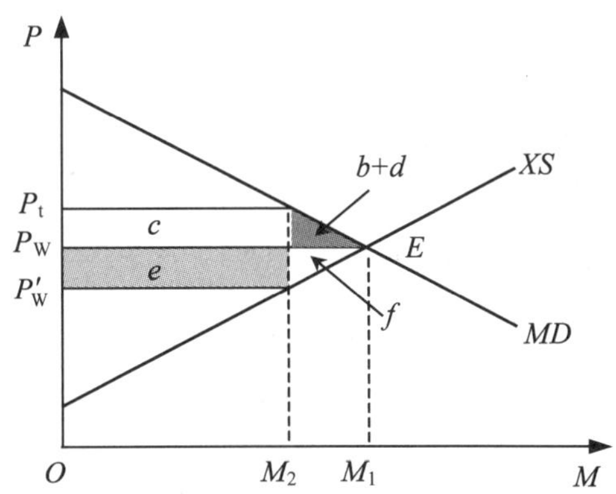

图 4-4　关税对大国的经济效应（进口商品市场）

在图 4-4 中，XS 和 MD 的交点 E 决定了自由贸易条件下均衡的国际价格 P_W。在这一价格下，大国的进口量为 OM_1，相当于图 4-3 中的 Q_1Q_2。征税后，进口商品的国内价格上升为 P_t，大国的进口需求下降为 OM_2，相当于图 4-3 中的 Q_3Q_4。与此同时，国际市场价格下降为 P'_W，这样外国只能按照降低后的国际市场价格向大国出口商品。从图 4-4 中可以看出，$(c+b+d)$ 为征税使国内价格提高所导致的大国消费者剩余的损失，$(e+f)$ 为进口需求减少使国际价格下降所导致的外国生产者剩余的损失。其中，$(c+e)$ 转化为大国政府的税收收入，c 是大国国内消费者剩余损失的一部分，e 则是大国贸易条件改善的得益；而 $(b+d+f)$ 则是世界整体的净福利损失，$(b+d)$ 是大国征税的代价或保护成本，f 是出口国由于资源闲置导致的净福利损失。所以，大国征收关税虽然有可能增进本国的福利，但从世界整体的角度来看仍然意味着净损失。

四、最优关税

1. 最优关税率的确定

最优关税（optimum tariff）是与大国相联系的概念，它是指使一国贸易条件改善的收益超过其进口量减少的损失而产生的净福利最大化时的关税水平。如果用边际概念来表述，就是指一国由于关税变动引起的额外收益（边际收益）等于额外损失（边际成本）时的关税水平。

对于一个可以影响国际市场价格的大国来说，当它以自由贸易（零关税）为起点提高其关税率时，该国的福利就会随之逐渐增加。当关税率提高到某一水平（最优关税率）时，其社会福利达到最大值；超过最优关税点后，其福利水平又逐渐下降；当关税率达到禁止性关税（prohibitive tariff，即进口量为零的关税）水平时，该国又将回到封闭经济时的福利水平。所以，最优关税率一定是位于零关税和禁止性关税之间的某一点上。

如上所述，最优关税率是关税变动引起的额外收益等于额外损失时的税率水平，因此，可以运用微观经济学中边际收益=边际成本（$MR=MC$）的最优条件来推导最优关税率的公式。最优关税率 t^* 是满足下述等式关系的关税率：

$$\text{额外收益-额外损失} = M\frac{\mathrm{d}P}{\mathrm{d}t} - t^*P\frac{\mathrm{d}M}{\mathrm{d}t} = 0$$

式中，M 为进口量，$\mathrm{d}P/\mathrm{d}t$ 是由于征税而引起的进口商品国际市场价格的变动，$\mathrm{d}P/\mathrm{d}t<0$，$M\frac{\mathrm{d}P}{\mathrm{d}t}$ 就是进口国提高关税所增加的税收收入，即提高关税的额外收益；t^* 是最优关税率，$\mathrm{d}M/\mathrm{d}t$ 是由于征税而造成的进口量的变动，$\mathrm{d}M/\mathrm{d}t<0$，$t^*P\frac{\mathrm{d}M}{\mathrm{d}t}$ 为单位商品税额

与进口量变动的乘积，表示提高关税后由进口量下降而减少的税收收入，即提高关税的额外损失。

根据 $MR = MC$ 的原则，对上式进行整理可得：

$$M\frac{\mathrm{d}P}{\mathrm{d}t} = t^{*}P\frac{\mathrm{d}M}{\mathrm{d}t}$$

$$t^{*} = \frac{\mathrm{d}P/\mathrm{d}t}{\mathrm{d}M/\mathrm{d}t}\cdot\frac{M}{P} = \frac{\mathrm{d}P}{\mathrm{d}M}\cdot\frac{M}{P}$$

由于外国对本国出口的供给弹性被定义为 $E_{\mathrm{X}} = \frac{\mathrm{d}M}{\mathrm{d}P}\cdot\frac{P}{M}$ [①]，将最优关税率公式与外国供给弹性的公式相比较可以看出，上述最优关税率的公式可写成：

$$t^{*} = \frac{1}{(\mathrm{d}M/\mathrm{d}P)(P/M)} = \frac{1}{E_{\mathrm{X}}}$$

这一公式表明最优关税率是外国对本国出口的供给弹性的倒数。很容易理解：外国的供给弹性越低，意味着外国出口商对于征税引起的国际市场价格的下降反应越差，那么它的供给数量就几乎不变，这样最优关税率就越高，本国便可以从外国得到更多的利益；反之，如果外国的供给弹性无限大（即 $E_{\mathrm{X}}=\infty$），即外国出口商的供给价格几乎不变，本国便不能使对方接受更低的价格。在这种情况下，征税只能使本国的福利减少（即前面分析过的小国情况），此时的最优关税率为零。由关税略微提高（边际变动）所引起的额外收益和额外损失如图 4-5 所示。

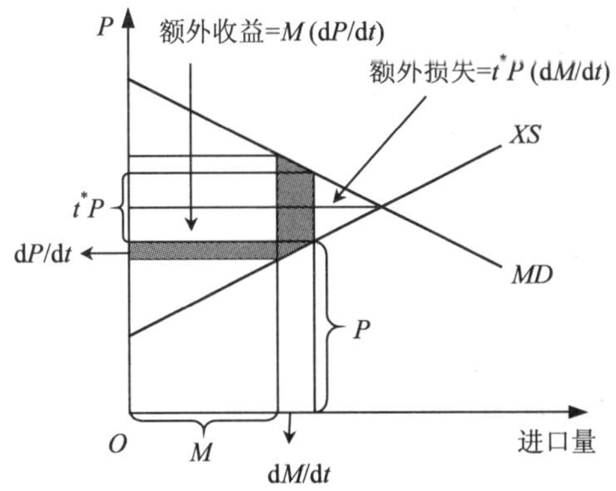

图 4-5　关税略微提高引起的额外收益和额外损失

① 在微观经济学中已知，商品的供给弹性（price elasticity of supply）被定义为：$E_{\mathrm{S}} = \frac{\mathrm{d}Q/Q}{\mathrm{d}P/P} = \frac{\mathrm{d}Q}{\mathrm{d}P}\cdot\frac{P}{Q}$，外国出口商品的供给弹性 $E_{\mathrm{X}} = \frac{\mathrm{d}M}{\mathrm{d}P}\cdot\frac{P}{M}$ 是商品供给弹性的一种具体形式。

从图 4-5 中可以看出，E_X 实际上就是图 4-4 中 XS 曲线的弹性。如果 XS 曲线越陡峭，即 E_X 越小，则图中 $M(dP/dt)$ 的部分就越大，这样最优关税率 t^* 也就越高。小国的情况则完全相反，在图 4-2 中，进口商品的外国供给曲线为一条水平线，即 E_X 为∞，则小国的最优关税为零。

2．最优关税对世界整体福利的影响

以上关于最优关税的分析并没有把外国的反应考虑在内。在现实中，征收最优关税在使一国贸易条件改善的同时，也恶化了外国的贸易条件，其福利无疑会下降，因为它的贸易条件与征税国是相对的。结果是，外国极有可能采取报复措施，也对自己的进口产品征收最优关税。如果这个过程持续下去，最终将使所有国家损失大部分甚至全部贸易利益。下面运用提供曲线来说明关税对贸易双方福利的影响，如图 4-6 所示。

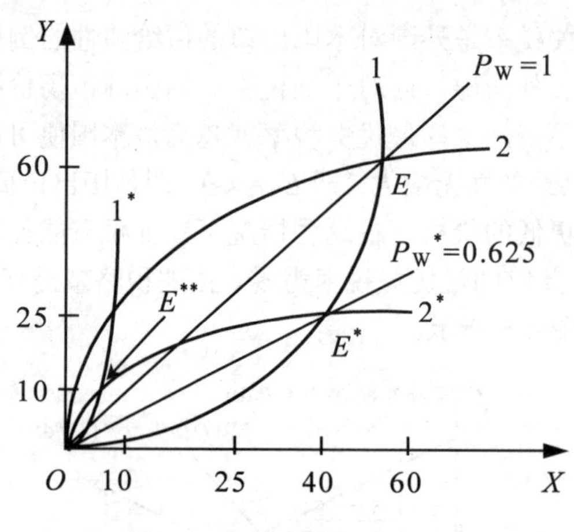

图 4-6　最优关税与报复关税

在图 4-6 中，本国和外国的提供曲线分别为 1、2，征收关税前，提供曲线 1 和提供曲线 2 相交，决定均衡点为 E。在这一点上，外国以 $P_W=1$ 的国际市场价格用 60Y 交换 60X。现在假设外国征收最优关税后，提供曲线旋转至 2^*。如果本国不报复，提供曲线 2^* 和提供曲线 1 相交决定新的均衡点 E^*，在这一点上，外国用 25Y 交换 40 X，结果本国的贸易条件从 $P_X/P_Y=P_W=1$ 恶化为 $P_X/P_Y=P_W^*=0.625$，外国的贸易条件则改善为 $P_Y/P_X=1/P_W^*=1/0.625=1.6$。

然而，由于贸易条件恶化和贸易量的减少，本国的情况比在自由贸易时更差，结果，本国可能采取报复行动，也对其进口商品征收最优关税，使其提供曲线旋转至 1^*。曲线 1^*

和 2^* 的交点使均衡点移至 E^{**}。现在本国的贸易条件更好，而外国却比自由贸易条件下更差了。在该点，外国也可能采取报复行动，这种关税战使两国最终回到图中的封闭经济状态，全部贸易利益丧失殆尽。

五、有效保护率

以上讨论的是对进口的最终产品征收的名义关税（nominal tariff）。关税使进口产品的国内价格上升，从而对国内产业起到保护作用。但是对最终产品征收的关税并不能够反映国内某一产业实际受保护的程度，因为大多数制成品的生产都需要投入一种或数种中间产品，如果对进口的中间产品也征收关税，就会提高使用中间产品所生产的产品的成本，从而降低本国制成品受保护的程度。因此，判断关税对某一产业的实际保护程度，不但要考察对进口最终产品所征收的名义关税，而且要综合考察对进口中间产品所征收的关税。所以，有效保护率的问题是有关一国关税结构的问题。

1. 名义保护率与有效保护率

一国对进口的最终产品征收名义关税后，对国内产业形成的只是一种名义保护率（rate of nominal protection）。有效保护率（rate of effective protection）是指征税后国内被保护产业每单位产出的附加值[①]提高的百分率，因而可以准确地反映国内产业实际受保护的程度。下面用一个实例说明有效保护率的含义以及它与名义保护率的区别。

【例 4-1】假设在自由贸易条件下，国内每套服装的价格为 100 美元，原料成本为 80 美元，附加值为 20 美元。现在对进口服装征收 10%的名义关税，征税后消费者面对的价格是 110 美元，因此关税给国内服装业带来的名义保护率就是 10%。根据定义，有效保护率是国内每单位服装附加值提高的百分率，征税前国内服装的附加值为 20 美元，征税后附加值增至 30 美元（110 美元-80 美元），每套服装的附加值增加了 10 美元，提高的百分率即有效保护率为 50%（10 美元/20 美元），如表 4-1 所示。

表 4-1 有效保护率和名义关税率

项目	最终产品价格/美元	进口要素成本/美元	国内附加值/美元	最终产品名义关税率	进口要素名义关税率	有效保护率
征税前	100	80	20			
征税后	110	80	30	10%	0	50%

① 附加值（value added）等于最终产品价格减去为生产这种产品投入的进口生产要素的成本。

名义关税率对消费者来说很重要，因为它表明了关税导致的最终产品价格增加的程度；而有效保护率对生产者很重要，因为它表明了关税对与进口商品竞争的国内产业提供保护的程度。

2．有效保护率的计算

（1）有效保护率通常用下面的公式来计算：

$$g=\frac{V^{'}-V}{V}$$

其中，g 表示对最终产品生产者的有效保护率；$V^{'}$ 为征税后单位产品的附加值；V 为征税前单位产品的附加值。

（2）还可以通过名义关税率来计算有效保护率，其公式为：

$$g=\frac{t-\sum a_i t_i}{1-\sum a_i}$$

其中，g 表示有效保护率；t 为最终产品的名义关税率；a_i 表示第 i 种进口要素成本在最终商品价格中所占的比例；t_i 为对第 i 种进口要素征收的名义关税率。

用这个公式再来计算例 4-1。在该例中，$t=10\%$，$a_i=80/100=0.8$，$t_i=0$，所以：

$$g=\frac{0.1-0.8\times 0}{1-0.8}=50\%$$

如果现在开始对进口要素征税，若 $t_i=5\%$，则：

$$g=\frac{0.1-0.8\times 0.05}{1-0.8}=30\%$$

若 $t_i=10\%$，则：

$$g=\frac{0.1-0.8\times 0.1}{1-0.8}=10\%$$

若 $t_i=15\%$，则：

$$g=\frac{0.1-0.8\times 0.15}{1-0.8}=-10\%$$

3．有效保护率与名义关税率的关系

根据上式的计算及其结果，可以得出以下关于有效保护率（g）和最终产品的名义关税率（t）之间关系的重要结论：

（1）当 $\sum a_i=0$ 时，即没有进口要素时，$g=t$，名义关税率即为有效保护率。

（2）当 a_i 和 t_i 给定时，名义关税率 t 越大，有效保护率 g 也就越大。

（3）对于给定的t和t_i，a_i的值越大，g也越大。

（4）当t大于、等于或小于$\sum a_i t_i / \sum a_i$时，g也大于、等于或小于t。

（5）当$\sum a_i t_i > t$时，有效保护率为负值，即$g < 0$。

第二节　非关税贸易壁垒

非关税壁垒（non-tariff barrier）是指除关税以外的所有限制进口的措施，其中既包括传统的贸易壁垒，如进口配额、“自愿”出口限制、歧视性政府采购政策、国产化程度要求等，也包括随着新贸易保护主义的发展而产生的各种新兴贸易壁垒，如技术壁垒、环境壁垒、社会壁垒等。二战后，代表贸易自由化趋向的关税与贸易总协定曾经成功地削减了关税，但在取消非关税壁垒方面却进展缓慢。随着关税水平的降低，非关税壁垒的重要性大大增强了。本节重点分析其中的一些主要形式。

一、进口配额

1. 进口配额及其种类

进口配额（import quota）是最重要的非关税贸易壁垒，它是指一国政府在一定时期内对某种进口商品的总量实行直接限制。政府以各种不同的方式发放有限数量的进口许可证，并严禁无证进口。许可证的持有者按照国际市场价格进口，当许可进口的数量小于该国意愿进口的数量时，配额会使国内市场价格高于国际市场价格。这样，当进口商品按国内市场价格出售后就会产生一个差额，即配额租金。

按照配额的分配办法，进口配额分为全球配额（global quota）和国别配额（country quota）。全球配额适用于来自任何国家的进口商品；国别配额是对来自不同国家的进口商品规定不同数量的配额。

按照配额的实施方法，进口配额分为绝对配额（absolute quota）和关税配额（tariff quota）。绝对配额指在一定时期内对某种商品的进口量规定一个最高数额，达到这个数额后便不准进口；关税配额是对一定时期内所规定的配额以内的进口商品给予关税的优惠待遇，而对超过配额的进口商品则提高关税。

2. 进口配额的经济效应

仍以小国为例来分析进口配额的经济效应。在图4-7中，S是小国国内的供给曲线，D是国内的需求曲线，实行进口配额前的国际市场价格为P_W。这时，国内生产为OQ_1，而国内需求为OQ_2，从国外进口的数量为Q_1Q_2。现在政府为保护国内产业，对进口商品实行配额限制，假定数量为Q_Q，且$Q_Q < Q_1Q_2$。由于小国进口数量的变动不影响国际价格，所以现在的总供给（国内加国际）等于国内供给在国际价格P_W以上加上一个固定配额数量Q_Q，在图中表现为在国际价格P_W以上国内供给曲线向右平移了Q_Q的距离，变为S'。包含配额后的总供给曲线S'与国内需求曲线相交于新的均衡点，决定了进口商品新的国内价格为P_Q，$P_Q > P_W$。在这一价格水平上，国内生产增至OQ_3，需求减少至OQ_4，进口量Q_3Q_4正好等于配额。

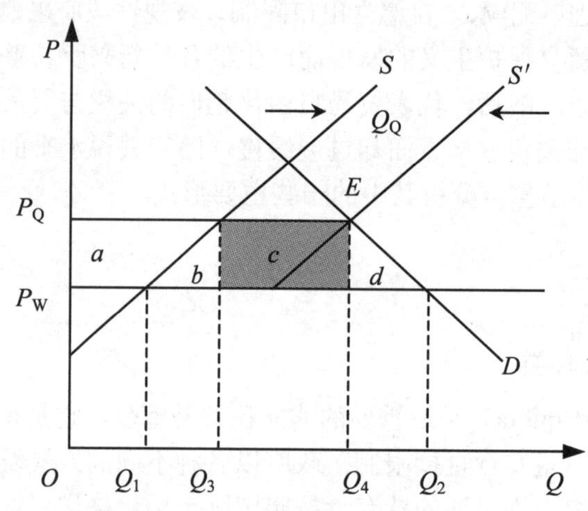

图 4-7　进口配额对小国的经济效应

现在来分析配额的经济效应。配额使消费者剩余的损失为图 4-7 中（$a+b+c+d$）的部分，生产者剩余增加了 a 部分，同时产生了阴影部分 c 的租金[①]（rent）收益，这一租金的归属取决于政府对配额的分配形式，而（$b+d$）则为配额导致的社会福利的净损失。到目前为止，我们发现进口配额所产生的经济效应与关税非常相似，实施数量为Q_Q的进口配额就相当于征收等量的进口关税。对于大国实施进口配额的经济效应，可以参照大国征收关税的情况进行分析。

同关税分析一样，配额的经济效应也可以用图 4-8 进口商品市场的情况来描述。

[①] 早期的经济学家将那些在长期供给量不随其价格发生变化的生产要素所取得的收入称为租金，例如地租。这一概念在现代已经被扩展使用，把凡是超过生产要素竞争性收入（生产要素所有者在竞争性市场上提供要素所获得的最低收入）的部分都称为租金。租金的概念还被用于讨论人为地寻求将某种生产要素供给固定化的垄断行为，这种垄断行为可以使垄断者从生产要素供给的固定化中获得某种利益。

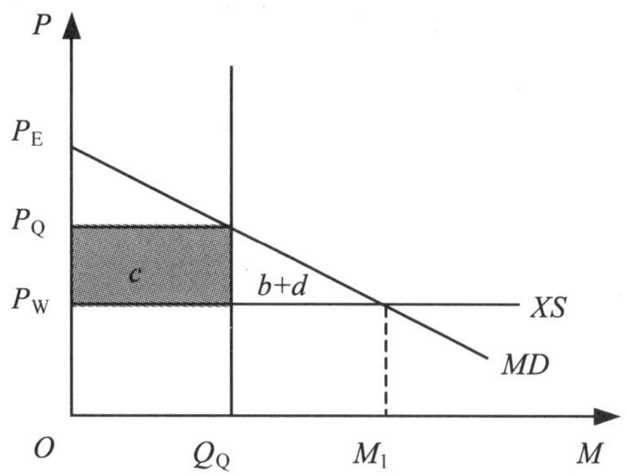

图 4-8 进口配额对小国的经济效应（进口商品市场）

3．进口配额与关税的比较

虽然进口配额的经济效应与关税非常相似，但二者实施的内在机制却截然不同：关税是通过扭曲国内价格进而抑制进口需求来限制进口（扭曲价格机制），而进口配额是通过直接限制进口数量达到减少进口的目的（取代价格机制）。除此之外，二者在实施中还存在许多不同之处。

（1）进口配额对进口的限制强于关税。进口配额将进口限定到一个确定的水平，而进口关税的贸易效果则不确定。原因是进口品的供给和需求曲线的弹性或形状常常难以确定，从而很难通过关税将进口限定在期望的水平上。再者，外国出口商可以通过提高效率或接受低利润率来全部或部分地降低关税的影响。而配额对进口的限制作用比关税要有力得多，因为允许进口的数量是由配额明确限定的，这使得外国出口商无机可乘。

（2）进口配额导致的福利损失大于关税。对于给定的进口配额，当需求增加时，会比同等的关税导致更高的国内价格和国内生产的进一步增加；而对于给定的进口关税，当需求增加时，国内价格并不发生变化，会比同等的进口配额导致更高的消费量和进口量，故进口配额对进口国福利造成的损失比关税更大。

（3）进口配额强化了国内垄断。当进口国征收关税时，国内市场价格为国际市场价格加关税，因此国内市场价格仍然由国际市场的供求决定，国内厂商无法形成垄断。而当进口国实行配额时，国内厂商可以垄断除配额以外的国内供给，此时国内市场的价格由垄断厂商的利润最大化原则决定，因此配额进一步增强了国内垄断力量。

（4）进口配额导致“寻租”行为发生。进口配额涉及进口许可证的发放，而关税则没有这个问题。许可证的不同发放形式会导致配额租金的不同分配。如果政府在竞争性的市场上公开拍卖许可证，则租金由政府获得，这种情况下的收益分配与关税最为相似。

如果政府将许可证无偿发放给进口商，那么配额租金将由持有许可证的进口商获得，这样进口商为了获得许可证，就会极力游说甚至贿赂政府官员，产生经济学所称的“寻租”（rent-seeking）行为，从而滋生腐败，造成社会资源的浪费。最差的分配方式就是政府将配额分配的权限交给出口国，这样配额租金将为外国出口商所得，进口国的净损失又增加了一个 c 的部分。

二、“自愿出口限制”

1.“自愿出口限制”及其种类

“自愿出口限制”（voluntary export restraints，VER）是一种与进口配额相类似的贸易保护措施，但不是由进口国对进口商品实行配额，而是出口国在进口国的要求和压力下，“自愿”地在规定的时间内（一般为 3～5 年）限制本国商品的出口数额。由于这种“自愿”往往是在进口国以“威胁国内经济”为由，要求出口国“自动”限制出口量，否则即采取报复性措施的压力下实施的，因此，“自愿出口限制”是进口配额的一种特殊形式。

“自愿出口限制”有非协定和协定两种形式：一是非协定的“自愿”出口限制。是指出口国在进口国的压力下单方面规定出口额度，自行限制出口的措施。一般是由政府规定和公布配额，出口商必须向有关部门申请配额，获得许可证后方可出口。二是协定的“自愿”出口限制。是指进口国与出口国通过谈判签订“自动限制协定”或“有秩序销售协定”，在协定中规定某些商品在有效期内的出口配额。出口国据此配额实行出口许可证制，自行限制这些商品的出口，进口国则根据海关统计进行检查。“自愿”出口限制大多属于后者。

2.“自愿出口限制”的经济效应

以下用图 4-9 来说明“自愿出口限制”的经济效应。从进口国方面来说（以小国为例），实行 VER 之前，世界市场价格为 P_w，进口国的进口量为 Q_1Q_2。实行 VER 之后，进口国的国内价格上升至 P_V，进口量下降为 Q_3Q_4，产生了（b+d）的净损失。所以 VER 对价格、生产、消费、贸易的影响与进口配额是完全一样的。所不同的是 c 的归属问题，在进口配额情况下由进口国所有，而在 VER 情况下则由出口国获得。

从出口国方面来看，图 4-9 中的阴影面积 c 是出口国由于限制出口数量而使出口商品价格上升所带来的额外收益，阴影面积 e 和 f 是出口国由于限制出口数量所导致的销售额损失。由于销售额中既包括利润也包括成本。因此，实施 VER 对于出口国的福利影响是不确定的，出口国可能从中获益，也可能受损（“自愿出口限制”对于出口国福利影响的进一步分析见本章附录）。

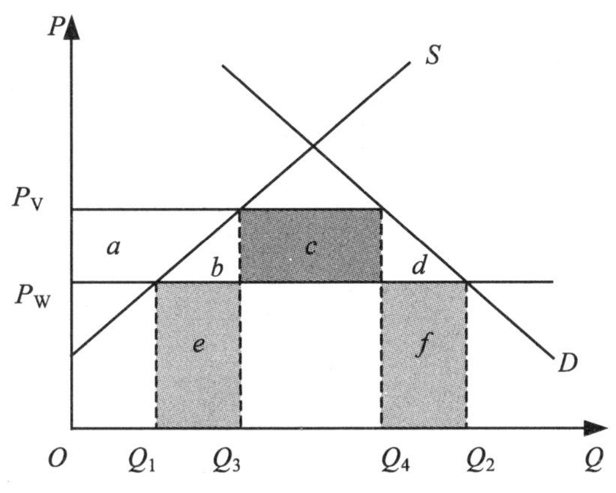

图 4-9　“自愿出口限制”的经济效应

在进口配额下，数量限制所产生的租金由进口国持有许可证的进口商获得，而在自愿出口限制下，这一租金则转化为外国出口商的收入。因此，对进口国而言，后者的代价更加高昂。出口国之所以会同意接受出口限制，一方面是为了避免与进口国的贸易摩擦，防止其更为严厉的贸易限制；另一方面则可以通过将配额用在高质量、高价格的出口产品上来增加租金收入。

三、其他非关税壁垒

1．歧视性政府采购政策

歧视性政府采购政策（discriminatory government policy）是指国家通过法令或实际上要求本国政府机构在招标采购时必须优先购买本国产品，从而导致对外国产品歧视与限制的做法。下面用图 4-10 说明其经济效应。

图 4-10 中，S 为进口国产品的供给曲线，D_G 代表进口国政府对进口产品的需求曲线，D_{G+P} 代表政府和私人对进口产品的总需求曲线。在自由贸易价格 P_W 下，国内生产为 OQ_1，国内总需求为 OQ_2，其中政府需求为 OQ_G，私人需求为 Q_GQ_2。这时，在从国外进口的 Q_1Q_2 数量的产品中，政府进口量为 Q_1Q_G。

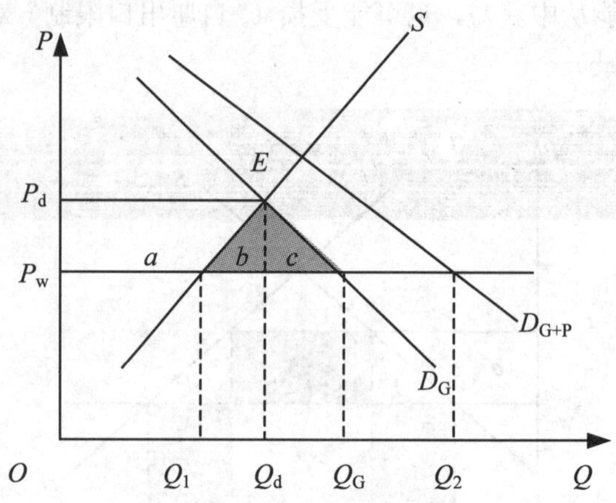

图 4-10 歧视性政府采购政策的经济效应

现在进口国政府实行歧视性政府采购政策，规定政府只能购买本国产品。这样，D_G与S的交点E就决定了政府采购本国产品的均衡价格P_d和均衡产量OQ_d。P_d高于国际价格P_W，从而使国内生产增加了Q_1Q_d，但政府的需求却减少了Q_dQ_G。私人的消费需求不受政府采购政策影响，仍在P_W价格下消费Q_GQ_2的数量。因此，进口国的福利变动主要体现在政府方面：国内价格上涨使政府作为购买者的消费者剩余减少了$(a+b+c)$的部分，其中a的部分转为生产者剩余，而$(b+c)$的部分成为进口国的净损失，这是将政府采购从高效的国外生产者转向低效的国内生产者造成的。

2. 国产化程度要求

国产化程度要求是指政府通过法令或实际上要求在本国组装或生产的产品必须含有特定数量的本国增值，如必须使用本国生产的原材料和零配件等。国产化程度要求限制了本来可以用于本国产品生产的外国原材料和零配件的进口。在这方面典型的例子是汽车制造业，国产化程度要求迫使汽车制造企业更多地采用本国生产的汽车组件或零件，严格的国产化程度要求甚至可以迫使像发动机或变速箱一类昂贵的部件在本国生产。一种与国产化程度要求有密切联系的非关税壁垒是混合购买要求（mixing requirement），即规定进口者在进口国外商品的同时，必须购买一定比例的本国产品。

国产化程度要求以及混合购买要求并不能给进口国政府带来任何收入。商品价格上升的收益由被保护产品的国内生产者得到，而由于本国产品或者成本升高，或者需求下降，进口国以及世界整体遭受了无谓的损失。

3. 技术壁垒

技术壁垒（technical barriers）是非关税壁垒的一种，是指商品进口国在实施贸易进口管制时，往往以保障国家安全、维护消费者利益为由，通过颁布法律、法令、条例、规定、建立技术标准、认证制度、卫生检验检疫制度以及包装、规格和标签标准等，提高市场准入的技术门槛，增加进口难度，最终达到限制进口的目的。技术壁垒具有以下几个主要特点：

（1）合理性。设立技术法规、标准及检验程序的目的是为了保护国家安全及消费者利益，因而有其合理的一面。WTO 的有关技术壁垒协议并不否认各国技术壁垒存在的合理性和必要性，只是要求技术壁垒不应妨碍正常的国际贸易，不得具有歧视性。

（2）复杂性。技术壁垒因其涉及的技术和适用范围的广泛性，使其比配额、许可证等其他非关税壁垒形式更为复杂，WTO 允许各国根据自身特点如地理、消费习惯等制定不同的技术标准。

（3）隐蔽性。技术标准过高，检验程序过严，都可以影响国际贸易的正常进行，使合理的技术标准转化为贸易保护的工具。然而，要区别一项技术标准或检验程序是否合理往往比较困难。技术壁垒因其合理性和复杂性而具有隐蔽性，不容易遭到其他国家的报复，这是当前各国更愿意使用技术壁垒的主要原因。

（4）灵活性。不断发展更新的技术和技术壁垒多样化的形式为运用技术壁垒提供了条件，因此，技术壁垒也较其他关税壁垒更容易实施。当前，由于技术进步的速度加快，新的技术壁垒将随着科技的发展而不断产生，因此技术壁垒将在长期内存在。

4. 环境壁垒

环境壁垒（environmental barrier）又称绿色壁垒（green barrier），是指进口国政府以保护生态环境、自然资源和人类健康为名，以限制进口、保护贸易为根本目的，通过颁布复杂苛刻的环保法规、条例及技术标准，建立严格的绿色产品包装和标签要求，制定繁琐的绿色检验检疫认证和审批程序等方式对进口产品设置贸易障碍。环境壁垒的主要表现形式有绿色关税制度、环境配额制度、绿色技术标准制度、绿色环境标志制度等。

和技术壁垒一样，环境壁垒也具有双重性的特点：一方面，为了保护有限的资源、环境和人类健康，合理的环境标准有利于提高社会福利水平；另一方面，如果利用环保之名实行贸易保护之实，使出口国难以预见其内容及变化而难以应付和适应，客观上限制了正常的国际贸易，反过来又会减少社会福利。

当前，随着世界经济一体化进程的加快，世界各国、特别是主要发达国家的贸易壁垒正在发生结构性变化。从传统的关税和非关税壁垒到技术—环境壁垒，从显性保护到隐性保护，贸易保护形式不断从低级向高级演化，关税、配额以及其他一些传统的贸易壁垒已经被逐步弱化和取代，而技术—环境壁垒等新贸易保护手段正日益成为贸易壁垒的主体，被越来越多地采用。

5. 社会壁垒

社会壁垒（societal barrier）是发达国家以保障劳动者劳动环境和生存权利为由所采取的贸易保护措施。它是依据国际公约中有关社会保障、劳工权利、劳工标准等方面的社会条款而产生的，这一壁垒削弱了发展中国家因工作条件简单、劳动报酬较低而形成的成本竞争优势。在这方面引人注目的标准即 SA8000。

SA8000 是 Social Accountability8000 的简称，即“社会责任管理体系”，是由总部设在美国的社会责任国际（social accountability international，SAI）发起并联合其他一些国际组织制订的，是一种以保护劳动环境和条件、劳工权利等为主要内容的企业管理标准体系。其主要内容包括要求企业不使用童工、不强迫劳动；至多每周工作 48 小时，至少每周休息一天；至少支付法定最低工资和提供福利；任命高层管理代表负责工人健康和安全，甚至对饮水及食物存放设施、工人宿舍条件等都有严格规定。受 SA8000 标准约束的主要是发展中国家的劳动密集型行业，如服装、纺织、制鞋业等。

同上述技术—环境壁垒一样，一方面，SA8000 标准所包含的“保护劳工权利、保护生态环境、发展慈善事业、捐助公益事业、保护弱势群体”等内容具有现代市场经济的进步性；另一方面，它又确实具有贸易壁垒的性质与作用，发达国家在强制推行 SA8000 标准的背后，也有着不可否认的利己动机。

第三节　出口鼓励政策

一、出口补贴

出口补贴（export subsidy）是一国政府为了促进出口，在出口商品时给予出口企业的现金补贴或财政上的优惠。出口补贴分直接补贴和间接补贴两种：直接补贴是指政府给予出口企业以直接的现金补贴；间接补贴是政府给予出口企业财政上的优惠，如出口退税、延期付税、补贴贷款，或给外国购买者以低息贷款，以此刺激本国的出口。

出口补贴对一国生产、消费、价格、贸易和福利的影响也会因出口国在国际市场上的份额大小而不同。下面分别进行讨论。

1．出口补贴对小国的经济效应

在图 4-11 中，S 和 D 分别为小国国内出口产品的供给和需求曲线。在自由贸易条件下，小国在 P_W 的国际价格下生产 OQ_2 的产品，其中国内需求部分为 OQ_1，超额供给 Q_1Q_2 的部分可供出口。

假定为了鼓励出口，小国政府决定对每单位产品的出口给予 s 元的补贴，这对于出口企业来说，相当于单位商品的价格由 P_W 提高到 P_s（$=P_W+s$），企业收益增加，因此愿意扩大生产，数量从 OQ_2 增加到 OQ_4。由于出口比国内销售收益更高，因此企业或转向出口产品的生产，或将原来供给国内市场的产品也用于出口，从而迫使国内价格提高到 P_s 的水平。因为只有保证国内产品获得与出口产品同等的收益，生产者才愿意向国内市场销售产品。这时，国内消费由 OQ_1 降为 OQ_3，相应地出口从补贴前的 Q_1Q_2 扩大到 Q_3Q_4，达到了鼓励出口的目的。

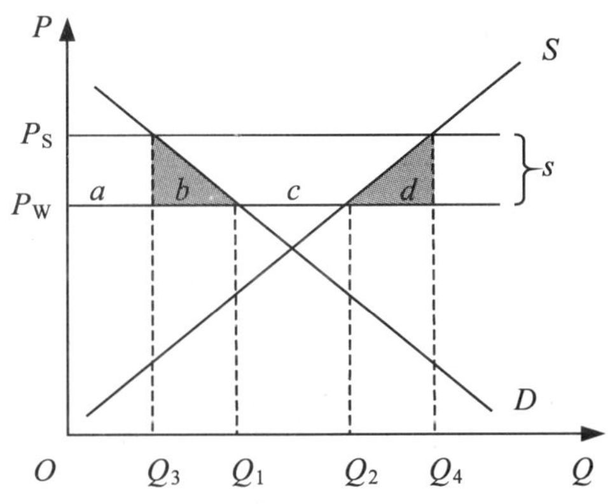

图 4-11　出口补贴对小国的经济效应

但是，补贴导致的国内价格上升使小国消费者利益受到损害，从图 4-11 中可以看到，消费者剩余减少了 $(a+b)$ 部分，生产者剩余由于补贴而增加了 $(a+b+c)$ 部分，但小国政府的补贴为 $(b+c+d)$ 部分（=单位补贴乘以出口量，即 $s \times Q_3Q_4$）。综合各项福利的增减，生产者福利增加-消费者福利损失-政府出口补贴 $=(a+b+c)-(a+b)-(b+c+d)=-(b+d)$，即图中两块阴影面积就是小国实行出口补贴的净福利损失。其中 b 的部分为国内价格提高而造成的消费扭曲，d 的部分为低效率的国内企业加入生产而造成的生产扭曲。

2．出口补贴对大国的经济效应

如果出口国是一个大国，实行补贴增加出口的结果会导致世界市场价格下降，从 P_W

下降到P'_W，这样补贴导致国内价格仅上升到P'_s（$=P'_W+s$），低于小国上升后的国内价格P_s（$=P_W+s$），即补贴额s所造成的国内价格上升被国内外市场分摊了。

图4-12显示，与补贴前的自由贸易条件下相比，出口补贴导致的国内价格上升使大国国内生产由OQ_2增加到OQ_4，但国内消费由OQ_1减少到OQ_3，从而出口由补贴前的Q_1Q_2扩大到Q_3Q_4。因此，与小国一样，大国实行补贴后也会对价格、生产、消费和贸易各个方面产生影响。

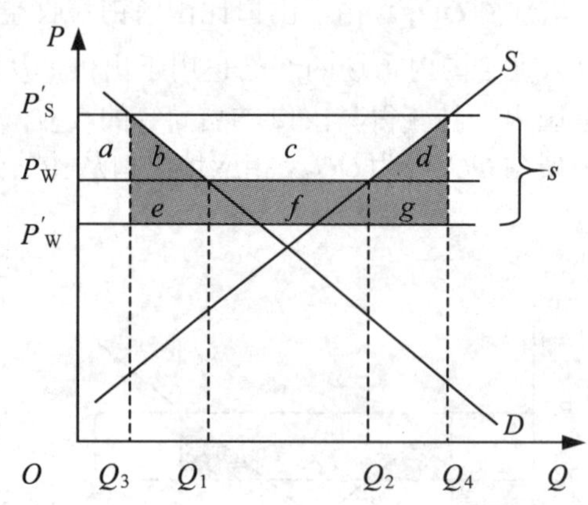

图 4-12 出口补贴对大国的经济效应

再来看大国实行补贴后的福利影响。在图4-12中，大国消费者的损失为$(a+b)$部分，生产者获益为$(a+b+c)$部分，政府的补贴总额为$(b+c+d+e+f+g)$部分。综合各项福利增减，生产补贴给大国带来的净福利损失为：$(a+b+c)-(a+b)-(b+c+d+e+f+g)=-(b+d+e+f+g)$。其中，$(b+d)$的阴影部分与小国一样是国内消费和生产扭曲的损失，而$(e+f+g)$的阴影面积则是大国实行补贴造成出口商品世界价格下降，从而导致大国贸易条件恶化的额外损失。由此可见，大国实行补贴的净损失要大于小国。

二、倾销

1. 倾销及其类型

倾销（dumping）是一项促进出口的贸易政策。在开放条件下，垄断企业为了实现规模经济效应，市场扩展成为其极力追求的目标。当垄断企业在国内市场上占有一定份额以后，就会将目光转向国外市场。一般来说，垄断企业会以低于国内市场的价格向国外销售商品。在国际贸易中，垄断企业的这种价格差异战略（或称价格歧视）被称为倾销。

根据目的和时间的不同，倾销可分为偶然性倾销、掠夺性倾销和持续性倾销。

（1）偶然性倾销（sporadic dumping），是指因销售旺季已过或因企业改营其他业务，以低于国内市场的价格向国外市场出售其剩余产品。这种倾销仅属一种短期行为，且对国外市场的不利影响较小，因此进口国一般不会采取反倾销措施。

（2）掠夺性倾销（predatory dumping），是指垄断企业暂时以低于国内市场的价格向国外市场销售产品，其目的在于排挤竞争者，将其逐出市场，一旦占领市场后再重新提高价格，以获取垄断利润。因此，掠夺性倾销通常被认为是一种“不公平贸易”行为。当生产要素随着价格的涨落而进出该行业时，给整个社会造成了资源的损失和浪费。

（3）持续性倾销（persistent dumping），是指垄断企业出于利润最大化的目的，在市场相互分割的情况下，运用其拥有的市场垄断力量，长期以低于国内市场的价格向国外市场销售商品。只要市场差别仍然存在，这种行为就可以一直延续下去。以下主要分析这种类型的倾销。

2．倾销与垄断企业利润最大化

倾销是垄断企业实现利润最大化的重要战略。为了说明这一点，我们假设，一家垄断企业在国内市场上销售 10 000 个单位产品，在国外销售 1 000 个单位产品。该企业将产品在国内市场的卖价定为 200 美元一件，在国外市场则卖 150 美元一件。显然在国外市场上的卖价比国内低，因而形成倾销。但是，这种倾销从企业利润最大化的角度看是合理的。我们来分析下述情形：如果企业增加 1 单位产品的生产，卖到哪个市场能够使它获得最大限度的利润呢？

如果卖到国内市场，为增加 1 单位产品的销售，企业要降低该产品的卖价，假设降低 1 美分，其国内价格变成 199.99 美元，多卖 1 件产品增加的收入是 199.99 美元。这样在国内市场上，该企业就可以销售 10 001 件该产品，但是，企业为售出增加的 1 单位产品，它就必须将所有 10 000 件产品的价格都降到 199.99 美元，因此企业从原来 10 000 件产品的销售中，总收入减少了 100 美元。最终企业从国内市场增加 1 单位产品的销售中，只多收入 99.99 美元，而不是 199.99 美元。

如果卖到国外市场，其价格也降低 1 美分，变为 149.99 美元，多销售 1 单位产品增加的收入是 149.99 美元。在外国的市场上销售 1 001 件产品，这意味着，不仅新增加的 1 单位的产品，而且其他的 1 000 件产品也要降到 149.99 美元，由此减少收入 10 美元，最终企业在国外市场上多销售 1 单位产品所得到的净收入是 139.99 美元，比在国内销售多收入 40 美元（139.99 美元−99.99 美元）。因此，对垄断企业而言，将增加的产品倾销到国外市场比在国内市场销售能够获得更多的利润，如表 4-2 所示。

表 4-2　增加国内销售和低价出口的收益比较

国内市场	收　益	199.99 美元
	损　失	2 000 000–199.99×10 000=100 美元
	净收益	199.99–100=99.99 美元
国外市场	收　益	149.99 美元
	损　失	150 000–149.99×1 000=10 美元
	净收益	149.99–10=139.99 美元
市场比较		139.99–99.99=40 美元

3. 实施倾销的经济条件

（1）市场必须是不完全竞争的。采取倾销行为的企业在本国市场上具有一定的垄断力量，不再是价格的被动接受者，而是价格的制定者，因而能够在很大程度上操纵市场价格。

（2）国内外市场必须是相互隔离的。倾销的一个重要条件是国内的居民不能购买到出口到国外市场的商品，或出口商品不能回流到国内市场。即国内市场与国外市场之间能保持价差，从而不存在从一国市场到另一国市场的商品套购以拉平价格[①]。

（3）国内市场和国外市场具有不同的需求价格弹性。垄断企业在国内市场的垄断地位较强，需求的价格弹性较低，因此可以制定高价；而国外市场的竞争较国内更为激烈，需求的价格弹性较高，从而具备压低价格的条件。

用图 4-13 来加以说明。图中横轴表示产品供求数量，纵轴表示产品价格。图右表示垄断企业面临的国内市场及定价情况，图左表示该企业面临的国外市场及定价情况。图右的 D_H 曲线表示该企业在国内市场上面临的需求曲线。由于该企业在国内市场上具有较强的控制市场价格的能力，因而该企业面临一条弹性比较小，因而更加陡峭的需求曲线。为增加该产品的销售，在市场份额较大的情况下，降低单位产品售价对企业收入的影响是相当大的。

因此，垄断企业会采取倾销战略，将产品出口到国外市场。图左的 D_F 曲线表示该企业在国外市场上面临的需求曲线。由于国外市场的竞争较国内市场更为激烈，因此该企业面临的需求曲线比较平坦，其控制市场价格的能力较弱。同时，由于其在国外市场上销售的规模较小，所以增加 1 单位产品销售所引起的总收入的减少量不大。从垄断企业的角度看，企业为了实现总利润最大化（由图中的两块阴影面积代表），更倾向于将增加

---

① 如果国内外市场不是相互隔离的，在国外市场同类商品的价格低于国内市场价格的条件下，进口商会以低价从国外市场购买商品，再运回国内市场以高价销售，从中赚取差价。这种国际商品套购活动会改变国内外市场商品的供给状况，使得在国内外需求一定的条件下，国外市场商品供给减少而国内市场商品供给增加，从而拉平国内外市场同类商品的价格。在这种情况下，就不具备实行倾销的条件。

的产量销售到国外市场，而不是国内市场。

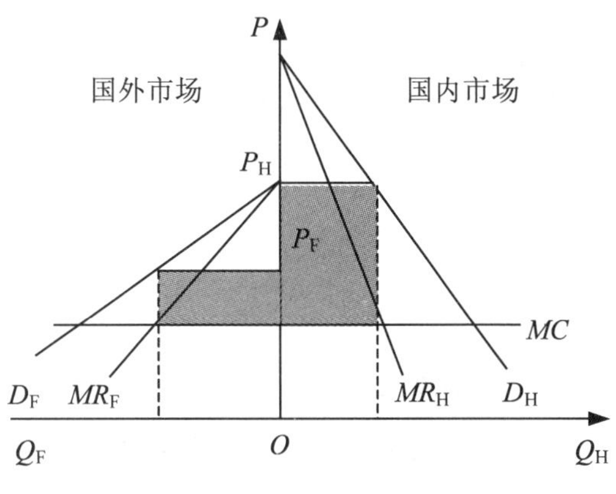

图 4-13　不完全竞争与倾销

根据以上分析可以看出，持续性倾销是在不完全竞争条件下，企业追求总利润最大化的一种合理的销售策略，只要不受到限制，它就可以持续存在。

虽然倾销有利于进口国的消费者，但是却会损害进口国同类商品生产者的利益。在进口国生产者的压力下，进口国的政府一般都会采取反倾销（anti-dumping）政策。反倾销的一般措施是对被认定倾销的商品征收反倾销税，用以抵消倾销价格低于出口国国内价格所带来的竞争优势，从而达到保护本国同类产业发展的目的。

在上面分析的基础上，我们来总结贸易政策工具的经济效应或福利影响。表 4-3 具体比较了四种主要贸易政策工具对生产者、消费者、政府以及整个国家福利水平的影响。

表 4-3　主要贸易政策工具的经济效应

项　目	关　税	进 口 配 额	自愿出口限制	出 口 补 贴
生产者剩余	增加	增加	增加	增加
消费者剩余	减少	减少	减少	减少
政府收益	增加	没有变化（许可证持有者获得租金）	没有变化（外国人获得租金）	减少（政府开支增加）
国家综合福利水平	不确定（小国减少）	不确定（小国减少）	减少	减少

表 4-3 所列的情况一目了然，从中可以清楚地看到，以上四种主要贸易政策都有利于

生产者而不利于消费者，贸易政策对国家福利的最好结果也只是“不确定”。其中，出口补贴和自愿出口限制肯定会损害整个国家的福利。而关税和进口配额也只能给具有压低国际市场价格能力的大国带来某些潜在的利益。

既然贸易保护政策并不会增进一国整体的福利，反而会给国家造成程度不等的福利损失，那么，政府为什么还要使用这些政策工具来限制进口或促进出口呢？我们将在第五章中分析这些问题。

附录

“自愿出口限制”对出口国的经济效应分析

实施“自愿出口限制”时，出口国可能获益，也可能受损，如图 4-14 所示。

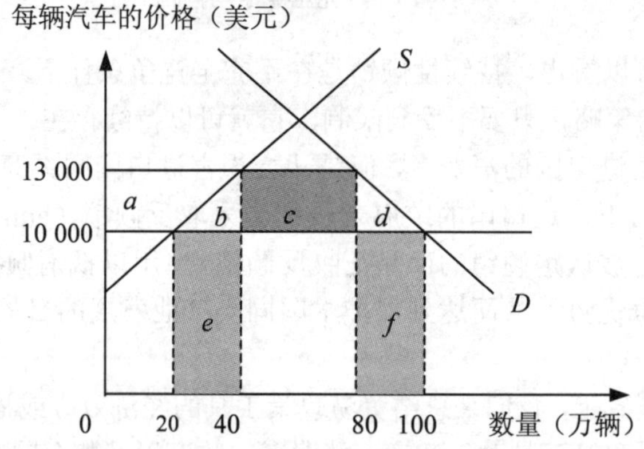

图 4-14 “自愿出口限制”对出口国的福利影响不确定

图 4-14 说明，实施“自愿出口限制”前，进口国每年进口的汽车为 80 万辆，每辆汽车的价格为 10 000 美元，年销售额为 80 亿美元。实施“自愿出口限制”后，汽车的进口为 40 万辆，每辆汽车的价格上升为 13 000 美元。对于出口国来说，一方面由于减少 40 万辆汽车的出口，其销售收入减少了 40 亿美元，即图中 e 和 f 的面积。另一方面由于每辆汽车的价格上涨了 3 000 美元，又增加了 12 亿美元的额外收入，即图中 c 的面积。表面看起来 $e+f>c$，似乎损失大于获利。但是，减少的 40 亿美元销售额中既包括利润也包括成本。增加的 12 亿美元则是净收入。因此在图 4-14 中“自愿出口限制”对出口国的福利影响可能是获益大于损失，也可能是损失大于获益。

考虑另一种情况，假定世界市场上每桶石油的价格为 2 美元，进口国每年进口 60 万桶石油。在进口国要求出口国实行“自愿出口限制”后，出口国每年仅出口 40 万桶石油。由于石油供应减少，进口国的石油价格每桶上升至 4 美元。于是，出口国获得净收入 80 万美元，即图 4-15 中 *c* 的面积。而由于减少 20 万桶石油出口，销售收入又减少 40 万美元，即图 4-15 中 *e* 和 *f* 的部分，但是其中既包括利润又包括成本。实施“自愿出口限制”的结果，出口国获得的利益大于损失。

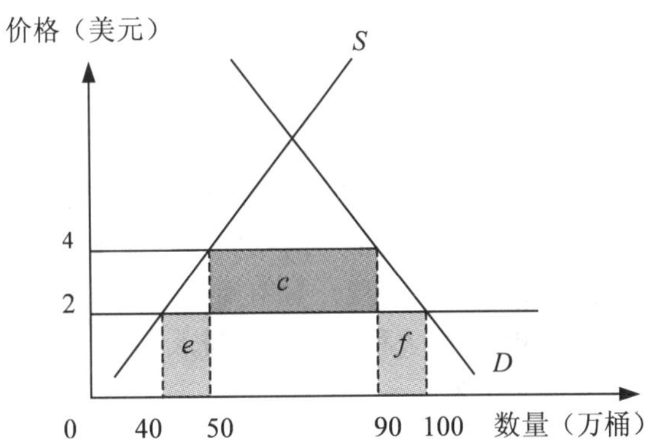

图 4-15　“自愿出口限制”对出口国的福利影响获益大于损失

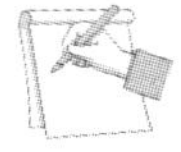

复习题

1．试分析关税的经济效应。

2．以小国为例，分析在国内需求增加的情况下，等量的关税与配额对进口国国内生产、消费和进口的影响。

3．比较配额许可证的发放形式及其效应。

4．说明歧视性政府采购政策的福利影响。

5．分析出口补贴的经济效应。

6．倾销与垄断企业利润最大化战略。

练习题

1．假设外国生产并出口汽车，每辆汽车的世界市场价格为 8 000 美元：

（1）如果一个小国对进口汽车征收 25%的从价关税，对汽车的价格有什么影响？

（2）这个小国还有哪些方面会受到这一关税的影响？

（3）如果进口国是个大国，那么这样的关税会有怎样的效应？

2．以某小国为例，该国某种进口商品的世界价格为 10 元，国内需求曲线为 $D=400-10P$，供给曲线为 $S=50+5P$，确定自由贸易的均衡点，然后计算配额将进口数量限定在 50 单位时，对以下各项的影响：

（1）国内价格的增幅；

（2）配额租金；

（3）消费扭曲损失；

（4）生产扭曲损失。

3．在自由贸易条件下，某种汽车的进口价格为 12 万元，其中投入的钢材、仪表等中间投入品的价格为 8 万元，计算一国（小国）在下列条件时的有效保护率：

（1）对进口产品征收 10%的名义关税，对中间投入品征收 5%的名义关税；

（2）对进口产品征收 10%的名义关税，对中间投入品征收 10%的名义关税；

（3）对进口产品征收 5%的名义关税，对中间投入品征收 10%的名义关税；

（4）上述三种情况说明了什么？

第五章　各种贸易保护的观点

【引言】

关于贸易政策工具的分析表明，在大多数情况下，实行贸易保护必然要付出一定的代价，降低国家的福利水平。但是，从历史到现实，各国政府都在不同程度上实行着贸易保护或贸易干预政策。自由贸易与保护贸易这两种对立的倾向相互交织，构成了当今国际贸易领域各国利益既相互联结又相互冲突的现实图景。既然贸易保护政策并不会增进一国整体的福利，或者即使存在着某些潜在的利益也是不确定的，那么，各国政府为什么还要实行贸易保护呢？本章介绍并讨论几种有代表性的贸易保护观点。

【学习目标】

① 幼稚产业理论的主要内容；

② 发展中国家的贸易条件恶化；

③ 国内市场失灵论和“对症规则”；

④ 寡头垄断条件下的战略性贸易政策；

⑤ 贸易政策的政治经济学。

第一节　幼稚产业理论

在所有贸易保护的理论中，历史悠久、影响最为广泛的理论就是幼稚产业理论（infant industry theory）。这一理论最早在 1791 年由美国第一任财政部长亚历山大·汉密尔顿（Alexander Hanmilton）提出，但真正对其进行全面阐述和发展的是 19 世纪的德国经济学家弗里德里希·李斯特（Friedrich List）。当时的德国与英、法相比，是一个经济落后的国家，在国际贸易中处于不利地位。李斯特在 1841 年出版的《政治经济学的国民体系》一书中，激烈抨击了古典学派的自由贸易理论，提出了以保护关税为主要手段的、为经济落后国家服务的贸易保护理论。

亚历山大·汉密尔顿

一、幼稚产业理论的主要内容

李斯特

所谓幼稚产业（infant industry），是指经济落后国家中处于成长阶段，尚未发育成熟但具有潜在发展优势的产业。李斯特主张，经济落后的国家应选择具有潜在比较优势和发展前途的幼稚产业，给予适当的、暂时的关税保护，以实现规模经济收益和外部经济效应，逐渐增强其国际竞争力。而当该产业成长起来，在国际市场上具备竞争力之后，贸易保护就应随之取消。

幼稚产业理论的基本观点如下：

（1）自由贸易理论是以世界主义为立论基础的，只考虑了世界整体与单独的个人利益，而没有顾及两者之间的中介——国家。在现实中，由于国家之间利益分歧和冲突的存在，因而不能舍弃贸易保护政策。

（2）一国实行何种贸易政策应取决于其所处的经济发展阶段，与本国工业化发展的进程相适应。李斯特反对古典学派依照静态比较利益建立的国际分工学说，认为这种分工抹杀了各国处于经济发展不同阶段的区别。他认为，各国经济的发展都要经历原始未开化时期、畜牧时期、农业时期、农工业时期和农工商业时期五个阶段，在不同的阶段应当采取不同的贸易政策：在农业时期，一国可以实行自由贸易政策，自由输出农产品和输入工业品，这样一方面促进了农业的发展，另一方面也可以培育本国的工业基础；在农工业时期要实行贸易保护政策，对本国有发展潜力的工业采取保护措施，防止外国的竞争，以建立和发展本国的民族工业；在农工商业时期，当本国的工业有了相当的基础以后，可以采取自由贸易政策，用先进的工业品打入别国市场，以获取最大限度的贸易利益。

（3）财富的生产力比财富本身更重要。李斯特认为，对于经济落后的国家来说，虽然通过自由贸易可以获得静态的比较利益，但获得这种利益的代价是本国现代工业基础难以建立和发展，经济长期处于落后和依附于发达国家的地位。并且在贸易利益的分配上，后进国家通常处于不利的境地。实行贸易保护虽然在短期内会造成本国的福利损失，但如果未来获得的利益能够弥补当前的损失，那么这种保护就是必要的。

（4）主张对产业部门实行有选择的、暂时性的保护。李斯特并不是简单地主张对一切产业进行保护，而只是主张保护那些具有潜在比较优势、经过保护能够自立的产业。保护也并非是永久的，当受保护产业的产品价格低于进口产品从而能够与外国产品相竞争时，保护就应当适时取消。

（5）贸易保护的主要手段是关税，但关税的征收应因时间、因产业而异。李斯特认为，过高的关税可能消除贸易，反而对本国不利。李斯特主张对不同的产业采取不同的保护程度，对某些产业尤其是奢侈品，可以实行高关税禁止或部分限制进口，而对于发展本国工业重要的机器设备则应当免税。

二、幼稚产业的判别标准

如果幼稚产业的保护是必需的，那么什么样的产业是幼稚产业，从而应当给予保护呢？这就涉及到幼稚产业的判别标准问题。由于幼稚产业保护的观点通常是以尚未实现的内部规模经济或外部规模经济的存在为根据，因此判别幼稚产业必须比较该产业现在与未来的发展、区分内部规模经济与外部规模经济的不同情况。关于幼稚产业的判别标准主要有以下三种。

1. 穆勒标准

穆勒标准（Mill's test）强调被保护产业未来的成本优势。根据这一标准，当某一产业规模较小，其生产成本高于国际市场价格时，无法与国外同类产业进行竞争。如果政府对这类产业提供一定的保护，使其发展壮大，充分实现规模经济，降低生产成本，最终能够参与国际竞争并获得利润，那么该产业就可以作为幼稚产业加以扶持。

穆勒标准的实质是，假设与国外同类部门相比，本国产业向下倾斜的平均成本曲线更为陡峭。这意味着，本国在发展初期面临着较高的初始成本，但通过保护充分实现规模经济后，本国的成本会以更快的速度下降，反而低于其竞争对手。即使将来取消了保护，本国产业在国际竞争中也会处于优势地位。可见，穆勒标准强调的是产业未来成本上的竞争优势。

2. 巴斯塔布尔标准

巴斯塔布尔认为，判断一个产业部门是否属于幼稚产业，不能仅仅看它将来是否具有竞争优势，还要将保护成本与该产业未来预期利润的贴现值加以比较。只有其未来预期利润的贴现值大于保护成本，对其实行保护才有必要，反之则没有必要加以保护。可见，巴斯塔布尔标准（Bastable's test）与穆勒标准是一致的，但比穆勒标准更高，它要求被保护的幼稚产业在经过一段时间的保护后，不仅要具有竞争优势，而且这种优势必须达到一定的强度，即能够补偿保护期间的损失。下面用图 5-1 来说明穆勒—巴斯塔布尔标准。

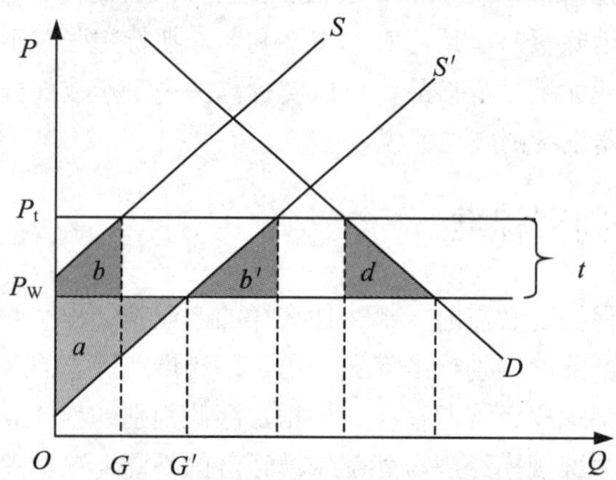

图 5-1　穆勒—巴斯塔布尔标准

假设一国潜在的幼稚产业由一个企业组成，如果该国能暂时地对这一产业进行保护，该产业就有可能实现可观的规模经济效应。假定学习过程仅限于初期。在图 5-1 中，横轴代表进口竞争产品的数量，纵轴表示价格。S 为幼稚产业初期的供给曲线，D 为国内的需求曲线。沿 P_W 的水平线为这种产品的进口供给曲线，P_W 为进口产品的世界价格。该国为保护幼稚产业对进口产品征收从量税 t，使得进口产品的国内价格提高到 P_t，这时国内的产量为 OG，关税保护带来的生产扭曲成本为 b，消费扭曲成本为 d，二者之和代表幼稚产业学习投资的成本（即实施保护的成本）。这一投资引起该产业的供给曲线（边际成本曲线）在后期从 S 移动到 S'。在新的供给曲线下，国内的最优产量为 OG'，此时该企业的边际成本就等于进口成本。如果后期取消了关税壁垒，那么，来自学习投资的收益为 a。假如后期幼稚产业的学习投资已经停止，但该国仍然实施关税保护，那么，从学习投资的收益中还要减去由征税带来的保护成本 b'。

3．坎普标准

与强调内部规模经济的上述两个标准不同，坎普标准（Kemp's test）更加强调外部规模经济与幼稚产业保护之间的关系。

坎普认为，在内部规模经济的情况下，即使某一产业符合穆勒—巴斯塔布尔标准，也不一定需要政府的保护。因为对于投资者来说，决定是否投资的根据不是当前的利益，而是未来的预期收益。如果预期收益的贴现值能够补偿保护成本，那么即使暂时遭受亏损，他也会继续进行投资，该部门亦会自动发展下去，而无需政府的保护。

但是在外部规模经济的情况下，由于私人收益与社会收益的偏离，会导致私人缺乏投资动力，产业的继续发展也就无从谈起。如果某一产业部门能够产生外部经济效应，那么该部门的发展就会对其他产业或整个社会带来额外的好处。在这种情况下，即使该部门不符合巴斯塔布尔标准，但只要它在实施保护之后，能够产生显著的外部经济效应，则仍有保护的必要。

三、对幼稚产业理论的批评

幼稚产业理论的观点有一定的合理性，它是以单个厂商（或行业）中存在规模经济作为理论根据的。经济学家普遍认为，这一保护的论点从增进世界整体福利的角度来看是能够成立的。但是经济学家同时也指出了该理论的许多误区，建议应当慎重地对待和使用这一理论。

（1）幼稚产业保护的观点显然在市场体系尚不完善、资本市场还不能发挥作用的发展中国家更为适用。然而，一些发展中国家通常在推行进口替代发展战略时提出这一理论，无论一种产品是否具有出口的潜力，它们都希望依靠保护来自己生产这种产品以摆脱对世界市场的依赖。实践表明，一旦给予某些产业以保护就很难取消。如果受到保护的产业并非真正的幼稚产业，则实施保护的国家将为长期保护一个高成本产业和资源使用的低效率而付出代价。

（2）实施幼稚产业保护的困难在于很难确定哪项产业或潜在的产业有可能实现规模经济，成长为低成本的生产者。幼稚产业的基本特征是发展趋势良好，经过一段时期的保护发展之后，它可能由原来不具有比较优势而变为具有比较优势。但是，幼稚产业判别的关键标准即动态比较优势在短期内是难以确定的。不仅由保护付出的近期成本能否由产业发展的长期利益补偿是难以确定的，而且保护是否会形成该产业的比较优势也是难以确定的。

（3）最重要的是，如果必须对幼稚产业给予保护，也存在着比关税更好的方式。最好的方式是对该产业的产品给予相应的生产补贴，因为解决国内价格扭曲的最佳原则是采用单纯的国内政策（即给予产业部门直接的生产补贴），而不是采取扭曲相对价格和国内消费（即对进口产品征收关税）的贸易政策。

第二节　贸易条件恶化论

劳尔·普雷维什

这一理论的代表人物是阿根廷经济学家劳尔·普雷维什（R. prebisch）和印度经济学家汉斯·辛格（H. Singer）等人。他们分别研究了发展中国家进出口商品价格的变动趋势，提出了“贸易条件恶化论”（terms of trade deterioration theory）。这一理论认为，发展中国家在与发达国家的贸易中主要出口初级产品，而进口工业制成品，由于初级产品的价格相对于工业制成品有不断下降的趋势，因而发展中国家的贸易条件从长期来看有恶化的趋势。

一、导致发展中国家贸易条件恶化的因素

普雷维什和辛格认为，影响初级产品和工业制成品价格变动、从而导致发展中国家贸易条件恶化的因素主要有以下几个方面：

（1）技术进步对两类产品价格的影响不同。一般来说，技术进步和生产率的提高会使单位产品的生产成本降低，进而导致产品价格下降。但是，由于发达国家和发展中国家的劳动力市场存在巨大差异，技术进步在不同国家对产品价格的影响是不同的：发达国家劳动力相对短缺，而且有强大和完善的工会组织，因此工业制成品部门生产率的提高表现为工人工资的上涨，有时工资上涨甚至会超过生产率的提高，这使得工业制成品的价格不降反升；发展中国家劳动力相对过剩，工会组织非常弱小甚至根本没有，因此任何生产率提高的结果都是初级产品成本和价格的下降。这样，技术进步在两类产品上产生的不同价格效应必然导致发展中国家的贸易条件恶化。

（2）市场环境对两类产品价格的影响不同。初级产品的交换市场接近于完全竞争的市场环境，而工业制成品的市场结构大多具有垄断的特点。在贸易周期的上升阶段，两类产品的价格都会上涨；在贸易周期的下降阶段，生产工业制成品的厂商可以通过控制产量来操纵价格，因而工业制成品价格的下降幅度小于初级产品价格的下降幅度。这样，在连续的贸易周期变化中，两类产品价格的差距就会不断扩大。

（3）收入的需求弹性对两类产品价格的影响不同。根据恩格尔定律，由于食物等生活必需品的收入需求弹性很低，因此，随着收入的增长，生活必需品支出占总收入的比

重将不断下降，而高档商品支出的比重则将不断上升。这一定律在国际贸易领域的表现是：初级产品多属于生活必需品，其需求的收入弹性很低，而工业制成品的需求收入弹性很高，收入增长所带来的对初级产品需求的增加要小于对工业制成品需求的增加。随着发达国家收入水平的提高，对初级产品的进口需求反而减少，而发展中国家收入水平的提高却导致对工业制成品进口需求的增加。这样，对两类产品不同的收入需求弹性就造成了工业制成品的价格上升，而初级产品的价格下降。

二、发展中国家的贸易条件恶化与国际收支失衡

由于技术进步、市场环境和收入的需求弹性等因素对工业制成品和初级产品价格的影响不同，因而导致了发展中国家贸易条件的恶化，由此带来的一个直接后果就是国际收支的失衡。如果用 g_L 和 g_D 分别表示发展中国家和发达国家的收入增长率，e_M 和 e_P 分别为工业制成品和初级产品的收入的需求弹性，并且假定在贸易前，两国的收入增长率相等，即 $g_L = g_D$。在其他条件不变的情况下，发展中国家的出口增长率 (X_L) 和进口增长率 (M_L) 就是：

$$X_L = g_D \cdot e_P$$
$$M_L = g_L \cdot e_M$$

由于 $g_D = g_L$，而且 $e_P < e_M$，所以 $X_L < M_L$。可见，即使两国经济增长率相同，但由于初级产品的需求收入弹性 (e_P) 小于工业制成品的弹性 (e_M)，发展中国家的出口增长也会慢于进口增长，从而使国际收支出现逆差。

国际收支逆差会造成发展中国家进口支付的困难，对国内经济增长产生不利的影响。通常采用的改善国际收支的办法是实行本币贬值。但这一办法对发展中国家却很难奏效，原因是它们出口的初级产品的需求收入弹性小于 1。这样，本币贬值引发的贸易条件恶化的效应将大于贬值带来的出口量增长的效应，反而会加剧国际收支的失衡。改善国际收支的另一办法是放慢经济增长速度，从而减少进口，但这意味着要以经济增长率的降低为代价。

普雷维什认为，上述两种办法对发展中国家的负面影响都很大，要从根本上解决国际收支失衡的问题，关键在于调整发展中国家的外贸结构，减少对工业制成品的进口，实行进口替代工业化战略。而要保证进口替代战略的顺利实施，就必须发挥政府的作用，制订和实施贸易保护政策。他强调指出，发展中国家和发达国家实行的保护贸易在性质上是不同的，发展中国家实行贸易保护政策源于其发展经济的内在要求，是实现工业化

和发展民族经济的唯一选择。

第三节 国内市场失灵论

自由贸易理论是建立在以消费者剩余和生产者剩余这两个概念为中心的成本—收益分析的基础之上的。国内市场失灵论批评这两个概念，尤其是认为生产者剩余没有正确地衡量成本与收益，其原因是存在着国内市场失灵。

一、市场失灵作为保护幼稚产业的根据

国内市场失灵的重要原因是由于外部性的存在。萨缪尔森在《经济学》中对外部性的定义是："当生产和消费对其他人产生附带的成本或收益时，外部性就产生了：成本或收益被加于他人身上，然而施加这种影响的人却没有为此而付出代价或获得报酬。更确切地说，外部性是一个经济主体的行为对另一个经济主体的福利产生的效果，但这种效果并没有从货币或市场交易反映出来。"在外部性存在的情况下，消费者剩余和生产者剩余就无法准确地反映成本与收益。由外部性引起的市场失灵有多种表现，幼稚产业理论的支持者们认为，有两种类型的市场失灵可以作为保护幼稚工业的根据：不完全资本市场和新兴高技术产业的技术外溢。

不完全资本市场的观点认为，发展中国家的资本市场存在着缺陷，因而没有一整套有效率的金融机构（例如股票市场和银行）将传统部门的储蓄用于新兴工业部门的投资，使得新兴工业部门的增长受到当前盈利能力的限制。即使这些工业部门潜在地具有规模经济效应，从而长期收益较高，但是最初较低的利润会成为投资的障碍。最优的政策当然是建立更加完善的资本市场，但是对幼稚产业的保护可以作为次优的政策选择，提高这些部门的利润，从而促使它更快地成长。

新兴高技术产业技术外溢的观点认为，首先进入新兴产业的企业，必须承担技术开发或开辟新市场的"初始"成本，并且除了生产有形产品外还能创造出如知识、诀窍、新市场等无形收益。其他企业不付任何成本即可从该产业的投资中获益，而该产业的生产者则无法从自己的技术、知识外溢中获得任何收益。也就是说，增加该产品的生产可能会产生边际社会收益，而用生产者剩余的衡量方法无法反映这一额外收益。在这种情况下，新兴产业中的企业所产生的社会收益大于私人收益，就不会有私人企业愿意投资进入该产业。最优的政策当然是对该产业的无形贡献给予补偿。但是如果最优政策难以

实现，用关税或其他贸易政策来保护新兴产业的做法也不失为一种次优的选择。下面用图 5-2 来说明。

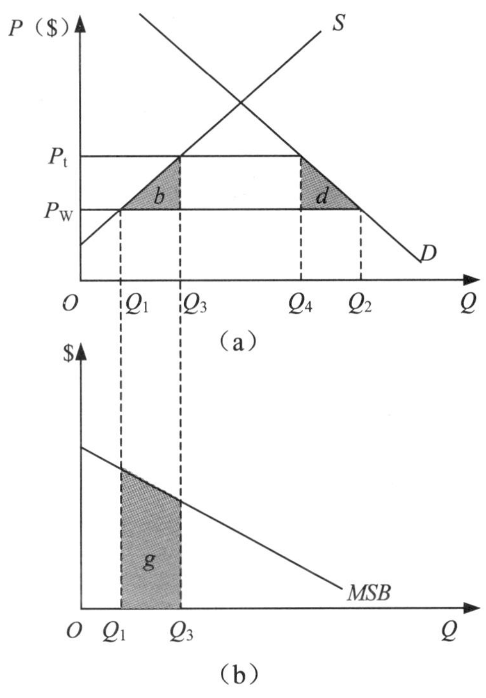

图 5-2 对进口商品征收关税

图 5-2（a）是关税对小国的福利效应，图 5-2（b）显示的是没有包括在生产者剩余中的边际社会收益。该图表明，关税使国内市场从自由贸易价格 P_W 上升到 P_t，国内产量从 Q_1 增加到 Q_3，产生一个生产扭曲的损失，用阴影面积 b 表示；消费则从 Q_2 下降到 Q_4，导致一个面积为 d 的消费扭曲损失。如果只考虑生产者剩余和消费者剩余，关税带来的成本的确超过了收益。但是，如图 5-2（b）所示，上述计算方法并没有考虑征收关税所带来的边际社会收益。由于该产业具有外部经济，其社会收益大于私人收益，征税带来的产量增加会产生出一块在边际社会收益曲线 *MSB* 下方从 Q_1 到 Q_3 面积大小的社会收益，即梯形的阴影面积 g 所代表的面积。只要关税率不是很高，面积 g 总是会超过面积 $b+d$，使得社会福利总水平超过自由贸易时的水平。

二、"对症规则"与针对国内市场失灵的政策选择

关于国内市场失灵论也存在着相反的意见：既然市场失灵问题出在国内生产上，而不是出在进口上，一国政府应当有针对性地采取相应措施，即实行对症规则（specific rule）。所谓对症规则是指在市场不完全的情况下，政府的干预应当针对产生问题的根源，所采用的政策工具应该尽可能直接作用于那些使私人与社会的收益（或成本）不相一致的扭曲的根源，这才是更为有效的做法。因此，政府应当对具有外部经济的产业给予直接的生产补贴，从而鼓励国内生产的增加。下面用图 5-3 来加以说明。

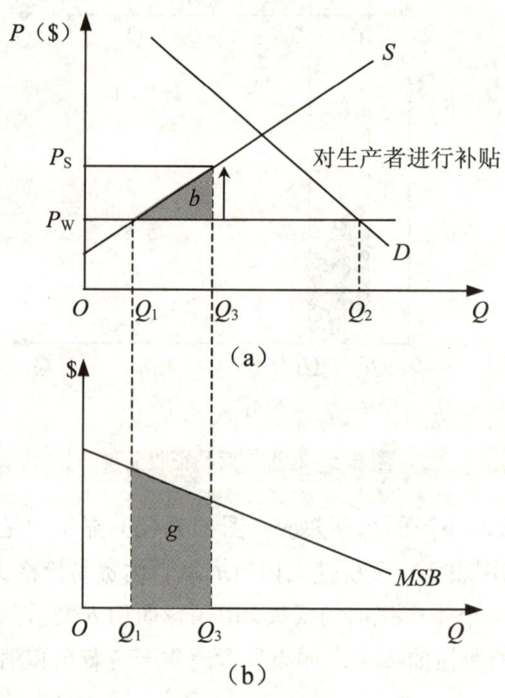

图 5-3　对国内生产给予直接补贴

在图 5-3 中，政府直接对国内生产进行补贴。这一生产补贴对生产者来说，相当于将产品价格从自由贸易下的 P_W 提高到 P_S。对于该产业的生产者来说，这一补贴的效果与关税条件下的涨价效果相同。两种方法都使该产业的产量从 Q_1 增加 Q_3，进而使社会得到同等的边际社会收益。但是，图 5-3 中生产补贴的效应无疑要优于图 5-2 中等量关税的效应。两者带来了同样的边际社会收益，都以高于进口价格 P_W 的代价多生产了 Q_3-Q_1 的产

量，从而导致一个阴影面积 b 的生产扭曲。然而，生产补贴并没有通过提高国内价格而抑制国内消费，消费者仍然按照自由贸易下的价格消费 Q_2 的数量。在生产补贴的情况下，消费者并没有损失面积 d。因此，等量生产补贴明显要比等量关税优越，原因是它更加符合对症规则。

三、衰退产业理论与调整援助

与上述幼稚产业保护相类似的问题也出现在是否应当挽救衰退产业，使其免受进口产品的冲击的争论中。一般来说，幼稚产业问题主要存在于发展中国家，而衰退产业问题则主要存在于工业发达国家。

总会有这样一些产业，其发展过程已经进入生命周期的衰退阶段，因而受到进口竞争的威胁。社会总要面临这样的选择：应当坚决地将这些产业淘汰，还是应当对它们加以保护？如果在一个完全竞争的市场结构中，从该产业转移出去的资源会自动地流向其他可以获得同等报酬的产业，那么关于贸易政策的成本—收益分析将为我们提供一个最优政策选择的答案。

然而，在衰退产业退出和调整的过程中，资源不可能立即、无成本地从一个产业转移到另一个产业。例如，一个自行车行业的企业不可能将现有的厂房和设备立即投入另一个处于扩张上升时期的产业，而自行车企业的工人也不可能马上从事新的职业，从而得到与原来相等的工资。因此，衰退产业理论认为，这些资源如果不被受到进口威胁的产业所利用，也不会找到其他可以获得同等报酬的用途。假设衰退产业的工人从事其他产业工作的能力为零，在这种情况下，进口将会从他们手中抢走未来的收入，对于他们以及整个社会来说，都是一种现实的经济损失，因此，由政府出面对进口进行干预以保护衰退产业平稳地实现调整和转产有其必要性。

实际上，衰退产业理论与幼稚产业保护论是非常相似的理论，只不过被应用于不同的条件之中，反映了不同形式的国内市场失灵。如果说幼稚产业保护的论点从增进世界整体福利的角度来看是能够成立的，那么，衰退产业理论关于保护的理由则完全是从特定产业的角度提出的。关于受进口竞争威胁产业的企业和工人在本产业和在其他产业不具有同等机会的论点，同样可以用图 5-2 的语言来表述。衰退产业继续进行生产的边际社会收益用图中的面积 g 来代表（即该产业退出的机会成本），是否选择对进口进行限制仍然取决于面积 g 是否大于图中的面积 $b+d$。但是，根据对症规则，即使衰退产业真的需要保护，正如图 5-3 所表明的那样，对生产者给予生产补贴的方法也要比实施进口壁垒更好。

如果资源的转移和重新配置不是无代价的，问题的关键就是如何鼓励生产和就业，而不是限制进口。例如，政府和社会可以通过对衰退产业提供新投资所需的贷款，或者对衰退产业的工人进行再培训来解决衰退产业所面临的问题。实际上，各国政府都曾经向受到进口威胁产业的工人提供了调整援助（adjustment assistance），包括对在其他产业重新就业的工人的重新安置和培训提供财务上的帮助。从理论上说，调整援助可以产生很好的效果。但是在现实中，这一政策在发达国家存在着两难困境：一方面，衰退产业的劳工集团认为调整援助所提供的援助非常有限，没有起到应有的作用；另一方面，单独为进口替代产业提供调整援助会招致国内其他利益集团的质疑和反对。由此不难理解，既然政府对某个特定产业实施国内政策的做法存在着困难，那么，最简便易行的方法就是用进口壁垒来保护该产业的利益，尽管这是一种“以邻为壑”的做法。

第四节　战略性贸易政策

战略性贸易政策（strategic trade policy）是寡头垄断条件下的国际贸易理论。这一理论最初由迪克西特（A. Dixit）提出，其后，斯潘塞（B. Spenser）、布兰德（J. Brander）、保罗·克鲁格曼（P. Krugman）等人又对这一理论做了详尽的阐述。战略性贸易政策的提出者认为，由于现代国际贸易中不完全竞争和规模经济的存在，国际市场竞争演变为少数企业之间围绕着市场份额进行的博弈。在寡头垄断的市场结构下，政府采取战略性贸易政策，通过出口补贴等积极干预措施可以提高本国企业在国际市场上的占有率，而企业因此所得的利润将大大超过政府所支付的补贴部分。

保罗·克鲁格曼

一、战略性贸易政策的古诺模型

政府通过战略性贸易政策提高本国企业在国际市场上的占有率，这种情况大多发生在规模经济优势比较明显的跨国公司的竞争当中。假定国际市场上只有来自本国和外国的两家企业，其生产技术条件完全相同，即是一种双寡头市场结构。再假定企业的行为模式是非合作型的，两家企业同时进行决策，其决策变量为产量或销售量，这是典型的古诺模型所讨论的问题。

在寡头市场条件下，每个企业的决策都取决于其对竞争对手情况的判断；对应于竞争对手的不同情况，每个企业的最佳对策也不同。因此，这里采用反应曲线[①]来说明寡头市场均衡的决定。在图 5-4 中，横轴表示本国企业在国际市场的销售量，纵轴表示外国企业在国际市场的销售量，曲线 *AA′* 和 *BB′*[②]分别为本国和外国企业的反应曲线。

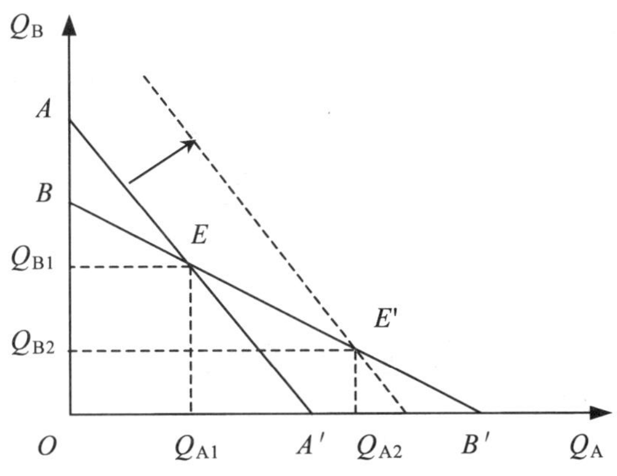

图 5-4　战略性贸易政策的古诺模型

在图 5-4 中，*AA′*和 *BB′*两条反应曲线相交的 *E* 点即古诺均衡点。对应于 *E* 点，本国和外国企业的均衡销售量分别是 Q_{A1} 和 Q_{B1}。市场处于均衡时，每个企业都将获得一部分垄断利润。利润的多少取决于企业的销售量，销售量越大，则企业获得的利润就越多。

那么，能否设想本国的企业通过扩大销售量来增加利润呢？不能。因为如果它自行扩大产出和销售量，市场价格会立即下降，从而使增加销售量所得的收益被价格下降所抵消。因此，本国的企业只能接受均衡的产出和利润水平。

但是，如果本国政府实施战略性贸易政策，对本国企业提供出口补贴，则本国企业出口的边际成本将低于生产中的边际成本。此时，本国企业再增加产出和销售量，虽然市场价格下降导致其边际收益下降，但由于边际成本的下降，所以增加出口可使本国企业获得更多的利润。与此同时，外国企业的利润将受到影响，为了抵消因价格下降而导致的利润损失，外国企业不得不减少产出和销售量。

① 在非合作情况下，由于企业同时决策，因此并不知道其竞争对手的产量，但可以根据对对方情况的猜测做出自己的反应，即对应于对方每一种可能的产量，它都有一个最佳产量选择。所谓反应曲线，就是在坐标图上描述企业的最佳产量选择与对方各种可能的产量之间对应关系的曲线。反应曲线的斜率为负，因为在市场需求一定的情况下，企业的竞争对手的产量越高，自己面对的剩余需求就越小，所能选择的最佳产量也就越小。

② 在图 5-4 中，本国企业的反应曲线比外国企业的反应曲线更陡，其原因可以用两条曲线各个端点的经济含义来说明：*A* 点表示当本国企业认为外国企业的产量为 *OA* 时，它就选择退出市场（Q_A=0），而只有在 *OA* 对应于完全竞争下的产量时，它等于整个行业的产量，这时本国企业选择的最佳产量为零。*A′*点则表示在外国企业不存在的情况下（Q_B=0），本国企业会选择独占市场，所以本国企业的产量 *OA′*对应于完全垄断下的产量。同理，*B′*点表示完全竞争下的产量，*B* 点表示完全垄断下的产量。根据各端点的经济含义，则 *B* 点必定在 *A* 点之下，而 *A′*点则在 *B′*点之左，所以 *AA′*要比 *BB′*更陡一些。

在图 5-4 中，政府提供补贴后，本国企业的反应曲线向右移动，新的反应曲线与外国企业的反应曲线相交于 E' 点。对应于新的均衡点，本国企业的产出和销售量扩大到 Q_{A2}，相应地，利润比以前增加；而外国企业的产出和销售量减少到 Q_{B2}，相应地，利润比以前下降。因此，在政府实行补贴的情况下，本国企业利润的增加是以外国企业利润的损失为代价的，即发生了“利润转移”。

政府实行出口补贴对本国的经济效应有两个方面：一方面增加了本国企业的利润；另一方面也增加了政府支出。如果本国企业利润的增加超过了政府的补贴，那么本国的净福利也将增加。在这种情况下，本国实行贸易干预要优于自由贸易。

二、战略性贸易政策的博弈分析[①]

关于战略性贸易政策的博弈分析通常以美国波音公司与欧洲空中客车公司之间的竞争性博弈为例。

假定美国和欧洲各拥有一家企业——波音公司和空中客车公司，在生产某种新式客机方面具有相近的技术能力，这种客机的生产具有规模经济效应。再假定这两家公司都只有两种选择：生产或不生产。在市场容量有限的情况下，如果两家公司都生产，则无法实现规模经济，其结果都会亏损；如果两家公司都不生产，虽然都不会亏损，但也没有利润；只有在一家单独生产的情况下，生产的那家企业才会有足够的市场需求而获得垄断利润。由此，我们给出如表 5-1 所示的利润矩阵。

表 5-1 无政府补贴时的利润矩阵

波音公司		空中客车公司	
		生产	不生产
	生产	（−5，−5）	（100，0）
	不生产	（0，100）	（0，0）

表 5-1 矩阵中的四个单元分别表示波音公司和空中客车公司采取不同战略的利润组合。每个单元中括号里的第一个数字表示波音公司的利润，第二个数字表示空中客车公司的利润。假定在没有政府干预的情况下，波音公司由于历史的原因而先于空中客车公司生产并占领了该产品市场，此时均衡的结果是矩阵右上角的（100，0），即波音公司独

① 以下用博弈矩阵来说明战略性贸易政策。所谓博弈，是指参与人在相互依存的状态下做出理性决策的过程。无论何种博弈，都包含三个基本要素：一是博弈的参与人，这里是波音公司和空中客车公司；二是每个参与人所选择的若干战略的集合，这里是生产或不生产，由参与人对它们的选择形成不同的战略组合；三是参与人在不同战略选择下所获得的效用水平，这里是与不同的生产决策相对应的利润水平。

占市场并获利。在这种情况下，空中客车公司不会进入市场竞争，因为两家同时生产的结果是两败俱伤，都将面对−5 的亏损。

假如欧洲政府希望通过积极的干预来改变波音公司垄断市场的局面，于是不管波音公司采取何种战略，欧洲政府都对空中客车公司补贴 10，这一补贴改变了两家企业博弈的初始条件和最终结果，新的利润矩阵如表 5-2 所示。

表 5-2　欧洲政府进行补贴的利润矩阵

波音公司		空中客车公司	
		生产	不生产
	生产	(−5，5)	(100，0)
	不生产	(0，110)	(0，0)

现在不管波音公司采取什么战略，空中客车公司显然都会选择进入市场，因为 5>0，它只要生产就能获利。这种情况变得对波音公司不利：如果继续生产，就要承担−5 的亏损；如果停止生产，则不盈不亏，利润为 0。两相比较之下，波音公司将被迫选择退出市场，此时市场均衡的结果为矩阵左下角的（0，110），即空中客车生产并独占市场。可以看到，欧洲政府 10 的补贴竟给空中客车公司带来了 110 的利润，并使本国的国民收入净增加，其中 100 是从波音公司转移过来的垄断利润，这就是政府实施战略性贸易政策的结果。当然，这不可避免地会损害到别国的利益。

寡头垄断的市场结构中存在的垄断利润为政府实施战略性贸易政策提供了依据。但是，战略性贸易政策的成功必须以利润转移部分超过政府补贴金额为前提。在现实中，由于信息不完全和市场的不确定性，通常很难实际预测政府实施产业与贸易政策的效应（即获得表 5-1 中的数据），即便表中有一个小的变化也会彻底改变博弈结果。

现在假设在两家公司同时生产的情况下，空中客车公司亏损 5，波音公司由于拥有某种技术专利而盈利 5（无任何补贴），这样，初始的利润矩阵就变为表 5-3 的情况。

表 5-3　波音公司具有技术优势时的利润矩阵

波音公司		空中客车公司	
		生产	不生产
	生产	(5，−5)	(110，0)
	不生产	(0，100)	(0，0)

现在即使空中客车公司有政府补贴，波音公司也会选择生产，因为它依靠技术优势

也能获取利润。而在没有政府介入的情况下，空中客车公司的最佳选择就是退出市场、不生产，这时市场均衡的结果是矩阵右上角的（110，0）。此时，如果欧洲政府仍然向空中客车公司提供10的补贴，就会出现如表5-4所示的利润矩阵。

表5-4 欧洲政府补贴下的利润矩阵

波音公司		空中客车公司	
		生产	不生产
	生产	（5，5）	（110，0）
	不生产	（0，110）	（0，0）

这时对于两家公司来说，生产要比不生产好（因为5>0），市场均衡的结果是矩阵左上角的（5，5），即两家共同瓜分市场。波音公司在无任何补贴的情况下也能获取利润，因此它会选择留在市场上。空中客车公司虽然得到10的补贴，却只获得了5的利润。由于没有获得变化的市场信息，欧洲政府的补贴并没有能够阻止波音公司进入市场，使本国企业获得垄断利润，并且从国家整体来看是净福利的减少。假如继续生产，空中客车公司就会年复一年地需要补贴。在这种情形下，战略性贸易政策的可能性和有效性就很值得怀疑。

更重要的是，战略性贸易政策的成功运用是以竞争对手不实施报复为前提的。但在寡头垄断的市场结构下，利润转移很容易被对手察觉，也会采取同样的政策进行报复，从而引发补贴战或关税战，最终导致双方利益都受到损害。

在当今贸易自由化发展的趋势下，战略性贸易政策的实施还受到多边贸易规则的制约。在世界贸易组织的多边贸易体制下，各国按照规定的时间表降低关税水平，通过最优关税获取额外利益的可能受到了限制；出口直接补贴被明令禁止，一些间接补贴也被世界贸易组织列入“可申诉”的范围；采取国内外差别定价的方式也被视为“倾销”而受到抵制。

第五节 关于贸易保护的政治经济学

一、自由贸易理论中隐含的贸易保护根源

自由贸易理论虽然证明了国际贸易能够提高一国及世界整体的福利，但同时也指出了潜在的贸易保护的根源。斯托尔珀—萨缪尔森定理（Stolper-Samuelson theorem）在完全竞争市场和要素在部门间可以自由流动的假设下，证明了国际贸易在使一国出口商品

相对价格提高的同时，将导致该商品中密集使用的生产要素的实际价格或报酬提高，而另一种生产要素的实际价格或报酬则下降。

由斯托尔珀—萨缪尔森定理可以引申出一个重要的结论：国际贸易会提高该国丰裕要素所有者的实际收入，降低稀缺要素所有者的实际收入。根据赫—俄定理，一国出口商品所密集使用的生产要素是其丰裕要素，故出口商品价格的上升将导致该国丰裕要素的实际报酬上升，而稀缺要素的实际报酬则下降。这一结论的重要含义是，国际贸易虽然改善了一国整体的福利水平，但并不是对贸易国所有社会成员都是有利的，因为国际贸易将改变一国国内原有的收入分配格局，相对丰裕要素的所有者倾向于拥护自由贸易，而相对稀缺要素的所有者则更倾向于支持保护贸易。例如，在工业发达国家，技术和资本密集型产业的生产者倾向于促进自由贸易，而劳工组织则通常要求贸易保护；而在发展中国家，这一关系通常正好相反。可见，以比较优势为基础的国际贸易中已经潜伏了作为贸易保护基础的不同社会集团之间的利益冲突，这也正是贸易政策的政治经济学分析的出发点。

二、贸易政策的政治经济学分析

1.“国家福利最大化”的悖论

以上介绍的贸易保护理论，无论其保护的根据有何差异，它们都有一个共同点，即都承袭了自李斯特以来的国家主义传统，假定政府是国家整体利益的代表，因而在制定和实施贸易政策的过程中，遵循的是国家福利最大化的目标。但是，根据这种规范分析方法得出的结论往往与实际情况相差甚远，无法解释现实中存在的贸易保护现象。

例如，从国家利益出发，幼稚产业理论主张只保护一国具有潜在比较优势的新兴产业，但一些发达国家所保护的往往是已经衰退、根本没有比较优势可言的夕阳产业。

又如，考虑到国家福利，如果某些产业必须保护，应当选择那些保护成本较低的、具有针对性的国内政策，而不是选择会造成国内价格和贸易条件双重扭曲的贸易政策。但是在现实中，政府在实施贸易保护时，保护成本很高的非关税壁垒会成为通常的首选。

再如，在经济衰退发生时，贸易壁垒反而比在经济景气时期提高得更多，进口显著增长时也存在着这种现象。

上述现象说明，传统的贸易保护观点对贸易保护的解释存在着误区，需要一种新的解释方法。从 20 世纪 80 年代开始，越来越多的国际经济学家转而以实证方法研究贸易政策问题。这种分析吸收了公共选择理论的思想方法和研究成果，提出了关于贸易保护的政治经济学（the political economics of trade protection），较好地解释了现实中的贸易保护主义。

2. “中点选民”模型

公共选择理论（public-choice theory）运用经济模型来分析政府的公共决策。在这一分析方法中，政府决策者本质上都追求自身效用的最大化，他们满意的效用水平取决于再度当选，其行为都是为了使再度当选的可能性达到最大。这种分析方法的直接含义是，政府决策者们为了最大化其继续执政的可能性，将会通过一项符合大多数公众利益的政策法案，这就是中点选民模型（median-voter model）。

在中点选民模型中，把每个单个选民都进行排序，依照其对某项特定政策的预期成本或收益在序列中赋予其不同的位置。所谓中点选民就是指在这一序列中处于中心位置的选民。如果大多数选民都预期将从某项特定的政策中获益，那么中点选民亦将对该项政策投赞成票并支持赞同该项政策的候选人；如果大多数选民都认为某项政策将损害他们的利益，中点选民亦不会赞成该项政策并反对赞同该项政策的候选人。该模型预示，按照使中点选民满意的方式进行政策投票的决策者能够最大化其再度当选的可能性。

假定一国出口资本密集型产品而进口劳动密集型产品，有两个相互竞争的政党 A 和 B，都愿意承诺实行能使其在竞选中获胜的任何政策。假定政策能用单一的变量例如关税率来表述，但选民的政策偏好不同：资本所有者赞成实行低关税率，而劳动所有者则希望实行高关税率。根据所偏好的关税率的高低，选民被排成一条向上倾斜的直线，t_M 是中点选民所偏好的关税率，如图 5-5 所示。

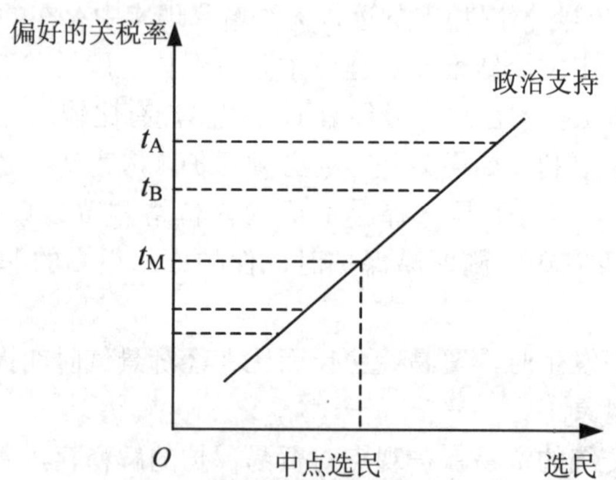

图 5-5 “中点选民”与选举竞争

现在假定政党 A 提出的关税率为 t_A，它高于中点选民所偏好的关税率，那么政党 B 就可能提出一个稍低一点的关税率 t_B。这样，它的提案将得到包括中点选民在内的大多数偏好较低关税率的选民的支持。同理，如果竞争对手提出的关税率低于中点选民所偏好的关税率，那么从自利目标出发的政党候选人就会提出更高的关税率，以争取大多数选民的支持。

依据中点选民模型，政策的选择应当建立在符合大多数公众利益的基础上，但是限制进口恰恰是一项使大多数消费者蒙受损失而只有少数进口替代行业生产者受益的贸易政策。因此，中点选民模型虽然指出了政府决策行为与其自利目标之间的联系，但是并没有真正揭示出政府贸易政策的决定机制。

3. 利益集团与贸易政策

前面各章已经证明，无论是自由贸易政策还是贸易保护政策都会对一国内部的收入分配发生影响，在使一部分人获益的同时会损害另一部分人的福利。因此，政府的任何贸易政策都会引起不同社会集团的截然相反的反应：如果受益的一方支持某项政策，受损的一方则会反对这项政策。最终，政府贸易政策的制定取决于各种社会集团力量的对比。

政策制定的政治过程主要有两种方式：选民直接投票和代表民主制。在现实中，各国一般并不采用直接投票方式来决定贸易政策，而是通过一个被选举出来的代表集团（或政府官员）来决定。这样，各个社会集团就会进行政治活动游说和影响决策者，从而使自己所偏好的贸易政策获得支持。

根据国际贸易对社会福利的影响，一国的社会集团可以分为出口部门、进口替代部门和消费者群体三大类，它们在影响政府贸易政策制定的力量上是不同的。曼瑟尔·奥尔森（Mancur Olson）指出：代表集体利益的政治行为具有公共物品的特点，这种政治行为要付出一定的成本，其结果却是有利于集体中所有成员，而不仅仅有利于实施这一行为的个人[①]。这意味着那些在总体上损失很大，但人均损失却很小的政策不会遭到有效的反对。在不同社会集团的政治活动中，进口替代部门的生产者与消费者相比，显然占有更大的优势，原因是小集团中的单个人倾向于拥有更大的利益，因而容易组织起集体行动，它们对政府的游说和赞助便会导致

曼瑟尔·奥尔森

① 曼瑟尔·奥尔森．集体行动的逻辑．上海：上海三联出版社，上海人民出版社，1995

贸易保护政策的实施。

具体来说，首先，所有参与集体行动的个人都要支付一定的成本，如果某项活动的个人收益小于所支付的成本，个人就不会参加这项活动。消费者集团由于人数众多，单个人从反对贸易保护中所获得的利益很小，因而很难组织起集体行动去影响公共决策。而进口部门生产者成员数目较少，争取贸易保护使单个成员的平均收益更大，因此少数人便成为唯一有动力影响政治决策的利益集团。其次，当集体收益分摊到集团中每个成员时，就会产生“搭便车”问题（free rider problem)。越是人数众多并且高度分散的大型集团，越是存在着强烈的搭便车倾向，像消费者群体那样。如果大多数人都去搭便车，那么集团的力量就不会被组织起来。相反，像进口部门生产者那样的小集团更容易克服搭便车问题，形成有良好组织并拥有大量资源的政治集团。这种组织积极从事支持贸易保护的游说活动，对政府决策者施加强有力的影响。

由此造成的结果是，有着良好组织的贸易保护主义者的主张得到了选民代表和政府官员的支持，尽管其主张被证明在经济上是无效率的，而且损害了大多数人的利益。在这种情况下，贸易政策制定就会偏离国家整体福利最大化这一目标，因为它只是有利于某些社会集团，而与国家整体福利无关。根据同样的道理，在具体保护措施的选择上，其结果也是有利于某些社会集团，而不一定有利于国家整体福利。例如在选择关税还是配额的问题上，从进口替代部门的利益出发，生产者更希望政府实施配额而不是关税。

对于出口部门来说，实行贸易保护政策并不符合它自身的利益，例如本国实行贸易保护会招致外国对本国出口的抵制，但这种影响的效果是间接发生的，所以就一国而言，出口部门对限制进口的反对至少不是直接的。第六章将说明，在实行国际贸易谈判的条件下，可以通过让国内出口部门参与其中而起到一种制衡作用。双边或多边贸易谈判有利于调动支持自由贸易的力量，从而化解集体行动的难题。

复习题

1．简述幼稚产业理论的主要论点。
2．阐述幼稚产业的穆勒、巴斯塔布尔和坎普标准。
3．简述贸易条件恶化论的内容及其评价。
4．评述国内市场失灵论及对症规则。
5．说明战略性贸易政策的博弈论分析。
6．什么是中点选民模型？
7．试述不同社会集团的特点及其对贸易政策的影响。

练习题

1．一个企业的生产技术创新存在着“外溢”的现象，因为它的技术创新可以提高整个社会的技术水平。

（1）这种现象属于市场失灵的哪种情况？

（2）在这种情况下将如何比较对进口产品征收关税和对国内生产实行补贴这两种政策的优劣？

（3）你还能推荐比上述两种政策更好的政策吗？

2．某国的飞机制造业只有一家厂商，由于没有得到政府的帮助，该国的市场大部分为进口飞机所占据。如果该国政府试图介入，在以下政策中哪一项政策给该国整体带来的成本最大，哪一项最小？

（1）政府对该厂商生产的飞机提供生产补贴；

（2）实行与政策（1）中效应相等的进口关税；

（3）实行与政策（2）等效应的进口配额。

3．从国际贸易对社会福利影响的角度，一国的社会集团可以分为出口部门、进口替代部门和消费者三大类，在存在着“集体行动”难题的情况下，你认为以下哪一种做法更有利于推进贸易自由化？

（1）一国单独实行自由贸易；

（2）贸易战；

（3）双边贸易谈判；

（4）多边贸易体制。

第六章　多边贸易体制与经济一体化

【引言】

贸易保护降低了世界资源的配置效率，使各国和世界整体的福利都受到损害。那么，如何消除贸易壁垒而实现自由贸易呢？现实中，由各国采取单边行动来实现贸易自由化很困难，只有在各国达成共识的基础上一致行动才能奏效。但是，根据集体行动理论，国家的数目越多，达成合作的结果就越困难；反之，国家的数目越少，则比较容易形成一致行动。从实践上看，二次大战后的贸易自由化主要通过两条途径发展：一是以关贸总协定（世界贸易组织）为代表的全球多边贸易体制；二是以特惠贸易协定为基础的区域经济一体化。

【学习目标】

① 关贸总协定主导下的多边贸易谈判；
② 世界贸易组织的基本原则与职能；
③ 经济一体化的发展阶段及其演进；
④ 关税同盟的静态福利效应和动态效应；
⑤ 不同类型的区域经济一体化组织。

第一节　多边贸易谈判的历史演进过程

国际贸易体系是调整国家之间贸易关系的制度设计。第二次世界大战后，各国为重建国际贸易秩序，希望建立一个调整各国贸易关系的组织。经过长期不懈的努力，在签订关税和贸易总协定的基础上建立了世界贸易组织（WTO）。以世界贸易组织为代表的多边贸易体制在推动战后全球性的贸易自由化方面发挥了重要的作用。

一、多边贸易谈判与贸易自由化

贸易保护降低了世界资源的配置效率，使各国和世界整体的福利都受到损害。但是，贸易的政治经济学分析告诉我们，由于贸易政策所具有的政治色彩，指望一国采取单边行动取消贸易保护是很困难的。然而事实上，从 20 世纪 30 年代中期以后，各国已经逐步降低或取消了关税及其他一些贸易壁垒，从而大大提高了国际经济一体化的程度。是什么原因导致了这一变化的出现呢？

答案之一是通过一系列多边贸易谈判（multilateral trade negotiations），战后贸易自由化取得了巨大的进展。各国政府签订协议同意共同削减关税，这些协议将各国减少对进口竞争部门的保护与降低针对这些国家出口部门的外国进口保护联结起来，这种联结有助于消除那些可能阻止各国采取自由贸易政策的政治障碍，而这些政治障碍在单边行动中似乎是不可逾越的。以下说明国际贸易谈判有助于消除贸易保护的原因。

1. 多边贸易谈判有利于调动支持自由贸易的力量

贸易政策的政治经济学分析已经说明，进口部门的生产者比消费者更容易组织起来，并且拥有更加充分的信息。如果在一个国家的范围内谋求消除贸易障碍，众多的、分散的消费者即使蒙受很大损失，但由于他们很难组织起来形成集体行动，因此无法从政治上有效地反对贸易保护政策。然而，多边的贸易谈判则可以通过让国内出口部门参与其中而起到一种制衡作用。以美国为例，假如美国与日本达成一项协议，其中规定美国要取消针对日本竞争者而设置的一些制造业的进口配额（如汽车、半导体等）。作为回报，要求日本也必须消除对美国农产品及高技术产品出口的障碍。由于美国国内的出口部门拥有影响政府决策的力量和资源，他们会通过游说来促成两国同时取消进口壁垒，从而化解了集体行动的难题，导致间接保护消费者利益的结果出现。

2. 多边贸易协定有助于避免贸易战

通过一个简化的博弈模型来说明这个问题。假设世界上只有两个国家：A 国和 B 国；它们面临两种可能的政策选择：自由贸易或保护贸易。在各种可能的政策选择下的收益组合（括号中第一项为 A 国的收益，第二项为 B 国的收益）如表 6-1 所示。

表 6-1　贸易政策的社会福利矩阵

		B 国	
A 国		自由贸易	保护贸易
	自由贸易	（10，10）	（-10，20）
	保护贸易	（20，-10）	（-5，-5）

表 6-1 中给出的数值包含着两个假设：第一个假设是，如果任何一国的政府把别国的政策视为既定的话，那么它一定会选择保护。在上面的例子中，无论 B 国政府采取什么

措施，A 国政府的保护政策都会增加自身的利益[①]。也许有人认为无论别国政府怎么做，自由贸易对本国而言都是最好的政策。但由于政府也追求自身的政治利益，因此要求他们不保护某些部门（特别是这些部门有左右选举的力量）在政治上是行不通的。第二个假设是，即使两国政府单独行动时采取保护政策会使自己的损失更小，但是如果它们都选择自由贸易则会使各自的收益更大。

上述的情形就是所谓的“囚徒困境”。各国政府如果单独行动，追求自身利益的最大化使它们都会选择保护政策，但是这种决策只能是导致贸易战并造成双方社会福利的恶化，从而得到表中右下角中的结果（-5，-5）。但是，如果 A、B 两国通过达成一项协议导向合作的方式，共同约束自己的行动以避免保护政策，那么两国的社会福利就会如同矩阵左上角中所示的那样大为改善（10，10）。

二、关贸总协定主导下的多边贸易谈判

1930 年，美国国会通过了《斯姆特—赫利关税法案》(Smoot-Hawley Tariff Act)。根据这项法案在美国建立了极高水平的保护，平均关税率在 1932 年达到历史最高的 59%。经济学家与决策者们一致认为，该法案加剧了美国 30 年代的经济大萧条。对这项政治问题最初的解决办法是进行双边关税谈判，从 1934 年开始一直延续到第二次世界大战结束，结果使美国的平均关税率回落到 25%。但是，双边贸易谈判存在着明显的局限性，难以使谈判做到顺畅而快捷，于是进行有许多国家参与的多边贸易谈判便提上了日程。

1945 年 12 月 6 日，美国提出召开世界贸易和就业会议，在美国拟定的方案基础上进行多边贸易谈判，实施关税减让。1947 年 4 月至 10 月，美、英、法、中等 23 个国家参加了在日内瓦举行的世界贸易和就业第 2 届会议，会议达成的关税与贸易总协定（General Agreement on Tariff and Trade，GATT）于 1947 年 10 月正式生效。关贸总协定遵循三个基本原则：（1）非歧视原则，包括无条件的最惠国待遇和国民待遇[②]；（2）消除非关税贸易壁垒[③]（例如配额）；（3）在关贸总协定框架内协商解决国家间的贸易纠纷。在这一协定下，各国都同意进行多边谈判以放宽所有参与国的贸易限制，GATT 由此成为一个事实上的长期组织，定期发起缔约国之间有关贸易自由化的谈判。

自 1945 年以来，世界各国在 GATT 的框架下共举行了八轮贸易谈判回合。其中前五

[①] 如果 B 国政府选择自由贸易，A 国政府选择自由贸易时收益为 10，而选择保护贸易时收益为 20；如果 B 国政府选择保护贸易，A 国政府选择自由贸易时收益为-10，而选择保护贸易时收益为-5。因此，给定 B 国政府所选择的政策，A 国政府选择保护贸易总是最优的。

[②] 最惠国待遇是指缔约方一方现在和将来给予另一个缔约方的贸易优惠和豁免，也必须主动地给予所有缔约方。国民待遇是指缔约国之间相互保证给予另一方的公民、企业和商船在本国境内享有与本国公民、企业和商船同等的待遇。

[③] 这一原则对农产品和处于国际收支平衡困境的国家除外。

轮多边谈判协定采取的是与双边协定平行的形式，即一国同时与多个国家达成双边协定，协定的主要内容是关于各种关税壁垒的减让。1964—1967 年，第六轮多边贸易谈判即肯尼迪回合（Kennedy Round）在日内瓦举行，62 个国家参加了这一谈判。这次谈判主要集中讨论哪些行业可以不减免关税，而不是纠缠于各行业关税削减的幅度。就整体来说，肯尼迪回合将制造业的平均关税率降低了 35%。但是，这一回合在削减农产品关税方面并未取得太大的成功，它在缓解非关税壁垒方面也几乎没有什么进展。

以消除非关税壁垒为主的第七轮多边贸易谈判是在 1973—1979 年进行的。这次谈判是在日本东京举行的部长级会议上发动的，因此被称为东京回合（Tokyo Round）。发起新一轮谈判的主要动因是，虽然经过多轮国际谈判，关税税率已经大为降低，但是非关税壁垒却不断上升并部分地抵消了关税减让的利益。有 102 个国家参加了这次谈判，1979 年谈判结束时达成了一揽子范围广泛的包括关税减让和一系列非关税壁垒措施的新协议。在关税壁垒方面，协议规定在 8 年的时间里使世界主要工业国家制成品的平均关税税率从 7%降到 4.7%。在非关税壁垒方面，针对政府采购和其他公共机构的采购达成了一致原则，签署了关于补贴和反补贴措施的新协议，并且修改了反倾销规则。提出对发展中国家适用“非互惠原则”，该原则认为，即便发达国家愿意对来自发展中国家的出口产品给予关税优惠，也并不要求发展中国家采取对应的行动。

1986 年 9 月，GATT 主导下的第八轮多边贸易谈判开始进行。这一轮谈判最早在乌拉圭的埃斯特角城举行，因此被称为乌拉圭回合（Uruguay Round）。这一新回合的主要目标包括建立规则以消除新贸易保护主义，将谈判的重点从商品贸易延伸至服务业、农业和外国投资，以及改进调解贸易纠纷的机制。谈判历经曲折于 1993 年 12 月 15 日达成协议，这一协议在 1994 年 4 月 15 日由美国和多数参加国签字，于 1995 年 1 月 1 日起生效。乌拉圭回合协议的主要内容有：（1）对工业品的关税从平均 4.7%减让到 3%，零关税商品的比例从 20%～22%增加到 40%～45%，取消了药品、建筑及医用设备、纸制品和钢铁的关税；（2）农产品的出口补贴额将削减 36%，发展中国家的农产品平均关税降低 24%，发达国家则降低 36%；（3）纺织品和服装贸易从现行的多种纤维协议的配额框架转入 GATT 的谈判框架，其关税必须在 10 年的时间里逐步取消。此外，在该协议中，关于倾销和出口补贴的修订规则得到了采纳，自愿出口限制（VER）也将被取消，为商标、专利和版权规定了长达 20 年的有效保护期限等。最为重要的机构变化是乌拉圭回合部长会议决定成立更具全球性的世界贸易组织（World Trade Organization，WTO）来取代关贸总协定，授权它负责工业品、农产品和服务方面的贸易，并处理有关的贸易争端。

表 6-2 概括了 1947—1993 年在 GATT 主导下的历次多边贸易谈判，并包括了 2001

年11月在卡塔尔首都多哈宣布的由世界贸易组织发起的第九轮国际贸易谈判即多哈回合（Doha Round）。

表6-2 国际贸易谈判的多边回合

年 份	地点/名称	涉及议题	关税削减百分比
1947	日内瓦	关税	21
1949	安纳西	关税	2
1951	托基	关税	3
1956	日内瓦	关税	4
1960—1961	日内瓦（狄龙回合）	关税	2
1964—1967	日内瓦（肯尼迪回合）	关税和反倾销措施	35
1973—1979	日内瓦（东京回合）	关税，非关税措施，多边协议	33
1986—1993	日内瓦（乌拉圭回合）	关税，非关税措施，农业、服务业、纺织品知识产权、争端解决、创建世贸组织	34
2001—2004	多哈（多哈回合）	全球农业、工业产品和服务贸易自由化	待定

资料来源：转引自（美）Dominick Salvatore. 国际经济学. 第8版. 北京：清华大学出版社，2004

三、世界贸易组织的基本原则与职能

世界贸易组织于1995年1月1日开始正式运作，其总部设在瑞士的日内瓦。世界贸易组织的成员国包括四类：发达成员国、发展中成员国、转轨经济体成员国和最不发达成员国。截至2007年1月，成员国达到150个。中国于2001年11月加入世界贸易组织。世界贸易组织是约束各成员国之间贸易规范和贸易政策的国际贸易组织。它继承了关贸总协定的主要原则，但又比关贸总协定约束的范围更加广泛，它的各种协定是国际贸易体系运行和各成员国贸易政策制定的法律基础。

1. 世界贸易组织与关贸总协定的区别

世界贸易组织是关贸总协定的继续，它继承和延续了 GATT 所倡导的基本原则和精神；另一方面，世界贸易组织取代了关贸总协定，在调解世界贸易运行和成员国之间的贸易方面发挥着更大的作用。世界贸易组织与关贸总协定的主要区别是：

第一，两者的性质根本不同。关贸总协定是一个多边的国际协定，尽管在建立国际贸易组织的条件尚未具备之前，它成为一个事实上的长期组织，但是从国际法的角度看，它不具备组织的法律基础。关贸总协定的签字国被称为缔约国，表明它的协定特征。而世界贸易组织则是建立在规范的国际法基础之上的国际经济组织，各国政府代表本国在加入世界贸易组织协定上所签署的文件均得到了各国立法机关的认可。世界贸易组织的成员被称为成员国，表明它的组织特征。

第二，两者的规范所约束的范围不同。关贸总协定的协议只约束缔约国之间的商品贸易，而世界贸易组织的约束范围不仅包括成员国的商品贸易，还包括服务贸易及与贸易有关的知识产权问题。

第三，两者解决贸易争端的速度不同。关贸总协定只是一个多边国际协定，没有强大的约束力，因此解决贸易争端颇费时日。而世界贸易组织则是一个合法的国际经济组织，具有一整套完善的执行机制，可以迅速地解决贸易纠纷，特别是其对贸易纠纷的最终判决具有权威性。

2. 世界贸易组织的基本原则

世界贸易组织有五项基本原则，即非歧视原则、贸易自由化原则、可预见性原则、促进公平竞争原则、鼓励发展与改革的原则。

非歧视原则包括实行最惠国待遇和国民待遇，这在关贸总协定中已经作了明确的规定。世界贸易组织重申这一原则，并将这一原则的适用范围从商品贸易推广到服务贸易及与贸易有关的知识产权方面。

贸易自由化原则是指通过减少贸易障碍来促进贸易规模的扩大。阻碍贸易的障碍不仅包括进口关税，而且还包括各种数量限制、政府某些限制进口的规定以及汇率政策等方面的限制措施。世界贸易组织允许各国特别是发展中国家采取渐进的方式实现贸易自由化。

可预见性是指各成员国在执行其贸易政策和措施之前，要对其他成员国公开并通知世界贸易组织。世界贸易组织将对此做出评估，以确定其对贸易自由化可能带来的影响。

促进公平竞争的原则是指世界贸易要在公开、公正和不受干扰的情况下进行。因而世界贸易组织反对倾销、补贴及政府的歧视性采购等违背公平竞争的贸易政策。

鼓励发展和改革的原则是指对发展中成员国的经济发展和改革应采取鼓励原则。世界贸易组织规定，发展中成员国在执行内容的时间上应该具有某种灵活性，即允许它们经过较长的时间达到世界贸易组织的要求。

3. 世界贸易组织的基本职能

世界贸易组织的基本职能是：监督世界贸易组织协定的执行；组织国际贸易谈判；解决成员国之间的贸易争端；指导各成员国制定对外贸易政策；向发展中国家提供技术帮助和培训；与其他国际组织进行合作。

在建立世界贸易组织的谈判中，成员国签署了一系列旨在推进商品和服务贸易自由化、国际贸易中的知识产权的保护、以及与贸易有关的投资问题等方面的协定。监督这些贸易协定的贯彻、执行是世界贸易组织的首要任务。

组织成员国进行多边贸易谈判，并为此提供场所是世界贸易组织的重要职能。关贸总协定主导下进行的八轮谈判，在推进贸易自由化方面取得了很大进展。世界贸易组织取代关贸总协定之后，这一职能得到进一步加强。

世界贸易组织担负着指导各成员国制定对外贸易政策的职能。因此，成员国任何与世界贸易组织有关条款相抵触的政策都是不允许的。

世界贸易组织担负着向经济落后的发展中国家提供技术帮助的任务，并为其培训相关人员。

世界贸易组织还与联合国、国际货币基金组织和世界银行，以及地区性的经济一体化组织进行多方面的合作，以保证各国际组织之间行动的协调性。

第二节　经济一体化的理论

一、经济一体化的发展阶段

经济一体化即区域经济一体化（regional economic integration），是指两个或两个以上的国家或经济体之间通过谈判和磋商达成协议，实行不同程度的经济联合和共同的经济调节，如相互间采取减少或取消贸易壁垒的贸易政策、实行生产要素的自由流动和某些共同的经济政策等，最终实现区域内部的自由贸易。与多边贸易体制相比，区域经济一体化可以更快地实现局部范围的贸易自由化，但与此同时对区域外部的非成员国又具有歧视性或排他性。

根据经济联合的形式以及国家主权让渡程度的不同，经济一体化大体可以分为以下几种形式：自由贸易区、关税同盟、共同市场、经济同盟和完全的经济一体化。

1. 自由贸易区

自由贸易区（free-trade area，FTA）是指由签订了自由贸易协定的国家或经济体组成的经济一体化组织。它的一个重要特点是在区内各成员国之间相互取消了一切贸易壁垒，成员国之间的商品可以自由地输出和输入，真正实现了商品的自由贸易；另一个重要特点是各成员国对非成员国仍保留各自的贸易限制，因此，贸易区内成员国之间没有共同的对外关税。自由贸易区典型的例子是成立于1960年的“欧洲自由贸易联盟”（EFTA）和1993年由美国、加拿大、墨西哥三国建立的“北美自由贸易区”（NAFTA）。

由于自由贸易区的上述特点，在实行自由贸易政策时往往会出现这样一种情况：来自非成员国的产品先从对外关税较低的成员国进入自由贸易区后，再进入关税水平较高的成员国，从而使产品的来源难以区分，造成高关税成员国的贸易政策失效[①]。

2．关税同盟

关税同盟（customs union）是指在成员国之间完全取消关税或其他贸易壁垒，同时所有成员国对非成员国实行共同的对外关税或其他贸易措施。与自由贸易区相比，关税同盟在一体化程度的发展上有了一个重要的进步：自由贸易区只是相互之间取消关税，而不做权利的让渡，而关税同盟规定成员国实行统一的对外关税，实际上是将制定关税的权利让渡给了同盟。同时，它要求各成员国协调彼此的贸易政策，在同非成员国进行的所有贸易协定的谈判中都作为一个整体行事，从而开始具有了超国家的性质。因此，关税同盟是比 FTA 更接近经济一体化的一个阶段。关税同盟的例子是 1947 年由比利时、荷兰和卢森堡组成的关税同盟，它于 1958 年被吸收进欧洲共同体。

关税同盟的局限性在于：尽管关税同盟明确规定了取消关税壁垒的条款，但是对非关税壁垒并没有一个统一的判断标准。因此，关税同盟包含着某种鼓励增加非关税壁垒的倾向。因此，它还需要进一步向前发展。

3．共同市场

共同市场（common market）是比自由贸易区和关税同盟更高一级的经济一体化形式。它是指成员国之间不仅实现了商品的自由流动，而且还实现了服务和生产要素如资本和劳动力的自由流动。服务的自由流动意味着成员国之间在相互提供信息、通信、金融等服务方面实现自由化；资本的自由流动意味着成员国的资本可以在共同体内部自由流入和流出；劳动力的自由流动意味着成员国的公民可以在共同体的任何国家内自由择业。这方面的典型例证是欧共体于 1993 年 1 月 1 日建立的共同市场。

实现上述自由流动代表了更高水平的经济一体化，但同时也意味着各成员国之间要实行统一的技术标准和间接税制度，并协调各成员国之间金融市场管理等方面的法规，这就要求各成员国让渡更多的国内经济控制权。这种权利的让渡表明随着一体化程度的逐步加深，一国政府干预经济的职能也在逐步向超国家的一体化组织转移。

4．经济同盟

经济同盟（economic union）是指在共同市场的基础上，成员国之间进一步协调甚至统一它们的经济政策。尽管相互独立的政治实体仍然存在，但经济同盟一般都建立有几个超国家的机构，它们的决定对所有的成员国都具有约束力。当经济同盟采用统一使用

[①] 针对这一情况，自由贸易区通常对成员国之间的贸易产品采取附加“原产地证明”进行限制，即规定产品价值的 50%以上是在各成员国生产的产品才可以享有免税进口的待遇，对于某些敏感产品的原产地规定则更加严格。

的货币时，这种经济同盟又称为经济货币同盟。1999 年之后的欧盟就是这种经济同盟。欧盟 15 国中的 11 国成立了欧元区，建立了共同的货币——欧元和共同的中央银行——欧洲中央银行，实行共同的货币政策，但还不能实行统一的财政政策。经济同盟的建立意味着各成员国不仅让渡了建立共同市场所需的权利，更重要的是各成员国彼此让渡了制定和运用宏观政策干预本国经济运行的权利。

尽管这样的经济一体化水平一直都是欧盟 15 个成员国所共同认可并大力追求的，但是各成员国在实践中发现，要放弃一定的本国主权还是会遇到很多困难。

5. 完全的经济一体化

完全的经济一体化（complete economic integration）是经济一体化的最高阶段。是指成员国在建立经济联盟的基础上，进一步实现经济制度、政治制度和法律制度等方面的协调，乃至最终实现统一的经济一体化形式。完全经济一体化的最终结果是形成类似于一个国家的经济一体化组织。

表 6-3 表明了各类组织一体化程度日益增强的过程。

表 6-3 各类一体化组织的特征

集团类型	成员国间自由贸易	统一对外关税	生产要素的自由流动一致	各种经济政策协调一致	实现经济、政治与法律制度的统一
自由贸易区	√				
关税同盟	√	√			
共同市场	√	√	√		
经济联盟	√	√	√	√	
完全的经济一体化	√	√	√	√	√

以上不同层次的经济一体化组织，根据它们合作的紧密程度和对国家主权让渡程度的不同，一体化的形式逐步由低级向高级发展。在现实中，区域经济一体化并非一定起始于最初级的形式，具体的一体化形式也可能兼有两种类型的某些特征。至于各成员国的一体化进程是相对固定于某一种形式，还是向更高一级形式过渡；是依次经历一体化发展的各个阶段，还是呈现出一定的跳跃性，完全应视各国的具体条件而定。

二、关税同盟的静态效应

关税同盟是经济一体化的重要形式，它最显著的特点是在对内实现贸易自由化的同时对外实行贸易保护。虽然一体化标志着各成员国之间已经实现了自由贸易，但同时也会导致部分贸易活动从成本较低的非成员国（仍然面临一体化组织的对外关税）转移到成本较高的成员国（不再面临任何关税）。因此，经济一体化对成员国的净影响是不确定的。在分析经济一体化的静态福利效应时，由雅各布·瓦伊纳（Jacob Viner）等人发展的关税同盟理论最为成熟。下面说明关税同盟的两种最重要的效应：贸易创造和贸易转移。

雅各布·瓦伊纳

1. 贸易创造

贸易创造（trade creation）是指当一国加入关税同盟后，一些原来在本国国内生产的产品现在被同盟内成员国的更低成本的进口产品所替代，从而使同盟内部贸易规模扩大并增进成员国福利的贸易效应。图 6-1 说明了贸易创造型关税同盟的福利效应。

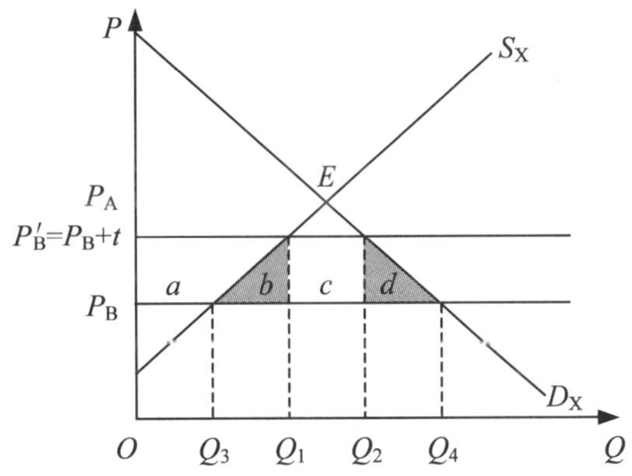

图 6-1 贸易创造型关税同盟

假设世界上有 A、B、C 三个国家，都生产同一产品，但生产成本各不相同。以下的分析以 A 国为例。图 6-1 中 D_X 和 S_X 分别代表 A 国 X 产品的国内需求曲线和供给曲线，二者的交点决定了 A 国 X 产品的国内均衡价格 P_A。在自由贸易条件下，B 国 X 产品的价格为 P_B，C 国 X 产品的价格为 P_C，$P_B < P_C$。再进一步假定 A 国为小国，不能影响世界市场价格。这样，在自由贸易条件下，A 国将从 B 国进口。

结成关税同盟前，A 国对 B、C 两国的产品征收相同的关税 t。征税后，A 国从 B 国进口的价格上升为 $P_B'\ (= P_B + t)$，而从 C 国进口的价格则上升为 $P_C'\ (= P_C + t)$，这时 A 国仍将选择从 B 国进口。这样在 P_B' 的价格下，A 国消费 OQ_2 数量的 X 产品，其中国内生产为 OQ_1，从 B 国进口为 Q_1Q_2。

现在假定 A 国与 B 国结成关税同盟，相互不再征收关税，但仍共同保持对 C 国的进口关税。由于对 B 国取消了关税，现在 A 国从 B 国进口的价格又恢复到自由贸易条件下的 P_B。在这个价格下，A 国的消费从结盟前的 OQ_2 增至 OQ_4，国内生产从 OQ_1 缩减至 OQ_3，进口数量则从 Q_1Q_2 增至 Q_3Q_4。由此可见，关税同盟的建立导致了同盟内贸易量的扩大，新增加的贸易量 $(Q_3Q_1+Q_2Q_4)$ 即为贸易创造。

将结盟前后相比较，A 国在结盟后，消费者剩余增加了图 6-1 中 $(a+b+c+d)$ 的部分，生产者剩余损失了 a 的部分，政府的税收收入减少了 c 的部分，这样 A 国总体净福利增长为 $(a+b+c+d)-a-c=(b+d)$。其中，b 代表 Q_3Q_1 单位的 X 产品由国内高成本的生产者转移到成员国（B 国）低成本的生产者而带来的资源配置效率的提高；d 代表由于取消关税后进口价格下降、国内消费扩大而导致的消费者福利的增加。可见，贸易创造的福利效应与关税正好相反。

2．贸易转移

贸易转移（trade diversion）是指关税同盟建立后，一国的进口由非成员国低成本的产品转向成员国高成本的产品时所发生的资源配置效率降低和福利减少的效应。图 6-2 说明了贸易转移型关税同盟的福利效应。

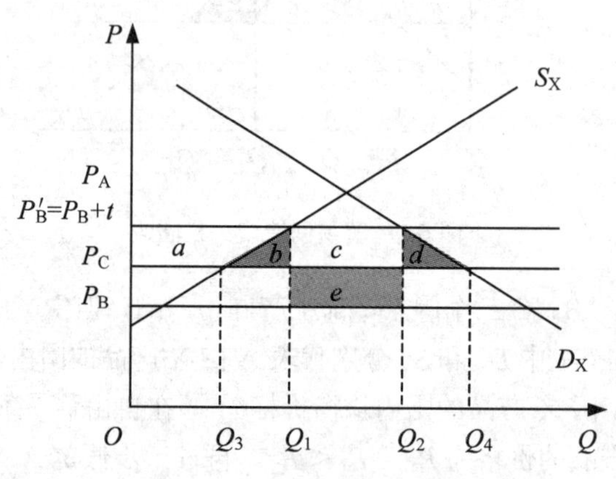

图 6-2　贸易转移型关税同盟

在图 6-2 中，D_X 和 S_X 仍代表 A 国国内的需求和供给曲线，P_B 和 P_C 分别代表 B 国和 C 国在自由贸易条件下 X 产品的价格。显然，B 国的生产效率高于 C 国。因此，在自由贸易条件下，A 国将从 B 国进口。

结成关税同盟前，A 国对外征收非歧视性关税，那么它仍将按照 $P_B'(=P_B+t)$ 的价格从 B 国进口 Q_1Q_2 的 X 产品，这样 A 国政府可获得图中 $(c+e)$ 部分的关税收入（即图 6-1 中的 c 部分）。

现在如果 A 国和 C 国结成关税同盟，这是一个低效率国家结成的贸易转移关税同盟。A 国对来自 C 国的产品不再征收关税，但仍保持对 B 国的进口关税，这样 $P_B'>P_C$，A 国将转而从相对价格较低的成员国（C 国）进口 X 产品。在 P_C 的价格水平下，A 国的进口为 Q_3Q_4，政府没有关税收入。但是在图 6-2 中，结盟后，A 国的进口 Q_3Q_4 要大于结盟前征收关税时的进口 Q_1Q_2，所以这种类型的关税同盟在贸易转移的同时也产生了一定的贸易创造。在 Q_3Q_4 的进口量中，原有的 Q_1Q_2 是生产由高效率的 B 国转移到低效率的 C 国所导致的贸易转移，新增的 $Q_3Q_1+Q_2Q_4$ 则是由于对外征收歧视性关税而使 C 国的进口价格低于 B 国而产生的贸易创造。

比较结盟前后的变化，A 国消费者剩余增加了 $(a+b+c+d)$ 的部分，生产者剩余损失了 a 的部分，A 国政府损失了 $(c+e)$ 的关税收入。从整体来看，关税同盟对 A 国的净福利影响是 $(a+b+c+d)-a-(c+e)=(b+d)-e$。其中，$(b+d)$ 代表贸易创造带来的福利增加，而 e 代表贸易转移导致的福利减少，因此贸易转移型关税同盟的影响是不确定的。

3. 影响关税同盟静态福利效应的因素

根据上述分析，影响关税同盟福利效应的因素主要有：

第一，关税同盟成员国供给与需求曲线的价格弹性越大（即图 6-2 中 D_X 与 S_X 曲线越平坦），且成员国与非成员国之间产品成本的差异越小（即图中 P_B 与 P_C 的距离越小）时，则贸易创造效应 $(b+d)$ 的部分越大，贸易转移效应 e 的部分越小，那么 $(b+d)-e$ 为正的可能性就越大[①]，从而使贸易转移型关税同盟也能带来福利的净增加。反之，则只能带来福利的净损失。

第二，建立关税同盟之前，成员国的关税水平及贸易壁垒越高，则结成关税同盟后贸易创造的福利效应就越大，而贸易转移的效应就越小。在图 6-2 中表现为当 P_B、P_C 给定时，t 越高，P_B' 与 P_C 间的距离就越大，因而 $(b+d)$ 部分也就越大。这样，贸易创造的

[①] 供求曲线的弹性越大，取消关税引起的价格下降越能够引起进口量的增加，从而使消费者剩余增加得越多，$(b+d)$的面积即贸易创造的效应也就越大；P_B 与 P_C 的距离即成员国与非成员国之间产品成本的差别越小，贸易转移所导致的福利损失(e)就越小。这样，二者的综合效应$(b+d)-e$ 为正的可能性就越大。

效应就会超过贸易转移的效应。

第三，关税同盟成员国之间经济结构的竞争性大于互补性时，更有可能发生贸易创造。如果成员国之间产品种类相近，产品的竞争性越强，这样在成员国之间选择更低成本的生产者的可能性就越大，贸易转移的可能性也就相对较小。

三、关税同盟的动态效应

关税同盟不仅对成员国产生静态福利效应，还可能产生某些动态效应，这种动态效应对成员国的经济增长有着重要的影响。

首先，关税同盟可以获得由于市场扩大所产生的规模经济效应。关税同盟建立后，所有成员国的国内市场组成一个统一的区域性市场，这就突破了单个国家国内市场的局限，为成员国之间产品相互出口创造了有利的条件。由于市场范围的扩大，使得成员国企业可以进行产业内部分工，组织大规模生产，降低产品成本，从而获取规模经济的利益，增强了成员国企业对非成员国同类企业的竞争能力。尤其是对于那些国内市场狭小的国家来说，更具有很强的现实意义。

其次，关税同盟所产生的最大动态效应是促进了成员国企业之间的竞争。关税同盟建立之前，企业在关税等贸易壁垒的保护下已经形成了国内垄断，少数企业占据国内市场，获取高额垄断利润，因而缺乏动力去降低成本、进行技术创新。关税同盟建立之后，由于各成员国之间取消贸易壁垒，市场相互开放，使得国内垄断企业面临着来自其他成员国同类企业的竞争，这种竞争的压力迫使它们必须不断进行技术创新、改善管理以提高生产效率、降低成本，从而增强在同盟内部的竞争力。

再次，关税同盟的建立可以产生有利的扩大投资效应。这种效应表现在两个方面：一方面，由于市场范围扩大和竞争的加剧，促使成员国企业不断扩大生产规模，从而增加投资；另一方面，由于对同盟外部仍维持统一的关税壁垒，这就刺激非成员国转而在同盟内部建立所谓“关税工厂”(tariff factories)，在当地直接生产和销售，以便绕过统一的关税和非关税贸易壁垒。这种伴随生产转移而产生的资本流入，吸引了大量的外部直接投资。

虽然上述动态效应不像静态效应那样可以精确度量，但是许多经济学家仍然认为关税同盟的动态效应要比其静态效应大得多，并且更为重要。近年来对实践经验的研究结果也支持了这一看法。

当然，关税同盟的建立也会带来某些负面影响。正如上面所分析的，区域经济一体化能够促进区域内自由贸易，但是与此同时它对外又具有歧视性或排他性。如果关税同盟对外的排他性很强，那么这种保护所形成的新的垄断又会成为技术创新的阻碍力量。

除非不断有新的成员国加入，给予关税同盟以足够和持续的刺激，否则也会产生技术创新动力不足的问题。此外，关税同盟建立后有可能拉大成员国之间在经济发展水平方面的差距。

第三节　经济一体化的实践

现代区域经济一体化组织是在第二次世界大战以后逐步发展，并且成为世界经济中重要的国际现象的。对区域经济一体化实践的分析主要集中在两个方面：一是运用经济一体化的理论（主要是关税同盟的理论）对不同类型一体化的成败得失进行评价；二是以经济一体化发展阶段的理论作为参照系，对现实中一体化组织的运行机制进行研究和探索。

根据区域经济一体化组织成员国的经济发展水平，大体上可以把一体化组织分为三种类型：发达国家的区域经济一体化组织、发展中国家的区域经济一体化组织、发达国家与发展中国家之间的区域经济一体化组织。下面分别加以介绍。

一、发达国家的区域经济一体化组织

1. 欧洲联盟经济一体化发展的过程

发达国家的区域经济一体化组织最为典型的就是欧洲联盟（European Union，EU）。欧盟作为迄今为止经济一体化的最高级形式，从规模和内涵上都经历了一个长期的发展过程。

欧盟的前身即欧洲经济共同体（European Economic Community，EEC）。它是以法国、原联邦德国、意大利、荷兰、比利时和卢森堡6国于1957年5月签订的《罗马条约》[①]为基础，于1958年1月1日正式启动的，其终极目标是要形成一个“一体化的市场，允许商品、服务、资本和人员自由流动”。欧盟在其发展过程中不断扩大自己的成员规模：1973年，英国、爱尔兰和丹麦3国加入欧洲经济共同体，使欧共体从最初的6国增加到9国；1981年，希腊成为欧共体的第10个成员国；1986年，葡萄牙和西班牙加入欧共体，使成员国总数增至12个；1995年，奥地利、瑞典和芬兰也加入了欧共体，欧共体在规模上发展成为由15个成员国组成的区域经济集团。20世纪90年代初，苏联解体和东欧国家发生剧变后，一些东欧国家相继对欧共体开放本国市场并积极申请加入欧共体。2004年

[①] 20世纪50年代初，由法国、原联邦德国、意大利、荷兰、比利时和卢森堡6国建立了欧洲煤钢共同体。由于欧洲煤钢共同体在恢复成员国的经济和发展生产方面成效显著，各国提出进一步扩大经济一体化的意愿，于1957年5月在意大利首都罗马签订了建立欧洲经济共同体和欧洲原子能共同体的条约，即《罗马条约》。

5 月 1 日后，波兰等 10 国成为欧盟的正式成员国[1]，这是欧盟发展历史上最大规模的扩大。欧盟扩大到 25 国后，面积达到 400 万平方公里，人口增至 4.5 亿，国内生产总值超过 10 万亿美元。2007 年 1 月 1 日，罗马尼亚和保加利亚加入欧盟，欧盟总人口达到 4.8 亿。

与此同时，欧洲经济共同体不断提升自己经济一体化的层次。欧共体成立之初的目标是经过 10 年的过渡建成关税同盟。根据《罗马条约》，从 1958 年 1 月 1 日到 1969 年 12 月 31 日用 12 年的时间，分三个阶段建成关税同盟，主要任务是在共同体内部取消关税和非关税堡垒，实行自由贸易，对外统一关税并制定一致的贸易政策。各成员国经过近 10 年的共同努力，于 1968 年 7 月 1 日，提前实现了完全取消内部关税、调整统一对外关税、建立关税同盟的目标。关税同盟作为一体化的起点有利地推动了成员国经济的发展，成为欧共体存在与发展的基础。在经济政策协调方面，欧共体建立了共同的农业政策，以支持农产品价格、保障农业收入，实现了大多数农产品自给有余。

欧共体经济一体化的深化是从商品的自由贸易向要素的自由流动发展的。根据《罗马条约》的规定，欧共体还须在服务、资本和人员三方面实现自由流动。1985 年，欧共体通过《关于完善内部市场的白皮书》和《欧洲一体化文件》，提出在 1992 年底以前，将欧共体建成在成员国内部实现商品、服务、资本和人员四大要素自由流动的统一大市场。到 1993 年 1 月 1 日，这一目标也顺利地实现。

随着欧洲统一大市场的建成，各成员国对货币合作的要求提上了议事日程。欧共体早在 1979 年 3 月就建立了欧洲货币体系，创建了“欧洲货币单位”（ECU），实现了成员国之间汇率的联合浮动体制，并设立了“欧洲货币基金”。这是欧共体通向货币联盟的重要一步。1989 年，欧共体通过了关于建立欧洲经济与货币联盟的报告，提出分三个阶段建设经济与货币联盟，核心目标是建立欧洲中央银行，发行单一货币，协调各成员国的经济政策。

1991 年 12 月，欧共体各国在荷兰的马斯特里赫特签署了《欧洲联盟条约》（又称《马斯特里赫特条约》）。1993 年 11 月 1 日，该条约在得到所有成员国的批准后正式生效，欧共体正式更名为欧盟。《欧洲联盟条约》是欧共体发展历史上继《罗马条约》之后又一个具有里程碑意义的条约，它包括《经济和货币联盟条约》和《政治联盟条约》两部分。《经济和货币联盟条约》的基本目标是：建立统一的欧洲货币“欧元”，并于 1999 年 1 月 1 日起开始启动；经过 3 年过渡期，到 2002 年，将以“欧元”取代各成员国的货币；成立欧洲中央银行，负责制定和实施欧洲的货币政策。由于欧盟要求各成员国必须达到《马约》规定的经济趋同标准[2]才能加入货币联盟，所以，首批获得欧元流通资格的是除英国、

[1] 除波兰以外，还包括匈牙利、捷克、斯洛伐克、爱沙尼亚、拉脱维亚、立陶宛、斯洛文尼亚、马耳他和塞浦路斯。

[2] 根据《马斯特里赫特条约》，欧盟国家加入欧元体系的共同经济标准为：财政赤字占 GDP 的比例低于 3%，国债余额占 GDP 的比例低于 60%，通货膨胀率不超过 5%。

希腊、奥地利和瑞典以外的 11 个成员国。《政治联盟条约》的基本目标则是建立更为紧密的国家联盟，实行共同的外交和安全防务政策等。

总的来说，从历史的进程和未来的前景看，欧洲的一体化从 1957 年签订《罗马条约》创建以来的进展是非常迅速的，但它在未来还将面临许多挑战。更重要的是，随着欧洲一体化程度的不断加深，它所涉及的方面已经远远超出了经济的范畴：超国家机构的建立和成员国部分主权的让渡都具有政治意义，商品、服务、资本和人员自由流动的增强也会涉及到文化和社会方面的问题。因此，欧盟现已达到的一体化程度影响是极为深远的。

2．发达国家经济一体化成功的原因

以欧盟为代表的发达国家的经济一体化之所以比较成功，其原因主要有以下三点：

首先，各成员国之间经济发展水平差异较小。由发达国家组成的经济一体化组织，各成员国经济发展水平较高而且相互接近，一体化的基础不是要素禀赋的差异，而是相似要素密集型产品的差异。这有助于各国进行同类产品的生产分工和开展产业内贸易，有利于各国企业实现规模经济。因此，发达国家的经济一体化会使贸易创造占据压倒性优势，进而导致各国福利的增加。

其次，各成员国对同盟内部市场的依赖性较强。各成员国对内部市场的依赖是与各国较高的经济发展水平直接相关的。经济发展水平较高造成了各国具有相当规模的市场，而通过一体化形成的更大规模的市场对各成员国有着很强的吸引力，因而各国间加强合作的愿望就越强烈。成员国对内部市场依赖性的加强，是经济一体化组织不断从低级向高级过渡的重要动力。

第三，发达国家之间的经济一体化主要取决于市场力量。发达国家之间不仅经济发展水平接近，而且同属于市场经济制度，这就决定了它们之间的经济一体化总是从市场一体化开始，即首先以区域贸易一体化为出发点，逐步发展为包括商品、服务、资本和劳动力在内的统一大市场，进而向统一货币和宏观经济政策的方向发展。其产业内部分工及贸易，也是在较高的经济发展水平和市场高度发育的基础上自然演进的结果。反观发展中国家的一体化组织，在低发展层次上、以非市场制度国家通过协议分工实行区域性一体化的做法，已经被实践证明效果不佳。

当然，欧盟作为区域经济一体化组织，同样存在着对内开放、对外保护的两重性，因而在一体化过程中，贸易创造和贸易转移的两种效应也同时存在。对欧盟经济一体化福利效果的度量是一体化研究的重要方面。当前，经验的判断集中在三个方面：（1）在制造品方面，欧盟所产生的贸易创造效应已带来了少量的正福利效应；（2）从制造品贸易中得到的静态收益可能小于共同农业政策所带来的损失；（3）对净福利效应的评价还要取决于对未被很好评估的规模经济和生产效率收益的判断。由于规模经济这样一些关键性因素比较难于度量，所以这方面的研究还有待于深化。

二、发展中国家的区域经济一体化组织

1. 主要的发展中国家经济一体化组织

从时间上看，由发展中国家所组成的区域经济一体化组织甚至要早于欧洲经济共同体。这说明，除了欧共体经济一体化取得成功的良好示范效应外，发展中国家的区域经济一体化有其独立的动因。

20 世纪 50 年代，在发展民族工业思想的指导下，独立后的发展中国家纷纷走上进口替代工业化的道路。但是，实行进口替代战略面临的最大问题就是内向型发展与经济落后、市场狭小的矛盾。在这种形势下，发展中国家设想通过区域经济一体化来带动民族工业的发展。20 世纪 60 年代以来，发展中国家一体化组织的数量远远超过了发达国家一体化组织的数量，但绝大多数都收效甚微。

1960 年建立的中美洲共同市场[①]，其基本目标是通过经济一体化平衡本地区经济发展，实现民族工业化。由于其内部市场规模有限，合作领域较少，进展一直比较缓慢。1990 年 8 月，5 国又决定逐步取消关税壁垒，经过 2 年的过渡，1992 年成立了中美洲自由贸易区。

1969 年成立的安第斯集团[②]，其基本宗旨是取消成员国之间的关税壁垒，组成共同市场，以充分利用本地区的经济资源，促进成员国经济的平衡发展。然而，在成立后的 20 多年间，由于各国采取封闭的经济发展战略，一体化进展比较缓慢，收效并不明显。1991 年 5 月，委内瑞拉、玻利维亚、哥伦比亚、厄瓜多尔和秘鲁 5 国达成协议，决定于年底建立安第斯自由贸易区，从 1992 年起，5 国的商品在区内可以自由流通，完全取消关税；计划于 1995 年底建成关税同盟，实行共同市场政策。

南锥体共同市场是于 20 世纪 90 年代建立的区域经济一体化组织。1991 年 3 月 26 日，阿根廷、巴西、乌拉圭和巴拉圭 4 国签订《亚松森条约》，决定建立南锥体共同市场。条约规定，在 1994 年 12 月 31 日前的过渡期内，各成员国相互取消贸易壁垒，实现商品和服务的自由流动，统一对外关税，并协调各国宏观经济政策。1995 年 1 月 1 日，南锥体共同市场正式运行。

在亚洲，东南亚国家联盟[③]表现特别突出。该组织于 1967 年 8 月成立，其宗旨是在

---

① 中美洲共同市场包括中美洲的哥斯达黎加、萨尔瓦多、危地马拉、洪都拉斯和尼加拉瓜 5 国。

② 1969 年 5 月成立的安第斯集团，其创始国有玻利维亚、哥伦比亚、智利、厄瓜多尔和秘鲁。1973 年委内瑞拉加入，1976 年智利退出。

③ 1967 年 8 月，由马来西亚、菲律宾、新加坡、泰国和印度尼西亚 5 国签署宣言，宣告了地区性合作联盟——东南亚国家联盟的成立。此后，文莱、越南、老挝、柬埔寨和缅甸相继加入，目前成为拥有 10 个成员国的区域经济一体化组织。

经济、社会、文化、科技等领域内促进积极的合作和互助。然而在最初的 9 年里，经济方面的合作较少。20 世纪 80 年代中期以后，东盟各国认为有必要加强区域经济合作，提高合作的层次。1991 年 10 月提出了从 1993 年起 15 年内建成东盟自由贸易区的计划，1994 年又提出在 5 年内建立“亚洲自由贸易区”的目标，这表明东盟正加速向更紧密的经济联盟转变。

此外，在许多非洲国家和阿拉伯国家之间，也存在着不同形式的区域经济一体化组织，如西非经济共同体、阿拉伯共同市场等。

2．发展中国家经济一体化收效甚微的原因

上述由发展中国家组成的经济一体化组织，都有通过大规模的贸易转移来刺激本国工业发展的倾向，大多数一体化组织进展缓慢甚至遭受失败，其主要原因在于：

首先，发展中国家经济发展水平普遍较低，缺乏进行贸易合作的物质基础。一方面，经济发展水平普遍不高使得各成员国产业结构重复而且层次较低，阻碍着各成员国产业间贸易的扩大；另一方面，收入水平较低和需求的单一化又制约着各成员国进行产业内分工，进而开展产业内贸易。

其次，发展中国家市场规模狭小限制了区域集团的作用。一些发展中国家建立一体化组织的初衷是为了摆脱经济上对发达国家的依附，希望通过组成集团的方式寻求自身经济的发展，然而由于各成员国市场比较狭小，区域经济一体化无法给各国带来足够的市场规模，这就造成许多发展中国家难以脱离与发达国家的经济往来，进而导致一体化组织内部凝聚力的减弱。

第三，新兴工业的区位配置及固有效益分配的不公平性。由于发展中国家一体化所产生的主要是贸易转移效应，因此对于新兴工业的所在国来说，贸易转移将使其他成员国对该国产出的需求增加，使其国内的工业部门获得规模经济收益。因此，该国总是尽量阻止该工业向其他国家扩散。另一方面，对于其他成员国来说，贸易转移将使它从前者进口价格相对较高的产品，其结果只能是净福利损失。为了改变这种不利地位，后者就会在集团内部拼命争夺新兴工业的发展权。这种成员国之间利益冲突产生的离心力导致了一体化的失败。

三、发达国家与发展中国家的区域经济一体化组织

20 世纪 80 年代以来，发达国家与发展中国家之间的经济一体化组织开始产生，并且获得了较快的发展。其产生的背景从外部来看，是 80 年代后期世界经济一体化浪潮蓬勃发展的推动。从内部来看，一方面是发展中国家一体化组织进展缓慢，使得它们转而寻

求与发达国家共同组成区域经济集团；另一方面则是由于发达国家之间相互竞争和抗衡的需要。这方面最典型的例子就是北美自由贸易区(north america free-trade area，NAFTA)。

北美自由贸易区是在《美加自由贸易协定》的基础上，由美国、加拿大、墨西哥三国经过一系列谈判，于 1992 年 12 月 17 日签署了《北美自由贸易协定》，该协定于 1994 年 1 月 1 日正式生效。该自由贸易区的建立开创了发达国家与发展中国家之间组成区域经济一体化组织的先例。

《北美自由贸易协定》规定，从 1994 年 1 月 1 日起，15 年内分三个阶段逐步取消关税及其他贸易壁垒，实现商品和服务的自由流动。由于自由贸易区没有统一的对外关税，为了防止来自第三国的转口贸易，三国详细制定了有关原产地原则的标准，规定只有产品全部价值的 62.5%是在成员国内生产时，才属于原产地产品，从而享受免税待遇。

目前，发达国家与发展中国家间的经济一体化还是一种新现象。这种形式的经济一体化兼顾了产业间分工和产业内分工的优点，分别为两类国家提供了发展贸易的条件，使之都可以得到相应的利益。国外对北美自由贸易区净福利效应的估算有代表性的看法是：所有三个国家都会得到程度不大的净收益，而世界其他国家如果有损失的话，这一损失也是小到可以忽略不计。一般认为，从国民收入及工资水平效应来看，以百分比衡量，三国中墨西哥将是最大的受益国，尤其考虑到外商投资加速这一效应后更是如此；就预期收益占初始国民收入或工资的份额而言，加拿大为第二位；美国是受福利影响最小的国家。

四、开放的区域经济一体化形式

开放的区域经济一体化是一种新型的区域经济合作形式，其典型形式为亚洲及太平洋地区经济合作组织，简称亚太经合组织（asia pacific economic corporation，APEC）。它是在更大的范围内超越了地缘的限制，由发达国家和发展中国家共同组成的区域经济一体化组织。与传统的区域经济一体化组织的排他性不同，其特点在于它的开放性，集中表现在成员经济体间的所有优惠性措施或安排也一视同仁地适用于其他非成员经济体。

亚太经合组织成立于 1989 年 11 月，目前成员经济体已由最初的 12 个扩大到 21 个①，中国于 1991 年以主权国家身份加入亚太经合组织。由于各成员在经济发展水平、社会制度和文化背景等方面存在很大差异，因此，亚太经合组织推进区域经济一体化的运行机制与欧盟和北美自由贸易区相比有其独特之处。

1．亚太经合组织的基本特征是非制度化，坚持通过非正式途径推进各成员间的经济

---

① 亚太经合组织的 21 个成员经济体为：澳大利亚、文莱、加拿大、智利、中国、中国香港、印度尼西亚、日本、韩国、马来西亚、墨西哥、新西兰、巴布亚新几内亚、秘鲁、菲律宾、俄罗斯、新加坡、中国台北、泰国、美国和越南。

合作。所谓非制度化是指该组织不建立固定的执行机构，不存在成员经济体的权利向超国家的一体化组织让渡的问题。各经济体不是通过签订多边协定，而是通过自愿协商、达成共识来促进经济合作的发展。亚太经合组织每年都举行成员经济体外交和经贸部长以及首脑非正式会议，会议达成的任何协议都是非约束性的，由各经济体自愿选择，经首脑承诺，公布于共同声明之中。亚太经合组织落实行动的方式是在协商一致的共同目标下，采取单边行动与集体行动相结合的方式①推进贸易和投资自由化。

2．亚太经济合作的方式具有多样性，贸易、投资自由化与经济技术合作并重。由于亚太经合组织是发达经济体与发展中经济体之间的经济合作，各经济体的经济发展水平相差悬殊，社会制度、经济体制、文化背景等也有很大不同。同时，区域内还存在着许多次区域经济组织。这使得各成员经济体在进行经济合作时，势必首先考虑和维护自身的利益。亚太经合组织从这一客观现实出发，把贸易和投资自由化、贸易和投资便利化与经济技术合作作为亚太经济合作的三大支柱，力求使各成员经济体通过合作互惠互利、共同受益。

3．亚太经济合作具有开放性，提倡“开放的地区主义”原则。亚太经合组织反对建立排他性的“贸易集团模式”，坚持“开放的区域主义”。它主张在本地区实现贸易投资自由化的基础上，坚持实行非歧视性原则。不但成员经济体享受贸易和投资自由化的成果，非成员经济体也可获得同等待遇。亚太经合组织《大阪行动议程》对此的确切表述是：“亚太地区贸易与投资自由化的结果不仅仅是APEC经济体之间，也将是APEC经济体与非APEC经济体之间障碍的实际减少。”

尽管亚太经合组织成立的时间较晚，但是发展十分迅速。目前，亚太经合组织的总人口达到26亿，占世界总人口的45%；国内生产总值之和超过20万亿美元，占世界总产值的57%；成员经济体之间的相互贸易已经占该地区全部对外贸易的40%以上，贸易额占世界贸易总额的48%以上。

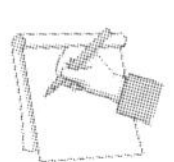

复习题

1．国际贸易谈判为什么有助于消除贸易保护？

2．世界贸易组织的原则和职能。

3．经济一体化不同发展阶段的特点及其演进过程。

4．什么是贸易创造和贸易转移？举例说明这两种类型的关税同盟。

---

① 单边行动是强调各国根据本国经济发展的实际情况和承受能力，自行提出贸易和投资自由化的内容和相应的时间表；集体行动则是强调一旦一体化组织在协商的基础上做出某种决定和安排，就必须统一步调，积极贯彻执行。

5．关税同盟的动态福利效应。

6．开放的区域经济一体化形式的特点。

练习题

1．“自由贸易区与关税同盟的区别在于：前者在政治上简单易行，但在执行上令人头痛；而后者则刚好相反。”你是怎样理解这一评价的？

2. A 国准备与 B 国组成一个自由贸易区。在此之前，A 国每年从 B 国之外的其他国家进口 1 000 万台收音机，进口价格为每台 100 美元，进口关税为 30 美元。B 国生产每台收音机的成本为 110 美元。

（1）自由贸易区建立后，将收音机进口转向 B 国每年给 A 国带来的损失有多少？

（2）为抵消这一贸易转移所导致的福利损失，A 国每年需要增加多少进口？

第二篇　国际金融

第七章　国际收支与国际收支平衡表

【引言】

国际贸易部分侧重分析开放经济对于资源配置和收入分配等方面的影响，主要研究了贸易基础、贸易条件和贸易利益等问题。在进行这种微观分析时抽象掉了货币因素，主要就实体经济因素进行分析。从本篇开始引入货币因素进行分析。在开放经济条件下，由于不同国家使用不同的货币，这就产生了货币兑换的比率即汇率问题。国际经济活动的利益集中体现为国际收支，在前面的分析中，我们始终假定经济总量处于均衡状态，例如充分就业、贸易及国际收支平衡等。实际上，开放经济体系中的经济总量并不能始终维持恒定的均衡。因此，汇率的决定与变动，国际收支的失衡与调节，以及一国的国民收入、利率和价格水平的变动对汇率和国际收支的影响等宏观经济问题，就成为本篇所研究的对象。

国际经济领域的宏观分析通常以国际收支作为起点。本章主要介绍国际收支与国际收支平衡表的概念，说明国际收支平衡表的构成和复式记账原理，以及国际收支账户与其他宏观经济账户的关系。

【学习目标】

① 国际收支及国际收支平衡表的概念;
② 国际收支平衡表的复式记账法;
③ 国际收支的平衡与失衡;
④ 国际收支账户与国民收入账户的关系。

第一节　国际收支的概念

一、国际收支的概念

国际收支是一国宏观经济变量中反映对外经济关系的最主要的指标，它衡量的是一国居民与他国居民从事国际交易所发生的货币收入和货币支出的状况。国际收支的概念经历了一个不断演化的过程，伴随国际交往范围的扩大及国际货币制度的发展，国际收支的内容日趋丰富。

国际货币基金组织（IMF）在其编制的《国际收支手册》中，对国际收支作了如下解释："国际收支是某一事件的统计表，它表明：（1）某一经济体同世界其余地方之间在商品、劳务以及收入方面的交易；（2）该经济体的货币黄金、特别提款权以及对世界其余地方的债权、债务的所有权的变化和其他变化；（3）从会计意义上讲，对平衡不能相互抵消的上述交易和变化的任何账目所需的无偿转让和对应项目。"

国际收支定义中的经济交易是指一国居民与外国居民间的商品、劳务和资产所有权的交换。一项交易一般要伴随着一笔货币收付，而一项国际交易则通常要伴随着一笔国际货币收付。当然也并不完全如此，例如在易货贸易中，商品和商品直接交换，并不伴随相应的货币收付；在对外无偿援助中，输出商品和劳务也没有取得相应的货币收入，但这些交易仍需记入国际收支。

二、与国际收支有关的概念

1．国际收支和国际投资头寸

国际收支反映经济价值的产生、转化、交换、转移或消失，并涉及到货物或金融资产所有权的变更、服务即资本的提供。所以，国际收支属于流量范畴。同国际收支流量相关联的是国际投资头寸，作为一个存量概念，国际投资头寸表示特定时点上一国的对外资产和负债状况，包括一国的金融资产或一国对其他国家的债权存量的价值和构成；一国对其他国家的负债存量的价值和构成。显而易见，流量决定存量，国际投资头寸存量在两个特定时点的任何变动均依赖于该时期内国际收支流量的大小；反之，国际收支流量的大小也可以部分地由存量的变化来决定。

2．一定时期的国际收支和一定时刻的国际收支

一定时期的国际收支，是指一定时期内（一般为一年）一国同其他国家或地区的

总的货币收付行为。这种一定时期的国际收支的特点，在于它强调在已经过去的某一特定时期里一国发生的全部对外货币收支状况。因此，一定时期的国际货币收支是事后的国际货币收支，是可以编制国际收支平衡表的。一定时期的国际收支的意义，在于它是一国对外经济关系现状的真实写照，是一国经济与国际金融实力强弱的综合反映，是分析一国经济与金融形势的重要依据。一定时期的国际收支是广义的国际收支。

一定时刻的国际收支，是指在即将到来的某一特定时刻（某月某日），一国应从其他国家收取的货币总额和应向其他国家支付的货币总额的对比。这种一定时刻的国际收支的特点，在于它强调在尚未到来的某一特定时刻一国将发生的对外货币收支状况。一定时刻的国际收支直接与外汇供求状况相联系，是事前的国际收支，是不能编制国际收支平衡表的。一定时刻的国际收支的重要意义，在于它是决定一国当时外汇行市的重要因素，直接影响外汇行市的涨落。一定时刻的国际收支一般是狭义的国际收支。

3．国际收支与国际收支平衡表

国际收支从动态的角度来说，反映了一国在一定时期内全部对外往来的货币收支活动。用统计表的形式将一国对外货币收支的活动及其结果加以系统记录，就形成了国际收支平衡表。所以，国际收支与国际收支平衡表既有联系又有区别：国际收支侧重于从动态的角度强调一国的对外货币收付活动，而国际收支平衡表侧重于从静态的角度强调这种对外货币收付活动的结果。

一国国际收支的状况决定着该国在国际金融方面的实力与地位，不仅如此，它对该国国内的经济平衡、市场供应、币值稳定、外汇储备等方面都有着重要的影响。因此，国际收支是赤字还是盈余，赤字或盈余的数量是多少，应当如何弥补或处置，历来是各国宏观经济分析和调控的重要问题。

第二节　国际收支平衡表

一、国际收支平衡表及其记账原则

1．国际收支平衡表

一国国际收支的内容集中反映在该国的国际收支平衡表上。国际收支平衡表又称为国际收支账户，它是按照复式簿记原理、采用借贷记账法、运用货币计量单位编制的，是系统记录一国居民与非居民在一定时期内（通常为一年）发生的所有的经济交易的统计文件。国际收支平衡表中所包含的经济信息对于政府的宏观决策及一国居民的经济活动都具有重要的参考价值。

国际收支中所记录的经济交易的主体必须是一国的居民和非居民。居民是指与一国领土的联系比与其他国家的联系更为紧密的机构单位，主要包括两类：（1）家庭和组成家庭的个人；（2）法定的实体和社会实体，如公司和准公司（如国外直接投资者的分支机构）、非营利机构和政府机构。根据这一定义划分，一国的驻外机构、人员都是其所在国的非居民，而国际组织，如联合国、世界银行、国际货币基金组织等则是任何国家的非居民。

国际收支中所反映的经济交易主要包括：（1）交换，即一交易方向另一交易方提供某种经济价值并从对方得到等值的回报。所提供的经济价值为实际资源（货物、服务和收入）与金融项目。（2）转移，指一交易方向另一交易方提供了经济价值但并未从对方收到相应的等值回报。（3）移居，指某人将其住所从一经济体迁移到另一经济体的活动，因为移居涉及到原经济体和新移居经济体对外债权债务关系的变更。（4）其他根据推论而存在的交易，即在特定情况下，虽然实际流动尚未发生，但根据推论可以确定存在的交易，也应在国际收支中予以记录，如外国直接投资者用收益进行再投资。

最后，国际收支记录的是一定时期内发生的交易（通常为一年），是一个流量概念，它与专门记录一定时点上存量数据的国际投资头寸是不同的。

2. 国际收支平衡表的记账原则

国际收支平衡表是采用复式记账法进行登录的。根据复式记账的会计惯例，对于任何一笔国际交易，同时进行借方记录和贷方记录，以体现价值的双向流动。“借方”项目表示本国对外国付款或负有付款义务的国际交易，用（-）表示，主要包括商品和劳务的进口、资本输出、单方面转移支出等。“贷方”项目表示外国对本国付款或有付款义务的国际交易，用（+）表示，主要包括商品和劳务的出口、资本输入、单方面转移收入。总之，凡是引起本国外汇需求的交易记入借方，凡是引起本国外汇供给的交易记入贷方。原则上国际收支平衡表的借方总额与贷方总额恒等，净差额为零。

以下以美国为例说明国际收支平衡表的复式记账方法。

【例 7-1】美国某公司出口 100 万美元的商品，同时该公司在海外银行的存款相应增加。商品出口导致外国对美国的支付，应记入美国国际收支账户经常项目的贷方；另一方面，它意味着美国某公司购入 100 万美元的海外存款，相当于美国购买国外资产，应记入资本项目的借方。整个交易在美国的国际收支账户中应记录如下：

项　目	贷方（+）	借方（-）
商品出口	100 万美元	
短期资本流出（购入海外银行存款）		100 万美元

【例 7-2】美国居民在国外旅游期间，花费了 5 万美元的服务费，用信用卡进行支付。服务费导致对外支付，应记入国际收支账户经常项目的借方；另一方面，国外旅游部门由此获得对美国信用卡公司的支付要求权，相当于美国出售资产，应记入资本项目的贷方。整个交易应记录如下：

项　　目	贷方（+）	借方（-）
服务进口		5 万美元
短期资本流入（出售支付要求权）	5 万美元	

【例 7-3】外国某公司以价值 1 000 万美元的设备投入美国，兴办合资企业。1 000 万美元的设备投入相当于商品进口，应记入国际收支账户经常项目的借方；同时外国公司对美国投资意味着美国向外国公司出售一项资产，外国公司因此获得了要求美国在未来支付的权利，应记入资本项目的贷方。整个交易应记录如下：

项　　目	贷方（+）	借方（-）
长期资本流入（引进外国直接投资）	1 000 万美元	
商品进口		1 000 万美元

【例 7-4】美国政府动用官方储备 100 万美元向某国提供无偿援助。美国对外国单边转移支付应记入经常项目的借方，因为提供援助意味着向外国支付；另一方面，单边转移支付使美国官方储备减少而外国在美国的资产增加，应记入短期资本流入的贷方。[①]整个交易应记录如下：

项　　目	贷方（+）	借方（-）
单边转移支付		100 万美元
短期资本流入（美国官方储备减少）	100 万美元	

【例 7-5】某美国居民购买了 40 万美元的外国某公司股票，他的付款使得外国银行在美国的存款余额增加。这样，一方面购买外国股票是增加美国在外国的资产，应在美国国际收支平衡表的借方记长期资本流出；另一方面，外国银行在美国存款余额的增加是外国在美国资产的增加，应记短期资本流入贷方。注意这个交易两边都是资本流动：

① 该账户实际上虚构了这样一种情况，美国政府为其 100 万美元外汇储备的支付而从外国得到了等值的友好关系或感激。以这种形式使单方面的转移支付也具有了双向交易的形式，从而保持了国际收支账户总和为零的特性。

项　目	贷方（+）	借方（-）
长期资本流出（购买外国公司股票）		40 万美元
短期资本流入（美国银行出售存款）	40 万美元	

【例 7-6】某外国投资者购买了 30 万美元的美国国库券，并用他在美国银行的存款余额支付。购买美国国库券增加了外国在美国的资产，对美国而言是资产出口，应记短期资本贷方；另一方面，外国人用在美国银行的存款余额付款是外国在美国资产的减少，相当于美国财政部向外国投资者购买了存款资产，应记为短期资本借方。注意这个交易两边也都是资本流动。

项　目	贷方（+）	借方（-）
短期资本流入（出售国库券）	30 万美元	
短期资本流出（美国财政部购入存款资产）		30 万美元

假设上述六个交易即美国当年的全部国际交易，那么美国国际收支账户如表 7-1 所示。

表 7-1　假设的美国的国际收支平衡表　　万美元

项　目	贷方（+）	借方（-）	差　额
商品贸易	100	1 000	-900
服务贸易	-	5	-5
经常转移	-	100	-100
经常项目合计	100	1 105	-1 005
直接投资	1 000	-	+1 000
证券投资	-	40	-40
其他投资	5+40+30	100+30	-55
官方储备	100	-	+100
资本与金融项目合计	1 175	170	+1 005
总　计	1 275	1 275	0

二、国际收支平衡表的标准组成

国际收支是对一国所有国际经济交易的汇总记录。由于国际交易的内容和形式在不同的经济发展阶段具有不同的特点，因此国际收支平衡表中所包含的内容也不同。20 世纪 50 年代以前，国际资本流量不大，国际收支主要反映一国对外贸易收支，即主要反映商品进出口。其后，随着各国放松对资本流动的管制，资本国际流动得到了迅速的发展。当前国际交易额的 2/3 以上属于资本项目，其重要性日益显现出来。今天，国际收支平衡表已经包括了贸易收支、资本收支以及其他国际转移在内的全部国际经济交易。

国际货币基金组织出版的《国际收支手册》，到 1993 年已出至第五版，对国际收支平衡表的编制所采用的概念、准则、惯例、分类方法以及标准构成都作了统一说明。按照《国际收支手册》的规定，国际收支账户所记录的交易项目可概括为两大类：经常项目、资本与金融项目。

1. 经常项目

经常项目反映实际资源的国际转移，涉及居民与非居民之间非金融性交易在内的所有的交易，也包括未涉及任何回报而提供或获得的经常性经济价值的转移。具体地讲，经常项目包括货物、服务、收入和经常转移四个子项目。

（1）货物。货物包括一般商品、用于加工的货物、货物修理、各种运输工具的港口购买的货物和非货币黄金。在处理上，货物的出口和进口应在货物的所有权从一居民转移到另一居民时记录下来。一般来说，货物按边境的离岸价格（FOB）计价。

（2）服务。服务是经常项目的第二个大项目，它包括运输、旅游以及在国际贸易中的地位越来越重要的其他项目（如通讯、金融和计算机服务、专有权征用和特许以及其他商业服务）。

（3）收入。将服务交易同收入交易明确区分开来是《国际收支收册》第五版的重要特征。收入包括居民与非居民之间进行的两大类交易：第一，支付给非居民工人（例如季节性的短期工人）的职工报酬。第二，投资收入项下有对于金融资产和负债的收入和支出。第二大类包括有关直接投资、证券投资和其他投资的收入和支出以及储备资产的收入。最常见的投资收入是股本收入（红利）和债务收入（利息）。

（4）经常转移。当一经济体的居民实际向另一非居民实体无偿提供了实际资源或金融产品时，按照复式记账法原理，需要在另一方进行抵消性记录以达到平衡，也就是需要建立转移账户作为平衡项目。在《国际收支收册》第五版中，将转移区分为经常转移和资本转移。这一处理方法的变化，使经常转移仍包括在经常项目中，而资本转移则包括在资本与金融项目的资本项目内。经常转移包括所有非资本转移的转移项目，下设政府的转移（如政府间经常性的国际合作等）和其他转移（如工人汇款）两个次级账户。

2．资本与金融项目

资本与金融项目是指对资产所有权在国际间流动行为进行记录的账户，它包括资本项目和金融项目两大部分。

资本项目包括资本转移和非生产、非金融资产的收买或放弃。资本转移包括：（1）固定资产所有权的资产转移；（2）同固定资产收买或放弃相联系的或以其为条件的资产转移；（3）债权人不索取任何回报而取消的债务。非生产、非金融资产的收买或放弃是指各种无形资产如专利、版权、商标、经销权以及其他可转让合同的交易。

金融项目包括一个经济体对外资产和负债所有权变更的所有交易。金融项目根据投资类型或功能，可分为直接投资、证券投资、其他投资、储备资产四类。与经常项目不同，金融项目的各个项目并不按借贷方总额来记录，而是按净额来计入相应的借方或贷方。

（1）直接投资。直接投资的主要特征是投资者在另一经济体的企业中拥有永久利益。这一永久利益意味着直接投资者和企业之间存在着长期的关系，并且投资者对企业经营管理施加相当大的影响。直接投资可以采取在国外直接建立分支机构的形式，也可以采用购买国外企业一定比例以上股票的形式。

（2）证券投资。证券投资的主要对象是股本证券和债务证券。对于债务证券而言，它可以进一步细分为期限在一年以上的中长期债务、货币市场工具和其他派生金融工具。

（3）其他投资。这是一个剩余项目，它包括所有直接投资、证券投资或储备资产未包括的金融交易。

（4）储备资产。储备资产是指货币当局可随时动用并控制的外部资产，政府可利用它为国际收支失衡提供直接融资、干预外汇市场影响汇率变动以平衡国际收支等。储备资产可以分为货币黄金、特别提款权①、在基金组织的储备头寸②、外汇资产（包括货币、存款和有价证券）和其他债权。储备资产的增加是由于经常账户和其他金融账户上存在着顺差，反之则是由于经常账户和其他金融账户上存在着逆差。

---

① 特别提款权（special drawing rights，SDR）是一种依靠国际纪律创造出来的储备资产，由国际货币基金组织根据成员国在基金组织中所认缴的基金份额按比例进行分配。在基金组织的范围内，特别提款权可以用来清偿与基金组织的债务、以划账形式获取其他可兑换货币、缴纳份额、向基金捐款或贷款、作为基金组织的记账单位、充当储备资产等，但不能作为流通手段来使用。目前，特别提款权的价值是以世界5个主要国家（美、德、日、英、法）的货币汇率加权平均后求得的。因此，其价值相对比较稳定是特别提款权的第一个特征；能持有特别提款权的机构必须是政府或政府间的机构，因此，其使用仅限于政府之间是特别提款权的第二个特征。

② 又称普通提款权（ordinary drawing rights，ODR），是国际货币基金组织按照成员国所认缴的基金份额提供给成员国使用的普通贷款的权利，用以解决成员国因一般的国际收支困难而产生的短期资金需要。与特别提款权不同的是，普通提款权是信贷，而特别提款权可以作为成员国现有的黄金和美元以外的外币储备。

除了经常项目、资本与金融项目外，国际收支平衡表还设立了一个错误与遗漏项目。国际收支平衡表采用复式记账法，因此所有项目的借方总额和贷方总额应相等。但是，由于不同项目的统计资料来源不一，记录时间不同以及一些人为因素（如虚报出口）等原因，会造成结账时出现净的借方或贷方余额，这时就需要人为地设立一个抵消项目，数目与上述余额相等而符号相反。

国际收支账户的组成情况可以用图 7-1 来表示。

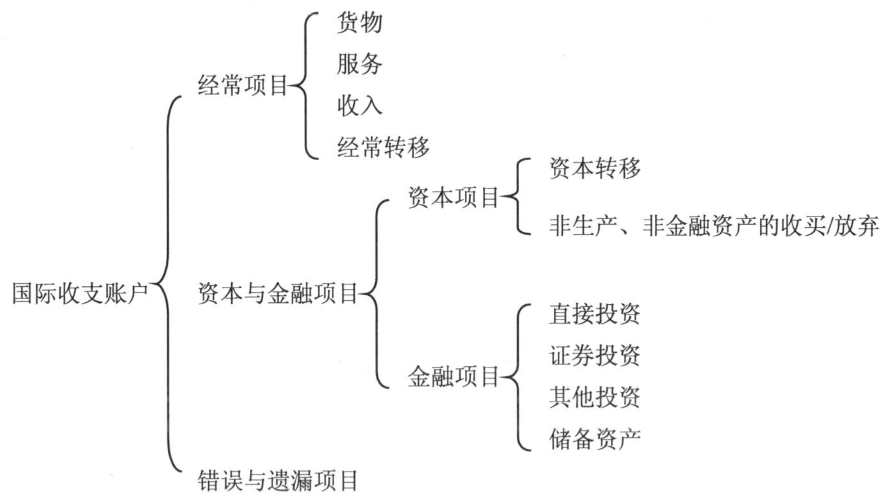

图 7-1　国际收支账户的组成

第三节　国际收支平衡表分析

一、国际收支平衡表分析的重点

分析国际收支平衡表的主要目的是要了解本国是否存在着对外失衡，以及是否需要采取政策调整来纠正这种失衡。因此，分析国际收支平衡表的重点是表中的各种差额。

1．国际收支的各种差额

国际收支平衡表中的差额是多层次的，各种国际收支差额的含义及相互关系如表 7-2 所示。

表 7-2　国际收支的各种差额

+货物（服务）出口	
-货物（服务）进口	
	=贸易差额
贸易差额	
+单方面转移收入	
-单方面转移支出	
	=经常项目差额
经常项目差额	
+长期资本流入	
-长期资本流出	
	=基本差额
基本差额	
+私人短期资本流入	
-私人短期资本流出	
	=总差额
总差额（官方结算差额）	
+官方贷款	
-官方借款	
	=综合差额
综合差额	
-储备增加	
+储备减少	
	=零

注：贷方（+）；借方（-）

表 7-2 中的贸易差额是指包括货物与服务在内的进出口差额，它是一国实际经济状况的重要反映。经常项目差额包括货物、服务、收入交易及单方面转移，它表示一国实际资源交易所引起的金融资产的净变化。基本差额包括经常项目差额与长期资本净值，不包括短期资本流动项目，它表明一国国际收支的长期发展状况。总差额也称"官方结算差额"，它是衡量一国国际收支状况的重要指标。综合差额衡量一国的国际收支对于储备形成的压力，等于经常账户和资本与金融账户中排除储备资产的交易差额，它表示国际收支最后余下的支付缺口，该缺口只有通过使用外汇储备或其他可替代储备的金融资产

来加以弥补。

2. 国际收支的平衡与失衡

由于采用复式记账法，国际收支平衡表上的借贷双方总额最终必然相等。既然如此，国际收支似乎总是平衡的。那么，通常所说的国际收支顺差或逆差又怎么理解呢？这是因为，国际收支项目依其性质分为自主性交易项目和调节性交易项目。所谓自主性交易项目，又称事前交易，是企业或个人基于商业动机和经济利益而自发进行的交易，经常项目和资本项目都属于自发交易项目，也称为线上项目。调节性交易项目，又称补偿项目或事后项目，是指以平衡国际收支为目的、为弥补自主性交易差额而被动进行的交易项目，国际收支中的官方结算余额是主要的调节性项目。当一国自主性交易产生国际收支逆差时，该国金融当局就需动用本国的黄金、外汇储备，或通过外国中央银行、国际金融机构融通资金以弥补逆差。调节性交易项目也称为线下项目。错误与遗漏也是调节性项目，它可以使国际收支平衡表最终在账面上达到平衡。

由此可见，国际收支的账面平衡是通过调节性项目来实现的，而真正能反映国际收支状况的是自主性项目。判断一国的国际收支是否平衡，主要是看其自主性项目是否平衡。如果一国的自主性项目基本相等，不需调节性项目加以弥补，就说明该国的国际收支是平衡的；反之，如果自主性项目的差额不能相抵，必须由调节性项目来弥补，该国的国际收支就处于不平衡状态。通常所说的国际收支状况实际上指的就是自主性项目收支的平衡或失衡。具体地说，如果线上项目的贷方余额大于借方余额或者线下项目的借方余额大于贷方余额，那么国际收支出现盈余；反之，国际收支出现赤字。

应当指出，自主性交易与调节性交易的区分与汇率制度有关。在固定汇率制下，自主性交易所产生的货币收支并不必然相抵，于是可能导致外汇市场供求出现缺口，从而需要通过储备增减或对外借贷来弥补缺口。而在浮动汇率制下，国际交易所引起的外汇供求缺口可以通过汇率的自由浮动而自行消除，因而所有的交易都可以视为自主性交易，此时调节性交易就失去了意义。所以对于短期资本流动的性质，有时难以进行明确的界定，人们在理解国际收支平衡的涵义时，往往不存在绝对的尺度。因此，从某种意义上说，国际收支平衡具有相对性和动态性。

可见，国际收支平衡不是一个收与支相等的数学概念，而是一个综合性的经济概念。作为经济均衡体系的指标之一，国际收支平衡体现了一般均衡的特性。考察国际收支平衡，不应仅局限于国际收支各个项目的数量关系，而应重点关注国际收支与国内宏观经济变量之间的关系。

二、国际收支平衡表分析的方法

首先要注重项目分析。国际收支平衡表的每一个项目都有独特的内容，因此要逐一具体分析各个项目。先要分析各个项目的具体数据，然后分析各个项目的局部差额，再分析各项局部差额的平衡情况，最后分析国际收支的总差额情况。因为即使一国在某一时期国际收支总额是平衡的，但并不等于其国际收支平衡表中的每个项目都实现了平衡，所以必须注重项目的局部差额及其平衡情况。

其次要注重综合分析。在分析了各个项目以及局部差额的基础上，要注重分析各项差额之间的关系和协调平衡情况进而分析国际收支总差额状况。分析国际收支是顺差还是逆差，数额多大，对经济发展的影响如何，进而深入查找形成原因和制定调整措施。

再次要注重纵向分析。所谓纵向分析是指分析本期以前的有关时期的国际收支状况。因为一国本期的国际收支平衡与否、在国际上的地位与信誉如何，是与本国前一时期的经济发展和国际收支密切相关的。只有进行纵向分析，才能得出切合实际的结论。

最后要注重横向分析。所谓横向分析是指要注重分析其他有关国家的国际收支状况。世界经济处于一个整体之中。一国在一定时期的国际收支状况如何，不仅与本国当期以及前期的国际金融和对外经济政策有关，而且与世界经济形势和国际金融市场变化有关。因此，要评估和制定本国的国际金融状况与对外发展战略，不注重分析其他国家的国际收支平衡表是不行的。

第四节　国际收支账户与其他宏观经济账户的关系

按照国际货币基金组织的归纳，一国的宏观经济账户主要包括国民收入账户、政府财政统计账户、国际收支账户和货币账户或货币概览四类。各个宏观经济账户的目的都是为国家的宏观经济分析提供依据。每个账户侧重说明经济的一个特定方面，它们之间的相互联系构成了一个有机的整体。以下分别说明国际收支账户与其他宏观经济账户的关系。

一、国际收支账户与国民收入账户

国民收入账户[①]是反映一国在一定时期内投入的生产要素所产出的最终产品和劳务

① 宏观经济学用“国民收入账户”来分析宏观经济活动，是因为一国的收入与产出在理论上是相等的。因此，国民收入账户被认为是根据支出类型来对形成国民收入的宏观经济活动进行分类。

的市场价值或由此形成的收入的账户。研究开放经济，首先就要掌握国民收入账户这个对宏观经济状况进行描述的重要工具。

1．封闭经济的国民收入恒等式

在研究国民收入账户如何反映开放经济的运行状况之前，首先来回顾它在封闭经济中的应用是很有必要的。

国民生产总值（GNP）。是一定时期（通常为一年）内，一国居民所生产的最终商品和服务的市场价值的总和。

国内生产总值（GDP）。是一定时期（通常为一年）内，一国领土范围上生产的最终商品和服务的市场价值的总和，它与 GNP 的关系是：

$$\text{GNP} = \text{GDP} + Y_{\text{F}}$$

上式中，Y_{F}=来自国外的净要素收入[①]。

在宏观经济学中，通常用 GNP 来代表一国的国民收入（Y），这样两者在理论上必然是相等的[②]。从产品最终支出的角度，国民收入可以分解为私人消费（C）、私人投资（I）和政府支出（G）；从收入来源的角度，它又可以分解为私人消费（C）、私人储蓄（S_{P}）和政府税收（T）。这两种方法是等价的，即：

$$C + I + G = C + S_{\text{P}} + T$$

上式可以变形为：

$$I = S_{\text{P}} + (T - G)$$

如果将 $T - G$ 看作是政府储蓄 S_{G}，那么国民储蓄（S）就是由私人储蓄 S_{P} 和政府储蓄 S_{G} 两部分构成的。因此上式可以记为：

$$I = S$$

上式说明，封闭经济均衡的实现条件是国民储蓄一定与投资相等。

2．开放经济的国民收入恒等式

在开放经济条件下，一国国民收入等式的构成以及各宏观经济变量之间的关系都发生了显著的变化。

在开放条件下，本国生产的一部分商品和劳务用于出口；而一部分本国的收入则被用于进口。向外国出口获得的收入要加到本国的 GNP 中，而从外国进口支出的收入要从

---

① 来自国外的净要素收入，是由本国居民用自己在国外取得的劳动和财产收入，减去外国居民在本国取得的劳动和财产收入而得到。

② 国民收入是一定时期内该国的生产要素在生产过程中获得的收入总额。虽然宏观经济学定义了 GNP 和国民收入在理论上相等（因此这种相等关系实际上是一种恒等），但要使两者的恒等关系在现实中完全成立，必须对 GNP 的定义做一定的调整，请参见宏观经济学相关部分内容。

GNP 中扣除。因此，开放经济的国民收入恒等式可以写成：

$$Y = C + I + G + (X - M)$$

上式表示在开放经济下一国的总产出由国内的消费、投资和政府支出（C、I、G）与净出口（$X - M$）四个部分构成。

通过比较可以发现，开放经济的国民收入恒等式比封闭经济条件下多了一个进出口差额（$X - M$）。产品和劳务的出口与进口之间的差额通常被称为经常账户余额[①]（Current Account Balance），记作 CA，即：

$$CA = X - M$$

当一国的出口大于进口时，有 $CA > 0$，称该国经常账户盈余；出口小于进口时，有 $CA < 0$，称该国经常账户赤字。由于开放经济国民收入恒等式的右边是用于国内商品和劳务的总支出，所以经常账户余额的变动就与一国的产出和就业的变动联系起来了。经常账户余额与私人消费、私人投资和政府支出一样是开放经济下国民收入的重要组成部分，以下对国际收支账户的分析主要以经常账户为代表。

表 7-3 显示了一个简明的、开放经济下的国民收入账户。

表 7-3　开放经济下某国的国民收入账户（单位：亿美元）

序　号	项　目	金　额
1	私人消费（C）	5 428
2	总投资（I）	1 587
3	政府商品与劳务支出（G）	1 336
4	国内总支出（A）	8 351
5	出口（X）	1 431
6	减：进口（M）	1 627
7	国内生产总值（GDP）	8 155
8	加：来自国外的净要素收入（Y_F）	203
9	国民生产总值（GNP）	7 952

3．经常账户的宏观经济分析

（1）经常账户余额与国内吸收。开放条件下国民收入的恒等式是：

$$Y = C + I + G + (X - M)$$

上式可以变形为：

$$X - M = Y - (C + I + G)$$

① 这里为了分析的简便，用产品和劳务的净出口作为经常账户余额的代表。

在上式中，私人消费、私人投资和政府支出构成国内的总支出，通常将这部分国内支出称为“国内吸收”（domestic absorption），用 A 来表示，我们在上面已经将 $X-M$ 定义为 CA，因此上式又可以写作：

$$CA = Y - A$$

上式的含义是，在开放条件下，一国的国民收入与国内支出可以不必相等。经常账户顺差表明该国国民收入超过国内支出，经常账户逆差表明该国国民收入小于国内支出。因此，经常账户余额反映了国民收入与国内吸收之间的关系。

（2）经常账户余额与外债。经常账户余额的重要性还在于它衡量了国际借贷的规模和方向。当一国的进口大于出口，出现了经常账户赤字时，该国必须从外国借入资金或动用以前的净国外资产，这意味着该国净外债的增加或净国外资产的减少；反之，当一国的出口大于进口，出现了经常账户盈余时，该国就可以为存在经常账户赤字的国家提供资金，这意味着该国净外债的减少或净国外资产的增加。

国际借贷可以被视为一种跨时贸易，具有经常账户赤字的国家，相当于进口当前消费，而出口未来消费；具有经常账户盈余的国家则相当于出口当前消费，而进口未来消费。这样，在跨时贸易中，一国的当前消费可以不受当前收入的约束，但当前的经常账户赤字最终必须通过以后的经常账户盈余来弥补。

（3）经常账户余额与储蓄、投资。根据国民收入可以从不同角度来衡量的特点，可以给出开放条件下国民收入的支出和收入等式：

$$C + I + G + (X - M) = C + S_{\mathrm{P}} + T$$

对上式进行整理可得：

$$I + CA = S$$

上式说明，开放经济均衡的实现条件是国民储蓄与投资与经常账户余额之和相等。

比较 $I = S$ 和 $I + CA = S$ 两个等式，可以发现开放经济和封闭经济的一个重要差异，即国民储蓄和投资并不必然相等。在开放经济下一国储蓄的形成有两个途径：一是积累资本存量，二是增加净国外资产，而在封闭经济下只能通过前一个途径进行储蓄。

同样，开放经济下投资的增加也不一定要通过增加储蓄的途径，在本国储蓄不足以支持国内投资时，可以通过向外部融资来弥补国内投资与储蓄的缺口，这时该国的经常账户上就出现相应的赤字。相反，当本国储蓄超过国内投资时，可以通过经常账户盈余带来的资本流出为其他国家增加资本存量提供融资。可见，由为国内资本积累（$I-S$）融资导致的净国外资产变动和经常账户余额的变动是同一问题的两个方面。

（4）私人储蓄和政府预算赤字。前面已经知道，一国的储蓄分为私人储蓄和政府储蓄，即$S = S_P + S_G$，政府储蓄又被定义为$T - G$，则$I + CA = S$可以改写为：

$$I + CA = S_P + S_G = S_P + (T - G)$$

上式建立起了国内投资、经常账户余额、私人储蓄和政府储蓄几个宏观经济变量之间的关系。为了更好地了解政府储蓄对开放经济的作用，我们在政府储蓄前面加一个负号，将（$G - T$）定义为政府预算赤字①，这样，上式可以进一步写作：

$$CA = S_P - I - (G - T)$$

由上式可知，私人储蓄、投资和政府预算赤字都是影响经常账户余额的重要变量。在其他条件给定时，私人储蓄的增加会导致经常账户余额的增加，而投资和政府预算赤字的增加会导致经常账户余额的减少。虽然不能仅凭上述等式完全分析出决定经常账户余额变动的原因，但是，这个等式仍然可以为我们提供一些重要的启示。

二、国际收支与政府财政统计

政府财政统计提供了有关政府资金运用的数据和分析框架，目的是便于对收入、支出、资本积累和融资方面的政府交易进行系统分析。根据基金组织的定义，政府包含执行政府职能（从事行政管理、维护公共秩序、为集体消费提供服务、以公共政策为目的实行收入转移等）的所有单位，一般由中央政府，州、省或地区政府组成。政府收入包括经常性收入和资本性收入两部分，前者为税收与非税收收入，后者为出售资本资产的收入。政府支出也包括经常性支出如医疗教育支出和资本性支出两部分。政府交易的收入和支出的统计结果，体现为总差额与经常性账目差额。除了在记录交易范围和基准方面有较小差别外，政府财政统计与国际收支这两种账户制度大体上以同样的方式记录。

政府账户与国际收支账户有着密切的联系。任何一国政府资金的来源与运用对各个经济部门及经济整体的发展都有极大的影响，对国际收支更是有着直接或间接的重要影响。特别是一国政府资金的预算差额，直接影响着国际收支的平衡状况。如果一国政府长期存在巨额财政赤字，国内又无适宜的弥补渠道，从而加重国内通货膨胀或对外借债负担，势必将造成该国国际收支状况的恶化。

三、国际收支与货币账户

按照基金组织的分类，货币账户是由三级账户的数据组成的。第一级为货币当局，其账户形式是由黄金、外汇、对外债权、储备货币等项目构成的货币当局的资产负债表。

① 政府预算赤字衡量政府通过借贷为其支出筹措资金的程度。

货币当局的账户提供了关于基本的货币供应决定因素情况。第二级为货币概览，是将货币当局的资产负债数据与存款货币银行的数据合并为对外资产、对外负债、国内信贷、货币和准货币（quasi-money）[1]几大类。货币和准货币在货币概览的负债方。政府存款既不算货币也不算准货币，因为它不能对政府支出的决定起限制作用。货币概览的主要目的是为货币政策分析提供最重要的金融总量。第三级为金融概览，是将其他金融机构的数据与货币概览合并为一体，因为货币概览的范围只是货币当局与存款货币银行，而金融概览则进一步包括了那些影响较大、即时具备资产负债表的其他金融机构。

货币账户或其中最为重要的货币概览与国际收支账户及其他宏观经济账户有着密切的联系。从会计意义上讲，货币概览通过对外资产和负债账户与国际收支联系，而通过政府对银行系统的头寸与政府财政统计相联系。同时，货币概览与国民收入和生产账户也有间接的关系，货币概览中的某些成分的变化可能反映了国民收入和生产账户中支出成分的变化，这些支出成分的变化在国际收支经常项目中有直接的对应成分，这些对应成分又可能会导致对外资产净额的变化，从而产生一系列连锁反应。国际收支账户与货币概览的联系具体由两部分组成，即前者的对外资产净额的变化和后者的对外资产净额的存量，分别涉及存款货币银行和货币当局。货币当局的首要目标在于保持经济的合理增长和货币的稳定，这是保持国际收支平衡至关重要的前提。

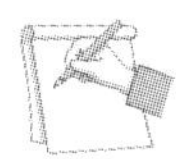

复习题

1．怎样理解国际收支的概念？
2．国际收支平衡表包括哪些项目？
3．国际收支失衡的含义是什么？它可以从哪些角度进行观察？
4．怎样理解和区分国际收支中的自主性交易与补偿性交易？
5．说明经常账户余额与各种宏观经济变量的关系。

练习题

1．某国的政府预算赤字为 1 280 亿美元，私人储蓄为 8 060 亿美元，国内投资为 7 700 亿美元，请问该国的经常项目余额是多少？

[1] 准货币是货币体系中所有尚未直接用作支付手段但可以随时转换成通货的资产，包括银行系统的定期储蓄存款及居民持有的外汇存款。

2．下述哪一项交易会导致A国国际收支平衡表中经常项目的盈余？

（1）A国某公司用以物易物的方式，以价值1亿美元的货物换取了B国价值1亿美元的旅游服务；

（2）A国从C国借到1亿美元的长期贷款，并用这一贷款购买对方价值1亿美元的石油；

（3）A国向D国出售了价值1亿美元的飞机，从而得到1亿美元的银行存款；

（4）A国政府以银行存款的形式给予E国政府1亿美元的赠予。

第八章　外汇与汇率决定理论

【引言】

外汇与汇率问题是国际经济学研究的重要方面，本章将对有关外汇与汇率的知识进行系统介绍。汇率是开放经济运行中的核心变量，各种微观因素和宏观变量都会引起它的变动，反过来，它的变动又会对其他宏观经济变量产生重要的影响，因此研究汇率的决定和变动对于开放条件下的宏观经济运行具有重要的意义。本章首先说明外汇与汇率的一般性概念，然后介绍外汇市场与外汇交易的形式，影响汇率变动的主要因素及汇率制度，最后阐述有关汇率决定的理论，主要包括汇率决定的购买力平价理论、利率平价理论、国际收支理论以及其他的汇率决定理论。

【学习目标】

① 汇率的概念及主要种类；
② 外汇交易及其形式；
③ 主要的汇率制度；
④ 汇率决定的国际收支理论；
⑤ 购买力平价理论；
⑥ 利率平价理论。

第一节　外汇与汇率

一、外汇的概念

外汇（foreign exchange）是国际汇兑的简称。它有动态（dynamic）和静态（static）两种含义。动态的含义是指把一国货币兑换成另一国货币，籍此清偿国际间债权债务关系的一种专门性的经营活动，即国际结算活动；静态的含义是指以外币表示的在国际结算中使用的各种支付手段或工具以及各种对外债权，即等同于外汇资产。前者强调的是两种货币兑换的交易过程，后者强调的是国际间进行结算的支付手段或工具。本章的“外汇”一词是指它的静态含义。国际货币基金组织对外汇的解释为：“外汇是货币当局（中央银行、货币管理机构、外汇平准基金及财政部）以银行存款、国库券、长短期政府债券等形式保有的在国际收支逆差时可以用作支付使用的国际支付手段或债权”。

判断一种外币资产是否为外汇一般有三个标准：（1）可偿性。外汇必须是在国外保证可以得到偿付的债权，被拒付的信用工具或有价证券不能视为外汇。（2）可兑换性。外汇必须能够自由地兑换为其他外币资产。（3）国际通用性。作为外汇的外币资产在国际经济交易中能被各国普遍接受和使用。

《中华人民共和国外汇管理条例》规定，外汇的具体形式主要有：（1）外国货币，包括纸币、铸币等；（2）外币支付凭证，包括票据、银行存款凭证、邮政储蓄凭证等；（3）外币有价证券，包括政府债券、公司债券、股票等；（4）特别提款权、欧洲货币单位（现被欧元取代）；（5）其他外汇资产。

二、汇率的概念及其标价方法

外汇汇率（exchange rate）是不同货币之间兑换的比率或比价，也可理解为用一国货币表示的另一国货币的价格。如果把外汇看作一种商品，汇率就是这种特殊商品的“特殊价格”。在国际汇兑中，不同的货币之间可以互相表示对方的价格，因此，汇率具有双向表示的特点。

由于汇率是两种货币的交换比价，因此在计算和使用汇率时，首先要确定是以本国货币还是以外国货币为衡量标准。衡量标准不同，汇率的计算方法也不同。一般来说，汇率的标价方法有两种，即直接标价法（direct quotation）和间接标价法（indirect quotation）。

1. 直接标价法

它以外币为计算标准，本币为计算单位，也就是单位外币折合的本币数量，即单位外币的本币价格。例如，2006 年 11 月 23 日，我国外汇市场上公布的人民币对美元的汇率为 100 美元= 786.55 元人民币，就是直接标价法。这种标价法的特点是：外币的数额固定不变，折合为本币的数额根据外币与本币币值的变化而变化。如果一定单位的外币折合为本币的数额增加，即本币贬值、外币升值；反之，则本币升值、外币贬值。目前世界上大多数国家（除英、美等少数国家外）都采用直接标价法。

2. 间接标价法

它以本币为计算标准，外币为计算单位，也就是单位本币折合的外币数量，即单位本币的外币价格。以上面提到的人民币与美元的汇率为例，用间接标价法表示的汇率为 100 元人民币=12.71 美元。这种标价法的特点是：本币的数额固定不变，折合为外币的数额根据本币与外币币值的变化而变化。如果一定单位的本币折合为外币的数额增加，即本币升值、外币贬值；反之，则本币贬值、外币升值。最早实行间接标价法的国家是英国及其殖民地国家。二次大战后，由于美国的经济实力迅速扩大，美元逐渐成为国际结算、国际储备的主要货币。为便于计价结算，从 1978 年 9 月 1 日开始，纽约外汇市场也改用间接标价法，即以美元为标准公布美元与其他货币之间的汇率，但对英镑仍沿用直接标价法。

20 世纪 60 年代，欧洲货币市场迅速发展起来，国际金融市场间的外汇交易量迅猛增加，为便于国际间进行外汇交易，银行间的报价普遍采用“美元标价法”，即以美元为标准来表示各国货币的价格，至今已形成习惯。世界各金融中心的国际银行所公布的外汇牌价都是美元对其他主要货币的汇率，非美元货币之间的汇率则通过各自对美元的汇率套算，作为报价的基础。

在各种标价法下，数量固定不变的货币为基础货币，即直接标价法中的外币或间接标价法中的本币。数量不断变化的货币叫标价货币，即直接标价法中的本币或间接标价法中的外币。由于直接标价法下汇率涨跌的含义与间接标价法下汇率涨跌的含义正好相反，所以在引用某种货币的汇率和说明其高低涨跌时，必须明确采用哪一种标价方法，以免产生歧义。本书以下的分析均采用直接标价法表示的汇率，汇率数额增加意味着本币贬值、外币升值，汇率数额减少意味着本币升值、外币贬值。

三、汇率的种类

汇率的种类很多，从不同的角度可以划分为各种不同的汇率。大体说来，汇率的种类主要有：

1. 固定汇率与浮动汇率

固定汇率（fixed rate）是指一国货币与另一国货币的兑换比率受平价的制约，汇率波动幅度被限制在较小的范围之间的汇率。在金本位制下，决定汇率的基础是两国铸币含金量的对比，汇率波动的界限是黄金输送点，汇率变化的幅度很小，基本上是固定的。在布雷顿森林体系（Bretton Woods System）下，两国货币的法定含金量的对比决定两种货币的汇率，汇率的波动被限制在一定范围之内，也属于固定汇率制度。

浮动汇率（floating rate）是指各国货币之间的兑换比率不受平价的制约，而根据外汇市场供求状况的变动而波动的汇率。当外币供不应求时，外币就升值或本币贬值，外币汇率就上浮（floating upward）；当外币供过于求时，外币就贬值或本币升值，外币汇率就下浮（floating downward）。

2. 名义汇率与实际汇率

名义汇率（normal exchange rate）是指外币的本币价格。通常所说的用一国货币表示的另一国货币的价格实际上都是名义汇率。

实际汇率（real exchange rate）是对名义汇率按照两国物价指数调整之后得到的汇率。名义汇率与实际汇率的关系可表示为：

$$e_r = e \cdot \frac{P^*}{P}$$

其中，e_r为实际汇率，e为名义汇率，P^*为外国物价指数，P为本国物价指数。

实际汇率表示扣除价格水平因素后用本国商品直接表示的外国商品的相对价格，即1单位的外国商品价值为e_r个单位的本国商品。借助实际汇率可以更准确地判断两国产品的相对竞争力。例如，本币贬值10%（即e上升10%），但同时本国价格水平P也上升10%，而外国的价格水平P^*不变，则本币与外币的实际汇率保持不变，这意味着，在价格上本国和外国产品的相对竞争力不变。

3. 即期汇率与远期汇率

即期汇率（spot rate），也称现汇汇率，是指买卖外汇的双方在成交的当天或第二个营业日进行交割所使用的汇率。

远期汇率（forward rate），也称期汇汇率，是指买卖外汇成交后签订外汇交易合同，按约定的时间进行交割所使用的汇率。买卖远期外汇的期限一般为1、3、6、9、12个月等。远期汇率的报价通常有两种形式：一是直接报出远期外汇的买价和卖价，这种直接报价法用于银行与一般客户之间；二是以远期差价表示的报价法，用于银行同业之间，是在即期汇率的基础上加减一定差额形成的，这个差额称为远期差价（forward margin）。远期差价用升水（premium）和贴水（discount）来表示。升水表示远期外汇比即期外汇贵；贴水表示远期外汇比即期外汇便宜。

由于汇率的标价法不同，按远期差价计算远期汇率的方法也不同。在直接标价法下，远期升水时，用即期汇率加上升水；远期贴水时，则用即期汇率减去贴水。用下面的公式表示：

远期汇率=即期汇率+升水

远期汇率=即期汇率−贴水

在实际计算远期汇率时，可以不必考虑汇率的标价方式及升水还是贴水，仅根据升（贴）水的排列即可进行计算。若远期差价以小/大排列，则远期汇率等于即期汇率加上远期差价；若远期差价以大/小排列，则远期汇率等于即期汇率减去远期差价。

以伦敦外汇市场英镑与美元的即期汇率和3个月的远期汇率为例：即期汇率为1英镑=1.887 0/1.889 0美元，3个月远期差价为升水103/98，则远期汇率为1英镑=1.876 7/1.879 2美元（即期汇率减去外汇升水）；如果3个月的远期差价为贴水98/103，则远期汇率为 1 英镑=1.896 8/1.899 3 美元（即期汇率加上外汇贴水）。

4．单一汇率与复汇率

单一汇率（uniform rate）是指一国的货币对一种外币只有一种汇率，各种支付均按此汇率进行外汇买卖，无论对贸易或非贸易用途，还是经常项目或资本项目的交易。

复汇率（multiple rate）是指一国货币对一种外币同时存在两种以上的汇率，有双重汇率和多重汇率两种形式。双重汇率是指对一种外币同时存在两种汇率（贸易汇率和金融汇率）。多重汇率是指对一种外币同时存在多种汇率，针对不同商品、不同交易性质乃至不同国家和地区加以区别对待。复汇率是外汇管制的产物，具有不公平性和歧视性，目前只有少数发展中国家实施。国际货币基金组织允许根据需要使用简单的复汇率，但严格限制实行复杂的复汇率。

第二节　外汇市场与外汇交易

一、外汇市场的概念及特征

1．外汇市场的概念

外汇交易活动是在外汇市场上进行的。外汇市场（foreign exchange market）是买卖外汇的总和，是经营外汇买卖的交易场所、组织系统和交易网络。它包括有形的外汇买卖场所和无形的外汇交易网络或系统，是国际金融市场的重要组成部分，是由各种经营外汇业务的机构和个人参与的、进行外汇买卖的集合。

2．外汇市场的特征

外汇市场按其结构分为两个层次：第一个层次是银行同业市场，也称为外汇批发市场。该市场的主要参与者是各银行、外汇经纪公司及各国中央银行，交易的金额一般比较大，至少每笔 100 万美元；第二个层次是客户与银行之间的交易市场，也称为外汇零售市场。银行在与客户的交易中，对不同的客户分别买入或卖出不同种类的外汇，实际上是在外汇的最终供给者与最终需求者之间起中介作用，赚取买卖的差价。20 世纪 70 年代以来，国际外汇市场迅猛发展，成为国际金融市场的一个重要组成部分。外汇市场具有以下特征：

（1）外汇市场主要是由信息流和资金流组成的无形市场。现代化通信设备和电子计算机大量应用于国际银行业，全球性的外汇市场发展迅速，各国外汇市场之间已形成一个迅速、发达的通信网络，任何一地的外汇交易全都通过电话、电报、电传、计算机终端、通信线路等硬件设施所形成的全球联通的网络来进行，在网络上操作者发出交易指令，指定交割方式，完成资金的划拨和转移。外汇市场上的交易主要是借助电子通信网络完成的，无形市场上的交易量占较大份额。

（2）全球外汇市场是一个高度一体化的市场。即使存在汇率差异，套汇活动也会使汇差很快消失，各地外汇市场上的汇率差异日益缩小，使交易价格趋于均等化。此外，全球外汇市场的高度一体化还体现在西方国家对外汇市场的联合干预加强。

（3）外汇市场上汇率行情波动较大。实行浮动汇率制后，外汇市场的动荡成为一种经常现象。由于汇率受多种因素制约，反应极其敏感，在频繁的大规模货币投机活动的冲击下，外汇市场的汇率行情更是变化莫测。

（4）外汇市场昼夜不停地运转。分布在世界各地的外汇交易市场，由于各地时差的存在，形成了一个每天 24 小时随时可以进行外汇交易的大市场。

（5）外汇市场交易的币种相对集中。大多数交易所所用币种集中在美元、欧元、英镑、瑞士法郎、日元、加拿大元、澳大利亚元等，因为美元在外汇市场上发挥着媒介通货的作用，所以大多数交易都涉及美元。

二、外汇市场的参与者

各种经营外汇的机构和外汇供求者作为市场的参与者，构成外汇市场的主体，它们是外汇交易的当事人。按照它们所起的作用，可分为一般参与者和造市者。

一般参与者包括客户、外汇银行、非银行金融机构、外汇经纪人以及中央银行和其他官方机构。

1．客户

客户是外汇实际的供求者，根据交易行为的性质不同，客户分为三类：一是交易性的外汇买卖者，如进出口商、国际投资者、国际旅游者等；二是保值性的外汇买卖者，如套期保值者；三是投机性的外汇买卖者，如在不同国家货币市场上赚取利差、汇差的套利者或套汇者等。二战前，进出口贸易公司是外汇市场的主要供求者，但战后，尤其是近二三十年来，跨国公司及投机者已经成为外汇市场的主要参与者，买卖外汇的规模十分庞大，在外汇市场上发挥着重要的作用。

2．外汇银行

外汇银行是指中央银行指定或授权经营外汇业务的银行，它包括专营和兼营外汇业务的本国商业银行和本国其他银行、外国银行设在本国的分支行和其他办理外汇的金融机构。外汇银行是外汇市场的主要参与者，它在外汇市场上主要从事两方面的经营活动：

一是代客买卖，起中介的作用；二是以自己的账户直接进行外汇买卖。

3．非银行金融机构

非银行金融机构主要指投资公司、信托公司、保险公司、财务公司和证券公司等。如证券公司为买卖外币有价证券而参与外汇市场。

4．外汇经纪人

外汇经纪人是指在银行间或银行与客户间进行联系、接洽外汇买卖的商人。他们一般分为两类：一是一般经纪人，以自有资金参与外汇买卖并承担外汇买卖的损益，即自营商；二是跑街经纪人，即代其客户进行外汇买卖，只收取佣金，不承担任何风险。

5．中央银行及其他官方机构

许多国家的中央银行都有监管外汇市场的职能，当外汇市场上货币汇率剧烈波动时，它们通过买入或卖出外汇来干预外汇市场，以使汇率稳定在目标水平上。其他官方机构为了不同的经济目的，也会进入外汇市场进行交易。

造市者（market-maker）是外汇市场的领导者和组织者。那些资本雄厚、在世界各地银行有往来账户、拥有大量技术娴熟的外汇交易人员、配有先进设备的大银行往往能迅速创造和组织外汇行市，这类银行给出的报价最具竞争性，也最有影响力。作为造市者的外汇银行数目不多，目前全世界大约有 200 家。它们是世界外汇市场的核心，世界外汇市场汇率的变动通过它们对报价的调整来实现，它们的报价是其他规模较小的银行从事外汇交易的基础。

三、世界主要的外汇市场

目前，世界上主要的外汇市场有伦敦外汇市场、纽约外汇市场、苏黎世外汇市场、巴黎外汇市场、东京外汇市场、新加坡外汇市场和香港外汇市场等。这些国际金融中心的外汇市场之间紧密相连，形成了全球性的统一外汇市场。

1．伦敦外汇市场

伦敦外汇市场是世界上最早，也是目前为止最大的外汇市场。它由经营外汇业务的银行、外汇经纪人及其他金融机构组成，现约有 200 多家银行从事外汇业务。在伦敦市场上，大多数银行间的外汇买卖都是通过外汇经纪人达成的。今天他们已经成为伦敦外汇市场的主要角色，由他们组成的外汇经纪人协会支配了伦敦外汇市场。伦敦外汇市场的主要交易是现汇交易和远期交易，外汇标价采用间接标价法。

2．纽约外汇市场

纽约外汇市场是战后随着美国经济实力的增强，美元取代英镑成为关键货币而发展起来的，它是世界上最重要的外汇市场之一。由于美国对经营外汇业务没有限制，政府也不指定专门的外汇银行，所以几乎所有的美国银行和金融机构都可以经营外币买卖业务。在纽约外汇市场上，外汇交易分为三个层次，即银行和客户之间的交易、本国银行之间的交易以及本国银行与外国银行之间的交易，其中银行之间的交易有相当一部分是通过经纪人进行的。纽约外汇市场有 8 家经纪商。

纽约外汇市场中与进出口贸易相关的外汇交易量较少，因为在美国，对外贸易大多用美元来计价结算。当美国公司从国外进口商品时，支付的是美元，美元同外汇的兑换发生在出口国；而当美国公司出口时收到的是美元，美元同外币的兑换也是发生在外国。但是，不论美元的买卖发生在哪一国，最终都必须在美国的纽约商业银行的账户上收付和划拨。这是因为，第二次世界大战后，美元成为国际支付中使用最为广泛的货币，各国银行都持有美元并用于国际结算，因此它们大多数在美国开立账户。这样外国银行将买入的美元存入在美国银行的账户，出售美元等于将美元存款从其美国银行账户上划拨到买主的账上。

3．东京外汇市场

东京外汇市场是 20 世纪 60 年代发展起来的，限于日元在国际经济中的地位，东京外汇市场的规模远不如伦敦和纽约外汇市场。东京外汇市场在交易时间上与纽约市场没有交叉，与欧洲市场也只有在每个交易日的最后一两个小时有交叉。由于不能与其他外汇市场同时交易，东京外汇市场上的交易规模难以有大的扩展。在东京外汇市场上交易的外汇币种较为单一，绝大多数是美元的交易，其他货币交易较少。据统计，东京外汇市场 90%以上的外汇交易量是美元与日元之间的交易。此外，东京外汇市场受贸易收支的影响较大，使其外汇交易又有明显的季节性。

4．新加坡和中国香港外汇市场

新加坡外汇市场的历史较短，它是 20 世纪 70 年代随着亚洲美元的兴起而发展起来的新兴外汇市场。新加坡的时区、地理位置具有一定的优势，其外汇市场在上午可与东京、中国香港进行交易，下午又可以同中东、伦敦外汇市场进行交易。60 年代末以来，新加坡政府采取了一系列的金融国际化政策，从而促进了新加坡外汇市场的发展。新加坡外汇市场由经营外汇业务的本国银行、经批准可以经营外汇业务的外国银行和经纪人组成。

中国香港外汇市场是 20 世纪 70 年代以后发展起来的国际性外汇市场。同伦敦、纽约的外汇市场一样，中国香港外汇市场是无形市场，它没有固定的交易所和正式的组织，而是由从事外汇交易的银行、其他金融机构和外汇经纪人组成，通过电话、传真、计算机联网的通信工具联系起来的交易网络。从 1973 年开始，香港当局允许所有的金融机构经营外汇业务。但实际上，在外汇市场上只有 100 多家金融机构比较活跃。20 世纪 70 年代以前，香港外汇市场的业务以港币和英镑的兑换为主，以后随着香港市场的国际化，以及港币与英镑脱钩并与美元挂钩，美元逐步取代英镑和港币而成为市场上交易的主要外币。香港外汇市场上的交易主要分为两类，一类是港币兑换，其中以同美元兑换为主，因为香港的对外贸易多以美元结算；另一类是美元对其他外币的交易。

四、外汇交易及其形式

外汇交易指一个国家的银行为办理国际间货币收付、清算国际间债权债务而进行的外汇买卖活动。外汇交易是一项重要的国际金融业务，为适应国际经济交易的需要已经创造出多种交易形式。

1．即期外汇交易

即期外汇交易（spot exchange transaction）又称现金交易，是指买卖双方以当时外汇市场的价格成交，成交后在两个营业日内进行交割的外汇买卖。

2．远期外汇交易

远期外汇交易是指买卖双方在成交时就货币交易的种类、汇率、数量以及交割期限等达成协议，并以合约的形式将其固定下来，然后在规定的交割日由双方履行合约，结清有关货币金额的收付。远期外汇交易也称期汇交易。在远期外汇交易中买卖双方签订的合约称为远期合约。根据成交日与交割日之间的间隔，远期外汇交易一般有 1 月期、2 月期、3 月期、6 月期、1 年期等数种。使用最多的是 3 月期的远期外汇交易。

远期外汇交易一般有以下特点：（1）远期外汇交易是银行通过电话、电传等通信工具与其他银行、外汇经纪人和客户之间进行交易；（2）在远期外汇合约中，汇率、货币种类、交易金额、交割期限等内容因时因地而异，由买卖双方自行决定，无通用的标准和限制；（3）远期外汇交易主要在银行之间进行，个人和小公司参与买卖的机会较少；（4）远期外汇交易中的绝大多数交易不需要交纳保证金，款项的交付全凭信用，因此存在一定的风险。

远期外汇交易的主要作用是：（1）进行套期保值。指买进或卖出一笔价值相当于在国外的远期负债或资产的外汇，使这笔负债或资产免受汇率变动的影响，从而达到保值的目的。（2）调整银行的外汇头寸。进出口商进行远期外汇交易规避风险或转嫁风险的同时，就是银行承担风险的开始。为规避风险，银行需要对不同期限、不同货币头寸的余额进行抛补（买卖），以求得外汇头寸的平衡。(3) 进行外汇投机。指外汇市场的参与者单纯为赚取外汇买卖的差价所进行的交易。

远期外汇交易使用的是远期汇率。远期汇率的报价方法有两种：直接报价和间接报价。直接报价即直接标出远期外汇的买入价和卖出价，它适用于银行与客户之间的远期外汇买卖。间接标价是在即期汇率基础上用升、贴水表示，它适用于银行间的远期外汇买卖。远期合约一经签订就对买卖双方产生法律效力，到交割日必须履行合约。

3. 择期外汇交易

择期外汇交易（forward option transaction）是指买卖双方在订立合约时，事先确定了交易的价格、数量和期限，订约人可以在这一期限内的任何一个营业日，按照约定买进或卖出约定数量的外汇。择期外汇交易实际上是一种不固定交割日的远期外汇交易，交割日的灵活性是其突出的特点，因此特别适用于由进出口贸易引起的远期外汇买卖。因为在国际贸易中，往往不能事先确切地知道发货日或货物的抵达日期，也就不能肯定付款或收款的确切日期。

虽然择期交易使客户避免了汇率变动的风险，但却给外汇银行带来了不便，银行在择期内面临较大的外汇风险。因此，择期交易的报价原则是选择择期内最不利于客户的汇率作为择期交易的汇率。首先计算出择期内第一个营业日交割的远期汇率和最后一个营业日交割的远期汇率，然后根据客户的交易方向，从中选取对银行最为有利的报价。

例如，一英国出口商与美国进口商于 9 月 28 日签订进出口合同。英国出口商确定美国进口商在 10 月 28 日至 12 月 28 日之间的某一天支付货款，为此英国出口商在签订贸易合同的同时与银行签订一个向银行出售远期美元的择期合同。对交割日的择期定在第二个月和第三个月。如×年×月×日伦敦外汇市场上美元的行情如表 8-1 所示。

表 8-1　×年×月×日伦敦外汇市场美元行情

期　限	卖　出　价	买　入　价
即期汇率	USD1.688 3	USD1.669 3
1 月期	USD 1.668 1	USD 1.669 1
2 月期	USD 1.667 8	USD 1.668 9
3 月期	USD 1.667 6	USD 1.668 7

按照报价原则，银行会选择以 1 英镑=1.668 7 美元与客户成交，因为这是择定期限内银行买入美元的最低价。

4．掉期外汇交易

掉期外汇交易（swap transaction）是指外汇交易者在外汇市场上买进（卖出）某种外汇时，同时卖出（或买入）相等金额但期限不同的某一种外币的外汇交易活动。例如，以A货币兑换B货币，并约定未来某日再以B货币换回A货币。掉期交易的特点是：同时买进和卖出，且买进和卖出的货币相同、数量相等；买卖交易方向相反，且交割的日期不同。

掉期交易的作用在于：（1）防范汇率风险。掉期交易能起到使汇率固定的作用，而且能使银行轧平头寸，使保值者消除汇率变动带来的风险；（2）保证实现投资收益目标。跨国投资的收益受汇率变动因素的影响很大，通过掉期交易可以实现预期的投资目标；（3）调整银行资金的期限结构。银行在外汇收付期限不对称时，可通过掉期交易使外汇收付在时间上和数量上相一致。

5．外汇期货交易

外汇期货交易（foreign currency future transaction）是金融期货的一种，是在固定的交易场所进行外币期货合约买卖的一种外汇交易业务。根据规定的交易币种、成交单位、交割时间等标准化的原则买进或卖出远期外汇，然后在约定的时间、按约定的价格和数量进行交割或在交割前进行对冲的一种外汇交易。

外汇期货交易与远期外汇交易相比有其自己的特点：外汇期货交易的是一种标准化的期货合约，表现在交易币种、交易数量、交割时间都是标准化的；外汇期货价格与现货价格相关。二者变动的方向相同，变动幅度也大体一致，且随着期货交割日的临近，期货合同价格所代表的汇率与现汇市场上的该种汇率日益缩小，在交割日两种汇率重合；外汇期货交易实行保证金制度，即在期货市场上，买卖双方在开立账户进行交易时，都必须交纳一定数量的保证金，其目的是确保买卖双方能履行义务；外汇期货交易实行每日清算制度即当每个营业日结束时，要对每笔交易进行清算，盈利的一方可提取利润，亏损一方则需补足头寸。

外汇期货交易是20世纪70年代初实行浮动汇率制度的产物，目前已发展成为一种十分重要的外汇交易形式。它的主要功能表现在：

（1）套期保值。它的主要原理是利用期货市场和现货市场价格走势一致的规律，在期货市场和现汇市场上做币种相同、数量相等、方向相反的交易，不管汇率如何变动，利用期货市场上的盈与亏和现货市场上的亏与盈相补平，使总价值保持不变。外汇期货的套期保值分为卖出套期保值和买入套期保值两种。卖出套期保值，又称空头套期保值，即先在期货市场上卖出然后再买进；买入套期保值又称多头套期保值，即先在期货市场上买进而后卖出。

以卖出套期保值来举例说明。出口商和从事国际业务的银行预期在未来某一时间会得到一笔外汇，为避免外汇汇率下浮带来的损失，一般采取卖出套期保值。例如，3 月 10 日，美国某跨国公司预期三个月后将有一笔 250 万英镑的收入，即期汇率为 1 英镑=1.579 0/1.580 6 美元，远期三个月的汇率为 1 英镑=1.580 0/1.579 3 美元。假设三个月后即期汇率为 1 英镑=1.573 2/1.574 6 美元。该公司为规避该笔英镑资金的汇率风险，在期货市场上卖出 100 份 6 月到期的英镑期货合约，每份 25 000 英镑，汇率为 1 英镑= 1.580 0 美元，价值 3 950 000 美元。三个月后，按汇率 1 英镑=1.573 2 美元买进 100 份 6 月到期的英镑期货合约，价值 3 933 250 美元。盈亏为 3 950 000−3 933 250=16 750 美元。现货市场上盈亏为 2 500 000×（1.574 6−1.580 6）=−15 000 美元。经营利润为 16 750−15 000=1 750 美元。

（2）外汇投机。投机者（speculators）往往无具体的外汇需求，而是借汇率波动进行冒险性期货买卖以获取收益。因外汇期货交易实行保证金制，投机者可用较小资本做较大的外汇交易。国际金融市场上正是投机者的参与使保值者的愿望得以实现。期货市场的投机也分空头和多头两种。多头投机是指投机者预测外汇汇率上升，先买后卖，从中牟利。空头投机是预测外汇汇率下跌，现卖后买，从中牟利，也就是高卖低买。

（3）价格发现功能，指形成竞争性价格和世界性价格的过程。由于外汇期货市场的高透明性和流动性，使之成为更有效的价格发现制度。

6. 外汇期权交易

外汇期权（currency options）是指外汇期权合约的购买者可以在合约期满日或在此之前按规定的汇率买进或卖出预先约定数量的外汇，也可以放弃执行合约的权利。合约持有人称为买方，一般为企业；出售期权者称为卖方，一般为银行。外汇期权的交易实际上是买卖一种权利。需要指出的是，外汇期权交易市场按组织形式可分为有形市场（期权交易所）和无形市场（场外交易市场）。出于方便和与期货同是衍生金融工具的原因，本书将外汇期权纳入了外汇交易所交易，但并非意味着所有外汇期权交易都是在交易所进行。

交易所形式的外汇期权交易的交易制度与外汇期货交易非常相似，都实行公开叫价制、会员制、保证金制和清算制，而且所有交易都实行标准化。场外外汇期权交易比在交易所进行的期权交易更为灵活，因为银行可以根据客户的需要制定不同的价格、期限、合同金额和期权类型。此外，场外交易是一个昼夜集市，所以市场的流动性非常高。

外汇期权按不同标准有不同分类。按照形式期权的时间，分为美式期权和欧式期权。美式期权是指期权的买方可在期权到期日之前的任何一天，决定执行或不执行期权合约。欧式期权的买方只能在期权到期日当天才能决定是否执行合约。美式期权比欧式期权更灵活，费用也更高。按购买者的买卖方向，分为买进期权和卖出期权。买进期权又称看涨期权（call option），是指合约的购买者有权在合约期满或期满之前以约定汇率购进约定数量的外汇，也有权不购买。卖出期权又称看跌期权（put option），是指合约的购买者有权在合约期满或期满之前以约定汇率卖出约定数量的外汇，也有权不卖。

外汇期权交易的作用主要是对买方而言的，即通过购买外汇期权增加交易的灵活性，买方可以选择有利于自己的汇率进行外汇买卖，消除汇率波动带来的风险或谋求汇率波动带来的收益。

对有外汇收付需要的客户来说，当无法确定汇率未来走势时，可参与外汇期货交易。这样既可防止汇率不利变化带来的损失，又可利用汇率有利变动带来的收益。对于投机者而言，参加外汇期权交易是为了控制投机失败带来的损失。但却使投机者投机行为的规模越来越大，也使外汇交易的风险加大。

7. 套汇交易与套利交易

套汇交易与套利交易是外汇市场常见的两种交易行为，无论哪一种，都是采用前面所讲的即期交易、远期交易、掉期交易等形式，之所以将之单列，是因为这两种交易方法与手段有别于其他交易形式。

套汇交易（arbitrage transaction）是指利用同一时间、不同地点两种货币之间汇率的不一致，以低价买入、高价卖出该种货币来牟取利润的一种外汇交易。套汇有两种方式，即直接套汇和间接套汇。直接套汇（direct arbitrage）又叫两角套汇（two points arbitrage），指利用同一时间两个外汇市场间存在的汇率差进行套汇。间接套汇（indirect arbitrage）又叫三角套汇（triangular arbitrage）或多角套汇（multiple points arbitrage），是指利用同一时间至少三个外汇市场上三种或多种货币之间交叉汇率或套算汇率的不一致，在几个外汇市场上同时进行外汇买卖来牟取利润的套汇行为。

应当注意，套汇交易本身存在着成本，如获得信息的费用、经纪人佣金等，所以实际的套汇收益还应当从汇率差额中扣除套汇成本。由于套汇交易的存在使外汇市场重新回到均衡，所以套汇获利的机会并不会一直存在。随着现代通信技术和计算机网络的应用，世界各地外汇市场上汇率的差异缩小，而且存在的时间缩短，套汇的可能性缩小了。

套利交易（interest arbitrage）也称利息套汇，是指利用不同国家金融市场上的短期利率差异，将资金由低利率国家转向高利率国家以赚取利差收益的外汇交易。套利交易有两种主要形式：抵补套利（covered interest arbitrage）和非抵补套利（uncovered interest arbitrage）。抵补套利是指投资者为防范投资期间的汇率变动风险，在进行套利交易的同时进行掉期抛补。无论将来即期汇率发生什么变化，抵补套利都将保证未来的确定收益。

非抵补套利是指投资者将资金从低利率货币转向高利率货币以获取利差收益，但不同时进行反方向交易以轧平头寸。由于汇率变动风险是客观存在的，因此非抵补套利适用于汇率较稳定的情况。

应当注意，套利活动以有关国家对货币的兑换和资金的转移不加任何限制为前提；不同国家利率的不同是指同一种类金融工具的名义利率的高低不同；套利的结果是利率在世界范围内趋向一致。

第三节　汇率决定与汇率制度

两种货币所具有的价值或所代表的价值的对比关系，就是两种货币的比价即汇率。汇率的实质在于两种货币所具有或所代表的价值量的交换比率，所以汇率决定的基础就是单位货币所含的价值量。

一、不同货币制度下的汇率决定

世界货币制度大体经历了金本位、金汇兑本位和纸币本位制度。金本位制是指以黄金为基础的货币制度，黄金直接参与流通（金币本位制）或以黄金为基础的纸币代表黄金流通，黄金只在一定程度上参与清算和支付（金块本位制度）。金汇兑本位制属于广义的金本位制，在这种货币制度下，政府宣布单位纸币的代表金量并维护纸币黄金比价，纸币充当价值尺度、流通手段和支付手段，并可以与黄金按政府宣布的比价自由兑换。当纸币和黄金之间的固定比价无法维持时，金汇兑本位制就最终让位于纸币本位制度。由于统一的世界市场出现在金本位制时代，所以对不同货币制度下汇率决定的介绍就从金本位制开始。

1. 金币本位制度下的汇率决定

在金币本位制度下，各国都规定了货币的法定含金量，两种不同货币之间的兑换比率由它们各自含金量的比值决定。例如，在 1925—1931 年，1 英镑的含金量为 7.322 4 克，1 美元的含金量为 1.504 656 克，两者相比等于 4.866 5，即汇率 R=7.322 4/1.504 656=4.866 5\$/£。这种以两种货币的含金量之比得到的汇率被称为铸币平价（mint parity）。

在金本位制度下，汇率决定的基础是铸币平价。市场汇率则根据市场供求围绕铸币平价上下波动，但其波动的幅度受制于黄金输送点（gold points）。第一次世界大战前，在纽约与伦敦之间运送价值 1 英镑的黄金的费用是 0.03 美元，黄金输送点即为铸币平价±0.03 美元。在金本位制下，黄金可以自由输出输入，因此各国间的债权债务通过两种方式进行清算：一是非现金结算，即采用汇票等手段；二是现金结算，即直接运送黄金。如果汇率的涨落超过黄金输送点，人们就都不愿购买外汇，而只需运送黄金进行清算。

对美国而言，黄金输出点（gold export point）为 *R*=4.896 5$/£。因为如果 1 英镑上涨到 4.896 5 美元以上，想获得英镑的人，随时可以在纽约买到价值 4.866 5 美元的黄金，花 0.03 美元把它运到伦敦，再兑换成 1 英镑（实际支出 4.896 5 美元）。黄金的外流会推动汇率向法定平价回落。黄金输入点（gold import point）为 *R*=4.836 5$/£。因为如果 1 英镑下跌到 4.836 5 美元以下，想获得美元的人，随时可以在伦敦买到价值 1 英镑的黄金，花 0.03 美元把它运回纽约，再兑换成 4.866 5 美元（实际得到 4.836 5 美元）。黄金的流入会推动汇率向法定平价回升。由此可见，金本位制下汇率决定的基础是铸币平价，汇率波动的界限是黄金输送点。在这种汇率制度下，只要各国不改变本国货币的法定含金量，各国货币之间的汇率就会长期稳定。

2．金块本位和金汇兑本位制度下汇率的决定

在金块本位制度下，黄金已经很少直接充当流通手段，金块的绝大部分由政府所掌握，其自由输入输出受到了影响。同样，在金汇兑本位制度下，黄金储备集中在政府手中，日常生活中黄金不再具有流通手段的职能，输出、输入受到了极大限制。在这两种货币制度下，货币汇率由纸币所代表的金量的比值决定，称为法定平价。实际汇率则因供求关系而围绕法定平价上下波动。这时，汇率波动的幅度不再受制于黄金输送点。政府通过设立外汇平准基金来维护汇率的稳定，当汇率上升时出售外汇，汇率下降时买进外汇，以此使汇率的波动局限在允许的幅度内。与金币本位制度时相比，此时汇率的稳定程度已经降低了。

3．纸币本位制度下汇率的决定

在与黄金脱钩的纸币本位制度下，纸币不再代表或代替金币流通，相应地，金平价（铸币平价和法定平价）也不再成为决定汇率的基础。按照马克思的货币理论，纸币本身没有价值，而只是价值的一种代表，在纸币本位制度下，两国纸币之间的汇率便可用两国纸币各自所代表的价值量之比来确定。因此，纸币所代表的价值量是决定汇率的基础。

二、影响汇率的主要因素

汇率变动受许多因素的影响，既包括经济因素，又包括政治因素和心理因素等，而各个因素之间又相互联系和相互制约。随着世界政治经济形势的发展，各个因素对不同国家、在不同时间所起的作用也不同。

1. 实际经济因素

（1）经济增长。实际经济增长率对一国货币汇率的影响比较复杂：一方面，实际经济的增长反映了一国国民收入的增加，则该国货币币值有可能上升，相应地汇率有可能下降（直接标价法）；另一方面，经济增长使国内收入水平提高，又会增加一国的进口。如果出口保持不变，则该国经常收支项目的盈余减少甚至出现逆差，这样，该国货币币值又存在下降的压力。经济增长对一国汇率影响的净结果取决于上述两个方面影响的对比。

（2）国际收支。国际收支状况对一国汇率有长期的影响，尤其是经常收支项目。如果一国国际收支存在顺差，则外国对该国货币的需求会相对增加，于是该国货币汇率将下降即其币值上升；反之，如果一国国际收支存在逆差，该国货币汇率将上升即其币值下降。在固定汇率制下，国际收支是决定汇率变动的非常重要的因素。在浮动汇率下，一些名义经济因素如利率和通货膨胀率变得更加重要了。

（3）资本流动。资本流动对汇率的影响通过两个渠道：一是改变外汇的相对供求状况，二是改变人们对汇率的预期。例如，一国发生大量资本外流，从前者来看，意味着外汇市场上外币的供应量相对减少，外币币值会相对于本币上升，于是该国货币贬值即汇率上升。从后者来看，市场预期该国货币会贬值，于是就抛售该国货币购入外币，结果汇率立即上升，使得初始的预期变为现实，即所谓“自我实现”的预期（self-realized expectation）。

（4）外汇储备。在固定汇率制下，一国货币当局所持有的外汇储备表明其干预外汇市场和维护汇价的能力，它在短期内对于稳定汇率有一定的作用。

2. 名义经济因素

（1）通货膨胀率。一国货币价值的总水平通过影响一国商品和劳务在世界市场上的竞争力从而影响汇率的变动。由于存在通货膨胀，商品出口会减少而进口会增加。这些变化将对外汇市场上的供求关系发生影响，从而导致汇率的变动。同时，一国货币对内价值的下降不可避免地影响其对外价值，使该国货币在外汇市场上的币值下降。但一国货币的内部贬值转化为外部贬值要有一个过程。从长期看，汇率终将根据货币的实际购买力而自行调整到合理的水平。

（2）利率。利率对于汇率的影响比较复杂。在短期内，由于价格的粘性，一国货币供给量下降时出现对实际货币的超额需求，信用紧缩，利率上升，将导致该国货币升值；反之，一国货币供给量上升时将导致货币的贬值。从长期看，由于价格的灵活性，一国货币供给量的持续增长使人们预期未来将有更高的通货膨胀率和货币贬值速度，这种预期使得利率上升，出现对实际货币的超额供给，最终导致该国货币贬值；反之，一国货币供给量的持续降低将导致该国利率下降和货币的升值。

（3）货币供应量。货币供应量对汇率的影响主要是通过利率、通货膨胀和实际经济的增长进行的。货币供应量的增加意味着银根放松，利率下降，物价可能上升，经济会随之扩张。利率下降和物价上升会促使一国货币贬值，即汇率上升。但经济扩张会增强市场对该国货币的信心，使其币值上升。货币供应量对一国货币汇率的影响取决于该国的经济结构、商品市场和外汇市场的调整速度等。根据许多经济学家的实证研究，在短期内，由于价格的粘性，货币供应量的突然增加会使一国货币币值迅速下降，而在长期内，由于价格水平与货币供给同比例上升，汇率最终会逐渐回复到均衡水平。

3．心理因素

心理因素主要是指预期心理。预期被引入汇率研究领域是在 20 世纪 70 年代初期。预期对汇率的影响很大，其影响程度有时远远超过其他经济因素。预期有稳定（stabilizing）和非稳定（destabilizing）之分。稳定的预期是指交易者预期一种货币币值下降时会购进这种货币，从而缓和该种货币币值的下降程度；反之则抛出货币，从而降低该种货币币值的上升程度。显然，按这种预期心理进行的外汇买卖行为有助于汇率的稳定。非稳定的预期与稳定的预期正好相反，按这种预期心理行事的交易者会在币值低时进一步抛出，在币值高时进一步购进，从而加剧汇率的不稳定。影响人们预期心理的主要因素有信息、新闻和传闻。

4．其他因素

其他因素主要是指中央银行的干预、其他金融工具（如股票、债券、外币期货等）价格变动等。典型的中央银行干预行动是 1985 年 9 月 22 日，西方五国财长和中央银行（联储）行长达成联合干预美元汇率的协定。会后，各国中央银行一起向外汇市场抛售美元，致使美元汇率暴跌。一国股票价格的上升通常会带动该国货币升值，因为股价上升表示该国经济前景看好。外币期货价格的变化也是影响汇率的要素之一，当期货价格下跌时，其现汇价格也会下跌，反之则会上升。

三、主要的汇率制度

汇率制度是指各国规定确定汇率的依据、汇率波动的界限、维持汇率所采取的措施和汇率如何调整的制度安排。按照汇率变动的方式，可以把汇率制度分成两大基本类型，一类是固定汇率制度，一类是浮动汇率制度。在现实中，还存在着介于两种汇率制度之间、兼有两者特点的中间汇率制度。

1. 固定汇率制度

固定汇率制度（fixed exchange rate system）是一种将本国货币与外国货币之间的兑换比率稳定在一定的水平上，并保持较小波动幅度的汇率制度。它又包括三种类型，即长期不变的固定汇率制度、可调整的固定汇率制度和盯住汇率制度。

长期不变的汇率制度是指货币之间的兑换率保持长期固定，一般不调整相互兑换率的制度。在以黄金作为各国货币的价值尺度、流通手段和支付手段的金本位制度下，汇率制度即为长期固定的汇率制度。在金本位制度下，每一种货币都规定其单位货币的法定含金量；各种货币之间的汇率是它们各自含金量的相互折算；市场上各国货币之间汇率的变动，以黄金在各国之间运送的费用（即黄金输送点）为波动的界限。在金本位制度下，汇率的波动是自动的而不是人为调整的。由于黄金可以在各国间自由地运出和运进，因此办理国际间结算的方式就有两种：当汇率对自己有利时，使用外汇汇票来结算；当汇率的波动幅度大于黄金输送的成本时，采用直接运送黄金的方法。由于黄金输送的费用与所输送的黄金价值相比很小，所以市场汇率的波动就比较小。

固定汇率的另一种形式是可调整的固定汇率制度，也称可调整的盯住汇率制（adjustable peg system）。它是第二次世界大战以后，以美国为首的各国在国际货币基金组织（1944 年成立）的基础上，为了规范国际金融秩序而建立起来的。根据这一制度，各国规定货币的含金量，美元与黄金直接挂钩，各国货币直接与美元挂钩，间接与黄金挂钩。为此各国承认美国 1934 年 1 月规定的 35 美元等于 1 盎司黄金的黄金官价。各国根据本国货币与美元的含金量确定它们与美元的汇率（特殊情况下不规定含金量，只确定与美元的汇率）。美国承担各国政府或中央银行随时以美元按黄金官价向美国兑换黄金的义务。各国货币对美元的汇价一般只能在法定汇价的上下 1%的范围内波动。各国政府有义务对外汇市场进行干预，以保证汇率的波动幅度不超过这一范围。当出现各国无力干预并难以维持法定汇率时，在货币基金组织的认可下，可以改变或调整其货币与美元的法定平价，其调整的幅度一般不超过 10%。一旦确定了新的平价，各国仍然要履行维持固定汇率的义务。相对于金本位制下的完全固定汇率而言，这种可调整的固定汇率制度具有一定的灵活性。

盯住汇率制（pegging system）。它是指一国货币的汇率随着一种或一组货币汇率的变动而上下波动。当所盯住的货币汇率上升时，该国货币的汇率随之上升；反之则随之下降。盯住汇率是当今一些发展中国家实行的独具特色的汇率制度。根据国际货币基金组织 1997 年 3 月的统计，盯住美元的发展中国家有 21 个，盯住法国法郎的国家有 14 个，盯住一种其他货币的国家有 9 个，盯住基金组织计账单位“特别提款权”（SDR）的国家有 2 个，盯住其他一组货币的国家有 20 个。然而，1997 年夏季亚洲金融危机的爆发，引起了人们对这一货币制度有效性的怀疑。

2. 浮动汇率制度

浮动汇率制度（floating exchange rate system）是指政府对汇率的确定和变动不加干预，任其在外汇市场上根据其供求状况自行涨落的汇率制度。1973 年以后，各国相继采取了浮动汇率制度。但是在汇率“自由浮动”的程度上有所不同。在现实中，浮动汇率制度又有各种不同的类型：

完全自由浮动的汇率制（free floating）。又称“清洁浮动”（clean floating），是指政府不采取任何干预汇率的政策措施，完全听任外汇市场的供求状况决定本国货币与外国货币之间的汇率或比价，这是最为典型的浮动汇率制度。

有管理的浮动汇率制（managed floating）。又称“肮脏浮动”（dirty floating），是指政府采取一定程度的干预措施，使汇率朝着有利于本国经济发展的方向浮动。为此，货币管理当局经常采取的措施是在外汇市场上参与外汇买卖，以保持汇率稳定，通过调整银行利率和外汇管制来控制本国外汇市场的供求。截止到 1997 年 3 月 31 日，采取有管理的浮动汇率制的国家有 48 个，中国采取的汇率制度即有管理的浮动汇率。

单独浮动汇率制（independent floating），又称独立浮动汇率制，是指本国货币不与任何外国货币发生固定联系，其汇率完全根据外汇市场的供求状况单独浮动的汇率制度。截止到 1997 年 3 月 31 日，采取单独浮动汇率制的国家有 51 个。美国、英国、日本、加拿大、澳大利亚等国实行的汇率制度即单独浮动的汇率制度。

联合浮动汇率制（joint floating），又称共同浮动汇率制。它是指几个国家出于发展相互经济关系的需要而达成协议，建立稳定的货币区，参加这个稳定货币区的成员国之间实行固定汇率，允许它在规定的范围内浮动，超过这个范围各国中央银行有义务进行干预，而对货币区以外国家的货币则实行联合自由浮动。实行这种汇率的地区主要是欧洲货币体系的成员国。

3. 其他汇率制度

爬行盯住制（crawling peg system）。是指一国确定其货币的一个平价值，并允许围绕这一平价小幅波动（±1%的波动），但货币当局要定期地对平价值进行连续的调整。这种汇率制度有两个基本特征：（1）实行这种制度的国家负有维持某种平价的义务，因此它属于固定汇率制一类；（2）这一平价可以进行连续地、小幅度地调整，这又区别于一般可调整的盯住汇率制。由于爬行盯住汇率制的特点，使得它可以避免一次性大幅度调整汇率时对经济造成的巨大冲击，同时可以阻止不稳定投机行为的影响。

汇率目标区制（exchange rate target-zone）。是指将汇率的浮动限制在一定区域内（例如平价值±10%）的汇率制度。汇率目标区制与管理浮动汇率制相比，主要有两点区别：（1）货币当局在一定时期内对汇率波动制定出比较确定的区间限制；（2）在目标区中，货币当局更加关注汇率变动，必要时通过货币政策等措施将汇率变动尽可能地限制在区域内。它与可调整盯住汇率制的主要区别在于，在目标区制度下，政府对于将汇率维持在目标区内并没有严格的承诺；同时汇率变动的范围要更大。根据目标区区域的幅度、目标区调整的频率、目标区的公开程度以及对目标区汇率进行维持的承诺，汇率目标区制又分为严格的目标区和宽松的目标区两类。

货币局制（currency board）。所谓货币局制是指在法律中明确规定本币与某一外国可兑换货币保持固定的交换比率，并且对本币的发行作特殊限制以保证履行这一法定义务的汇率制度。货币局制通常要求货币发行必须以一定的该外国货币作为准备金，并在货币流通中始终满足这一要求。货币局制是一种特殊的固定汇率制，它与一般的固定汇率制的区别在于：（1）它对汇率水平作了严格的法律规定，任何改变汇率水平的做法必将损害货币局制的信用；（2）它对储备货币的创造来源也做了严格的法律限制，货币局只有拥有外国货币作为后备时才可以发行货币。实行货币局制的国家一般都是将外部均衡目标放在首要地位的小型开放经济。

第四节 主要的汇率决定理论

一、购买力平价理论

购买力平价（purchasing power parity，PPP）理论是一种历史非常悠久的汇率决定理论。早在 19 世纪，英国经济学家的著作中就提到了购买力平价理论的一些基本观点，其中包括比较优势理论的创始人大卫·李嘉图。1922 年，瑞典经济学家古斯塔夫·卡塞尔（Gustav Cassel）在前人研究的基础上对购买力平价理论作了系统的阐述。尽管对购买力平价理论的普遍正确性还存在着种种质疑，但是它的确揭示了影响汇率运动的最重要的因素。

古斯塔夫·卡塞尔

购买力平价理论认为，货币的价值是由单位货币对国内商品或服务的实际购买力所决定的，因此不同货币之间的兑换比率即汇率取决于它们各自具有的购买力的对比。由于货币购买力的倒数即为价格水平，所以通常用两国的价格水平之比来衡量两国货币的汇率。

购买力平价有两种主要形式：一种是从静态角度考察的绝对购买力平价，另一种是从动态角度考察的相对购买力平价。

1. 一价定律

首先分析某一商品在一国内部不同地区的价格之间的关系。这里有两个假设前提：（1）假设处于不同地区的该商品是同质的，即商品不存在任何质量、规格等方面的差异；（2）该商品的价格能够根据供求灵活地进行调整，即价格具有弹性。

从国际贸易的角度，一国的商品可以分为两类：可贸易商品和非贸易商品。可贸易商品（tradable goods）是指能够自由地进入国际市场进行交易，因而可以通过国际套购活动消除区域间价格差异的商品；非贸易商品（non-tradable goods）是指由于自身性质或人为的贸易壁垒，很难进入国际市场，只能在国内市场进行交易，因而无法通过国际套购活动消除区域间价格差异的商品，主要包括那些体积大、价值低、运费高的商品，以及不动产和劳务等。

对于可贸易商品而言，国际套购活动使其在地区间的价格差异趋于收敛，假设交易成本为零，则每一种可贸易商品在世界各地的价格都是一致的，即所谓的“一价定律”（one price rule）。

如果不考虑成本等因素，则在不同国家以同一种货币表示的某种可贸易商品 i 的价格应当是一致的。如以 e 表示直接标价法下的汇率，P_i 为本国价格，P_i^* 为外国价格，即有：

$$P_i = e \cdot P_i^*$$

上式即为开放经济下的一价定律。由于各国采用不同的货币单位，所以同种商品以不同货币表示的价格只有经过汇率折算后，才能保持相等。如果某种商品本国与外国的价格之间存在着差距，例如 $P_i > e \cdot P_i^*$，在这种情况下，就会出现国际间的商品套购（commodity arbitrage）活动。假设交易成本为零，套购商就会在外国大量购买这种商品，然后运回本国销售，以获得套购的差价。这种商品套购活动会改变两地的供求关系，使得外国市场上该商品的需求大于供给，从而价格上涨；而本国市场上的供给大于需求，从而价格下降，直至两地之间的价格差异消失。

在开放经济条件下，可贸易商品在不同国家的价格之间的联系与一国内部的情况有所区别。产生这种差别的首要原因是两国使用的货币不同，需要用同一种货币进行价格比较；其次，如果国家间存在着套购的可能，在套购活动的同时需要进行货币的买卖，由国家间的套购活动产生了外汇市场上相应的交易活动；最后，国家间的套购活动比一国内部的套购更困难，因为套利者面临许多障碍，如关税和非关税壁垒等，因此国际套购的交易成本比国内套购更为高昂。

2．绝对购买力平价

绝对购买力平价（absolute purchasing-power parity）的假定前提是：（1）一价定律对于任何一种可贸易商品都成立；（2）各种可贸易商品在各国物价指数的编制中占有相等的权重。这样，两国可贸易商品的物价水平间的关系为：

$$\sum_{i=0}^{n}\alpha_i P_i = e\cdot\sum_{i=0}^{n}\alpha_i P_i^*$$

式中，α 表示权数。如果将本国和外国用一国典型的商品篮子所计算出的物价指数分别用 P 、P^* 表示，则有：

$$P = e\cdot P^*$$

上式的含义是：不同国家的可贸易商品的价格以同一种货币计量时是相等的。将上式变形，即：

$$e = \frac{P}{P^*}$$

这就是绝对购买力平价的一般形式。该式的含义是两国货币之间的汇率取决于两国可贸易商品的价格水平之比，即取决于不同货币对可贸易商品的购买力之比。

以“一价定律”为基础的绝对购买力平价受到非常严格的条件限制，其中主要有：（1）商品必须具有同质性和充分的可贸易性；（2）商品价格能够根据供求灵活地调整；（3）无关税和其他贸易限制，运输成本为零；（4）两国价格指数的权重相同。因此，在放松对绝对购买力平价的有关假设后，提出了更接近于现实的相对购买力平价。

3．相对购买力平价

相对购买力平价（relative purchasing-power parity）也称弱购买力平价，它是在放松绝对购买力平价的有关假定后得到的。该理论认为一价定律并不一定始终成立，而且各国对一般物价水平的计算方法各异，所以各国的一般物价水平以同一种货币计算时并不一定相等，而是存在着一定的偏离。因此，在一定时期内，汇率的变动率等于同一时期内两国物价水平变动率之比。用下标 1 表示比较期，下标 0 表示基期，相对购买力平价的公式可以表示为：

$$\frac{e_1}{e_0} = \frac{P_1/P_0}{P_1^*/P_0^*} \quad 或 \quad e_1 = \frac{P_1/P_0}{P_1^*/P_0^*}\cdot e_0$$

相对购买力平价的另一种表达形式是，在一定时期内，两国货币汇率变化的百分比将等于同一时期内两国国内价格水平变化的百分比之差。用 Δe 表示汇率变化的百分比，

ΔP 表示本国国内价格水平变化的百分比，ΔP^* 表示外国国内价格水平变化的百分比，则上述变量间的关系可以表示为：

$$\Delta e = \Delta P - \Delta P^*$$

由于通常用通货膨胀率表示价格水平变化的百分比，所以两国货币汇率变化的百分比又等于两国通货膨胀率之差，即：

$$\Delta e = \pi - \pi^*$$

如果本国物价的上涨幅度超过了外国物价的上涨幅度，则本国货币必须贬值，表现为汇率上升（直接标价法），汇率的上升抵消了本国通胀率超过外国的部分，从而使两种货币各自相对的国内购买力和国外购买力保持不变。相反的情况下则意味着本国货币升值，表现为汇率下降。

与绝对购买力平价相比，相对购买力平价从理论上避开了一价定律的严格假定，考察了价格水平变动与汇率水平变动之间的关系，所以该理论更具有实践意义。如果绝对购买力平价有效，则相对购买力平价也有效；但是当相对购买力平价有效时，绝对购买力平价却不一定有效。例如，当运输成本、关税及其他贸易限制政策存在时，会导致绝对购买力平价失效。相对购买力平价理论也存在一些问题。在发达国家，由于劳动力成本较高，其非贸易商品和服务的价格普遍高于发展中国家，所以相对购买力平价理论容易高估发达国家的汇率而低估发展中国家的汇率，而且发展水平差异越大，这一扭曲程度就越大。

购买力平价理论从货币的基本职能入手研究汇率决定问题，既符合逻辑又容易为人理解，其直观的表达方式也使人一目了然，因此它在所有汇率决定理论中始终居于重要的地位。但是，该理论也存在着局限性，那就是在理论上还不能回答这样一个问题：在汇率与价格水平的关系中，是否总是价格是自变量而汇率是因变量？现实中也存在着许多由汇率变化导致价格水平变化的例子，很难说清楚究竟是价格决定汇率还是汇率决定价格。显然，购买力平价理论还无法给出一个满意的回答。因此，购买力平价理论仅仅是对汇率决定理论研究的开始。

二、利率平价理论

在开放经济条件下，国与国之间不仅存在着密切的贸易联系，也存在着复杂的金融联系，往往是一国金融市场与外国的金融市场之间的联系更为紧密。这种紧密的金融联系使得汇率与利率之间也存在联动关系。从金融市场角度分析汇率与利率所存在的关系，就是汇率的利率平价理论（theory of interest-rate parity）。该理论的基本思想起源于

19 世纪下半叶，在 20 世纪 20 年代由约翰·梅纳德·凯恩斯（John Maynard Keynes）等人予以完善。它包括抵补的利率平价（covered interest-rate parity）和非抵补的利率平价（uncovered interest-parity）两种。

约翰·梅纳德·凯恩斯

1．抵补的利率平价

假设世界上只有两个国家：本国和外国。资金在国际间流动不存在任何交易成本，投资者在国际间进出也不存在任何壁垒。本国的一个投资者持有一笔闲置资金，决定其资金投向的惟一因素是在哪个国家投资可以获得更高的收益率。那么，该投资者该如何选择呢？

设本国金融市场上一年期存款利率为 i，外国金融市场上的利率为 i^*，即期汇率为 e（直接标价法）。

如果投资于本国金融市场，则每单位本国货币到期时的本息为：

$$1+(1\times i)=1+i$$

如果投资于外国金融市场，则首先将本国货币在外汇市场上兑换成外国货币；然后用这笔外国货币在外国金融市场上进行为期一年的存款；最后，将到期的外国货币资金本息在外汇市场上兑换成本国货币。

当前，每 1 单位本国货币可在外汇市场上兑换 $1/e$ 单位的外国货币。将这 $1/e$ 单位的外国货币投资于一年期存款，一年后存款到期时本息为：

$$\frac{1}{e}+\frac{1}{e}\times i^*=\frac{1}{e}(1+i^*)$$

假定当时的即期汇率为 e_f，则这笔外国货币可兑换的本国货币为：

$$\frac{1}{e}(1+i^*)\times e_f=\frac{e_f}{e}(1+i^*)$$

由于一年后的即期汇率 e_f 是不确定的，因此这笔投资的最终收益难以确定，或者说存在着很大的汇率风险。为规避汇率变动的风险，投资者可以在即期购买一年后交割的远期合约，并在事前商定该合约上的远期汇率为 f。这样，该笔投资就不存在任何的汇率风险，一年后的收益为 $\frac{f}{e}(1+i^*)$。

投资者面临在本国还是在外国投资的选择，取决于两种投资方式收益率的高低。若 $1+i>\frac{f}{e}(1+i^*)$，则投资于本国金融市场；若 $1+i<\frac{f}{e}(1+i^*)$，则投资于外国金融市场；

若$1+i=\frac{f}{e}(1+i^*)$，则投资于本国或外国都可以。

但市场上其他的投资者也面临着同样的抉择。如果$1+i<\frac{f}{e}(1+i^*)$，在这种情况下，众多投资者都会将资金投入外国金融市场，这会导致外汇市场上即期卖出及远期购入本国货币的抵补套利活动，从而使本国货币即期贬值（e值增大），但远期升值（f值减小）；反之，如果$1+i>\frac{f}{e}(1+i^*)$，资金就会从外国流入本国，这会导致外汇市场上即期购入及远期卖出本国货币的抵补套利活动，从而使本国货币即期升值（e值减小），但远期贬值（f值增大）。只有当两种投资方式的收益率相同时，外汇市场才处于均衡状态。

$$1+i=\frac{f}{e}(1+i^*)$$

整理得：

$$\frac{f}{e}=\frac{1+i}{1+i^*}$$

设即期汇率与远期汇率之间的升（贴）水率为ρ，则：

$$\rho=\frac{f-e}{e}=\frac{1+i-(1+i^*)}{1+i^*}=\frac{i-i^*}{1+i^*}$$

即：

$$\rho+\rho\cdot i^*=i-i^*$$

由于$\rho\cdot i^*$的数值极小，可以忽略不计，因此：

$$\rho=i-i^*$$

上式即为抵补的利率平价的一般形式，它的经济含义是汇率的远期升、贴水率等于两国货币利率之差。若本国利率高于外国利率，则本币远期贬值；若本国利率低于外国利率，则本币远期升值。也就是说，汇率的变动会抵消两国间存在的利率差异，从而使金融市场处于均衡状态。

抵补的利率平价具有很高的实践价值。事实上，抵补的利率平价公式被作为指导公式广泛用于外汇交易中，许多大银行就是根据各国间的利率差异来确定远期汇率的升贴水额。除非外汇市场出现剧烈波动，一般来说，抵补的利率平价基本上能够较好地成立。当然，由于外汇交易成本以及风险因素的存在，抵补的利率平价与实际汇率之间也存在着一定的偏差。

2．非抵补的利率平价

在上面的分析中，投资者是通过远期交易来规避风险。实际上，投资者还有另外一种选择，即不进行抵补活动，而是根据自己对汇率未来变动的预测，在承担一定汇率风险的情况下进行投资。

投资者对风险持有三种不同的态度：风险厌恶、风险中立和风险偏好。风险厌恶者通常要求风险大的资产提供更高的利率作为风险补偿；风险中立者则对提供相同利率而风险不同的资产不加区别；风险偏好者则在利率相同的情况下偏好风险更大的资产。以下假定投资者风险中立[①]。

在不进行抵补活动时，投资者通过对未来汇率的预测来计算其投资活动的收益。假设投资者预期一年后的即期汇率为 Ee_f，那么在外国金融市场投资的本息和为 $\frac{Ee_f}{e}(1+i^*)$，如果与在本国金融市场投资的收益存在差异，那么投资者会通过套利行为使两者一致。这样，当市场出现均衡状态时，有：

$$1+i=\frac{Ee_f}{e}(1+i^*)$$

同理可得：

$$E\rho=i-i^*$$

上式为非抵补的利率平价的一般形式，式中，$E\rho$ 为预期的汇率远期变动率。该式的经济含义为：预期的汇率远期变动率等于两国货币利率之差。非抵补的利率平价成立时，如果本国的利率高于外国利率，意味着市场预期本币在远期将会贬值；反之，则预期本币在远期将会升值。

由于预期的汇率变动率是一个心理变量，难以得到可信的数据进行分析，而且实际意义也不大，利用非抵补的利率平价的一般形式进行实证检验并不多见。对非抵补的利率平价的实证研究一般与对远期外汇市场的分析相联系。

当 Ee_f 与 f 存在差异时，投机者会认为有利可图，就会通过在远期外汇市场的交易使两者相等，此时抵补的利率平价和非抵补的利率平价同时成立，即：

$$f=Ee_f,\quad \rho=E\rho=i-i^*$$

利率平价理论将研究汇率决定问题的视角从商品市场（主要变量为物价）转移到金融市场，明确指出汇率与利率之间存在着联动关系，说明了外汇市场上即期汇率与远期汇率变动的规律，对于预测远期汇率走势、调整汇率政策有着深远的意义。此外，这一理论使人们开始注意到在汇率问题研究上一直被忽略的金融市场对汇率的影响，对于汇率问题研究方向的改进起到了重要的推动作用。当然，利率平价理论还存在着重大缺陷：第一，该理论的苛刻假设要求必须有一个完美市场的存在，而这在实际上是不可能的；

[①] 如果假定投资者是风险厌恶者，则意味着在存在风险的情况下要求更高的收益，将使分析更为复杂，这里采用了简化的形式。

第二，与购买力平价理论一样，它也没有说明利率与汇率之间的因果关系。

三、国际收支理论

一国国际收支状况决定了外汇市场上的外汇供给与需求，而外汇供求必然对外汇的价格即汇率产生直接的影响，因此一国国际收支与该国汇率间存在着密切的联系。国际收支理论是从国际收支角度分析汇率决定的一种理论。1861 年，英国学者葛逊（G. L. Goschen）较为完整地阐述了汇率与国际收支的关系，他的理论被称为国际借贷理论（theory of international indebtedness）。在各国实行浮动汇率制以后，一些经济学家将凯恩斯主义关于国际收支的分析应用于对外汇供求的分析，从而形成了国际收支理论的现代形式。以下介绍国际收支理论的基本原理。

国际收支由经常账户（CA）、资本与金融账户（K）组成，国际收支均衡的条件是经常账户和资本与金融账户差额之和为零，即：

$$BP = CA + K = 0$$

如果汇率完全自由浮动，并且将经常账户简单视为贸易账户，则它主要由商品和劳务的进出口决定。其中，进口主要由本国国民收入（Y）和实际汇率（$e_r = e \cdot \frac{P^*}{P}$）决定；出口主要由外国国民收入（$Y^*$）和实际汇率决定，由此得到：

$$CA = CA(Y, Y^*, P, P^*, e)$$

资本与金融账户由本国利率（i）、外国利率（i^*）以及人们对未来汇率变动的预期（$\frac{Ee_f - e}{e}$）决定，由此得到：

$$K = K(i, i^*, \frac{Ee_f - e}{e})$$

将以上两式合并，得到：

$$BP = BP(Y, Y^*, P, P^* i, i^*, e, Ee_f) = 0$$

如果将除汇率以外的变量视为外生变量，则汇率将在这些变量的共同影响下发生变动。当一国的国际收支处于均衡状态，即 BP=0 时所决定的汇率水平就是均衡汇率。因此，均衡汇率可以表示为：

$$e = f(Y, Y^*, P, P^* i, i^*, Ee_f)$$

上式表明，影响汇率的因素有本国和外国的国民收入、本国和外国的价格水平、本国和外国的利率水平以及对未来汇率的预期。国际收支理论采用比较静态的分析方法。考察了以上因素变动对汇率的影响：

（1）当其他变量不变时（下同），本国国民收入的增加将带来进口的上升，这导致对外汇的需求增加，国际收支出现逆差，从而引起本币贬值；外国的国民收入的增加将带来本国出口的上升，这导致对外汇的供给增加，国际收支出现顺差，从而使本币升值。

（2）本国价格水平的上升将引起实际汇率升值[①]，这意味着提高了本国商品相对于外国商品的价格，导致本国出口下降，进口增加，国际收支出现逆差，从而使本币贬值；外国价格水平的上升意味着实际汇率贬值，降低了本国商品相对于外国商品的价格，导致本国出口上升，进口减少，国际收支出现顺差，从而使本币升值。

（3）本国利率的提高将吸引大量的资本流入，从而产生国际收支顺差，促使本币升值；外国利率的提高将导致大量资金流出，从而产生国际收支逆差，使得本币贬值。

（4）如果人们预期本币在未来将会贬值，就会在外汇市场上抛售本币，购入外币，由此会导致本币在即期就贬值；反之，如果人们预期本币在未来将会升值，则外汇市场上相反的操作会使本币在即期就升值。

汇率决定的国际收支理论是凯恩斯国际收支理论在浮动汇率制下的变形，在 20 世纪 70 年代早期占据了突出地位。该理论运用供求分析方法将影响国际收支的各种因素纳入对汇率水平的分析，对于分析短期内汇率的变化方向具有重要的指导意义。但是，国际收支理论只是指出了汇率与其他变量之间存在着的联系，而没有深入分析各变量之间的关系，也没有提出明确的因果关系的结论。另外，国际收支理论的分析基础是一国的国际收支状况，而一国的国际收支是一种流量，所以国际收支理论是关于汇率决定的流量理论，主要体现在它认为国际收支引起的外汇供求流量决定了汇率水平及其变动。但外汇市场上汇率的变动比普通商品市场上价格的变动更为频繁和剧烈，可见，简单地运用普通商品市场上的价格与供求之间的关系对外汇市场进行分析是不够的。

四、其他汇率决定理论

资产市场理论从 20 世纪 70 年代末以来取代了汇率的流量分析，成为汇率理论的主流。20 世纪 70 年代以来，国际资金流动规模极为巨大，外汇市场上 90%以上的交易量与

---

① 实际汇率 e_r 表示 1 单位外国商品等于 e_r 单位的本国商品。当实际汇率 e_r 下降的时候，同本国产品相比较，外国产品变得更加便宜，本币的购买力上升，因此 e_r 值下降被称为实际汇率升值。实际汇率升值使得本国居民和外国人都会将他们的部分消费转移到更加便宜的外国产品上面，因而本国出口量下降，进口量上升，贸易收支随着本币的实际升值而恶化。相反，e_r 值的上升被称为实际汇率贬值。

国际资金流动有关，资金流动主宰了汇率的变动。外汇交易表现出与资产市场上交易相近的特点，如价格变动极为频繁而且波动幅度大、价格受心理预期因素影响等。这启发了人们应将汇率看成一种资产价格，即一国货币资产用另一国货币进行标价的价格，这一价格是在资产市场上确定的，从而分析汇率的决定应采用与普通价格决定基本相同的理论。与传统的汇率决定理论相比，资产市场理论在分析方法上有两点不同：首先，该理论强调通过资产存量的变动来恢复市场的均衡。即在一国外汇市场或金融市场失衡时，在资产具有完全流动性的条件下，资产存量的变化可以有效地调节外汇市场或金融市场。当各国资产市场处于均衡状态时，此时的汇率才是均衡汇率。此外，资产市场理论有别于其他汇率决定理论的另一大特色是强调运用一般均衡分析法，即强调将本国与外国的商品市场、外汇市场和证券市场联系在一起来分析汇率的决定。这较以往运用局部均衡分析方法来研究汇率决定是一个飞跃。

跨时期的汇率模型（intertemporal exchange rate model）是在 20 世纪 80 年代初发展起来的，其主要代表人物是赫尔普曼（E. Helpman）和拉辛（A. Razin）。尔后，由格林伍德（Greenwood）、金布劳（Kimbrough）发展的基准模型（benchmark model）也是以前者的基本框架为基础的。跨时期的汇率模型假定价格是灵活的，所有市场都能进行瞬间调整（instantaneous adjustment），市场存在完全预见（perfect foresight）能力，即存在确定性条件下的理性预期。其主要观点是：本国的时间偏好率与外国的时间偏好率存在差异，各国政府的支出行为也存在差异，这些差异支配了经常账户项目的变化，实际汇率根据时间偏好进行调节。

汇率的理性预期模型早在 70 年代就发展起来了。但是，当时是在汇率决定的货币分析法或资本项目导向的分析法中突出强调预期的作用。库里在 1976 年提出的理性预期模型对暂时性均衡和稳态均衡做了区分。他的主要贡献在于揭示了汇率的行为路径和调节过程的动态稳定性易受预期形成方式的影响。

在巴罗（R. Barro）和比尔森的模型中，货币分析法和有效市场假说（efficient market hypothesis）被结合起来运用。主要假设条件是购买力平价、利率平价、费雪方程式和理性预期假说都成立。其结论是，远期汇率是未来即期汇率有效的估计指标，任何变化都会影响即期汇率、远期汇率和当期的利率结构。

弗伦克尔在 1981 年发表的一篇《灵活汇率、价格和新闻信息对汇率的影响》的论文中，提出了汇率决定的信息论。他认为，在新闻占优势的时期内，汇率变动幅度大于价格的变动幅度，而且可能远远偏离购买力平价（PPP）。因为新闻信息对 PPP 影响较大，汇率作为金融资产的价格会对新闻信息立即做出反应，而商品和劳务则缺乏灵活性。

由科尔沃（G. Calvo）和罗德里格斯联合得出的货币替代理论（theory of currency substitution）强调了货币替代性对一国货币政策和汇率的影响。该理论认为，对需求者而言，如果货币具有完全的替代性，则一切货币必然有相同的通货膨胀率。在浮动汇率制度下，货币的高度替代性使得一国货币政策的独立性完全丧失，并且会加剧汇率的波动。

复习题

1．说明汇率的两种标价方法。根据不同的标价方法如何理解一国货币汇率的贬值和升值（举例说明）？

2．简述汇率的主要种类。

3．简述主要的外汇交易形式及作用。

4．简述主要的汇率制度。

5．说明汇率决定的国际收支理论。

6．绝对购买力平价和“一价定律”的关系。

7．相对购买力平价及其公式推导。

8．说明抵补的利率平价理论。

练习题

1．说明在下列情况中，美元（假设美元为本币）汇率发生了什么变化？

（1）即期汇率由 0.50 美元/瑞士法郎变为 0.51 美元/瑞士法郎；

（2）即期汇率由 2 瑞士法郎/美元变为 1.96 瑞士法郎/美元；

（3）即期汇率由 0.010 美元/日元变为 0.009 美元/日元；

（4）即期汇率由 100 日元/美元变为 111 日元/美元。

2．指出以下三者的区别：

（1）金本位制；

（2）可调整的盯住汇率制；

（3）爬行盯住汇率制。

3．运用抵补的利率平价条件填空：

美国的利率	英国的利率	即期汇率	远期汇率
10%	5%	2 美元/英镑	___美元/英镑
8%	___%	2 美元/英镑	2.04 美元/英镑
10%	10%	___美元/英镑	2.10 美元/英镑
___%	9%	2 美元/英镑	1.98 美元/英镑

4．假设比较期的汇率是 1.26 美元/欧元（直接标价法），基期的汇率是 1.20 美元/欧元，（1）请计算美元的贬值率；（2）比较期美国通货膨胀率和欧盟通货膨胀率之差是多少？

第九章　国际收支调节理论

【引言】

当一国出现长期的国际收支失衡，特别是出现持续逆差时，就必然导致调节过程的发生。国际收支的调节方式分为自动调节和政策调节两种。自动调节机制（automatic adjustment）是指由失衡本身的刺激而产生的市场自动恢复均衡的调节，在没有外部干扰的情况下，这种自动调节过程会一直持续到失衡被完全消除为止。这种自动调节机制又可分为价格调节、收入调节和货币调节。价格调节是指通过汇率的变动来影响商品、劳务及金融资产的相对价格，从而促使国际收支恢复均衡；收入调节是通过总支出或生产的变动来对国际收支进行调节；货币调节是指通过将货币供给量的调节到与实际国民收入保持一致的水平，使国际收支恢复均衡。本章介绍几种主要的国际收支自动调节理论。

【学习目标】

① 价格—铸币流动机制；

② 马歇尔—勒纳条件；

③ “J 曲线”效应；

④ 国际收支的吸收分析法；

⑤ 国际收支的货币分析法。

第一节　价格—铸币流动机制

价格—铸币流动机制是金本位制下的国际收支调节机制。1752 年，大卫・休谟提出价格—铸币流动机制，批驳了重商主义认为国际贸易可以使一国金银货币增加的观点。

大卫・休谟

一、铸币平价

金本位制是一种典型的固定汇率制。在金本位制下，各国货币的兑换比率是根据每种货币的含金量来决定的，例如，在1925—1931年，1英镑的含金量为7.322 4克，1美元的含金量为1.504 656克，汇率即为R=7.322 4/ 1.504 656= 4.866 5$/£。这一汇率又称铸币平价（mint parity）。铸币平价的稳定存在是通过黄金在国际间的自由流动来维持的。在金本位制下，黄金是围绕着黄金输送点流动的。在上例中，如果在纽约与伦敦之间运送价值1英镑的黄金的费用是0.03美元，那么美元和英镑之间汇率波动的范围不会超过铸币平价上下0.03美元（即汇率不会高过4.896 5，也不会低于4.836 5）[①]。正是由于黄金的自由输出入引起一国价格水平的变化，使得国际收支的失衡不可能永久持续下去，而是借助价格水平调整自动恢复均衡。

二、价格—铸币流动机制

休谟指出，价格—铸币流动机制（price-specie flow mechanism）的作用过程如下：当一国出现国际收支逆差时，为维持铸币平价导致黄金储备外流，这会引起该国黄金存量即货币供给的减少，并进一步导致其国内价格水平下降，价格下降使得该国商品在国际市场上的竞争力提高，于是出口增加，进口减少，国际收支逆差得到改善直至最终消除。而对于国际收支出现顺差的国家来说，这一自动调节过程恰好相反。这一调节过程是自动的：只要国际收支出现失衡，这一调节过程就被引发，并一直持续到失衡被完全消除为止。上述调节过程如图9-1所示。

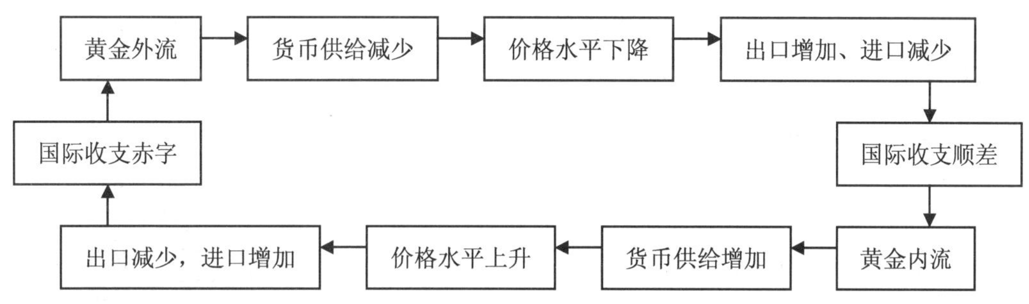

图9-1　价格—铸币流动机制的调节过程

关于价格—铸币流动机制有两点说明：首先，在金本位制下，每个国家的货币供给都是由黄金或以黄金为基础的纸币构成，所以黄金的流动必然会带来一国国内货币供给量的变动。因而对于逆差国来说，黄金外流就意味着货币供给减少。其次，价格—铸币流动机制作用的核心是货币供给量的变动会引起国内价格同方向的变动，这一论证是建

[①] 关于金本位制下汇率围绕黄金输送点波动的例子详见第八章第三节。

立在货币数量论基础之上的。在货币数量论的公式 $MV=PQ$ 中，古典经济学家认为，公式中的货币周转速度 V 由制度因素决定，而 Q 是充分就业水平下的实际产出，二者都可以被看作是常数。这样，价格水平 P 的变动就完全取决于货币供给量 M 的变动。

在价格—铸币流动机制中，价格的变动会带来贸易流向的转变，这里隐含着一个假定，即进出口需求的数量对价格变动的反应必须是灵敏的。但这一假定是否总是能够成立？它的成立依赖于什么前提条件？对于这些问题，将在下面的分析中进一步加以探讨。

第二节　国际收支的弹性分析法

国际收支调节的弹性分析法（elasticity approach）是浮动汇率制下的国际收支调节机制，它根据进出口商品的需求弹性来分析如何利用本币贬值来改善一国的国际收支。该理论首先由阿尔弗雷德·马歇尔（Alfred Marshall）提出，阿巴·勒纳（Abba Lerner）、琼·罗宾逊（Jon Robinson）等人在其基础上进行了补充和发展。弹性分析法的分析前提是将一国国际收支简化为贸易收支，不存在资本流动等其他项目，并且假定国内外商品的价格不变，进出口商品的供给弹性为无穷大。

阿尔弗雷德·马歇尔

阿巴·勒纳

一、外汇市场的稳定性

在浮动汇率制下，国际收支所引发的价格自动调节机制与固定汇率制下有所不同，国际收支出现逆差在短期内不会立即影响一国国内的物价水平，但是却会通过汇率这一外汇市场的价格变动反映出来。汇率上升（本币贬值）会引起一国进出口商品相对价格的变动，进而有可能使国际收支恢复均衡。

本币贬值能否使国际收支恢复均衡，与外汇市场的稳定性有着密切的关系。当国际收支的失衡能够自动地产生一种力量迫使汇率回到原来的状态时，外汇市场就是稳定的（stable）。当国际收支的失衡使汇率进一步远离原来的均衡状态时，外汇市场就是不稳定的（unstable）。

当一国发生国际收支逆差时，进口大于出口，表现在外汇市场上就是外汇需求大于外汇供给。在图 9-2（a）中可以看到，汇率由均衡点下降到 e_1，在这个汇率水平上，存在着对外汇的超额需求，这将导致汇率上升，即逆差国货币贬值，随着汇率不断上升，国际收支逆差逐步缩小，当回到均衡汇率时，国际收支逆差完全消除。相反，如果发生国际收支顺差，汇率由均衡点上升到 e_2 时，对外汇的超额供给也将使汇率自动返回均衡点。

图 9-2（b）的情况与图 9-2（a）是相同的，差别只在于外汇供给曲线的形状不同，图 9-2（a）中外汇供给曲线斜率为正，而图 9-2（b）中外汇供给曲线斜率为负，但是又比外汇需求曲线弹性小（更陡峭）。在这两种情况下，国际收支失衡引起的自动调节是一个向均衡状态收敛的过程，因而外汇市场是稳定的。

在图 9-2（c）中，当供给曲线斜率为负，并且比需求曲线弹性大（更平缓）时，外汇市场是不稳定的。当国际收支出现逆差时，在 e_1 的汇率水平上，存在着对外汇的超额需求，这将导致汇率上升，货币贬值，但从图上可以清楚地看到，汇率的调节不但没有缩小逆差，反而更加远离均衡点。相反，如果发生国际收支顺差，在 e_2 的汇率水平上，对外汇的超额供给也将把汇率推向更低的水平。

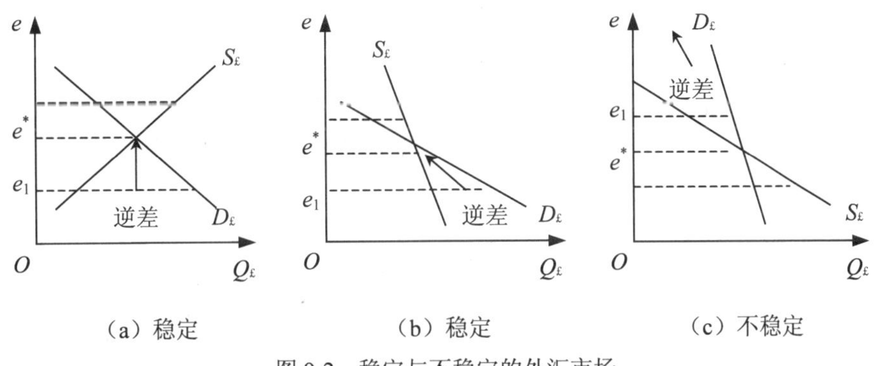

（a）稳定　　（b）稳定　　（c）不稳定

图 9-2　稳定与不稳定的外汇市场

可见，通过本币贬值调节国际收支失衡是依赖于一定前提条件的，它只有在外汇市场稳定的情况下才是有效的。然而在现实中很难知道外汇供求曲线的形状，因此只能从进出口商品的供求弹性来推断外汇市场的稳定性及外汇供求弹性的大小。

二、马歇尔—勒纳条件的推导

1. 进出口商品的需求弹性

本币贬值对国际收支有两种效应：一种是价格效应，在国内商品价格不变的情况下，本币贬值意味着本国出口商品用外币表示的价格下降；在国外商品价格不变的情况下，本币贬值同时意味着进口商品以本币表示的价格上升。二是数量效应，即出口商品价格的下降会促进出口需求的增加，进口商品价格的上升会导致进口需求的减少。综合两种效应，本币贬值与出口之间呈正相关，与进口之间呈负相关，从而引起国际收支的总变化。本币贬值能否使国际收支得到改善，一方面取决于贬值所引起的进出口商品价格的变化，另一方面则取决于进出口商品的需求量对价格变动的反应程度，即取决于进出口商品的需求弹性。

根据微观经济学中的弹性原理，弹性表示价格变动所引起的需求或供给数量变动的程度。需求的价格弹性即需求量变动率与价格变动率之比，简称需求弹性。如果用 X 表示出口总值，用 M 表示进口总值，用 e 表示直接标价法下的汇率，则一国进出口商品的需求弹性为：

出口商品的需求弹性 $$\eta_X = \frac{dX/X}{de/e}$$

进口商品的需求弹性 $$\eta_M = -\frac{dM/M}{de/e}$$

之所以将进口商品的需求弹性写成负值，是因为本币贬值会导致进口需求减少，二者之间呈负相关。从上述公式可知，进出口商品的需求弹性说明的是当汇率变化一个百分点后，进出口商品数量发生相应变化的百分比。

通过本币贬值的方法调节国际收支逆差，关键在于出口值（$P_X \cdot Q_X$）的增加和进口值（$P_M \cdot Q_M$）的减少。本币贬值同时产生两个相反的效应：对于出口商品而言，一方面是出口商品价格的下降，另一方面是出口商品数量的增加，要使出口值增加，出口商品数量增加的幅度就必须大于出口商品价格下降的幅度；对于进口商品而言，一方面是进口商品价格的上升，另一方面是进口商品数量的减少，要使进口值降低，进口商品数量减少的幅度也必须大于进口商品价格上升的幅度。也就是说，本币贬值能否使国际收支得到改善，关键在于进出口商品的需求弹性必须足够大。

2. 马歇尔—勒纳条件的推导

马歇尔—勒纳条件证明：在进出口商品的供给具有完全弹性的条件下，进出口商品的需求弹性之和必须大于 1，此时外汇市场才是稳定的，本币贬值才能有效地使国际收支得到改善。下面推导这一条件。

以 TB 代表贸易差额，则有：

$$TB = X - eM$$

这里假设初始的国际收支余额是均衡的，即 $X = eM$ 。

将上式予以动态化，求其导数，则有：

$$\mathrm{d}TB = \mathrm{d}X - e \cdot \mathrm{d}M - M \cdot \mathrm{d}e$$

将上式两边同时除以汇率变动率 $\mathrm{d}e$，则有：

$$\mathrm{d}TB/\mathrm{d}e = \mathrm{d}X/\mathrm{d}e - e \cdot \mathrm{d}M/\mathrm{d}e - M$$

因为有：　　$\eta_X = \dfrac{\mathrm{d}X/X}{\mathrm{d}e/e}$ 和 $\eta_M = -\dfrac{\mathrm{d}M/M}{\mathrm{d}e/e}$

则意味着有：　　$\mathrm{d}X/\mathrm{d}e = \eta_X X/e$ 和 $\mathrm{d}M/\mathrm{d}e = -\eta_M M/e$

将上述变化代入公式 $\mathrm{d}TB/\mathrm{d}e = \mathrm{d}X/\mathrm{d}e - e \cdot \mathrm{d}M/\mathrm{d}e - M$，将其变为用弹性表达的形式，则有：

$$\mathrm{d}TB/\mathrm{d}e = \eta_X X/e + \eta_M M - M$$

然后，再将 $X = eM$ 代入，则有：

$$\mathrm{d}TB/\mathrm{d}e = \eta_X M + \eta_M M - M = M(\eta_X + \eta_M - 1)$$

上式中，$M>0$，显然，若想使 $\mathrm{d}TB/\mathrm{d}e>0$，则必须有：

$$(\eta_X + \eta_M - 1)>0\text{，即 }\eta_X + \eta_M > 1$$

$\eta_X + \eta_M > 1$ 即为马歇尔—勒纳条件的表达式。其基本含义为：具体来说，在满足 $\eta_X + \eta_M > 1$ 的条件下，一国贸易逆差引起的本币贬值使出口量的增长大于出口商品价格下降的幅度，从而使出口值增加；另一方面进口量的下降大于进口商品价格上升的幅度，从而使进口值减少。因此，贬值引起的进出口的双向反应将使国际收支逆差得到改善。如果 $\eta_X + \eta_M < 1$，则本币贬值不仅不能消除国际收支逆差，反而会使其进一步恶化。如果 $\eta_X + \eta_M = 1$，则本币贬值对国际收支不发生影响。由于通过汇率变动来改善国际收支依赖于进出口商品的需求弹性，故这一调节方法又称弹性分析法。

三、贬值效应的进一步分析

弹性分析理论仅从本币贬值对国际收支的影响进行了探讨，并没有对贬值后的有关收入、吸收、贸易条件等进行进一步的分析。下面分析本币贬值后的有关效应。

1. 本币贬值的收入效应

当一国符合马歇尔—勒纳条件而实行货币贬值时，由于贬值后贸易余额得到改善，进而会通过乘数效应促进国民收入的扩张，而国民收入的扩张又会通过边际进口倾向带来进口的扩张，这反过来又恶化了国际收支。显然，在考虑收入的变化后，问题变得复杂了。贬值能否最终改善一国国际收支呢？下面引入数学方法加以说明。

以 $\mathrm{d}TB$ 代表贬值后贸易余额的增加数量，以 m 代表边际进口倾向，以 s 代表边际储蓄倾向，以 α 代表贸易乘数，则有：

$$\alpha = 1/(m+s)$$

在国民收入不变时的贸易余额的增加数量 $\mathrm{d}TB$ 为：

$$\mathrm{d}TB = M(\eta_X + \eta_M - 1)\mathrm{d}e$$

则新增国民收入为：

$$\mathrm{d}Y = \alpha M(\eta_X + \eta_M - 1)\mathrm{d}e$$

新增国民收入通过边际进口倾向增加了进口，使贸易余额变为：

$$\mathrm{d}TB_1 = \mathrm{d}TB - m \cdot \mathrm{d}Y = M(\eta_X + \eta_M - 1)\mathrm{d}e - m \cdot \alpha M(\eta_X + \eta_M - 1)\mathrm{d}e$$

$$\mathrm{d}TB_1 = \mathrm{d}e \cdot M(\eta_X + \eta_M - 1)(1 - m \cdot \alpha)$$

又因为有 $\alpha = 1/(m+s)$，则 $\mathrm{d}TB_1 = \mathrm{d}e \cdot M(\eta_X + \eta_M - 1)(1 - m \cdot \alpha)$ 变为：

$$\mathrm{d}TB_1 = \mathrm{d}e \cdot M(\eta_X + \eta_M - 1)s \cdot \alpha > 0$$

$\mathrm{d}TB_1 = \mathrm{d}e \cdot M(\eta_X + \eta_M - 1)s \cdot \alpha > 0$ 说明，即使考虑到贬值后收入的扩张，马歇尔—勒纳条件依然成立。只不过国际收支改善的数量变小，因为新增国民收入中总有一部分用于进口，但进口的边际倾向小于 1。

2. 汇率变动与贸易条件

一国的国际收支状况与贸易条件是密切相关的。贸易条件（T）是以同种货币衡量的出口商品和进口商品的价格比值，其公式是：

$$T = P_X / P_M$$

上式中，P_X 代表出口价格水平，P_M 代表进口价格水平。当 T 上升时，表明贸易条件改善，因为出口商品的价格相对于进口商品上升，单位出口商品换得的进口商品增加了；当 T 下降时，则意味着贸易条件恶化，因为出口商品的价格相对于进口商品下降，单位出口商品换得的进口商品减少了。

汇率变动造成的进出口商品价格的相对变动，会通过贸易条件的变化而影响该国的实际收入。这就不仅要考察进出口商品的需求弹性，而且要考察进出口商品的供给弹性。

英国经济学家琼·罗宾逊夫人从进出口商品供求弹性的角度，将货币贬值对贸易条件的影响分为四种情况：（1）当供给弹性趋于无穷大时，进口商品的本币价格上升，出口商品价格不变，则贸易条件将恶化；（2）当供给弹性等于零时，进口价格不变，出口价格上升，则贸易条件将改善；（3）当需求弹性趋于无穷大时，出口价格上升，进口价格不变，则贸易条件将改善；（4）当需求弹性等于零时，出口价格不变，进口价格上升，则贸易条件将恶化。她将上述四种情况概括用以下公式加以概括：

当$\delta_X\delta_M > \eta_X\eta_M$ → 贸易条件恶化

当$\delta_X\delta_M = \eta_X\eta_M$ → 贸易条件不变

当$\delta_X\delta_M < \eta_X\eta_M$ → 贸易条件改善

在上式中，δ_X和δ_M分别代表出口和进口的供给弹性。上述公式表明：货币贬值对贸易条件的影响是不确定的，要根据进出口商品供给弹性之乘积与需求弹性之乘积大小的比较来确定。在现实中，本币贬值对不同国家贸易条件的影响是不同的。一般来说，贬值对小国的贸易条件没有多少影响，因为小国的汇率变动不足以引起以外币表示的世界市场价格的变动，因而其贸易条件基本不变。而对于大国来说，根据贬值的不同情况可以积极或消极地影响其贸易条件。

四、“J 曲线”效应

在弹性分析法问世后，经济学家们开始用统计的方法来检验马歇尔—勒纳条件。一些经济学家发现，即使货币贬值国能很好地满足马歇尔—勒纳条件，货币贬值带来的国际收支改善也需要 1 年或更长的时间才能达到，而且贬值初期国际收支往往伴有恶化现象。也就是说，贬值对经常项目的有利影响要经过一段时滞才能达到。贬值后国际收支的变化情况可以用图 9-3 来表示。

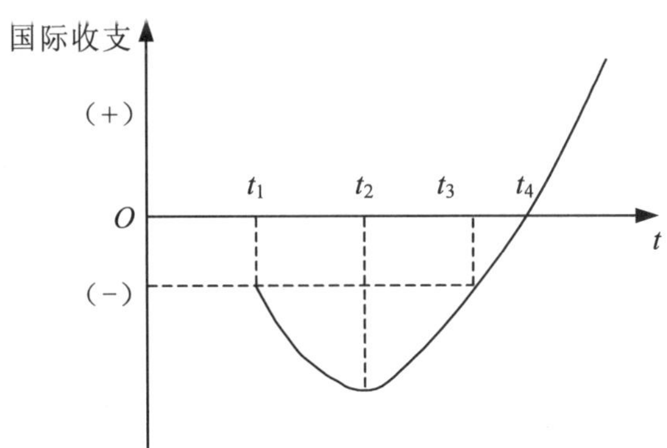

图 9-3　“J 曲线”效应

马歇尔—勒纳条件对本币贬值引起国际收支改善的考察是一种静态分析，没有考虑调节的时间过程。在短期内，贬值并不能立即引起进出口数量的变化，经常项目非但不能改善，反而还会更趋恶化，从进出口相对价格的变动到贸易数量变动带来的国际收支改善需要经过一段时间，即存在着“时滞”。这种贬值先使国际收支状况恶化而后又使之改善的现象，在几何图形上就表现为“J 曲线”效应。

为什么贬值对国际收支的影响要经过一个“时滞”呢？马吉（S. P. Magee）将调节过程分为三个阶段：货币合同阶段（currency-contract period）、传导阶段（pass-through period）和数量调整阶段（quantity adjustment period）。在货币合同阶段，由于贸易合同是在贬值前签订的，所以进出口价格和数量不会因贬值而改变。但是，贬值使得以外币定价的进口商品的本币价格上升，造成外汇支付增加；以本币定价的出口商品的外币价格下降，又使得出口收入减少，在贸易量无法调整的情况下，国际收支会更加恶化。在传导阶段，虽然进口品本币价格上升，但国内消费者在寻找到合适的替代品之前进口量不会大量减少；而出口量由于国外消费者反应滞后也无法大幅度增长，在数量调整小于价格调整的情况下，逆差还会加剧。到了数量调整阶段，进出口数量的变动超过价格的变动，贬值对国际收支的影响开始发挥，国际收支最终恢复到均衡状态。

第三节　国际收支的吸收分析法

国际收支调节的吸收分析法（absorption approach）亦称支出分析法，是西德尼・亚历山大（S. S. Alexander）于 1952 年提出的，该理论针对弹性分析法单纯强调本币贬值对国际收支改善的价格效应而忽视了收入效应这一缺陷，以凯恩斯主义宏观经济理论为基础，用收入水平和支出行为来分析贬值对国际收支的影响，并提出了相应的政策主张。由于这一方法侧重分析国内吸收（即支出）减少对国际收支的改善作用，所以被称为吸收分析法。

一、吸收分析法的基本公式

按照凯恩斯的宏观经济理论，在封闭经济条件下，全部最终商品和劳务均由本国产出，国民收入恒等式可以表达为：

$$Y = C + I + G$$

式中，Y 为一国的国民收入，C 为消费支出，I 为投资支出，G 为政府购买。

在开放经济条件下，国民收入恒等式要加上进出口的因素：

$$Y = C + I + G + (X - M)$$

移项后得：

$$X - M = Y - (C + I + G)$$

上式的左边即为贸易余额表示的国际收支，用 TB 来表示；右边中的 $C+I+G$ 是国民收入中用于国内支出的部分，亚历山大将它定义为国内吸收，用 A 来表示，则上式变为：

$$TB = Y - A$$

这表明，一定时期国际收支的差额是国民收入与国内吸收之差。当国民收入大于国内吸收时，国际收支为顺差；当国民收入小于国内吸收时，国际收支为逆差；当国民收入等于国内吸收时，国际收支达到均衡。其中，国内吸收 A 可以分为两个部分：自主性吸收和引致性吸收，即：

$$A = \overline{A} + aY$$

其中，a 代表边际吸收倾向，即国民收入增量中用于吸收部分的比例。

为了进一步分析贬值对国际收支的影响，对 $TB = Y - A$ 取变化率为：

$$\mathrm{d}TB = \mathrm{d}Y - \mathrm{d}A$$

将 $A = \overline{A} + aY$ 代入上式，得到：

$$\mathrm{d}TB = \mathrm{d}Y(1-a) - \mathrm{d}\overline{A}$$

由上式可知本币贬值对国际收支的影响包括两部分，即贬值的收入效应 $\mathrm{d}Y(1-a)$ 及贬值的吸收效应（直接效应）$\mathrm{d}\overline{A}$。本币贬值改善国际收支的条件是 $\mathrm{d}Y(1-a) > \mathrm{d}\overline{A}$，也就是说，贬值能否改善国际收支，取决于贬值能否有效地提高收入，减少吸收。

二、本币贬值对收入和吸收的影响

吸收分析法认为，本币贬值对国际收支产生的影响有两个效应：贬值的间接效应和贬值的直接效应。贬值的间接效应即收入效应，贬值的直接效应即吸收效应。

1. 贬值的收入效应

收入效应是指公式 $\mathrm{d}TB = \mathrm{d}Y(1-a) - \mathrm{d}\overline{A}$ 中的 $\mathrm{d}Y(1-a)$ 部分，即本币贬值后在国民收入增加的同时导致进口上升对国际收支产生的影响。它又可以分解为以下效应：

（1）闲置资源效应。假定贬值国的生产资源尚未被充分利用，并且满足马歇尔—勒纳条件时，由本币贬值引起的出口增加会通过乘数效应带来国民收入的多倍增加，但同时国民收入的增加又会通过边际吸收倾向引起国内吸收的增加，国内吸收的增加会抵消收入增加带来的国际收支改善效应。在不考虑贬值的吸收效应的情况下，贬值能否改善国际收支取决于边际吸收倾向的大小。如果 $a>1$，则 $(1-a)\mathrm{d}Y<0$，吸收的增加大于国民收入的增加，贬值会使国际收支进一步恶化；如果 $a<1$，则 $(1-a)\mathrm{d}Y>0$，吸收的增加小于国民收入的增加，国际收支得到改善，最终恢复到均衡状态。

（2）贸易条件效应。亚历山大等多数经济学家认为，本币贬值会导致一国的贸易条件恶化。这样看来，贬值对一国国民收入的影响有些模糊不清，因为它既可以通过出口扩张导致国民收入增加，又通过贸易条件恶化而减少了国民收入。

（3）资源再分配效应。在考察本币贬值对收入的经济效应时，还要考虑贬值对资源重新配置的影响。有的经济学家认为，一国汇率过高等于为进口替代部门提供了补贴，贬值后虽然使得贸易条件恶化，但如果导致资源从生产效率较低的进口替代部门向生产效率较高的出口部门转移，那么效率的提高可以抵消贸易条件恶化带来的负面影响，结果仍然是提高了国民收入。

2．贬值的吸收效应

吸收效应是指公式 $\mathrm{d}TB=\mathrm{d}Y(1-a)-\mathrm{d}\overline{A}$ 中的 $\mathrm{d}\overline{A}$ 部分，即由于本币贬值而导致进口品价格上涨并推动国内价格水平上涨，价格上涨反映到消费、投资等支出中对国际收支所产生的影响。这里假设贬值国已经达到充分就业，而且进出口供给弹性都足够大，不考虑贬值的收入效应。它又可以分解为以下效应：

（1）实际货币余额效应。所谓真实货币余额，是指人们愿意以一定货币数量余额持有固定比例的实际收入。本币贬值会导致进口品价格上涨并推动国内物价上涨，这意味着人们持有的实际货币余额减少，为将所持有的实际货币余额恢复到其意愿持有的水平，人们将减少对商品和劳务的支出或出售金融资产（如债券等），结果会减少消费和导致资产价格下降，引起利率水平提高，这又会抑制国内投资，结果是总吸收下降，国际收支得到改善。这里需要指出的是，要产生真实货币余额效应，货币当局必须实行紧缩的货币政策不使货币供给增加。

（2）收入再分配效应。所谓收入再分配效应，是指本币贬值会导致收入在不同阶层中重新分配，由于各阶层的边际吸收倾向不同，会导致国际收支发生变化。亚历山大认为，实际收入的转移有三种：一是从固定收入集团转移至变动收入集团，由于固定收入者一般具有较高的边际吸收倾向，而变动收入者具有较低的边际吸收倾向，所以贬值的结果是减少了直接吸收。二是从工资收入者转移至利润收入者，由于利润收入者的边际消费倾向较低，这就使全社会的消费支出减少，从而改善国际收支。但是如果利润收入者将其收入用于增加投资，则国内总吸收也不一定减少。三是从纳税人转移至政府，在一个实行累进所得税制度的国家，贬值带来的名义收入增加将使纳税人进入更高的纳税等级，则全体纳税人的可支配收入下降。如果政府同时实行紧缩的财政政策，使全社会吸收水平下降，那么国际收支将得到改善。

（3）货币幻觉效应。所谓货币幻觉是指在名义收入和价格水平都上涨的情况下，人们因为价格上涨，不会按照相应的比例增加消费支出，这在一国发生货币贬值时会使吸收减少，国际收支得到改善。然而，货币幻觉效应也可能发挥相反的作用，在一国货币贬值时，人们感觉收入增加，从而相应增加自己的消费支出，这会使吸收增加，结果使国际收支恶化。

三、吸收分析法的政策主张

根据上面的基本公式，吸收分析论提出了关于国际收支的政策主张。由于一国的国际收支表现为国民收入与国内吸收之差，使国际收支的改善或者通过改变国民收入，或者通过调节国内吸收，或者通过同时改变两者来进行，即实行支出增减政策和支出转换政策。支出增减政策（expenditure-changing policies）包括财政政策与货币政策，主要通过支出水平的变动来调节社会需求的总水平；支出转换政策（expenditure-switching policies）包括汇率政策与直接管制政策，是指通过支出方向的变动来调节社会需求的结构，即本国商品和劳务与外国商品和劳务的比例。

以国际收支逆差为例，一国发生国际收支逆差意味着国内吸收超过了该国的国民收入，此时，采取紧缩的财政，货币政策就可以调节国际收支，因为紧缩的财政、货币政策意味着总吸收的下降。具体途径是：政府支出的减少或税率的提高以及中央银行提高准备金率、再贴现率、在公开市场卖出证券，就可以降低居民和企业的消费支出以及投资支出，减少国民收入进而压缩进口来改善国际收支。当然，逆差国也可以通过实行支出转换政策来达到同样目的。如逆差国可以通过使本币贬值（假设满足马歇尔—勒纳条件）来促进出口、减少进口以改善国际收支，还可以实行严格的外汇管制来压缩对外汇的需求以达到目的。

吸收分析法运用凯恩斯的宏观经济分析方法，从国民收入与国内吸收的相对关系中解释了国际收支失衡的原因并考察贬值对国际收支的影响，使国际收支的分析与一国的宏观经济运行联系起来，较弹性分析法的分析更加全面。吸收分析法从方法论上来说是一般均衡分析，这较弹性分析法的局部均衡分析来说也是一种进步。

但是该理论也存在着明显的缺陷：首先，吸收分析法也将充分就业作为主要的政策目标，但它把增税和减少国内支出作为改善国际收支的主要办法，这与充分就业的目标相悖。其次，这里的国际收支仍然是指贸易收支，忽略资本流动等在国际收支中的重要地位。最后，它和弹性分析法一样，完全忽略了国内货币供应和信用创造对国际收支的影响。

第四节　国际收支的货币分析法

罗伯特·蒙代尔

弹性分析法和吸收分析法都强调贸易收支的调节，忽视了资本与金融项目。随着国际经济活动的发展，资本流动或金融资产交易的重要性越来越明显，在国际收支中的重要性甚至已经超过了经常项目。20 世纪 70 年代初，美国经济学家罗伯特·蒙代尔（Robert mundell）和哈里·约翰逊（Herry Johnson）等人将传统的封闭经济下的货币主义理论拓展到国际经济领域，提出了国际收支的货币分析方法，阐述了国内货币供求关系对国际收支的影响。

国际收支货币分析法的理论渊源可以追溯到大卫·休谟的“价格—铸币流动机制”，它强调货币供求对国际收支的影响，并把国际收支的任何顺差或逆差看作是它本身的直接纠正方法。

传统分析法将经常项目中的贸易差额作为国际收支的代表进行分析，货币分析法则考虑了国际间资本流动的因素，把经常项目和资本项目结合起来，着重研究反映综合差额的国际储备的变动。

一、货币分析法的基本内容

1.货币分析法的假设条件

货币分析法以实行固定汇率制的开放国家作为研究对象，并提出三个假设条件：

（1）价格在短期内可以灵活调整，经济始终保持充分就业状态，这意味着产出不受货币供给变动的影响。

（2）一国的实际货币需求 $M_d/P=f(Y,i)$ 是实际国民收入和利率的稳定函数。式中，M_d 为名义货币需求，P 表示一国的价格水平，Y 表示实际国民收入，i 表示利率。

（3）由于商品、资本在国际间可以充分流动，因此购买力平价在长期内成立，即在长期中，由典型的商品篮子构成的不同国家的价格水平以同一种货币衡量时是相同的，即有 $P=e\cdot P^*$，一国的商品价格和利率与世界市场相一致。

2.货币分析法的基本公式

货币分析法认为，国际收支失衡是由于国内货币的供给与需求之间的不平衡造成的。国内的货币供给大于货币需求就会导致国际收支逆差，而货币需求大于货币供给则会形成国际收支顺差，所以国际收支本质上是一种货币现象，影响它的根本因素是货币供应量，只要将货币供给调节到与实际国民收入增长相一致的水平，就可以使国际收支达到均衡。

根据上述假设，用数学公式阐述货币分析法的基本理论。首先，货币需求的公式可以表示为：

$$M_{\mathrm{d}} = P \cdot f(Y, i)$$

其中，M_{d} 为名义货币需求；P 表示一国的物价水平；$f(Y, i)$表示实际货币需求，它是 Y 和 i 的稳定函数，与 Y 成正比，与 i 成反比。

另一方面，开放条件下一国的货币供给可表示为：

$$M_{\mathrm{s}} = m(D + F)$$

其中，M_{s} 为一国的名义货币供给；D 是一国货币供给的国内部分，即一国货币当局创造的国内信用或支持该国货币供给的国内资产；F 是一国货币供给的国外部分，即国际储备，其增减变化由国际收支的盈余或赤字决定[①]；$D + F$ 称作国家的基础货币（monetary base）；m 为货币乘数，基础货币任何部分的增长都会通过货币乘数引起国内货币供给的成倍扩张。为了简化分析，假定 $m=1$，这样基础货币就构成一国的货币供给：

$$M_{\mathrm{s}} = D + F$$

根据长期中货币市场均衡的条件，$M_{\mathrm{s}} = M_{\mathrm{d}}$，则有：

$$M_{\mathrm{d}} = D + F$$

由上式可得出货币分析法的基本公式，即：

$$F = M_{\mathrm{d}} - D$$

根据货币分析法的基本公式，国际收支逆差，即国际储备 F 减少，是由于国内的货币供给（D）大于货币需求（M_{d}）所造成的；国际收支顺差，即国际储备 F 增加，则是由于货币需求（M_{d}）超过国内的货币供给（D）而形成的。具体来说，如果一国国内的货币供给超过货币需求，公众手中的实际货币余额超出其意愿持有的水平，因此就会增加对外国商品和劳务的购买，以及对外投资，这种对实际货币余额的调整表现为货币外流，即国际储备减少，国际收支出现逆差；相反，如果一国国内的货币需求超过货币供给，公众手中的实际货币余额低于意愿的水平，因此就会向国外出口商品和劳务，以及

[①] 国际储备的增加是由于贸易收支盈余和资本的净流入，而国际储备的减少是由于贸易收支赤字和资本的净流出。

吸收外国投资，这种调整表现为货币流入，即国际储备增加，国际收支出现顺差。

在货币分析法看来，国际收支是与货币市场供求相联系的一种货币现象，国际收支逆差是由于超额的货币供给未被国内货币当局消除而引起的，国际收支顺差是由于超额的货币需求未被国内货币当局满足引起的。国际收支的逆差或顺差都是暂时的，从长期来看可以自动修正。

二、国际收支失衡的货币调节

货币分析法将国际收支失衡的原因归结于国内货币市场的失衡，相应地，调节国际收支失衡的途径也就在于恢复国内货币市场的均衡。

1. 固定汇率制下的自动调节

在固定汇率制下，即使货币当局不采取任何措施，国际收支的失衡也不可能长期存在，它可以通过货币供给的自动调节机制而自行消除，即货币供给通过国际储备的流动（增减变化）来适应货币需求。具体来说，如果由于国内超额的货币供给导致国际收支逆差，就引起国际储备减少，作为一国基础货币的国外部分，储备外流会使该国的货币供给相应减少，公众手持的实际货币余额水平随之降低，从而会减少支出。当储备外流逐渐消除了超额的货币供给后就会停止，国际收支就会随着国内货币供求实现平衡而恢复均衡。对于顺差的调节，情况则恰好相反。所以，从货币分析法的角度看，一国商品与劳务的进出口与资金在国家间的流动实质上都是由对货币存量的调整所导致的。

2. 浮动汇率制下的自动调节

以上讨论的是固定汇率制下国际收支的自动调节。在浮动汇率制下，国际收支的失衡会由于汇率的变动而自行消除，即货币需求通过汇率的变化来适应货币供给。

将假设条件（3）中的$P = e \cdot P^*$代入$M_d = P \cdot f(Y,i)$，可得：

$$M_d = e \cdot P^* f(Y,i)$$

如果由于一国的货币供给超过货币需求，那么国际收支出现逆差，国际收支的逆差意味着外汇市场上外汇供给小于外汇需求，这会导致逆差国的货币自动贬值即e值上升，由此引起国内价格（$e \cdot P^*$）上升，从而引起名义货币需求（M_d）相应上升，吸收掉超额的货币供给。当超额的货币供给被增加的货币需求完全吸收掉后，货币市场重新恢复到均衡，国际收支逆差即得到消除。应当注意的是，要想通过本币贬值改善国际收支，则在贬值时，一国的货币当局不能增加名义货币供给，因为$F = M_d - D$，如果D与M_d同时增加，并且D的增加大于或等于M_d的增加，则贬值不能改善国际收支。

同理，如果国际收支出现顺差，那么顺差国的货币会自动升值，国内价格下降，货币需求也随之下降，直至货币市场恢复均衡，汇率的变动才会停止，此时国际收支顺差消失。

三、货币分析法与传统分析法的比较

1. 国际收支失衡原因的比较

传统分析法是从实体经济的角度分析国际收支失衡的原因。如亚历山大的吸收分析法认为国际收支失衡是由于国民收入与国内吸收的不平衡造成的。货币分析法则认为国际收支本质上是一种货币现象，任何国际收支失衡都是由国内货币供求的不平衡所导致的。因此，二者分析的侧重点有所不同。

2. 国际收支失衡自动调节机制的比较

货币分析法对固定汇率制下国际收支的调节与价格—铸币流动机制相似，它们都认为通过国际间的货币或国际储备的流动可以自动地调节国际收支失衡。但二者是有区别的：根据价格—铸币流动机制，黄金储备的流动导致一国商品价格的相对变动，进而改变贸易流量，修正国际收支的失衡；而货币分析法认为，在长期和固定汇率制条件下，国际收支顺差国和逆差国使用同一种货币，其相对商品价格就是相同的（不考虑运输费用及关税等）。这样超额的货币需求或超额的货币供给仅仅会导致国际储备的流入或流出，而不会引起顺差国和逆差国之间长期价格的任何差异[①]。当储备的流入或流出将超额货币需求或超额货币供给消除之后，国际收支即自动恢复均衡。对于浮动汇率制下国际收支的调节，传统的弹性分析法强调的是逆差引起货币自动贬值，只有在进出口需求弹性足够大的情况下，才能使国际收支恢复均衡；吸收分析法强调逆差引起货币自动贬值，只有当国民收入的增加大于国内吸收的增加或国内吸收减少的情况下，国际收支才能得到改善；货币分析法则强调逆差引起货币自动贬值，通过货币需求增加吸收掉超额货币供给，从而使国际收支恢复均衡。

3. 收入、价格和利率变动对国际收支影响的比较

货币分析法与传统分析法的结论截然相反。其一，传统分析法认为国民收入的增长

---

① 具体来说，假定一国的货币供给超过其货币需求，公众手中的实际货币余额上升，当公众增加支出以消除超额货币供给时，贸易商品的国内价格和投资的资产价格在短期中有上涨的趋势，但在长期会由于国外替代产品的流入和投资基金的流出而得到抑制。结果，国家的货币或储备流出，并且发生贸易和资本项目的逆差，但逆差国和顺差国之间不会产生任何价格的差别（当使用同一币种时）和利息率的差别。

会导致进口的增加，进而引起储备外流和国际收支逆差；货币分析法则认为收入增长会导致货币需求的增加，如果国内的货币供给不能满足这一超额货币需求，就会发生储备的流入来弥补这个需求缺口，形成国际收支顺差。其二，当一国国内价格上升时，传统分析法认为在其他条件不变的情况下，会使该国的实际汇率升值，削弱该国产品的国际竞争力，出口减少从而导致国际收支逆差；货币分析法则认为这同样会引起货币需求的增加，在国内货币供给不能满足的情况下，就会有储备流入，形成国际收支顺差。其三，当国内利率上升时，传统分析法认为利率的上升会抑制国内投资，减少国民收入，进而减少进口支出，使国际收支得到改善；而货币分析法则认为利率的上升会引起货币需求的减少，如果国内的货币供给不变，由此形成的超额货币供给就会导致储备外流，形成国际收支逆差。

四、对货币分析法的评价

货币分析法是关于国际收支调整的长期理论，它的主要贡献在于强调了在开放经济运行和国际收支研究中被长期忽视的货币因素，从货币供求的独特视角对国际收支问题进行了描述。其论点主要有以下几个方面：（1）国际收支实质上是一种货币现象，因此需要用货币理论来进行分析；（2）货币应当被看作是存量而不是流量，一种健全的国际收支理论应当把二者区别开来；（3）货币的存量可以通过国际储备的增减和国内信用的紧缩和扩张来调整；（4）货币主义者一般都强调应当全面分析国际收支，并认为国际收支的调整是一个长期的过程。

货币分析法的主要缺陷在于：首先，影响一国国际收支的既有货币因素，也有实际经济等其他因素，货币分析法认为货币是唯一解释国际收支不平衡的变量，这显然过分夸大了货币因素以及货币理论的作用；其次，货币分析法以购买力平价为理论前提，然而一国的价格水平及利率未必始终与外国水平保持一致；再次，该理论假定货币需求函数是稳定的，这在理论上仍然存在争议；最后，货币分析法世界市场是在完全竞争状态下运行的，这在现实中并不符合实际情况。此外，由于这种国际收支自动调整方法是以牺牲内部稳定来求得外部均衡，所以也遭到了一些国家的反对。

复习题

1．简述价格—铸币流动机制。

2. 推导并说明马歇尔—勒纳条件。
3. 什么是"J 曲线效应"？为什么会产生这种效应？
4. 如何理解本币贬值后收入变化对国际收支的影响？
5. 说明吸收分析法的基本公式及其含义。
6. 吸收分析法关于贬值的两种效应。
7. 货币分析法对国际收支失衡原因的分析。
8. 货币分析法关于固定汇率制下国际收支的调节。

练习题

1. 下面是一国在金本位制下，国际收支逆差的自动调整过程的图示。请根据图示说明，这种自动调节过程各个环节需要满足的条件。

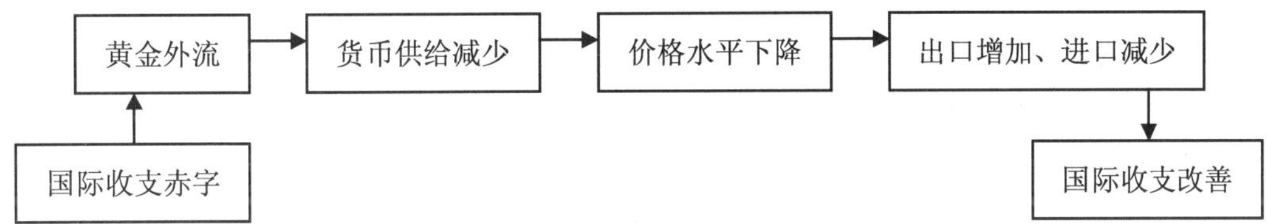

2. 某国政府刚刚将本币贬值 10%，请说明在如下情况中，这一贬值能否减少该国的经常项目赤字？

（1）该国企业保持出口品的本币价格不变，外国企业保持对该国出口品的外币价格不变。

（2）由于消费的惯性，该国的消费者和购买该国出口产品的外国消费者都只购买先前固定数量的商品。

3. "根据 J 曲线分析的逻辑，本币升值的国家在升值后的数月之内使其经常项目余额状况得到改善。"你是否同意这个判断？为什么？

4. "在固定汇率制下，货币分析法对国际收支失衡的调节是通过货币供给的变动来适应货币需求；在浮动汇率制下，货币分析法对国际收支失衡的调节是通过货币需求的变动来适应货币供给。"你是否同意这种说法？为什么？

第十章 开放经济条件下的宏观政策

【引言】

在开放条件下，宏观经济的不稳定性增大了。经济的开放性对于一国与世界经济的影响是双重的，它提供了许多封闭经济中所不具备的有利条件，同时也给经济的稳定与发展带来了很大的冲击。单纯依靠自发的市场机制无法解决这一矛盾，必须通过政府采取宏观政策来加以调节。政府对经济进行调节的中心任务是在实现经济稳定和发展的同时，确定合理的开放状态，并解决这两者之间可能存在的矛盾。本章主要介绍开放经济的宏观政策目标，政策工具与政策搭配，开放经济条件下财政政策和货币政策的经济效应，宏观经济政策的溢出效应以及国际协调等问题。

【学习目标】

① 内部均衡与外部均衡;

② 固定汇率制下的内外均衡冲突（米德冲突）;

③ 固定汇率制和浮动汇率制下宏观政策的搭配;

④ 蒙代尔—弗莱明模型;

⑤ 开放经济条件下货币政策与财政政策的经济效应;

⑥ 宏观经济政策的溢出效应;

⑦ 宏观经济政策的国际协调。

第一节 开放经济的宏观政策目标

在开放经济下，一国的宏观经济目标主要有充分就业、物价稳定、经济增长和国际收支平衡。当一国经济实现了充分就业、物价稳定与经济增长时，称之为内部均衡（internal balance）；达到国际收支平衡时，称之为外部均衡（external balance）。在开放经济条件下，政府对经济进行调控的目标就是同时实现内部均衡和外部均衡。

一、内部均衡

内部均衡包括实现充分就业、物价稳定与经济增长。

1. 充分就业

充分就业是指一国所有生产性资源被充分利用的状态，通常用失业率来衡量。一般认为，只要经济处于可接受的或意愿的失业水平上，就算实现了充分就业，正常的失业率通常应在 3%～5%左右。这是因为在一个动态经济中，由于经济结构调整、市场信息不完全和劳动力转移的成本，即使就业再充分，也仍然会存在一部分失业如摩擦性失业、结构性失业和自愿失业。摩擦性失业是指由于市场信息等原因，劳动者在变换工作时形成的失业。结构性失业是指由于劳动者不能适应经济结构变化后就业岗位的要求而引起的失业。自愿失业则是由于不愿按照现行工资水平和工作条件就业而导致的失业。这三种失业中，自愿失业的存在与充分就业不矛盾，摩擦性失业与结构性失业虽然属于非自愿失业，但被认为是社会经济运行中的正常现象。

2. 物价稳定

物价稳定是指在经济运行过程中避免一般价格水平的波动，尤其要避免或减少通货膨胀。在日常生活中，商品的价格经常变化，因此需要区分两种类型的物价上涨：一种或几种商品的价格相对于其他商品价格的变动，是市场机制的正常现象；所有商品的价格水平普遍上涨，则称之为通货膨胀。

价格水平的剧烈变动会使货币的真实价值不易确定。一方面，以货币为媒介的市场交易受到干扰，价格作为资源配置手段的作用难以发挥，经济效率下降；另一方面，人们对货币和其他资产的需求之间发生替代变化，投机活动的增加使经济更加不稳定。为了避免价格水平的大起大落，政府应当保持产出的稳定，以及避免持续的通货膨胀和通货紧缩。

人们在讨论通货膨胀与失业的关系时经常提到菲利普斯曲线。短期的菲利普斯曲线是负斜率的，表示失业率与通货膨胀率之间具有相互替代的关系，即失业率越高，通货膨胀率越低；通货膨胀率越高，失业率越低。也就是说，一国的经济政策面临通货膨胀率与失业率之间的权衡抉择。

3. 经济增长

经济增长（economic growth）是指一个国家实际国内生产总值或者人均实际国内生产总值从一个阶段到另一个阶段的增长，通常用一定时期内（通常为一年）一个国家（或地区）的人均国内生产总值作为标准。

在封闭经济下，充分就业、价格稳定和经济增长是政府追求的主要经济目标，这三个目标概括了经济处于合理运行状态的主要条件。随着理论研究的深入和经济实践的发展，人们逐渐认识到经济增长应该是经济发展的一个结果。因此，理论研究将内部均衡的目标往往定义为物价稳定和充分就业。由于失业率与通货膨胀之间存在着替代关系，这两个目标之间存在着一定的冲突。封闭经济中政策调控的主要课题在于协调这两者的冲突，确定并实现两者的合理组合。

二、外部均衡

在开放经济中，政府政策目标的内容增加了，国际收支成为宏观调控所关注的变量之一。各目标之间的关系也相应地发生变化，在多数情况下，宏观经济在封闭条件下的均衡目标与国际收支这一新目标之间的冲突成为政府所面临的突出问题。

外部均衡的内涵经历了一个发展过程。在布雷顿森林体系下，各国对资金流动采取了严格的管制措施，经常账户的逆差很难通过汇率变动或吸引资金注入的方法加以解决，这时的外部均衡通常被视为经常账户平衡。20 世纪 70 年代以来，汇率可以自由浮动，同时在国际间流动的资金数量日益增加，相当多的人认为可以通过外汇市场的自发调节来弥补经常账户差额，因此将外部均衡视为总差额的平衡。80 年代以来，国际资金流动过程中出现了汇率剧烈变动、债务危机与货币危机频繁发生等严重问题。于是，人们提出一国应当根据其经济特点和发展阶段来确定相应的经常账户余额目标，并进而确定合理的国际收支结构。因而，将外部均衡定义为与一国宏观经济相适应的合理的经常账户余额或国际收支结构。

对于一国来说，确定合理的经常账户余额的标准是：这一余额符合经济理性（economic rationality），具有可维持性（sustainability）。经常账户可以表示为一国国内储蓄与投资之间的差额，因此，经常账户逆差对应于资本流入，经常账户顺差对应于资本流出。假定一国可以按照世界利率无限制地借款或贷款，那么，在该国存在收益率高于世界利率的投资机会而国内储蓄又不能满足时，符合经济理性的行为就是在国际金融市场上借款以使本国投资大于储蓄，该国出现经常账户逆差。可维持性问题一般存在于经常账户余额为赤字的情况。当经常账户余额为逆差时，资本流入形成的债务必须在将来某一时期偿还，即经济面临跨时期的预算约束。如果资本流入规模处在跨时期预算约束之内，经常账户逆差就是可维持的，否则就是不可维持的。从动态角度看，外部均衡目标不应追求经常账户的简单平衡，而应重视经常账户的可维持性。

经济理性与可维持性是从一国角度确定其外部均衡的主要标准。从国际范围看，还应考虑经常账户余额的国际一致性，即各国的经常账户的赤字与盈余应大体协调。

三、内部均衡与外部均衡的关系

英国经济学家詹姆斯·米德（James E. Meade）于1951年在其名著《国际收支》中最早提出了固定汇率制下的内外均衡冲突问题。他指出，在汇率固定不变时，政府只能运用影响社会需求总水平的政策来调节内外均衡，这将会导致一国内部均衡和外部均衡之间的冲突，这种情况被称为米德冲突（Meade's conflict）。这样在开放经济运行的特定区间，便会出现内外均衡难以兼顾的情况，如表10-1所示。

詹姆斯·米德

表10-1　固定汇率制下内外均衡的矛盾

外部失衡 内部失衡	逆差	顺差
失业	支出紧缩政策 支出扩张政策	支出扩张政策
通货膨胀	支出紧缩政策	支出扩张政策 支出紧缩政策

1．内外均衡的一致

某一均衡目标实现的同时使得另一均衡目标改善就是内外均衡的一致。在表10-1中，如果一国出现经济衰退、失业增加，且国际收支为顺差，为实现内部均衡，政府应当采取增加社会总需求的措施进行调控，这会通过边际进口倾向的作用导致进口的相应增加，在出口保持不变时，带来经常账户顺差的减少，从而使原来的国际收支顺差状况得到改变而趋于平衡。同样，如果一国存在着通货膨胀，且国际收支为逆差，政府会采取减少社会总需求的措施，这会使进口相应减少，在出口保持不变时，导致经常账户逆差减少，进而改善国际收支逆差的状况使之趋向平衡。这样，政府在采取措施实现内部均衡的同时，内部均衡的改善也对外部均衡的实现发挥了积极影响。

2．内外均衡的冲突

某一均衡目标实现的同时使得另一均衡目标受到干扰和破坏就是内外均衡的冲突。在表10-1中，当一国经济衰退、失业增加，且国际收支为逆差时，为实现内部均衡，政府应当采取增加社会总需求的措施进行调控，这会通过边际进口倾向的作用导致进口的相应增加，在出口保持不变的情况下，使经常账户的逆差增加，使国际收支逆差更加恶化。这表明，政府在通过调节社会总需求实现内部均衡时，会使外部经济状况距离均衡目标更远，即此时内外均衡存在着冲突。同样，当一国存在着通货膨胀，且国际收支为顺差时，政府采取减少社会总需求的措施进行调控也会导致内外均衡的冲突。

3. 内外均衡冲突的根源

造成内外均衡冲突的根源在于经济的开放性。对于开放经济来说，它一方面在运行中要保持自身的相对稳定，避免通货膨胀、失业等宏观经济失衡现象；另一方面，又要通过经济开放即商品、劳务、资本的国际流动来增加本国福利，而内外均衡的目标实际上就是对开放经济的内在稳定性与合理开放性进行描述。影响开放经济的内在稳定性与合理开放性的变量有很多，这些变量之间通过各种机制发生着复杂的联系。在开放经济运行中，同时处于内外均衡区间的情况很少，各种变量变动造成的冲击会使经济偏离均衡，政府必须运用各种政策工具来实现经济的稳定与合理开放。在一些区间内，政策工具对经济内在稳定性与合理开放性的调整方向是相反的，实现某一均衡目标会带来另一均衡目标的恶化，这就形成了内外均衡的冲突。在固定汇率制下，造成内外冲突的原因可以分为三类：第一，国内经济条件的变化；第二，国际间经济波动的传递；第三，与基本经济因素无关的国际投机性冲击。

由以上分析可以得出结论：第一，内外均衡冲突的根源在于经济的开放性；第二，内外均衡冲突的产生是与某种特定的调控方式相联系的；第三，内外均衡冲突问题说明，单纯运用调节社会需求总水平这一封闭经济的政策工具不足以同时实现内外均衡的目标，开放经济下的宏观调控需要有新的政策工具以及新的运用方式。

第二节　开放经济的政策工具与政策搭配

一、开放经济的政策工具

开放经济下宏观经济调控仍然主要是通过对社会总需求的调节而实现的。与封闭经济不同，对总需求的调节可以从总量和结构两个方面来进行，进而可以将宏观经济政策分为两种类型，支出变动政策（expenditure-changing policies）和支出转换政策（expenditure-switching policies）。

1. 支出变动政策

支出变动政策是指通过支出水平的变动来调节社会需求总水平的政策手段，主要包括财政政策与货币政策。

财政政策是指政府运用财政收入或财政支出对经济进行调控的政策手段。财政收入的政策工具主要是税收，当政府提高税率时，政府财政收入增加，而社会支出将下降，总需求减少；反之，总需求会增加。财政支出的政策工具主要是政府支出，当政府支出增加时，总需求增加；反之，总需求会减少。因此，提高税率和财政支出减少属于紧缩性财政政策，降低税率和财政支出增加属于扩张性财政政策。

货币政策是中央银行通过调节货币供给和利率水平以影响宏观经济运行的政策手段，它的主要工具是公开市场业务、再贴现率以及改变法定存款准备金比率等。中央银行在公开市场上卖出短期国债、提高再贴现率和存款准备金比率都会使得货币供给减少，导致社会总需求下降，因此属于紧缩性货币政策；反之，中央银行在公开市场上买进短期国债、降低再贴现率和存款准备金比率都会增加货币供给，导致社会总需求增加，因此属于扩张性货币政策。

财政政策与货币政策都可以直接影响社会需求总水平，进而调节内部均衡；同时，社会总需求的变动又通过边际进口倾向影响进口和通过利率的变化影响资本流动，进而调节外部均衡。

2. 支出转换政策

支出转换政策是指通过支出方向的变动来改变社会总需求的内部结构，调节总支出中本国商品和劳务与外国商品和劳务的结构比例的政策手段，主要包括汇率政策与直接管制政策。

汇率政策主要是通过确定汇率制度与调节汇率水平来对经济运行产生影响。在宏观调控中，汇率政策主要是确定合理的汇率水平。汇率政策对社会总需求的转换机制在于：当国际收支出现逆差时，通过本币贬值使本国产品在国际市场上变得相对便宜，这将诱发本国和外国居民将支出从外国产品转向本国产品，从而减少进口，增加出口。由此可见，本币贬值的汇率政策会增加净出口，实现外部均衡；反之，本币升值的汇率政策会减少净出口。同时，汇率政策在增加或减少净出口的基础上会增加或减少社会总需求，从而使得国内产出增加或减少。应当注意的是，汇率政策本身并不是一个完全独立的政策，它依靠其他政策工具对汇率水平进行管理，并且其效力受诸多因素的影响。

直接管制政策是指政府对经济交易实施的直接行政控制，主要包括贸易管制和金融管制。直接管制政策是通过改变商品或资产的相对可获得性来改变贸易和资本的流向，进而达到支出转换的目的。直接管制政策的利弊都很突出：一方面，它立竿见影、灵活易行，可以针对不同情况迅速收到效果；另一方面，它又不可避免地造成市场扭曲，导致资源配置的低效率。

3. 其他政策工具

开放经济的政策工具除调节社会总需求的政策工具外，还有调节社会总供给和提供融资的政策工具。

调节社会总供给的政策工具，又称为结构政策，主要包括产业政策、科技政策等，它旨在改善一国的经济结构和产业结构，增强社会产品的供给能力。调节总供给政策的特点是长期性，在短期内难以有显著的效果。但它可以从根本上提高一国的经济实力与科技水平，从而为实现内外均衡创造条件。

提供融资的政策工具即融资政策，是指在短期内利用资金融通的方式弥补国际收支出现的赤字，以实现经济稳定的一种政策。融资政策包括官方储备和国际信贷的使用，从一国宏观的角度看，主要表现为国际储备政策。调节外部均衡时要在“融资还是调整”（financing or adjusting）之间进行选择：如果国际收支偏离外部均衡标准是由临时性因素和短期冲击引起的，那么可以运用融资政策弥补以避免调整的痛苦；如果是由国内经济原因等中长期因素所导致的，那么就必须运用其他政策进行调整。可见，融资政策与调节社会总需求的支出政策之间有着一定的互补性与替代性，这使得一国政府在面对内外不均衡时具有更大的政策选择余地。

二、开放经济下政策工具的搭配原理

既然开放经济下的政策目标包括了内部均衡和外部均衡两部分，那么仍像封闭条件下一样单纯运用控制社会需求总量的政策进行调控会造成内外均衡之间的冲突。20 世纪 50 年代以来，关于政策配合的“丁伯根原则”和政策指派的“有效市场分类原则”等理论的出现发展了开放经济下的政策调控理论。下面对开放经济下政策调控的基本原理加以介绍。

1. 丁伯根原则

简 • 丁伯根

丁伯根原则（Tinbergen’s rule）是由首届（1969 年）诺贝尔经济学奖获得者简 • 丁伯根（Jan Tinbergen）提出的。丁伯根原则的基本含义是：一国可以运用的独立的政策工具数目至少要与所要实现的经济政策目标数目相等。这就是说，要达到一个经济目标，至少需要一种独立的政策工具。由此推论，要达到 N 个独立的经济目标，至少需要使用 N 种独立的有效政策工具。在政策工具与经济目标之间的关系中，经济目标可被看作为未知数的解，政策工具可以被看作为已知参数，只要未知数（经济目标）与参数（政策工具）之间有函数关系存在，就可以建立起众多未知数与众多参数之间函数关系的联立方程式。只要独立的方程式数目等于未知数的数目，则联立方程式有唯一解存在。只要将已知的参数值代入，即可求得未知数的解值。在可调整的固定汇率制下，一国可以调整汇率水平，这样，一国需要实现的经济政策目标是内部均衡和外部均衡，可以运用的独立有效的政策工具有支出变动政策和支出转换政策，根据丁伯根原则，就可以运用上述两种工具来同时实现内外均衡目标。

此外，即便在固定汇率制下，只要将支出变动政策中的财政政策和货币政策看作是两个独立的政策工具，就可以运用这两个独立的工具来实现内外均衡目标。由此解决了固定汇率制下政策工具短缺和内外均衡难以同时兼顾的问题。

丁伯根原则对于经济目标实现的假设前提是，决策当局集中控制各种政策工具，通过各种工具的紧密配合来实现政策目标。但它没有明确指出每种政策工具在调控中是否应当侧重于某一目标的实现。

2."有效市场分类原则"与政策指派

罗伯特·蒙代尔（Robert Mundell）于20世纪60年代提出了关于政策指派的"有效市场分类原则"，弥补了丁伯根原则的不足。蒙代尔对于政策调控的研究是基于这样一个出发点：在许多情况下，不同政策工具实际上掌握在不同的决策者手中，如果决策者不能紧密协调这些政策而只是独立地进行决策，就不能达到最佳的政策效果。如果每一种政策工具都被合理地指派给一个目标，并且在该目标偏离其最佳水平时按规则进行调控，则分散决策仍有可能得到最佳的调控效果。

蒙代尔进一步提出了政策工具指派的有效市场分类原则，其含义是：应将每一种政策工具指派给其最具相对影响力的经济目标。如果在指派问题上出现错误，则经济会产生不稳定而且离均衡点越来越远。这一原则实质上是比较优势原理在政策指派中的运用。

例如，财政政策与货币政策分别对内部均衡和外部均衡都具有影响力：财政政策一般通过对商品市场的调节影响就业与物价水平，且通过经常账户对国际收支产生影响；货币政策一般通过对商品市场和货币市场的调节影响就业与物价水平，且通过经常账户和资本与金融账户对国际收支产生影响。可见，货币政策在内外均衡目标上都具有影响力，但对国际收支而言影响力更大。按照有效市场分类原则，应当将货币政策用于实现外部均衡目标，而将财政政策用于实现内部均衡目标。

蒙代尔的政策指派原则与丁伯根原则一起确定了开放经济下政策调控的基本思想，即针对内外均衡目标，确定不同政策工具的指派对象，并且尽可能地进行协调以同时实现内外均衡。这一政策的指派与协调称为“政策搭配”。

三、内外均衡目标的实现与政策搭配

在运用政策搭配以实现内外均衡的方案中，蒙代尔提出的财政政策与货币政策的搭配和斯旺提出的支出政策与汇率政策的搭配最有影响。

1．财政政策与货币政策的搭配

财政政策与货币政策的搭配可以用图 10-1 来说明。图中横轴以政府支出（*G*）代表财政政策，从原点沿横轴向右移动，表示扩张性的财政政策，政府支出增加；纵轴以利率（*r*）代表货币政策，从原点沿纵轴向上移动，表示紧缩性的货币政策，利率上升，银根收紧。

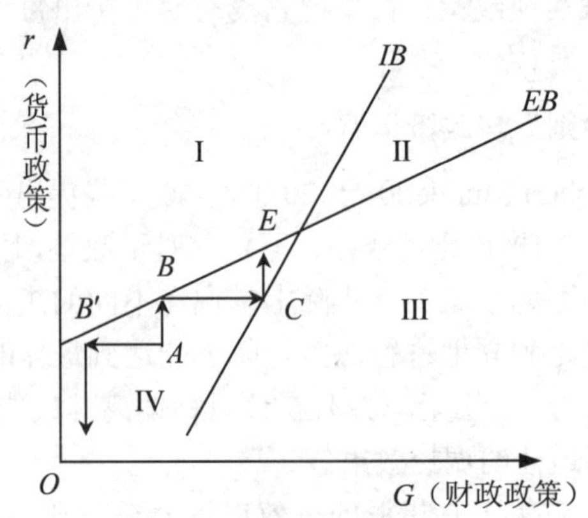

图 10-1　财政政策与货币政策的搭配

图中的 *IB* 曲线表示内部均衡，这条线上的各点都代表了使国内经济达到均衡的财政政策和货币政策的组合。*IB* 曲线向上倾斜是因为扩张的财政政策会导致国内需求的增加，为了保持国内总供求的平衡，必须同时采取一个相应的紧缩性货币政策，通过利率的提高来消除过度的总需求。在 *IB* 曲线的左边，国内经济处于衰退和失业；在 *IB* 曲线的右边，国内经济存在通货膨胀。*EB* 曲线表示使外部均衡得以实现的财政和货币政策的各种组合。*EB* 曲线向上倾斜是因为扩张性的财政政策在使国民收入增加的同时会导致经常账户恶化，为了保持国际收支的平衡，必须相应地实行紧缩的货币政策，通过提高利率吸引资本流入来弥补经常账户的赤字。在 *EB* 曲线的上方，存在着国际收支顺差；在 *EB* 曲线的下方，存在着国际收支逆差。

EB 曲线比 *IB* 曲线更平坦，这是因为财政政策的变化只能影响经常账户，而货币政策不仅可以影响经常账户，而且借助利率的变动还能影响资本账户，所以货币政策对外部均衡的影响要大于财政政策。这样，当政府采取扩张的财政政策时，能够同时影响两个变量的货币政策只需进行少量的调整，就可以使外部经济保持均衡。

现在假定一国处于区间 IV 的点 *A*，即面临国内失业与外部逆差的失衡状态时，应采用货币政策来解决外部逆差，以财政政策来解决国内经济衰退的政策组合。调整的过程为：紧缩的货币政策使点 *A* 移至点 *B*，这时实现了外部均衡；同时，用扩张的财政政策解决国内失业，使点 *B* 移至点 *C*，这时实现了内部均衡但又出现了外部逆差。扩张性财政政策与紧缩性货币政策的如此交替使用，最终会使点 *A* 逐步逼近表示开放经济处于内外均衡的点 *E*。从图中可见，这是一个收敛的调整过程，同时说明货币政策在实现外部均衡上具有相对优势，而财政政策对实现内部均衡比较有效。根据有效市场分类原则，可以将货币政策用于实现外部均衡目标，财政政策用于实现内部均衡目标。

但是，如果采取相反的政策指派方式，即以财政政策解决外部失衡，而以货币政策解决内部失衡，其结果将是，点 *A* 在紧缩性财政政策的作用下移至 *EB* 曲线上的点 *B*′，外部均衡实现但内部失业却加剧了，因此必须再采用扩张性货币政策来解决内部失衡，使 *B*′点向 *IB* 曲线移动，如此交替使用这种政策组合，最终会使经济越来越远离内外均衡点，这是一个发散的调节过程。由此可见，政策的指派和组合正确与否十分重要。表 10-2 为在图中各个区间内财政政策和货币政策的搭配。

表 10-2　财政政策与货币政策的搭配

区　间	经 济 状 况	财 政 政 策	货 币 政 策
I	失业/国际收支顺差	扩张	扩张
II	通货膨胀/国际收支顺差	紧缩	扩张
III	通货膨胀/国际收支逆差	紧缩	紧缩
IV	失业/国际收支逆差	扩张	紧缩

2. 支出变动政策与支出转换政策的搭配

蒙代尔的有效市场分类原则通过财政政策与货币政策的组合解决了固定汇率制下存在的米德冲突问题，而斯旺图形说明的是在汇率政策可实施的条件下，如何通过支出变动与支出转换政策的组合来实现内外均衡的目标。斯旺的理论中假定没有国际资本流动，所以外部均衡就是经常账户平衡，价格水平保持不变。斯旺的政策搭配理论可以用图 10-2 说明。

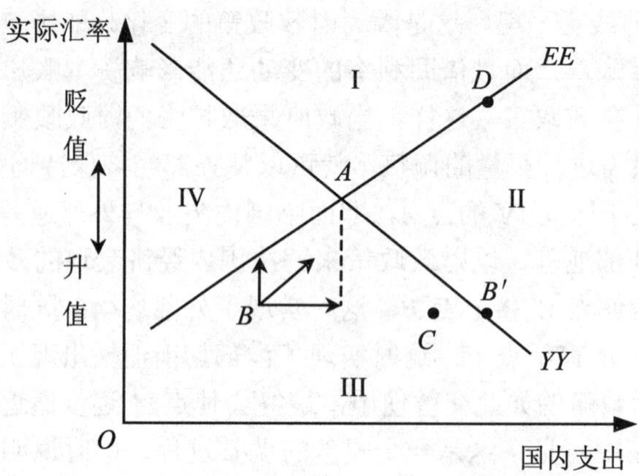

图 10-2　支出变动政策与支出转换政策的搭配

图 10-2 中横轴表示国内支出或吸收，政府的支出变动政策影响国内支出总水平，扩张性的支出政策使国内支出沿横轴右移；纵轴表示本国货币的实际汇率（$e\dfrac{P^*}{P}$），实际汇率上升意味着本币贬值，下降则意味着变动本币升值。

图中的 *EE* 曲线表示外部均衡，线上所有各点代表处于外部均衡的实际汇率与国内支出的组合。*EE* 曲线的斜率为正，因为国内支出的增加将带来进口的增加，需要实际汇率上升（本币贬值），以减少进口、增加出口，从而维持外部均衡。*EE* 曲线以上各点处于国际收支顺差状态；以下各点处于国际收支逆差状态。*YY* 曲线表示内部均衡，线上所有各点代表处于内部均衡的实际汇率与国内支出的组合。*YY* 曲线的斜率为负，因为实际汇率下降（本币升值）将减少出口，增加进口，为了维持内部均衡就必须增加国内支出。在 *YY* 曲线右边的各点表示内部存在通货膨胀，因为对于既定的实际汇率，国内支出大于维持内部均衡所需的国内支出；在 *YY* 曲线左边的各点表示内部存在失业，因为国内支出比维持内部均衡所需的国内支出要少。

在图 10-2 中，只有在 *EE* 曲线与 *YY* 曲线的交点（点 *A*）同时达到了内外均衡，这样就可以划分出类似于图 10-1 的四个内外非均衡区域：

区域 I——国内通货膨胀与国际收支顺差并存；

区域 II——国内通货膨胀与国际收支逆差并存；

区域 III——国内失业与国际收支逆差并存；

区域 IV——国内失业与国际收支顺差并存。

当经济处于内外失衡状态时，可以搭配使用支出变动政策和支出转换政策，使经济恢复

到点 A。图 10-2 中的点 B 处于区域 III，即国内失业与国际收支逆差并存，要实现内外同时均衡，一方面通过采取支出扩张政策解决国内失业问题，使点 B 向右方 YY 曲线移动；另一方面利用支出转换政策（本币贬值）对付国际收支逆差，拉动 B 点向上方 EE 曲线移动。这样在两个政策力量的共同作用下，点 B 会沿着向上倾斜的路径逐步逼近点 A，实现内外同时均衡。如果单纯依靠一种政策工具，就只能解决一种失衡的情况。

图 10-2 中的点 C 虽然与点 B 同处于外部逆差和内部失业的区域，但是由于二者面临的内外失衡的具体情况不同，所采用的政策搭配也有区别。在点 C，外部失衡的程度比较严重，而且国内支出的规模已经很大，为了防止本币贬值引发国内通货膨胀，必须采取本币贬值与减少国内支出相结合的政策搭配。

即使经济已经处于内部均衡状态，仅面临着外部逆差，如图 10-2 中 YY 曲线上的点 B'，如果只实行本币贬值政策，使点 B' 移至 EE 曲线上的点 D，这时虽然实现了外部均衡，但内部又出现了通货膨胀，所以还要同时采取紧缩的支出政策来保持内部均衡。因此，根据内外失衡的具体情况合理地搭配支出变动政策和支出转换政策至关重要。在不同区域内的各种政策搭配如表 10-3 所示。

表 10-3　支出变动政策与支出转换政策的搭配

区　间	经 济 状 况	支出变动政策	支出转换政策
I	通货膨胀/国际收支顺差	紧缩	升值
II	通货膨胀/国际收支逆差	紧缩	贬值
III	失业/国际收支逆差	扩张	贬值
IV	失业/国际收支顺差	扩张	升值

第三节　开放经济条件下的货币政策和财政政策

分析开放条件下财政政策和货币政策效应的主要工具是蒙代尔—弗莱明模型（Mundell-Fleming model），该模型是 20 世纪 60 年代由美国哥伦比亚大学经济学教授罗伯特·蒙代尔（Robert Mundell）和国际货币基金组织研究员马库斯·弗莱明（Marcus Fleming）所创立的。这一模型是在传统的 *IS-LM* 模型中引入国际收支，形成开放经济条件下的 *IS-LM-BP* 模型。本节首先介绍蒙代尔—弗莱明模型，然后运用这一模型对开放经济下货币政策

罗伯特·蒙代尔

和财政政策的效应进行分析。

马库斯·弗莱明

一、开放经济下的 *IS-LM-BP* 模型

开放经济下的*IS-LM-BP*模型是以标准的*IS-LM*模型为基础，引入国际收支因素，以一个开放的小国为分析对象，采取流量分析方法。由商品市场与货币市场的均衡扩展到包括外汇市场的三个市场同时达到均衡。该模型依赖的主要假设有：（1）短期内总供给可以随总需求的变化进行迅速调整，所以经济中的总产出完全由需求方面决定；（2）国内外价格水平 P、P^*均不变，因此实际汇率与名义汇率将同比例变动；（3）对于开放小国而言，国内市场利率 i 由世界市场利率 i^*决定；（4）不存在汇率的预期变动，在浮动汇率制下汇率的调整没有时滞。

1．开放经济下的 *IS*、*LM*、*BP* 曲线

开放经济下的 *IS* 曲线是考虑贸易因素后，反映商品市场均衡时国民收入（Y）与利率（i）关系的曲线。

在开放经济下，对一国产品的总需求（Y_D）是由私人消费、私人投资、政府支出和净出口构成的，即：

$$Y_D = C + I + G + X - M$$

其中前三项合称为国内吸收，用 A 表示，即：

$$A = C + I + G$$

净出口也就是贸易余额，用 T 表示，即：

$$T = X - M$$

吸收函数为：

$$A = \overline{A} + cY - bi$$

式中，$\overline{A}$ 为与国民收入无关的自主性吸收（$\overline{A} = \overline{C} + \overline{I} + \overline{G}$），$c$ 为边际消费倾向，b 为投资的利率弹性，它表示由利率变动所导致的投资需求变动的程度。

贸易余额函数为：

$$T = \overline{T} - mY \quad (0 < m < 1)$$

式中，$\overline{T}$ 是与本国国民收入无关的自主性贸易余额，m 为边际进口倾向，即国民收入增量中用于进口支出的比例。

开放经济下，商品市场均衡的条件是在给定汇率水平下总收入与总支出相等，即：

$$Y = Y_{\mathrm{D}} = A + T = \overline{A} + cY - bi + \overline{T} - mY$$

上式可变换为：

$$Y = \alpha(\overline{A} - bi + \overline{T}) \qquad \alpha = \frac{1}{1 - c + m} = \frac{1}{s + m}$$

式中，s 为边际储蓄倾向。

上式反映了在其他条件（如政府支出、汇率等）不变的情况下，维持开放经济下商品市场均衡时的国民收入与利率的组合，如图 10-3 中所示的开放经济下的 *IS* 曲线。

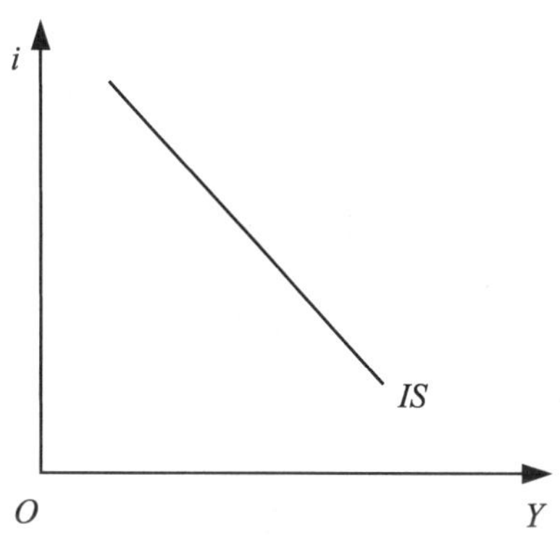

图 10-3　开放经济的 *IS* 曲线

IS 曲线的斜率为负，因为当利率降低时，投资增加从而总需求相应增加，为维持商品市场的均衡，必须提高国民收入水平以减少淨出口。当自主性吸收或自主性贸易余额发生变化时，*IS* 曲线会发生平移。

开放经济下的 *LM* 曲线是反映货币市场均衡时国民收入与利率关系的曲线。

货币市场均衡的条件是货币总供给等于货币总需求，即：

$$\frac{M_{\mathrm{s}}}{P} = L_{\mathrm{D}}(Y, i) = kY - hi \qquad (k > 0,\ h > 0)$$

式中，M_{s} 表示名义货币供给，P 为价格水平，M_{s}/P 为用价格水平调整后的实际货币供给。L_{D} 为货币需求，包括交易需求、预防性需求及投机性需求，交易需求和预防性需求的主要决定因素是收入，两者正相关；投机性需求的主要决定因素是利率，两者负相关。如果给定名义货币供给水平，令 $M_{\mathrm{s}} = M_0$，即可得到：

$$Y = \frac{1}{k}(hi + \frac{M_0}{P})$$

上式反映了维持货币市场均衡时的国民收入与利率的组合，如图 10-4 中所示的 *LM* 曲线。

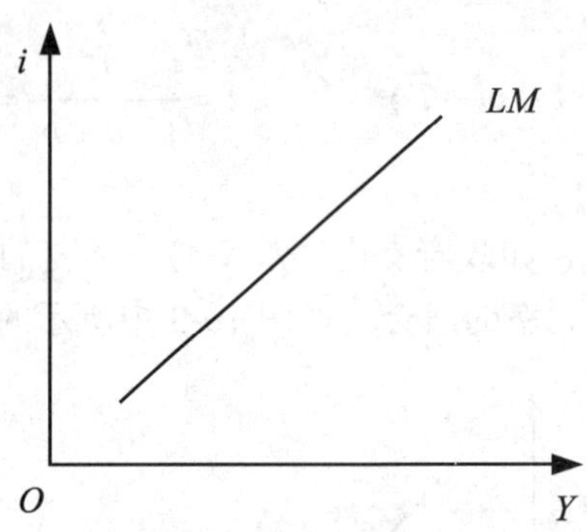

图 10-4　开放经济下的 *LM* 曲线

LM 曲线的斜率为正，因为对于既定的货币供给，当利率提高时，货币的投机性需求减少，为维持货币总供求的平衡，必须提高国民收入以增加交易性需求。当名义货币供给变化而物价水平不变时，会使 *LM* 曲线发生平移。

开放经济下的 *BP* 曲线是反映外汇市场均衡时国民收入与利率关系的曲线。

国际收支等于贸易差额和资本账户差额之和，即：

$$BP = T + K$$

式中，T 为贸易差额，K 为资本账户差额。将上式展开可得外汇市场的均衡条件为：

$$BP = X - M + K = X(Y^*, E \cdot \frac{P^*}{P}) - M(Y) + K(i, i^*)$$

式中，Y 和 Y^* 分别为本国和外国的国民收入，$E \cdot \frac{P^*}{P}$ 为实际汇率（直接标价法），i 和 i^* 分别为本国和外国的利率水平。利率对资本账户的影响取决于资本流动对利率的反应程度，即资本流动的利率弹性。按照资本流动对利率反应程度的大小，可以衡量出不同程度的资本流动性。

BP 曲线表示维持国际收支均衡时的国民收入和利率的组合。*BP* 曲线的斜率为正，因为对于既定的汇率水平，当收入增加时进口也相应增加，从而导致贸易逆差，为维持国际收支的平衡，必须提高利率以吸引资本流入加以弥补。资本的流动性越大，*BP* 曲线就越平缓，因为利率较小的上升就能吸引更多的资本流入。水平的 *BP* 曲线表示资本在国际间是完全流动的。*BP* 曲线下方的点表示国际收支存在逆差，因为对于给定的利率水平，

高于均衡水平的收入导致的贸易逆差超过了资本流入所能弥补的水平；相反，在 *BP* 曲线上方的点则表示国际收支存在顺差，如图 10-5 所示。

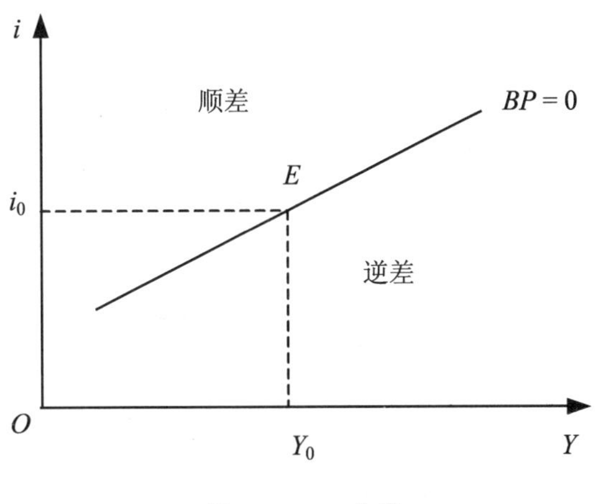

图 10-5　BP 曲线

2．固定汇率制下的开放经济均衡

固定汇率制下的开放经济均衡意味着商品市场、货币市场与外汇市场同时处于均衡状态，即 *BP* 曲线、*IS* 曲线、*LM* 曲线相交于一点。资本流动性的不同及 *BP* 曲线的不同形状使这一均衡的实现及调整机制具有区别。根据资本流动性的不同，固定汇率制下的开放经济均衡分别如图 10-6、图 10-7 和图 10-8 所示。

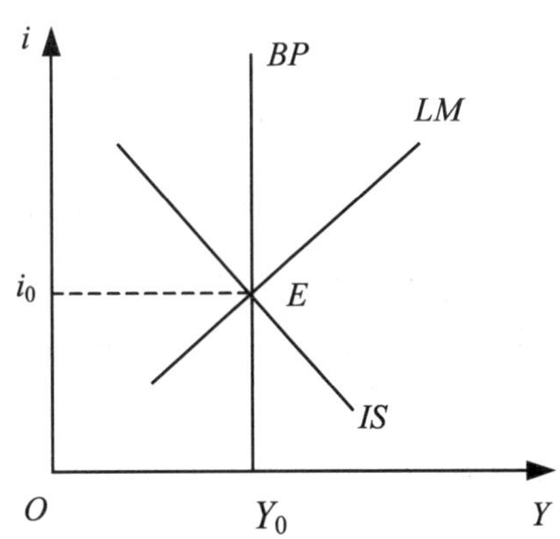

图 10-6　固定汇率制下，资本完全不流动时的经济均衡

在资本完全不流动的情况下，国际收支平衡仅表现为经常账户的平衡，由于利率变动对经常账户不发生影响，所以此时 *BP* 曲线是一条垂直于横轴的直线。

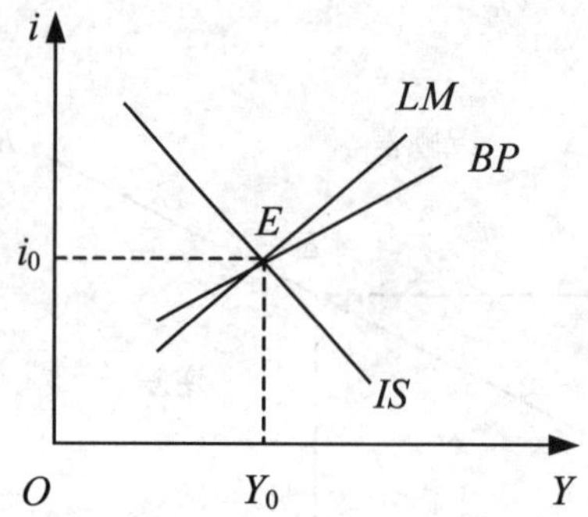

图 10-7 固定汇率制下，资本不完全流动时的经济均衡

在资本不完全流动的情况下，*BP* 曲线向右上方倾斜，其倾斜的程度与资本的流动性有关。

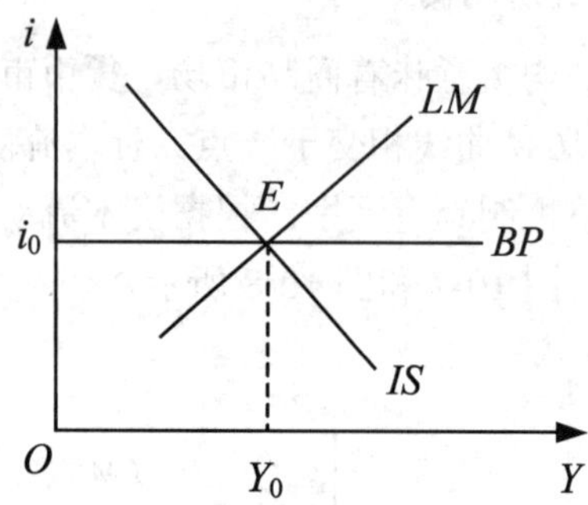

图 10-8 固定汇率制下，资本完全流动时的经济均衡

在资本完全流动下本国利率必须与世界利率相等，否则任何微小的利率差异都会导致大量的资金流动进而影响国际收支。由于资本流动对利率变动具有完全弹性，所以图中的 *BP* 曲线为一条水平线。

3．浮动汇率制下的开放经济均衡

根据资本流动性的不同，浮动汇率制下的开放经济均衡分别如图 10-9、图 10-10、图 10-11 所示。

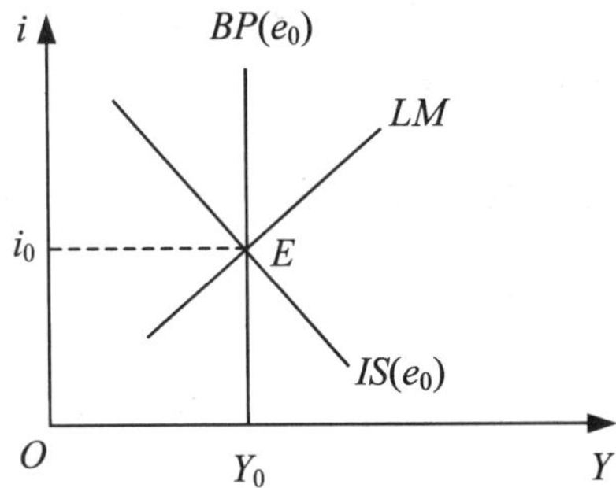

图 10-9　浮动汇率制下，资本完全不流动时的经济均衡

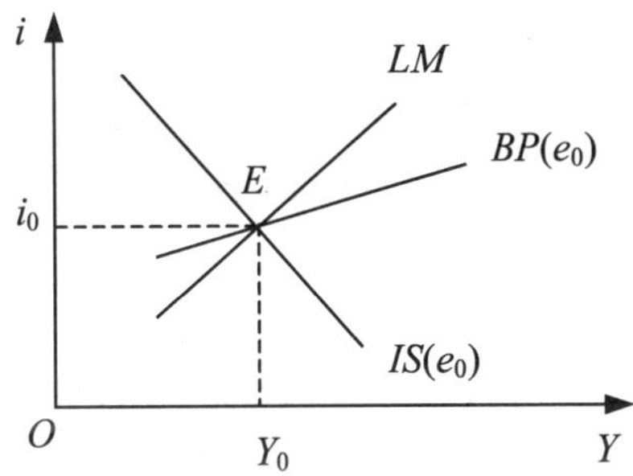

图 10-10　浮动汇率制下，资本不完全流动时的经济均衡

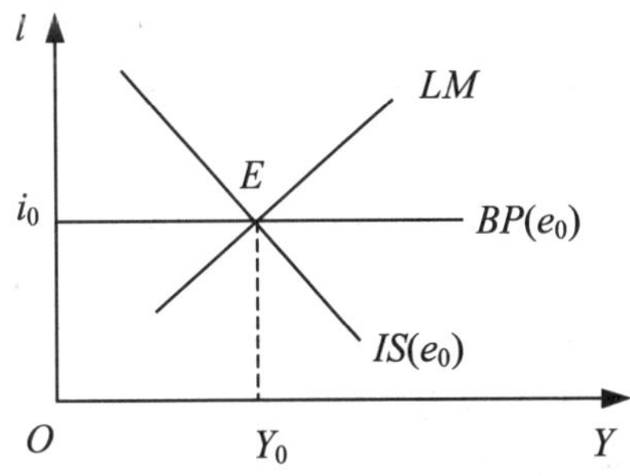

图 10-11　浮动汇率制下，资本完全流动时的经济均衡

浮动汇率制下的开放经济均衡与固定汇率制下一样，也是商品市场、货币市场与外汇市场的同时均衡，即 *BP* 曲线、*IS* 曲线、*LM* 曲线相交于一点。所不同的是，在浮动汇率制下，由于汇率是可以调整的，政府能够使用支出转换政策来调节经济失衡，所以内外均衡的实现机制与固定汇率制下有重要的区别。以下的分析中假定本币贬值能够改善

经常账户收支，增加国民收入（要求满足马歇尔—勒纳条件并且边际吸收倾向小于 1），即本币贬值能使 *BP* 曲线与 *IS* 曲线右移。

二、资本完全流动下宏观经济政策的有效性（固定汇率制）

蒙代尔—弗莱明模型是以资本具有完全流动性为假设前提的开放经济模型，它是一类特殊的 *IS-LM-BP* 模型，其特殊性表现在 *BP* 曲线由于资本的完全流动性而成为一条水平线。下面运用蒙代尔—弗莱明模型来研究固定汇率制下财政政策与货币政策的作用效果。

1. 货币政策的作用

在资本完全流动的条件下，利率的任何微小变动都会引发资本的无限流动。在这种条件下，各国利率均与世界均衡利率水平保持一致。在固定汇率制度下，任何国家的中央银行均不可能独立地操纵货币政策。下面通过图 10-12 来说明。

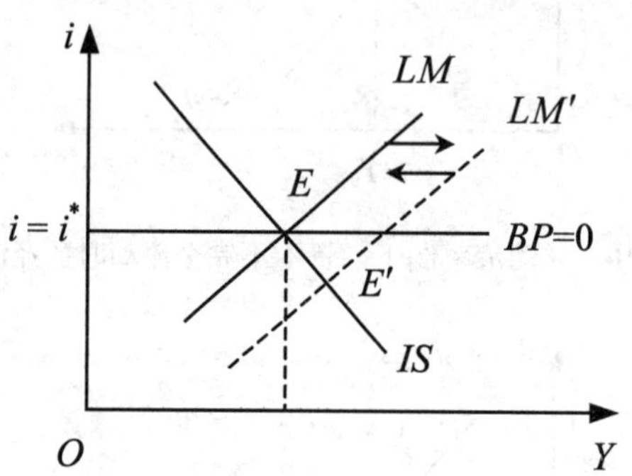

图 10-12 固定汇率制下的货币政策

假设经济的初始状态处于 E 点，这时国内利率水平 i 与世界均衡利率水平 i^* 一致，国际收支达到平衡，即 $BP=0$。由于资本具有完全流动性，所以 *BP* 曲线为一条水平线。假定一国中央银行执行扩张性货币政策，*LM* 曲线右移到 LM'，经济处于点 E'，但在点 E' 处货币供给增加引起的利率下降会导致大量资本迅速外流，该国出现国际收支逆差，对国内货币产生贬值的压力。为维持固定汇率，中央银行必须在外汇市场上抛出外汇、收回本币，与此同时国内货币供给减少，LM' 曲线又向左移。这一过程将一直继续，直到重新回到原来的均衡点 E 为止。因此，在固定汇率制度下，如果资本具有完全的流动性，任何国家都不可能独立地执行货币政策，不可能偏离世界市场的均衡利率水平，任何扩张或紧缩货币供给的企图都将被资本的迅速流动和央行保持固定汇率的努力而抵消。

2．财政政策的作用

图 10-13 分析在固定汇率制下，扩张性财政政策的作用效果：

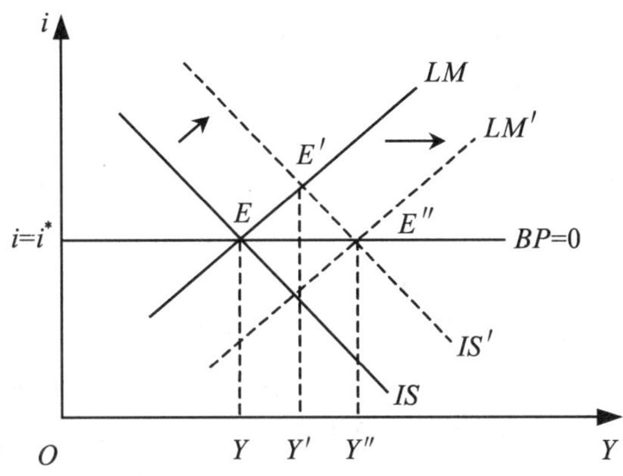

图 10-13 固定汇率制下的财政政策

仍假定经济最初处于均衡点 E。一国实行扩张的财政政策会使 IS 曲线右移至 IS'，经济到达点 E'，利率 i 与国民收入 Y 都同时上升。在资本完全流动的条件下，利率的微小上升会立即吸引大量资本流入，该国出现国际收支顺差，国内货币面临升值的压力。为保持固定汇率，中央银行必须在外汇市场上买进外汇，抛出本币，本国货币供给的增加使 LM 曲线右移，这一过程将一直持续到经济达到新的均衡点 E''。此时利率恢复到原来的水平，国际收支重新恢复均衡，但是国民收入进一步增加到图中与点 E'' 对应的 Y''。这说明在固定汇率制和资本完全流动的条件下，财政扩张政策会带来收入的大幅度提高，因此财政政策是非常有效的。

三、资本完全流动下宏观经济政策的有效性（浮动汇率制）

以下仍使用蒙代尔—弗莱明模型来研究浮动汇率制下财政政策与货币政策的作用效果，从中可以看出两种不同汇率制度下宏观经济政策效果的重大差别。这里的分析继续假定国内价格既定不变；资本具有完全的流动性，即 BP 曲线是一条水平线。

1．浮动汇率制下的政策工具与政策目标

自 1973 年以来，世界主要货币（以及像欧洲货币体系那样的货币集团）实行了浮动汇率制。除了主要货币实行完全浮动的汇率制度外，一些较小的国家实行了一种非常接近该制度的汇率安排——爬行钉住，即汇率不断地进行调整以维持国际收支均衡。

完全浮动汇率制度的主要特征是通过汇率变动来维持外汇供求的平衡，从而使国际收支总是处于均衡状态。如果一国贸易收支由于某种原因出现逆差，那么外汇市场上外汇的需求大于供给，于是导致本币贬值，从而使本国的出口增加，贸易收支得到改善，直到国际收支再次恢复均衡；反之，如果一国出现贸易收支顺差，那么本币的需求大于供给，这将导致本币升值，从而使本国的进口增加，结果贸易顺差减少，最终重新恢复到均衡。

在完全浮动的汇率制度下，中央银行不再干预外汇市场。这意味着：（1）汇率会自动地将外汇市场上的供求调整到一致的状态，任何经常项目的逆差（顺差）都会由于私人资本的流入（流出）而抵消，汇率的调节作用将确保国际收支差额等于零；（2）中央银行可在意愿的水平上确定货币供给。因为它不再负有干预外汇市场、维持汇率稳定的责任，所以在货币供给与国际收支之间不再存在着固定汇率制下所固有的联系。

因此，在浮动汇率制下，汇率成为总需求的一个决定因素，它的变动将导致 *IS* 曲线的移动。具体影响情况如下：给定国内外商品价格 P 和 P^*，本币贬值会使本国商品更具有竞争力，净出口增加，从而使 *IS* 曲线向右移动；反之，本币升值将使 *IS* 曲线向左移动。同样，当本国利率低于国外利率，即 $i<i^*$ 时，本币贬值，*IS* 曲线向右移动；当本国利率高于国外利率，即 $i>i^*$ 时，本币升值，*IS* 曲线向左移动。如图 10-14 中的箭头所示。

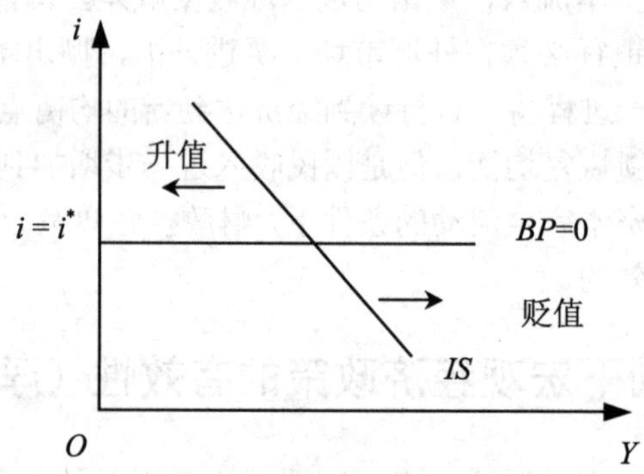

图 10-14　汇率变化对 *IS* 曲线的影响

综上所述，在浮动汇率制下，汇率可以自动调节国际收支，使一国经济达到对外平衡。这样，汇率调节就完成了固定汇率制下政府必须考虑的内外均衡两个任务中的一个，只剩下内部均衡一个目标需要考虑。所以在浮动汇率制下，政府的政策目标只有一个，即通过宏观经济政策的实施实现充分就业和物价稳定。

2. 货币政策的作用

在浮动汇率制下，货币政策的作用与固定汇率制下存在本质区别。假设经济最初的均衡点为 E 点，如果货币当局增加货币供给量，由于价格 P 不变，实际货币供给增加，使得 LM 曲线向右移动。货币供给增加造成利率下降，这样会刺激国内投资，提高国民收入水平，所以国内经济移至 E' 点。在 E' 点，由于国内利率低于世界均衡利率水平，导致大量资本流出，该国国际收支出现逆差，于是本国货币贬值。本币贬值导致本国出口增加，使 IS 曲线向右移动。出口的增加一方面拉动了收入水平的上升，另一方面导致了货币需求增加和利率的回升，直至国际收支恢复均衡为止，最终经济的均衡点到达 E'' 点。在这一点，国内利率与世界均衡利率相等，国内收入水平较初始时提高，如图 10-15 所示。

扩张性货币政策导致本币贬值，净出口增加，这实际上是将国外需求的一部分转移到国内来，国外的产量和就业将随之下降。因此，这一政策被看作是向国外转嫁国内失业的一种手段。

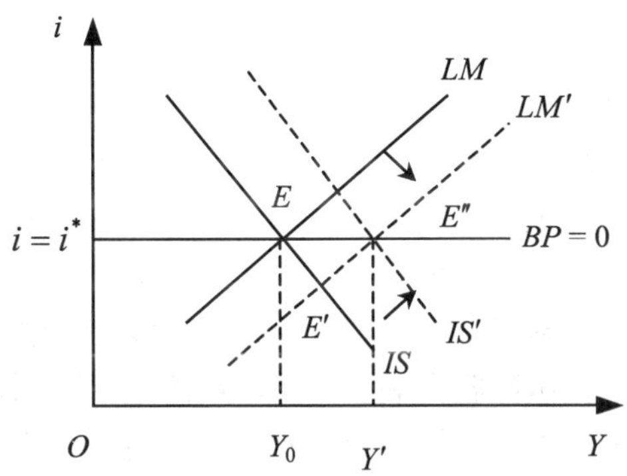

图 10-15　浮动汇率制下的货币政策

上述分析的重要前提是价格不变。因此，货币供给量增加引起实际货币供给增加。实际货币需求 L 是实际收入 Y 和利率 i 的函数，即 $L = L(Y, i)$。由于资本具有完全流动性，国内利率必须等于国外利率，因此可以假定国内利率不变。这样，实际货币需求就只取决于 Y，直到 Y 的增加使得货币需求等于已经增加的货币供给为止。上述分析的意义在于它提出了一个重要的命题，即扩张性的货币政策将有助于通过本币贬值改善经常项目收支；如果实行紧缩性货币政策，其结果正与上述情况相反。

在固定汇率制度下，中央银行必须对外汇市场进行干预，货币当局实际上不能控制货币存量，因为当它扩张货币存量的时候，外汇储备的损失将会抵消国内货币存量的增长。而在浮动汇率制度下，中央银行不必干预外汇市场，所以货币存量的增加不会构成对外汇市场干预的抵消作用。在浮动汇率制度下，中央银行可以控制货币存量是上述分析的又一个重要结论。

3. 财政政策的作用

浮动汇率制下，财政政策在刺激国内经济作用方面，与固定汇率制下的效果大相径庭，如图 10-16 所示。

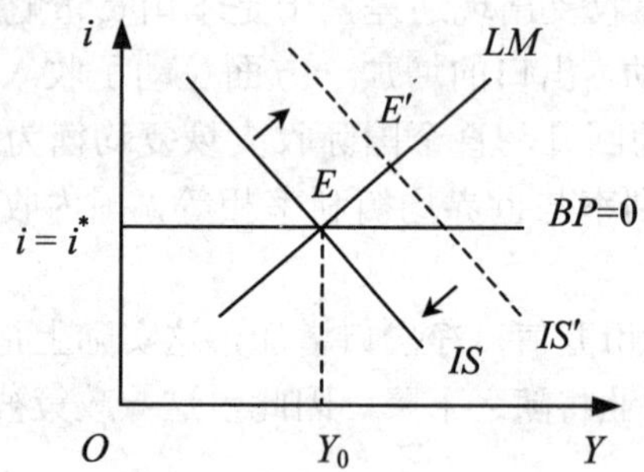

图 10-16　浮动汇率制下的财政政策

假设政府采取扩张性财政政策，会导致 *IS* 曲线右移到 *IS'*，国内经济到达点 *E'*。此时收入的增加导致对货币的需求增加，从而使利率上升。但是在资本完全流动的条件下，财政扩张引起的利率上升会造成大量资本流入国内，从而国际收支出现顺差。反映在外汇市场上，对本币的需求超过了本币的供给。由于在浮动汇率制下汇率可以自由调整，于是本币升值。本币升值后，本国出口随之减少而进口增加，这会使 *IS'* 曲线往左移动，直到净进口的增加完全抵消掉国际收支顺差为止，经济重新回到初始的均衡点。在点 *E* 处，国内利率与世界均衡利率相等，同时收入水平也没有发生变化，这意味着在浮动汇率制下，汇率的调整对扩张性财政政策产生一个完全的挤出效应，财政政策对实际经济变量没有任何作用。

上述分析表明，在浮动汇率制度下，如果资本具有完全的流动性，扩张性的财政政策不会实现影响均衡产出或均衡收入的目的，其政策效应为零。

第四节　宏观经济政策的溢出效应

在小国经济条件下，一国内部宏观经济政策的任何变化都不会对世界经济产生影响，只能被动地接受外部世界的影响。实际上，在相互依存的世界里，一国实施的经济政策必然会影响到世界其他国家；反过来，该国也会受到世界其他国家国内经济变化的影响。

这种相互作用被称为宏观经济政策的溢出效应。

一、模型的建立

下面将蒙代尔－弗莱明模型扩展到包含两国经济相互作用的分析，考察宏观经济政策的国际传导机制和溢出效应。两国经济的蒙代尔—弗莱明模型包括以下一些基本的方程式。

本国在开放条件下商品、货币和外汇市场均衡的表达式分别为：

$$Y = C(Y) + I(i) + G + T(\frac{E \cdot P^*}{P}, Y, Y^*)$$

$$\frac{M_s}{P} = L_D(i, Y)$$

$$i = i^*$$

相应地，外国在开放条件下三个市场均衡的表达式分别为：

$$Y^* = C^*(Y^*) + I^*(i^*) + G^* + T^*(\frac{P}{E \cdot P^*}, Y^*, Y)$$

$$\frac{M_s^*}{P^*} = L_D^*(i^*, Y^*)$$

$$i^* = i$$

在两国经济模型中，假定两国经济结构相同，本国和外国商品市场均衡的条件即两国的 *IS* 曲线。和小国模型不同，这里的贸易差额不仅会受到实际汇率的影响，而且会受到世界其他国家收入的影响，因此两国的贸易差额都是世界其他国家收入的增函数。本国和外国货币市场的均衡条件即两国的 *LM* 曲线，两国货币市场的供求状况决定了各自的利率水平。该模型假定资本在国际间完全自由流动，不存在对汇率变动的预期，因此只有当两国利率相等时，非抵补的利率平价才成立，此时两国外汇市场同时达到均衡状态。虽然这里两国利率相同，但取消小国经济假定后，各国都可以通过国内的经济政策来影响这一共同的世界利率水平。下面分别考察在固定汇率制和浮动汇率制下，货币政策和财政政策效应的国际传导。

二、固定汇率制下经济政策的国际传导

1．货币政策的国际传导

下面以扩张性政策为例进行说明，紧缩性政策的原理相同但作用相反。

在图 10-17 中，本国国内初始的货币扩张使 LM 曲线右移到 LM_1，本国利率 i_0 下降并刺激投资增长、使收入水平提高。本国的这一收入变动通过边际进口倾向拉动外国的出口增长，使外国的 IS^* 曲线右移到 IS^*_1，外国收入增加，进而使货币需求增长，利率 i^* 上升。

另一方面，本国利率 i 的下降导致资本流出，从而增加了外国的货币供给，使 LM^* 曲线向右移动；同时，本国进口增加和资本流出使国际收支出现逆差，而外国的国际收支出现顺差。为保持固定汇率，两国货币当局同时对外汇市场进行干预，本国外汇储备和货币供给减少，LM_1 向左移动到 LM_2；外国外汇储备和货币供给增加，LM^* 曲线进一步右移。在本国 LM_1 曲线左移的过程中，国民收入下降，通过边际进口倾向会带来外国出口的减少，IS^*_1 曲线左移到 IS^*_2。随着本国利率的上升和外国利率的下降，最终当两国的利率再次相等时，两国经济都恢复到均衡状态。图 10-17（a）、（b）中的点 E 和点 E^* 表示两国调整后的均衡点。调整后的世界利率 i_e 和 i^*_e 低于初始水平，这是因为本国的货币扩张增加了世界货币存量，而两国的收入分别增加至 Y_e 和 Y^*_e，较初始水平有所提高。

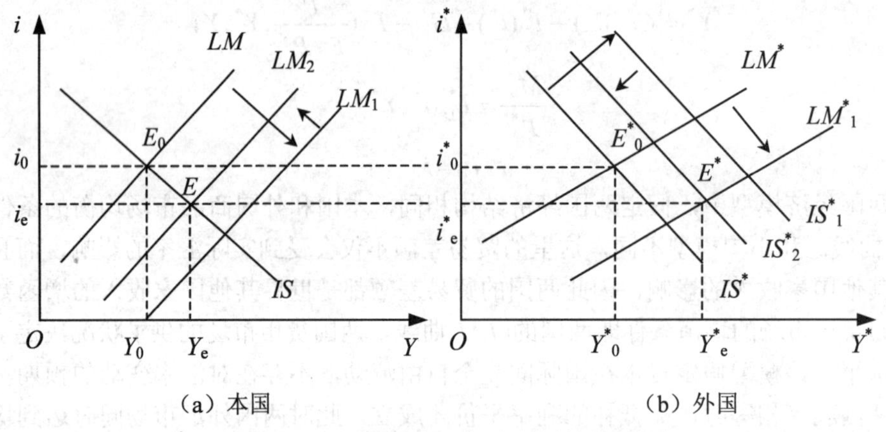

（a）本国　　（b）外国

图 10-17　固定汇率下货币政策的国际传导

这一结果与小国经济情形有显著不同。首先，由于货币政策对世界利率的影响，国内货币政策可以影响到国内产出，而不是无所作为。其次，国内扩张性货币政策对外国经济有正的溢出效应，即外国产出会随本国货币扩张而增加。这种溢出效应通过两个渠道发生作用：（1）本国收入增加通过边际进口倾向使外国出口扩大、进而使收入增加；（2）本国利率的降低使资本流向外国，扩大了外国的货币供给，假设各国中央银行未采取冲销性干预政策，从而使外国的利率降低，进而促进其收入增加。前者是收入机制的传导，后者是利率机制的传导，这种收入和利率的不断调整使国际收支重新恢复到均衡。

2. 财政政策的国际传导

在图 10-18 中，国内财政支出扩张使 *IS* 曲线右移到 IS_1，使得本国利率上升、收入增加。本国收入的增加导致进口增加，使外国的 IS^* 曲线右移到 IS^*_1，外国的出口和收入也会增加，但由于引起外国 IS^* 曲线移动的外国出口（即本国进口）的增加仅为本国收入增加的一部分（因为边际进口倾向小于 1），所以外国 IS^* 曲线右移的距离要小于本国 *IS* 曲线右移的距离。两国 *IS* 曲线的右移都导致利率水平的上升，而本国利率水平要高于外国利率水平，这一利率差将导致资本由外国流入本国以及相应的外汇储备的转移。这将使外国货币供给收缩，LM^* 曲线左移到 LM^*_1，外国利率水平上升、收入回落；本国 *LM* 曲线右移到 LM_1，本国利率水平下降、收入进一步扩张。此时，本国国民收入的增加又通过收入机制带来外国收入水平的进一步增加，IS^*_1 进一步右移到 IS^*_2，抵消了一部分 LM^* 曲线左移引起的外国收入水平下降。以上的调整过程将会持续到两国利率水平重新相等时为止。图中的点 *E* 和点 E^* 表示调整后新的均衡点。

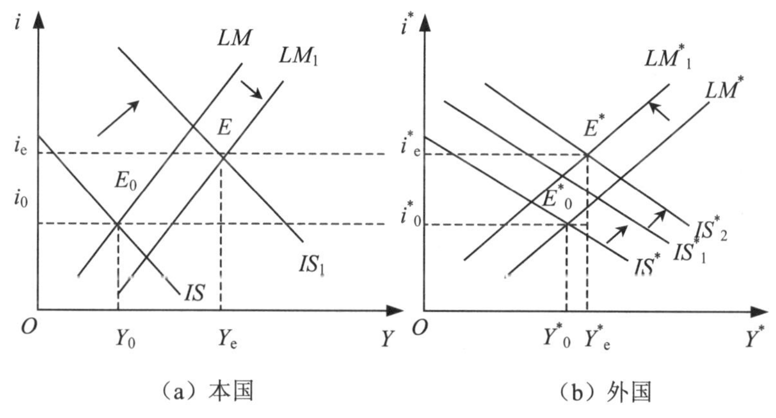

图 10-18　固定汇率下财政政策的国际传导

从图 10-18 中可见，本国财政支出的扩张既增加了本国产出和收入，也对外国经济产生了扩张作用，本国实行扩张性财政政策后两国的收入状况都高于初始的水平。并且由于世界总支出增加时世界货币存量未变，世界利率将上升至 i_e 和 i^*_e 的水平。另外，由于国内的财政政策对世界利率的影响，以致对本国的投资产生一定的挤出效应，使得它对本国产出的影响低于固定汇率时小国模型的财政政策效应。

以上分析表明，在一个固定汇率制下的两国模型中，宏观经济政策的国际传导可通过两种渠道实现：（1）当一国收入变化影响到外国出口时，通过经常账户差额的变化而影响外国的产出；（2）国内经济政策会对世界利率产生影响，进而影响资本国际流动和两国的资本账户。在固定汇率制下，资本账户差额的变化将影响到两国的货币供给水平，最终使本国扩张性的财政政策和货币政策都对外国经济产生了正的溢出效应。

上面的结论是基于资本完全流动的假设，但即使资本不能完全流动，也不会使结论的本质发生改变，只是货币政策和财政政策溢出效应的程度有所变化：货币政策的作用减弱而财政政策的作用增强。因为货币扩张时，本国出现的国际收支逆差，在不存在资本流动时，对外国货币扩张的程度将缩小；而财政扩张时，如果不存在资本流动，则外国国际收支顺差将导致外国的货币扩张，增大溢出效应。

三、浮动汇率制下经济政策的国际传导

与固定汇率制不同，浮动汇率制下国际收支的失衡会通过汇率的调整而得到修正，因此不会引起国内货币供给的变动，这一显著区别使得宏观经济政策的国际传导效应也发生了变化。

1．货币政策的国际传导

在图 10-19 中，假设国内实行扩张性的货币政策，LM 曲线向右移到 LM_1，本国利率水平下降同时国内收入增加。

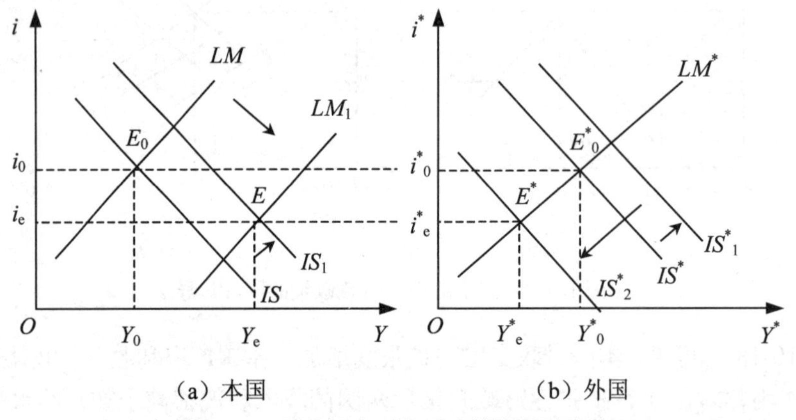

（a）本国　　（b）外国

图 10-19　浮动汇率下货币政策的国际传导

一方面，国内产出和收入的增加通过收入机制使外国出口和收入增加，IS^* 曲线右移到 IS_1^*（由于边际进口倾向小于 1，外国收入的增幅小于国内增幅）。另一方面，由于本国利率低于外国利率水平。资本将从本国流向外国，从而使本国出现国际收支逆差，而外国出现国际收支顺差。在浮动汇率制下，本国货币将贬值，其净出口增加（假定满足

马歇尔—勒纳条件）。IS 曲线右移至 IS_1，产出进一步扩大的同时使利率回升；外国货币将升值，其净出口下降，IS^*_1 曲线转而向左移动到 IS^*_2，外国产出下降的同时使利率回落。这一过程一直持续到两国利率相等时为止，即 $i_e = i_e^*$。最终的结果是，在新的均衡点 E 和 E^*，由于世界货币存量的增加，世界市场利率水平低于初始的水平，本国收入从初始的 Y_0 增加到 Y_e，而外国的收入则从初始的 Y^*_0 下降到 Y_e^*。与固定汇率制下不同，浮动汇率制下本国扩张性货币政策对外国经济产生了负的溢出效应。这一负效应产生的原因是本国货币扩张引起国内利率下降，在利率机制的作用下使外国货币升值，由此导致的外国经常账户的恶化和收入的下降远远超出本国收入增加对外国的正面影响，所以这种政策通常被称为"以邻为壑"（beggar-thy-neighbor）的政策。

2．财政政策的国际传导

如图 10-20 所示，本国实行扩张性的财政政策引起 IS 曲线右移到 IS_1，本国的利率和收入都上升。

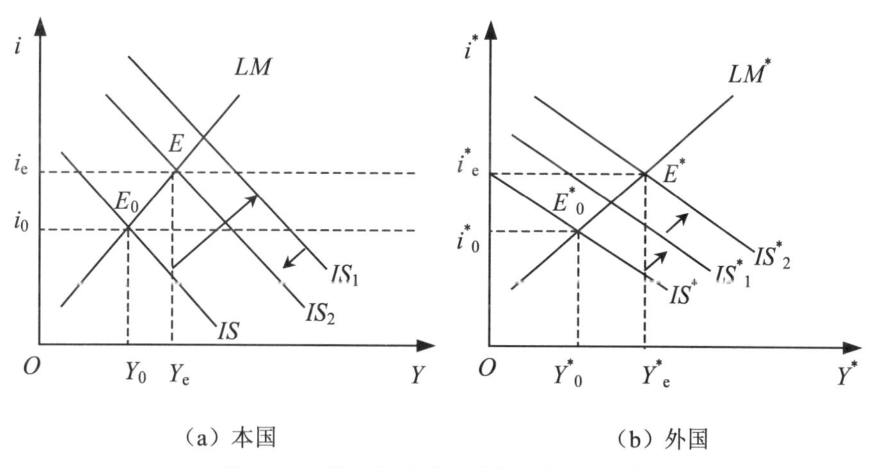

（a）本国　　（b）外国

图 10-20　浮动汇率下财政政策的国际传导

如前所述，收入机制的作用会引起外国出口增加，外国的 IS^*曲线向右移至 IS_1^*，但移动的幅度小于本国 IS 曲线移动的幅度。另一方面，本国收入增加引起的货币需求增加促使本国利率上升，且超过外国利率上升的幅度，致使外国资本大量流入，本国出现国际收支顺差，本币随之升值，净出口减少，IS_1 曲线向左移动到 IS_2，使得本国的收入和利率有所回落；而外国存在国际收支逆差，外币相应贬值，净出口上升，IS_1^*曲线进一步向右移动到 IS_2^*，同时利率水平上升。这一调整过程直到两国利率水平相等时为止。在图(a)、(b) 中的点 E 和点 E^*，由于世界利率水平 i_e 和 i_e^*超过初始水平，所以财政政策对本国产出的扩张效应不会被本币升值的影响完全抵消，最终两国的收入 Y_e 和 Y_e^* 都较初始水平增长，这表明本国扩张性的财政政策对外国经济有着正的溢出效应。

应当指出，如果取消资本完全流动的假设，上述结论将发生变化。当资本不能自由流动时，一国的货币扩张只能使本国利率下降，而不会影响到任何一个国家，这样货币扩张就不可能通过利率机制进行传导。同样的结论也适用于财政扩张的情形。根据简单的蒙代尔—弗莱明模型，只要存在着资本的国际流动，一国的经济政策就必然会影响到其他国家的经济条件。

总结上述分析可以发现，在开放经济下，一国制定的宏观经济政策会通过收入机制和利率机制的作用发生国际间的传导，对外国经济产生正的或负的溢出效应，从而使各国经济存在着相互依存性。这一相互依存性使得各国在实现内外均衡时不可能忽视来自外部经济的影响和制约，同时也为宏观政策的国际协调奠定了基础。

第五节　宏观经济政策的国际协调

在开放经济条件下，各国经济政策的互相影响主要是通过国际收支及汇率的变化来传递的。因此各国在制定宏观经济政策时，不仅要考虑国内经济目标，还须考虑其国际影响。于是，各国的宏观经济政策也就有了协调的必要。

一、国际经济政策协调的必要性

20 世纪 80 年代以来，许多学者对于宏观经济政策的国际协调问题越来越关注。比较一致的看法是认为国际协调是必要的，特别是在浮动汇率制受到推崇的今天，世界主要国家之间的协调是十分必要的。

根据本章第三节的分析可知，在浮动汇率和资本高度流动的情形下财政政策无效，而货币政策是比较有效的，但这一结论是在不考虑别国影响的情况下得出的。如果考虑别国经济政策的影响，那么一国的货币政策能否达到目标就值得怀疑了。例如，当一国经济面临有效需求不足时，政府应该采取扩张的货币政策。可是如果与该国经济密切相关的国家采取紧缩的货币政策，该国增加的资金将会大量外流，一方面使本国扩张政策的效果因为资金的流出而被抵消，另一方面相关国家紧缩的货币政策也会因为资金的流入而难以发挥作用。相反，当一国采取紧缩的货币政策时，其效果又会被与之密切相关的国家扩张的货币政策所抵消，因为当一国采取紧缩政策时，本国利率上升或货币供应量的减少将被资金的大量流入而抵消。

因此，各国宏观经济政策的相互联系和相互影响将使各国经济政策的效果大打折扣。

在资本完全自由流动的条件下，政府所实施的经济政策可能会完全失去它应有的作用。

赞成国际经济政策协调的一个主要理由是稳定汇率。罗纳德·麦金农（Ronald I. McKinnon）认为，将汇率稳定在一个固定的水平或限制在狭窄的目标区（target zones）内波动，有助于降低国际贸易和国际投资的波动性。在浮动汇率和资本完全自由流动情形下，货币政策会引发汇率的波动，扩张性货币政策会导致本国货币贬值，而紧缩性的货币政策则导致本国货币升值。例如，如果美国相对于日本和德国实行相对扩张性的货币政策，那么美元对日元和马克就有贬值的趋势。如果日本和德国的货币当局也采取扩张性的货币政策，在外汇市场上抛出本币，购进美元，那么这种联合行动就可以阻止美元的贬值，维持美元汇率的稳定。由此可见，在浮动汇率下，各国货币政策的协调可以实现汇率的稳定。

罗纳德·麦金农

除稳定汇率外，国际经济政策协调还常常有其他一些宏观经济目标。其中之一是国际协调可以避免"以邻为壑"的政策出现。例如，如果一国采取货币贬值的方式来促进出口、限制进口，那么其他国家可能也会跟着采取同样的做法来提高其出口产品竞争力，结果就会出现"竞争性贬值"（competitive devaluation）这一恶果。如果各国进行政策协调，就完全可以避免这种现象。

在实践中，国际经济政策协调有全球性和区域性两种。前者主要是在国际货币基金组织（IMF）及西方一些主要发达国家参与下进行的，后者则是在一些区域一体化组织内部进行的。其中，政策协调比较成功且协调水平比较高的区域组织是欧洲联盟[①]。

虽然各国有进行国际经济政策协调的愿望，但是在实际中，由于各国政府的经济政策目标往往并不一致，所以国际经济政策协调真正实行起来会遇到很多困难。

二、国际经济政策协调的内容

随着全球经济的一体化，世界上的一些国家提出了双边或多边的协调方式。这些协调主要包括货币政策协调、财政政策协调和汇率政策协调三个方面。

1. 货币政策协调

各国货币政策的协调主要包括有关国家利率的协调，这种协调主要针对利率的调整

① 详细的内容见本书第十二章第三节。

方向。一旦一国希望通过利率的调整来干预经济，以达到控制经济过热或经济衰退的目的，该国不仅要确定一个利率调整的方向，还要同有关国家协商，协调它们之间利率调整的基本方向。如果各国利率调整的方向大相径庭，那么其中任何一个国家的政策目标都不能顺利实现。各国不仅要协调他们之间的利率变动方向，而且还要协调各国利率调整的幅度，因为，各国利率水平之间的差异将带来资金在各国之间的流动，这种流动一直会持续到利率差异消除为止。

一些经济学家认为，政府控制利率不如控制货币的增长量。因此，各国货币政策的协调还可以采用控制货币供应量增长率的方式。一般而言，货币主义经济学家主张通过控制货币供应量调节经济。甚至在他们看来，在确定了稳定的货币供应量增长率之后就不必干预经济的增长过程。因此，无论一国是控制货币供应量，还是控制利率都需要与其他国家进行协调，特别是与本国有密切关系的国家相互协调。

2. 财政政策协调

在经济关系比较密切的国家之间，不仅要协调他们的货币政策，还要协调其财政政策，因为货币政策协调的效果在很大程度上还依赖于财政政策的协调。如果一国的财政支出扩张，政府就需要通过货币政策加以配合。这种配合意味着货币发行量的增加，或者物价上涨率比较高，这将导致一国货币供应量增长率的上升，出现因没有协调财政政策而使各国之间货币政策的协调难以维持的现象。因此，成功的货币政策协调常常伴随着财政政策的协调，或者说，各国之间只有同时协调他们之间的货币政策和财政政策，一国经济政策的目标才能顺利实现。

3. 汇率政策协调

在各国将内部平衡和外部平衡作为经济调节的最佳目标时，它们之间不仅要协调货币政策和财政政策，而且还要协调汇率政策。在开放经济条件下，尽管一国可以选择完全浮动的汇率制度，使政府只需考虑本国的内部平衡，但是为了维持经济的稳定发展，特别是减少对外贸易的风险，各国还是趋向于采用有管理的浮动汇率。这意味着一国不仅要考虑内部平衡，而且还要兼顾外部平衡。当一国经济中有效需求不足时，政府可以采取货币贬值的政策，以便刺激出口、限制进口。但是如果各国政府都这样做，就会出现各国竞相使本币贬值的现象，结果是各国货币之间的兑换率可能回到原来的出发点。如果任何一国的货币贬值幅度超过其他国家，各国之间的贸易风险也将随之产生。如果一些国家采取货币贬值或预期货币贬值，而另一些国家采取货币升值或预期升值，外汇市场上的汇率就会发生变化，引起投机和资金的转移，这种单纯由于汇率变动引起的资金转移不利于各有关国家经济的稳定和正常的增长。

实际上，各国货币政策、财政政策和汇率政策协调的最高阶段是统一各国的货币，即用一种货币代替各国自行使用的本国货币。统一货币后，各国不能自行增加或减少货币供应量，也不能提高或降低本国的利率。同样，统一货币意味着各国必须有协调一致的财政政策，因为统一的货币之下不可能给财政政策的实施提供条件。原因是扩张的财政政策有赖于信用的扩张，否则政府支出的增加在货币供应量不变的情况下，将引起利率的上升，产生“挤出效应”，抵消财政政策的作用。当然，各国货币统一以后，汇率的协调将不复存在。因此，统一货币是各国经济政策协调的最高级形式。

然而，由于各国经济发展水平的差异，特别是经济波动程度的差异，使得他们在经济政策协调方面会遇到许多困难。在多边协调中，各国一般会选择比较松散的协调方式，除非他们之间的经济关系达到了十分密切的程度。

三、国际经济政策协调的博弈分析

前面的分析表明，在取消小国假定后，国内宏观经济政策的变化对其他国家有着重要的溢出效应。国际经济的这种相互依存关系的程度和方式，取决于模型中其他参数的不同设置，如汇率制度的类型、资本流动性、价格调整速度及汇率预期方法等。参数设置不同，政策效应的结果也不尽相同，这使得国际经济关系中充满了不确定性。在某些情况下，国内的扩张性经济政策会对世界其他国家的产出形成负面影响，如“以邻为壑”政策等。这时，外国政府一般均会采取相应的措施，调整自己的政策组合，这又会反过来对本国产生溢出效应。

因此，各国在制定宏观经济政策时都面临两种选择：要么完全独立、分散决策，尽可能选择使本国收益最大的政策；要么对各国的政策进行一定的国际协调。现在的问题是，两个国家（或更一般地，所有国家）进行某种程度的政策协调是否会比独立决策更加有效或更优。

在过去的 20 年中，已经有许多经济学家利用博弈论的理论与分析方法，研究和分析了国际经济政策协调问题，例如 Hamada（1979，1985）、Canzoneri 和 Cray（1983）等分别在单阶段静态完全信息博弈框架下对固定汇率制和浮动汇率制下国际经济关系的分析，Miller 和 Salmon（1985）在动态博弈框架下的分析等，通常都得出政策协调导致两国福利增加的结论。虽然这些关于国际经济联系和政策协调的分析和结论都与特定模型的设置有关，但它们仍对政策制定有着重要的帮助。它们表明，面对世界经济冲击，如果每个主要国家都采取相似的策略，则单个国家的最优政策选择可能会给世界经济整体带来灾难。还应当看到，宏观经济政策的国际协调是可行的，其前景是乐观的，因为许多主要国家已经意识到政策协调的必要性并采取了一些建设性的措施，这对于世界经济产生了积极的影响。

复习题

1．开放经济下宏观调控的目标是什么？

2．简述内外均衡目标之间的关系。

3．开放经济下的政策工具有哪些？

4．简述开放经济下政策工具的搭配。

5．简述固定汇率制下货币政策和财政政策的效应。

6．简述浮动汇率制下货币政策和财政政策的效应。

7．简述固定汇率制下经济政策的国际传导。

8．简述浮动汇率制下经济政策的国际传导。

9．简述国际经济政策协调的内容。

练习题

1．能够治理以下内外失衡的货币和财政政策组合是什么？

（1）通货膨胀率上升和国际收支逆差；

（2）通货膨胀率上升和国际收支顺差；

（3）失业和国际收支顺差。

（4）画出一幅类似图 10-1 的图形，表示如何运用货币和财政政策组合调节失业和国际收支顺差。

2．说明可以治理下列失衡的支出增减政策和支出转换政策的搭配：

（1）通货膨胀率上升和国际收支顺差；

（2）失业和国际收支顺差；

（3）通货膨胀率上升和国际收支逆差。

3．为什么在固定汇率制下且资本完全流动时，货币政策是无效的？

4．20 世纪 90 年代初，日本政府在美国的要求下实施扩张性的财政政策。假设在浮动汇率制下且资本完全流动，请回答并说明理由：（1）日本政府实施扩张性财政政策和美国的利益是否一致？（2）美国政府希望日本政府采取什么样的货币政策？

5．“浮动汇率制可以将一国经济与国际的动荡隔离开，而不需要国际政策协调。”这种说法对吗？请举例说明理由。

第十一章　外汇风险与外汇管制

【引言】

在外汇交易的过程中，有一部分外汇头寸处于暴露状态，这导致了外汇风险的产生。外汇暴露程度是确定的，而外汇风险程度是不确定的。面对种类众多的外汇风险，应当研究对外汇风险进行管理的手段，对外汇风险的管理可以从事前防范和事后转嫁两方面进行。外汇管制政策能够维护一国经济的稳定发展，但由于它限制外汇市场机制的充分发挥，破坏了资源在世界范围的有效配置，因此又会降低一国和世界整体的福利。

【学习目标】

① 外汇风险及其主要类型；

② 如何对外汇风险进行管理；

③ 外汇管制的方法与措施；

④ 外汇管制的福利效应。

第一节　外汇风险及其类型

一、什么是外汇风险

外汇风险（foreign exchange risk）有广义和狭义之分。广义的外汇风险是指由于汇率、利率变化、交易者到期违约及外国政府实行外汇管制给外汇交易者可能带来的收益的易变性，狭义的外汇风险仅指因两国货币汇率的变动给外汇交易者可能带来的收益的易变性或不稳定性。本节所讨论的外汇风险主要是指狭义的外汇风险。

通常将承受外汇风险的外汇金额称为“受险部分”或“暴露”（Exposure），如果作定量分析的话，可通过外汇的暴露程度来判断外汇风险的大小。例如，某跨国公司资金部的负责人称其在欧元方面有 100 万美元的正暴露，就是说，如果欧元升值 10%，该公司将受益 10 万美元；如果欧元贬值 10%，该公司将会损失 10 万美元，因此，暴露的这部分外汇就处于风险状态。从这里可以看出外汇交易之所以会产生风险是因为有一部分外汇头寸处于暴露状态，即因为有外汇暴露才导致了外汇风险。同时，外汇暴露程度是确定的，而外汇风险程度是不确定的。

在日常经济活动中，外汇风险的理解习惯于从风险的主体出发，也就是说从主体收益损失的可能性来进行分析和研究，因此外汇风险主要是指在一定时期内，在持有或运用外汇的场合，因汇率变动而给有关主体带来收益损失的可能性。

外汇风险的构成要素有三：一是本币，因为本币是衡量一笔国际经济交易效果的共同指标，外币的收付均以本币进行结算，并考核其经营成果。二是外币，因为任何一笔国际经济交易必然涉及外币的收付。三是时间，因为在国际经济交易中，应收款的实际收进与实际付出，借贷本息的最后偿付，都有期限即时间因素。在确定的期限内，外币与本币的折算汇率可能会发生变化，从而产生外汇风险。

二、外汇风险的类型

外汇风险可以分为五大类，即外汇买卖风险；交易结算风险；会计风险；外汇储备风险；经济风险。

1. 外汇买卖风险

外汇买卖风险是指由于外汇交易而产生的汇率风险。这种风险是以一度买进或卖出外汇，将来又必须卖出或买进外汇为前提而存在的。例如，将按照 1 欧元=1.208 2 美元的汇率买进的欧元以 1 欧元=1.207 1 美元的汇率卖出，每 1 欧元的交易就会发生 0.001 1 美元的亏损，蒙受这种损失的可能性在当初进行外汇交易时就产生了，这就是外汇买卖风险。

银行的外汇风险主要是外汇买卖风险，因为外汇银行的交易几乎都是外汇买卖，即外币现金债权的买卖。银行以外的企业有时也面临外汇买卖风险，它主要存在于以外币进行借贷款或伴随外币借贷而进行外币交易的情况之中。

2. 交易结算风险

交易结算风险（transaction risks）是指以外币计价或成交的交易，由于外币与本币的比值发生变化而引起亏损的风险，即在以外币计价成交的交易中，因为交易过程中外汇汇率的变化使得实际支付的本币现金流量变化而产生的亏损。这种外汇风险主要是伴随着商品及劳务买卖的外汇交易而发生的，并主要由进行贸易和非贸易业务的一般企业所承担。具体来说，可将这些交易分成两大类：一类是企业资产负债表中所有未结算的应收、应付款所涉及的交易活动和以外币计价的国际投资和信贷活动；另一类是表外项目所涉及的、具有未来收付现金的交易，如远期外汇合约、期货买卖及研究开发等。

在国际贸易中，贸易商无论是即期支付还是延期支付都要经历一段时间，在此期间汇率的变化会给交易者带来损失，从而产生交易结算风险。例如，中国出口商输出价值为 10 万美元的商品，在签订合同时汇率为 US$1= RMB￥8.30，出口商可收 83 万人民币货款，而进口商应付 10 万美元。若三个月后才付款，此时汇率为 US$1 = RMB￥8.20，则中国出口商结汇时的 10 万美元只能换回 82 万元人民币，出口商因美元下跌损失了 1 万元人民币。相反，结汇时若以人民币计价，则进口商支付 83 万元人民币，需支付 10.12 万美元。

交易结算风险还有可能产生于外币计价的国际投资和国际借贷活动。例如投资者以本国货币投资于某种外币资产，如果投资本息收入的外币汇率下跌，投资实际收益就会下降，使投资者蒙受损失。再如，从国际资本借贷中的借款者来看，借入一种外币需换成另一种外币使用，或偿债资金的来源是另一种货币，则借款人就要承担借入货币与使用货币或还款来源之间汇率变动的风险，若借入货币的汇率上升，就增加借款成本而有受损之可能。

3．会计风险

会计风险（accounting risks）又称外汇评价风险或折算风险，它是指企业进行外币债权、债务结算和财务报表的会计处理时，对于必须换算成本币的各种外汇计价项目进行评议所产生的风险。企业会计通常是以本国货币表示一定时期的营业状况和财务内容的，这样，企业的外币资产、负债、收益和支出，都需按一定的会计准则换算成本国货币来表示，在换算过程会因所涉及的汇率水平不同、资产负债的评价各异，损益状况也不一样，因而就会产生一种外汇评价风险。例如，日本一家跨国公司在美国的子公司于 2004 年初购得一笔价值为 10 万美元的资产，按当时汇率 US$1= J￥110.00，这笔美元价值为 1 100 万日元，到 2004 年年底，日元汇率上升到 US$1= J￥100.00，于是在该跨国公司的财务报表上，这笔美元资产的价值仅为 1 000 万日元，比开始时资产价值减少了 100 万日元。可见，折算风险的产生是由于折算时使用的汇率与当初入账时使用的汇率不同，从而导致外界评价过大或过小。

4．经济风险

经济风险（economic risks）是指由于未预料的汇率变化导致企业未来的纯收益发生变化的外汇风险。风险的大小取决于汇率变化对企业产品的未来价格、销售量以及成本的影响程度。一般而言，企业未来的纯收益由未来税后现金流量的现值来衡量，这样，经济风险的受险部分就是长期现金流量，其实际国内货币值受汇率变动的影响而具有不确定性。例如，当一国货币贬值时，一方面可能因出口商品的外币价格下降而刺激出口，从而使出口额增加而收益。但另一方面，如果出口商在生产中所使用的主要原材料是进口品，因本国货币贬值会提高以本币表示的进口品的价格，出口品的生产成本又会增加，其结果有可能使出口商在将来的纯收益下降。这种未来纯收益受损的潜在风险即属于经济风险。

经济风险的分析是一种概率分析，是企业从整体上进行预测、规划和进行经济分析的一个具体过程，其中必然带有主观成分。因此，经济风险不是出自会计程序，而是来源于经济分析。潜在的经济风险直接关系到海外企业的经营效果或银行在海外的投资收益，因此对于企业来说经济风险较之其他类型的外汇风险更为重要。分析经济风险主要取决于预测能力，预测是否准确直接影响生产、销售和融资等方面的战略决策。

5．储备风险

外汇业务活动交易者不论是国家政府、外汇银行还是企业，为弥补国际收支和应付国际支付的需要，都需要有一定的储备，其中相当大的部分是外汇储备。在外汇储备持有期间，若储备货币汇率变动引起外汇储备价值发生损失就称之为储备风险（reserve risks）。在一般情况下，外汇储备中货币品种适当分散，保持多元化，根据汇率变动和支付需要，随时调整结构，使风险减小到最低限度。

第二节　外汇风险的管理

管理外汇风险的方法很多，特别是近十几年来，由于汇率波动日益频繁，又衍生出许多新的方法。所有这些管理方法大致可以分为两大类：事前管理和事后管理。事前管理称为外汇风险的防范，主要是通过改善企业内部经营来实现；事后管理称为外汇风险的转嫁，主要是利用外汇市场金融资产的交易来实现。

一、外汇风险的防范

外汇风险的防范从根本上来说，是做好汇率的预测工作，掌握汇率变动的长期趋势。具体的措施主要有：

1．正确选用收付货币

在对外经济交易中，计价货币选择不当往往会造成收益的损失。例如，美国一进出口公司出口产品时以美元计价结算，进口产品时以日元计价，如果美元贬值，该公司将蒙受损失，如表 11-1 所示。

表 11-1　计价货币选择不当

汇　　率	出口应收款	进口应付款
成交日 US$1=J￥110	1 万美元	110 万日元相当于 1 万美元
成交日 US$1=J￥100	1 万美元	110 万日元相当于 1.1 万美元

当美元贬值时，由于出口以美元计价，出口收到的货款不受汇率变动影响，始终为 1 万美元。而进口以日元计价，同样支付 110 万日元，在成交日价值 1 万美元，而在结算日价值为 1.1 万美元，即该公司将损失 1 000 美元。

反之，如果该公司改变计价货币，情况将完全不同，即出口以日元计价，进口以美元计价，这样该公司不仅不会蒙受损失，还会额外获取 1 000 美元的利润，如表 11-2 所示。

表 11-2　计价货币选择适当

汇　　率	出口应收款	进口应付款
成交日 US$1=J￥110	110 万日元相当于 1 万美元	1 万美元
成交日 US$1=J￥100	110 万日元相当于 1.1 万美元	1 万美元

由此可见，正确选择计价收付货币对于国际经济业务相当重要。一般的原则是：（1）计价收付货币必须是可兑换货币。自由兑换货币可随时兑换成其他货币，既便于资金的应用和调拨，又可在汇率发生变动时，便于开展风险转嫁业务。从而达到避免转移汇率风险的目的。（2）收硬付软原则，即在出口贸易中，力争选择硬货币来计价结算，进口贸易中，力争选择软货币计价结算。但是在实际业务中，货币选择并不是一厢情愿的事，因为交易双方都想选择对自己有利的货币，从而将汇率的风险转嫁给对方。因此，交易双方在计价货币的选择上往往产生争执。为打开僵局，促使成交，使用“收硬付软”原则要灵活多样。例如可以通过调整商品价格的方法，把汇率变动的风险计入商品的价格中，同时还可采取软硬对半策略等。（3）要综合考虑汇率变动趋势和利率变动趋势。这主要是指在国际市场上筹集资金时，低利率债务不一定就是低成本债务，高利率债务也不一定就是高成本债务。例如有 A、B 两笔债务，A 债务以美元计价年利率为 12%，B 债务以日元计价年利率为 8%，而美元汇率将贬值 4%，日元汇率将升值 4%，这样 A 债务的实际利率是 8%，而 B 债务的实际利率为 12%，因而实际上 B 债务的成本比 A 债务的成本高。

2. 国际经营多样化

国际经营多样化是防范外汇风险中经济风险的一种基本策略，它是企业在国际范围内将其原料来源、产品生产及其销售采取分散化的策略。当汇率变动时，企业就能通过其在某些市场竞争优势的增强来抵消在另一些市场的竞争劣势，从而消除经济风险。例如，对原材料的需求不仅依赖于一至两个国家或市场，而是拥有多个原材料的供应渠道，即使由于某个国家货币汇率变化而使得原材料价格上涨，也不至于使生产成本全面提高而降低产品在国际市场的竞争力。企业产品的分散销售还可以在汇率变动时，使得不同市场上产品的价格差异带来的风险相互抵消。

3. 筹资分散化或多样化

筹资分散化也是防范外汇风险中经济风险的一种基本策略，它是指企业从多个资本市场以多种货币形式获得借贷资金。通过这种多渠道、多货币的筹资，可分散汇率、利率变化的风险，例如以日元一种货币筹资，筹资者就承受了日元汇率变动的全部风险，如果日元升值，其还本付息的负担就会加重，筹资成本提高，如果以美元、日元、德国马克等多种货币筹资，由于这些货币的比价互有升降，就可以减少或抵消汇率变动带来的风险。这就是通常所说的“不要把所有鸡蛋都放在同一个篮子里”的道理。

二、外汇风险的转嫁

1. 提前或推迟外汇收付

提前或推迟外汇收付是根据对汇率的预测，对在未来一段时期内必须支付和收回的外汇款项采取提前或推迟结算的方式以减少交易风险。

提前结算是在规定时间之前结清债务或收回债权，推迟结算是在规定时间已到时，尽可能推迟结清或收回债权。一般而言，如果预计计价结算货币的汇率趋跌，那么出口商或债权人则应设法提前收汇，以避免应收款项的贬值损失，而进口商或债务人则应设法推迟付汇。反之，如果预计计价结算货币的汇率趋升，出口商或债权人则应尽量推迟收汇，进口商或债务人则应尽量设法提前付汇。值得注意的是，提前或推迟收付依据的是进出口商对汇率的预测。预测准确不仅能避免外汇风险，而且能额外获益；若预测失误，将遭受损失，因此对汇率的预测带有投机性质。

2. 资产负债表保值

资产负债表保值是避免会计风险的主要措施，它是通过调整短期资产负债结构，从而避免或减少外汇风险的方法。资产负债表保值的基本原则是：如果预测某种货币将要升值，则增加以此种货币持有的短期资产，即增加以此种货币持有的现金、短期投资、应收款、存货等，或者减少以此种货币表示的短期负债，或者两者并举。反之，若预测某种货币将要贬值，则减少以此种货币持有的资产，或增加以此种货币表示的负债，或两者并举。

3. 债务净额支付

债务净额支付是指跨国公司在清偿其内部交易所产生的债权债务关系时，对各子公司之间、子公司与母公司之间的应付款项和应收款项进行划转与冲销，仅定期对净额部分进行支付，以此来减少风险性的现金流动。这种方法又称冲抵，具体包括双边债务净额支付和多边债务净额支付两种情形。前者是指在跨国公司体系两个经营单位之间定期支付债务净额的办法，后者是指在三个或更多经营单位之间定期支付债务净额的方法。

现举例对多边债务净额支付加以说明。假定在某跨国公司的净额支付期间，法国子公司欠英国子公司等值于 500 万美元的英镑，英国子公司欠意大利子公司等值于 300 万美元的意大利里拉，意大利子公司欠法国子公司等值于 300 万美元的法国法郎，则三个子公司之间的债权债务关系经过彼此冲抵后，只要求法国子公司向英国子公司支付相当于 200 万美元的、某种预先商定的货币资金即可结清。在此期间，资金的总流量是 1 100 万美元，资金的净流量为 200 万美元，彼此冲抵的资金流量为 900 万美元。可见，多边债务净额支付使支付数额和次数大为减少，达到了降低风险的目的。

4. 在金融市场上借款

这是一种对于现存的外汇暴露，通过在国际金融市场上借款，以期限相同的外币债权、债务与之相对应，以消除外汇风险的做法。这种方法主要适用于交易结算风险的转嫁。利用在金融市场上借款来避免外汇风险的一般做法是：对于出口（进口）商而言，首先，在签订贸易合同后立即在金融市场上借入所需外币（本币）；其次，卖出（买入）即期外币，取得本币（外币）资金；再次，利用金融市场有效地运用所取得的本币（外币）资金；最后，执行贸易合同，出口商以出口货款偿还借款本息，进口商一方面以外币支付货款，另一方面以本币归还本币借款本息。

例如，一家日本公司和一家美国公司签订了价值 100 万美元的出口合同，三个月后收到货款。这三个月期间，该日本公司出现了 100 万美元的外汇暴露，一旦美元贬值，他得到的日元就会减少。为了避免或减少外汇风险，日本公司在国外金融市场以年利率 12%借入 100 万美元，期限三个月，若当时的即期汇率为 US$1=J￥100，将 100 万美元卖出可取得 1 亿日元。日本公司在金融市场上运用这笔资金，投资于三个月的有价证券，年利率为 8%。通过这一系列的操作，在签订合同到收款这段时间，无论汇率发生什么变化，都与该公司无关。

5．在外汇市场和期货市场上套期保值（套头交易）

套期保值是指在已经发生一笔即期或远期交易的基础上，为了防止汇率变动可能造成的损失而再做一笔方向相反的交易。如果先前做的一笔交易受损，则后来做的套期保值交易就必然会得益；或者正好相反，后者交易受损而前者得益。运用这个原理转嫁汇率风险的具体方式主要有远期外汇业务、外汇期货业务、外汇期权业务、货币互换、利率互换和远期利率协议等。

6．掉期保值

掉期保值与套期保值在交易方式上是有区别的，前者是购现售远或购远售现（也可以是购近售远或购远售近），两笔相反方向的交易同时进行，而后者是在一笔交易基础上所做的反方向交易。掉期交易的两笔金额通常相等而套期保值则不一定。掉期交易最常用于短期投资或短期借贷的业务中防范汇率风险。

7．利用货币保值条款保值

货币保值条款是指在合同中规定一种（或一组）保值货币与本国货币之间的比价，如支付时汇价变动超过一定幅度，则按原定汇率调整，以达到保值的目的。由于货币保值条款中使用的是指数，因此把它称作货币指数化。主要有两种形式：

（1）简单指数形式。目前常用的是一揽子货币保值。在运用这种方法时，首先确定一揽子货币的构成，然后确定每种货币的权数，先定好支付货币与每种保值货币的汇价，计算出每种保值货币在支付总额中的金额比例，到期支付时再按付款时汇率把各种保值货币的支付金额折算回支付货币进行支付。由于一揽子货币中的各种保值货币与支付货币的汇价有升有降，可有效的避免或降低外汇风险。例如，我国出口企业有价值为90 万美元的合同，以欧元、英镑、日元三种货币保值，他们所占的权数均为 1/3，与美元的汇率为 US$1=EUR0.82、US$1=￡0.6、US$1=J￥110，则以此三种货币计算的价值各为30 万美元，相当于 24.6 万欧元、18 万英镑、3 300 万日元。若到期结算时这三种货币与美元之间的汇率变为：US$1= EUR0.80、US$1=￡0.5、US$1=J￥112，则按这些汇率将以欧元、英镑、日元计价的部分重新折算回美元，付款时我国出口企业可收回 96.21 万美元的货款。

（2）复合指数形式。它是在简单指数的基础上将商品价格变动的因素考虑进去，使价格也指数化，从而确定复合指数，以达到避免外汇汇率和商品价格变动风险的目的。使用货币指数时，一般对各种保值货币的汇价变动规定有调整幅度。如调整幅度定为 0.8%，如果汇率变动不超过 0.8%，则按原定汇价结算；若超过 0.8%，则按当时汇率调整。

8. 外汇风险保险

目前不少国家开设了外汇保险机构，承保外汇汇率风险，国际经济交易者可以利用这类保险服务避免外汇风险。例如英国的出口信贷保证部（Export Credits Guarantee Department，ECGD）、荷兰的信贷保险有限公司（Netherlands Credit Insurance Company Limited）、美国的进出口银行（Export Import Bank）等。

第三节　外汇管制政策

一、外汇管制概述

1. 外汇管制的产生和演变

外汇管制（foreign exchange control）又称外汇管理，它是一国政府为了防止资金过度流动，维持国际收支平衡和本国货币汇率的稳定，授权中央银行或专门的外汇管理部门对外汇买卖和国际结算所采取的限制性措施。

外汇管制是资本主义经济发展到一定阶段的产物。第一次世界大战以前，世界主要国家都实行金本位制，汇率的波动受黄金输送点限制，国际收支是自动调节的，货币可以自由流通、自由兑换和进出国境，根本不存在外汇管制。

第一次世界大战爆发后，英、法、德、意等国由于战争的巨额消耗，发生了严重的国际收支逆差，本国货币外汇价猛跌，大量资本外逃。为了稳定本国经济，筹措支付战争所需的大量资金，防止资本外逃，参战各国纷纷取消了金本位制度，实行纸币流通制度，取消了外汇自由买卖，禁止黄金输出，外汇管制由此而产生。战后西方各国经济逐步恢复和发展，在世界政治、经济相对稳定的外部环境下，先后建立起金块本位制和金汇兑本位制，战争期间所实行的外汇管制有所放松，外汇的自由买卖与国际间多边结算制度基本恢复。

1929—1933 年，资本主义世界爆发了规模空前的经济危机，几乎所有的资本主义国家都陷入了国际收支和货币信用制度的双重危机之中，这导致金本位制度全面崩溃，普遍实行纸币流通，通货膨胀居高不下。在这种情况下，经济不发达国家以及债务国不得不重新恢复了外汇管制，采取全面集中分配外汇、严格控制用汇等一系列限制外汇自由出入国境的措施。那些经济实力强、外汇资金充裕的国家则采用设立外汇平准基金等手段，对汇率进行控制，争取扩大出口，以平衡国际收支。

第二次世界大战期间，除了远离战场未受破坏的美国外，资本主义各国普遍实行了严格的外汇管制。为了应付巨额的战争支出，就连在 30 年代世界经济危机中仍然坚持货币自由兑换的英、法两国也不得不实行了外汇管制。据统计，到 1940 年资本主义世界实行外汇管制的国家达到 100 多个。战后初期，各国经济状况极度不平衡，英、法、德、日、意等国面临着恢复和重建经济需要大量资金的问题，为了把有限的外汇集中用于建设，解决国际收支困难，这些国家都进一步加强了外汇管制。另一方面，美国由于自身的特殊性，没有实行外汇管制，并在它的倡导下建立了布雷顿森林货币体系。1944 年 7 月成立的国际货币基金组织，其重要宗旨之一就是消除阻碍国际贸易和资金流动的外汇管制。

20 世纪 50 年代后，随着西欧和日本等国经济状况的好转，国际收支改善和积累的外汇数额增多，再加上美国的外在压力，各国在 1958 年实行了有限度的货币自由兑换，对贸易收支解除了外汇管制，但对其余外汇收支仍维持管制。60～70 年代后，西方主要工业化国家进一步解除了外汇管制措施，实行全面的货币自由兑换。同时，亚太地区的新兴工业化国家和地区以及中东一些富裕的产油国家，也逐步放宽以至取消了大部分外汇管制。20 世纪 80 年代以来，随着经济全球化和金融一体化趋势的加强，取消外汇管制成为一种明显的发展趋势。但是，80 年代末以后，国际金融领域的动荡特别是几次金融危机的爆发，使得一些国家在取消外汇管制方面放慢了步伐。

2. 各国实行外汇管制的目的

从外汇管制演变的历史过程中可以看出，国际收支危机和货币信用危机是实行外汇管制的根本原因，因而减缓国际收支危机，稳定本国货币汇率显然是各国实行外汇管制的最主要目的。具体包括以下几个方面：

（1）限制进口，扩大出口。通过实行外汇管制，可以对一切外汇交易活动和外汇资金的来源和运用进行严格控制，限制不利于本国经济发展的商品进口，支持有利于本国经济发展的商品进口，使本国商品有一个良好的国内市场环境，促进本国经济的发展；另一方面，通过一些政策措施，鼓励工业产品出口创汇，限制原材料、能源及初级产品的出口，提高国内资源的利用率。

（2）保持国际收支平衡。资本的国际流动，尤其是短期资本的国际流动对一国国际收支会产生很大的影响。实行外汇管制，就可以通过管制的政策性措施，限制资本向不利于本国国际收支的方向流动。当国际收支出现逆差时，对流出本国的国内资本不予兑换，防止资本外流；而当国际收支出现顺差时，则可通过各种措施来限制外国资本流入。

（3）稳定货币汇率，抑制通货膨胀。通货膨胀与汇率变动有着密切的联系。本币贬值，会导致对本币的需求增加，使得流通中的货币量增多，从而引发通货膨胀。实行外汇管制，对外汇交易加以限制，在汇率剧烈波动时由政府进行干预，可以保持汇率的稳定，抑制通货膨胀的发生。

（4）集中外汇财力，增加外汇储备。对于一些经济实力相对薄弱、外汇资金短缺的发展中国家来说，外汇缺口一直是制约其经济发展的主要障碍。通过实行严格的外汇管制，规定出口产品所创外汇必须出售给国家经营外汇的专业银行，进口所用外汇由国家有关部门统一审批，把有限的外汇用到急需的项目上，可以缓解外汇供求矛盾，同时有利于增加外汇储备。

（5）增强贸易谈判地位的手段。世界各国之间经济贸易关系十分密切，一些国家为了保护本国经济的发展和谋求国际收支状况的改善，往往以邻为壑，实行歧视性的贸易关税政策。实行外汇管制，可以用类似的手段对其进口实行限制，迫使对方放宽贸易限制，取消歧视性的关税。

3. 外汇管制国家（地区）的类型

按照外汇管制的程度，目前世界上实行外汇管制的国家和地区大致有三种类型：

第一类：实行严格的外汇管制。无论是对国际收支中的经常项目或资本项目，都实行严格的管制，前苏联、东欧国家和大多数发展中国家大多属于这一类型。据统计这种类型的国家或地区有 90 多个。

第二类：实行部分的外汇管制。这种外汇管制一般是对非居民的经常性外汇收支（包括贸易和非贸易）不加限制，允许自由兑换或汇出国外，而对资本项目的外汇收支则加以限制。一些比较发达的工业化国家或新兴工业化国家或地区属于此类，目前列入这一类型的国家和地区大约有 40 余个。

第三类：完全取消外汇管制。这种类型的国家和地区允许本国货币自由兑换成其他国家的货币，对非居民的贸易和资本金融项目的收支都不加限制，但事实上对非居民也还实行间接或变相的限制，不过限制的程度比以上两类国家大为减轻。以美国、英国、德国为代表的发达工业化国家和以沙特阿拉伯、科威特等为代表的国际收支有盈余的石油出口国均属于这一类型，目前列入这一类型的国家和地区大约有 20 余个。

二、外汇管制的机构和对象

一国实行外汇管制的基本内容主要有以下几个方面。

1. 外汇管制的主管机关

实行外汇管制的国家，为了有效实施外汇管制的方针、政策、法令、法规和各种措施，都需要指定一个政府机构来执行外汇管制职能，不过各国的国情不同，因而执行机构也不同。较多的国家授权中央银行作为执行外汇管制的机关，如英国的英格兰银行行使外汇管制权力；有的国家由财政部负责外汇管制，如美国，虽然已经基本上取消了外汇管制，但出于政治上的原因，需要对某些国家的金融和商业往来实行限制，这种限制由财政部负责执行；还有日本由大藏省行使外汇管制权力；有的国家则成立专门的外汇管制机构，如法国、意大利等专门设立了外汇管制局（the bureau of foreign exchange control）；还有的国家把外汇管制的不同职能分别交给几个政府部门执行。

2．外汇管制的对象

外汇管制的对象一般分为人和物两类：

（1）人。包括自然人和法人，根据居住地或营业地的不同又划分为居民（resident）和非居民（non-resident）。居民指长期居住在本国境内的自然人（natural person）（包括本国人和外国侨民），依照本国法律在本国境内设立的具有法人地位的本国和外国机关、团体、企业以及本国驻外外交、领事、商务机构和派往国外的工作人员。非居民指长期居住在本国境外的自然人，依据当地法律设立的本国和外国机关、团体、工业及外国派驻本国的外交、领事、商务等机构及其工作人员。对居民和非居民的外汇管制往往采取不同的政策和规定，多数国家对居民实行严格的外汇管制，而对非居民的外汇管制较宽松。

（2）物。是指外汇及外汇有价物，其中包括外国货币（纸币、铸币）、外币支付凭证（汇票、本票、支票、银行存款凭证、邮政储蓄凭证）、外币有价证券（政府公债、国库券、公司债券、股票、息票），以及其他在外汇收支中所使用的各种支付手段和外汇资产。大多数国家把黄金、白银等贵金属也列入管制的对象之中。

三、外汇管制的方法和措施

按照国际货币基金组织《外汇安排和外汇管制》的划分，外汇管制的方法和措施主要包括以下几个方面。

1．对汇率的管制

汇率是宏观经济管理中一项重要的政策工具。为了促进国际收支平衡，有利于国民经济的发展，一般来说，各国都对汇率进行管理和控制，并以奖出限入作为管制的目的。汇率管制主要有以下几种方法：

（1）直接管制汇率。即由一国政府按照国家政策、货币的相对购买力和国际收支状况制订、调整、公布汇率，并规定各项外汇收支必须按照公布的汇率兑换本国货币。许多发展中国家都采取直接管制汇率的办法。

（2）运用经济手段干预汇率。一国政府责成中央银行或货币管理当局建立外汇平准基金在外汇市场上对外汇买卖进行干预，以达到调节外汇供求、稳定汇率的效果，这是一种对汇率进行间接管制的方法。西方工业发达国家大都采取这种办法。

（3）实行多种汇率制度（复汇率制）。它是对不同的外汇收支使用不同的汇率，以达到奖出限入的目的，大致包括以下几种形式：① 法定的差别汇率。一些国家的政府规定，对不同的外汇收支规定两种或两种以上的汇率。一般是对进口和出口规定不同的汇率，如对出口采用较高的汇率，对进口采用较低的汇率。② 外汇转移证制度。外汇转移证是一国的外汇银行发给出口商证明其交售外汇的凭证，是复汇率的一种特殊形式[①]。③ 官方汇率与市场汇率混合制度[②]。由于市场汇率一般高于官方汇率，所以这种制度实质上是一种隐蔽的复汇率制。

2. 对贸易外汇的管制

贸易外汇收支是决定一国国际收支状况的最主要项目，因此对贸易外汇的管制就成为各国外汇管制的重点。各国特别是贸易逆差国都希望通过对贸易外汇的管制达到奖出限入、改善国际收支的目的。具体措施有：

（1）进口付汇管制。对进口外汇的管制就是对进口商品用汇的管制，其目的是为了限制与国内产品相竞争的商品进口，并禁止某些奢侈品及非必需品进口，以便节约外汇支出和保护本国工业。多数国家实行进口许可证制度，由外汇管制机关签发进口许可证，进口商只有获得进口许可证，才能购买进口所需的外汇。

（2）出口收汇管制。对出口收汇的管制即对出口商品收汇的管制，同时限制某些商品如原材料、能源的出口。另外，保证出口所得外汇能及时全部调回国内，由国家统筹安排使用。各国管制出口外汇的措施一般采取颁发出口许可证的办法，以加强对出口商品的控制。同时还规定出口商必须把其全部或部分出口贸易所得的外汇收入按官方汇率结售给指定银行，以保证国家集中外汇收入，统一使用。

3. 对非贸易外汇的管制

非贸易外汇收支的范围比较广泛，包括运输费、保险费、港口使用费、邮电费、佣金、利润、股息、利息等，实行非贸易外汇管制的目的，在于集中该项目的外汇收入，限制相应的外汇支出。实行外汇管制的国家一般都对非贸易外汇的收入与支出进行严格的管理。非贸易管制的基本方法和措施主要有：属于进出口贸易的从属费用，如运费、保险费、佣金等，基本按贸易外汇管制办法处理；对其他非贸易外汇收入，一般要求卖给国家指定银行。对于非贸易外汇支出控制措施，一般也与贸易外汇管制相近，包括许可证审批、预付存款、征收外汇购买税，规定每次购买外汇的间隔时间等。

---

① 一些国家的政府规定，当出口商按官方汇率向外汇银行结汇时，除取得本币外，还取得一张外汇转移证，这种外汇转移证可以在市场上自由买卖，从而使出口商额外获利。相反，进口商进口商品时，必须在市场上买进外汇转移证交给指定银行，银行才按官方汇率卖给其外汇。这种制度实质上是由进口商对出口商实行补贴，起着奖出限入的作用。

② 是指某些商品的进出口、非贸易业务的外汇收入与用汇按照官方汇率给予结汇或售汇，对某些出口商品和非贸易业务的全部或部分外汇收入允许在市场上出售，对某些进口商品的用汇，由用汇者到外汇市场上自行购买。

4. 对资本输出入的管制

国际货币基金组织规定："各成员未经基金组织同意，不得对国际经常往来的付款和资金转移施加限制，但是在必要的情况下可以对国际资本转移采取一些限制"。各国经济发展和国际收支状况不同，对资本输出入管制的目的、要求各不相同，做法也大相径庭。

一般来说，外汇资金过剩，国际收支长期顺差的国家，为了避免本币汇率过分上浮，影响出口商品的竞争能力，往往采取限制流入或鼓励本国资本外流的措施。具体做法有：（1）通过银行限制资本流入。如规定银行吸收非居民存款要缴纳较高的存款准备金，规定银行对非居民存款不付利息或倒收利息，限制商业银行对非居民出售本国的远期货币业务等；（2）通过企业限制资本流入。如限制非居民购买本国的有价证券，限制居民借用外国资本等。

对于发展中国家来说，通常把资本流入作为发展本国经济的一个资金来源，因而采取一系列措施吸引外资流入，限制资本外流。具体措施包括：（1）对外资企业实行优惠税率政策，鼓励外国资本流入；（2）对外商投资提供完备的基础设施配套，提供各方面的优惠服务；（3）未经管汇机构批准，账户上的资产（包括外国人的银行存款、证券及其他资产）不能动用，严禁汇出；（4）限制企业在国外投资和居民购买外国有价证券；（5）征收利息平衡税。规定本国居民购买外国证券一律征税，使国外投资的收益和国内投资收益相等甚至更低，从而达到限制资本流出的目的。

5. 对银行账户存款的管制

外汇管制也涉及到银行账户的存款，因为银行账户存款在居民与非居民之间以及非居民之间的调拨和外汇收支有直接的关系。实行外汇管制的国家，根据银行账户存款属于居民或非居民，以及非居民所属的国别存款的来源，规定了不同的管制方法，一般来说，把银行账户分为三类：（1）自由账户，也称国外账户。非居民在此账户上的存款，可以办理国内支付或汇出境外；（2）有限制账户，一般称国内账户。在这类账户上的存款，只能用在购买商品、支付其他费用，或转移到本国其他居民的同类账户；（3）封锁账户，也称只进不出账户。它禁止非居民把在国内的资金或居民所欠非居民的债务转到国外，而非居民在国内出售的有价证券，其他资产所得收入必须存入该账户。

6. 对黄金、现钞输出入的管制

实行外汇管制的国家一般禁止私人输出或输入黄金，由于国际收支的不平衡所需的输出或输入由本国中央银行或指定银行办理。外汇管制的国家也对本国货币的输出输入进行管制，因为输出本国货币不仅可以被作为资本输出的手段，而且还会导致在外汇市场上本币汇率的下跌，因此外汇管制的国家有的禁止本币输出，有的则规定本币输出的最高限额。目前，各国尤其是发达国家对本国货币及黄金的输出入已逐渐呈现放松的趋势。

四、外汇管制的成本分析

1．外汇管制的福利效应

如何认识外汇管制政策的经济效应，在这个问题上是存在争议的。如果经济中存在着必须使用外汇管制的特定条件时，管制政策对经济发挥的稳定性作用就是这一政策的收益。与此同时，外汇管制又会影响外汇市场机制作用的有效发挥，造成经济活动和资源配置的扭曲。官方确定的汇率与实际均衡汇率偏离的程度越高，经济扭曲的现象就越严重。图 11-1 显示了外汇管制所造成的扭曲现象。

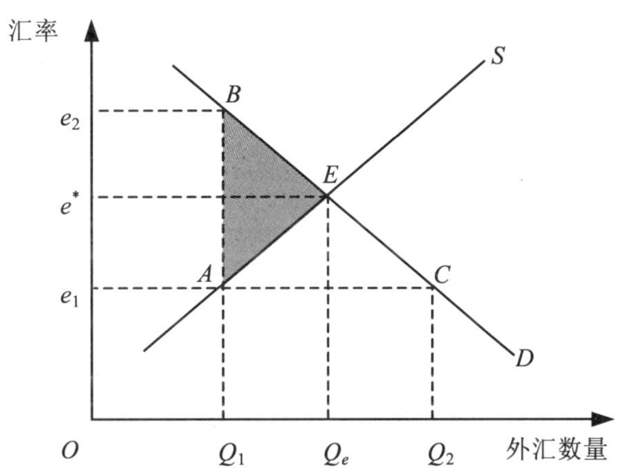

图 11-1　外汇管制的经济效应

图中横轴表示外汇数量，纵轴表示汇率（直接标价法），*S* 表示出口收入的外汇供给，*D* 表示对进口支付的外汇需求。由于对外汇的供给来源于出口，对外汇的需求来源于进口，因此贸易收支的均衡就等于外汇市场的均衡；反过来，贸易收支失衡就会导致外汇市场的失衡。但是，如果不存在外汇管制，过度的外汇供给或外汇需求都是暂时的，因为汇率将自动调整，消除外汇市场和贸易收支的失衡。

假定一国实行外汇管制，政府把官方汇率维持在 e_1（低于均衡市场汇率水平 e^*）的水平上。在这一汇率水平上，外汇的供给为 Q_1，而外汇的需求为 Q_2，存在着外汇的过度需求 *AC*。由于假定外汇需求来自进口需求，所以政府通过限制进口商购买外汇来解决

AC 部分的过度需求。由于在 e_1 的汇率水平上，出口商只愿意提供 Q_1 数量的外汇，而进口商则愿意以 e_2 的汇率水平买进 Q_1 数量的外汇，因此政府可以提高外汇的出售价格到 e_2，以使外汇供求相等。从图中可以发现，相对于均衡的市场汇率水平 e^*来说，消费者剩余减少了 $e_2BE\,e^*$的面积，生产者剩余也减少了 $e_1AE\,e^*$的面积，而政府通过外汇买卖差价获得了矩形面积 $e_1\,AB\,e_2$ 的利润。综合上述福利的增减，社会福利的净损失是三角形 ABE 的面积。上述模型的经济含义是，出口商所面临的较低汇率水平使其减少了出口，影响了国内的生产和就业水平，而进口商面临的较高汇率水平又使其减少了进口，导致了国内效率较低的进口竞争产品替代了进口，从整体上导致了资源配置的扭曲。

2．外汇管制的其他消极效应

除了以上分析的外汇管制的福利效应外，外汇管制还存在着其他的消极效应：

（1）外汇管制所导致的“寻租”活动是产生经济腐败的根源。在图 11-1 中，对于市场供给的外汇数量 Q_1，进口商愿意支付的外汇价格为 e_2。这意味着，如果存在着可以自由反映市场需求状况的外汇黑市，政府用发放许可证的形式分配外汇，则交易者可以通过贿赂政府官员等非法方式获准以官方价格 e_1 购入外汇，然后再以 e_2 的价格在黑市上卖出，从而从每一单位外汇交易中可获得 e_2-e_1 的收益，图中的租金总额可以用 $e_1\,AB\,e_2$ 的面积表示，在存在“寻租”活动的情况下，这一租金扣除“寻租”成本后的收益为黑市的外汇出售者所得。此外，外汇黑市的存在扰乱了一国金融市场的正常秩序，并且削弱了政府对外汇资金的控制。

（2）在自由外汇市场上，由于市场机制的作用，在外汇供求之间，远期汇率和利率之间，在一定条件下能够达到均衡。而在外汇管制下，汇率由政府决定，外汇的供求也受到严格的控制，因此在外汇市场上不能进行多边交易，资本也不能自由流动，这就直接影响到国际金融市场的形成与发展。

（3）外汇管制的状况一直被国外投资者认为是衡量该国投资环境的一个最主要方面，因为一国实行的外汇管制给他们在该国投资的利润返还、红利分配及债务偿还等带来困难，从而降低了投资者投资的兴趣，使得一国难以通过扩大引进外资来发展本国的经济建设。

（4）为了监督外汇管制的实行需要有一整套的行政机构，这会带来巨大的管理成本。而对于进出口商来说，为遵守或逃避外汇管制，也必须支付昂贵的法律和会计费用。

（5）实行外汇管制，限制外汇的自由买卖与支付，在外汇管制国家之间以及外汇管制与不实行外汇管制国家之间必然存在着限制程度不同的双边结算制度。这无疑会阻碍国际贸易规模的扩大。对经常账户的兑换还会导致各国间的摩擦和冲突，引发贸易战与汇率战，破坏正常的国际贸易秩序。对资本与金融账户兑换的管制将会降低资本在全球范围配置所带来的福利。

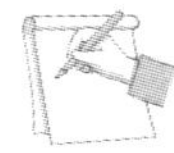

复习题

1．说明外汇风险的概念及其主要类型。

2．如何对外汇风险进行管理？

3．简述外汇管制的产生和发展。

4．简述对汇率进行管制的方法。

5．分析外汇管制的福利效应。

练习题

1．你认为发展中国家实行外汇管制的主要目的是在于：

（1）限制进口、扩大出口；

（2）实行货币政策的需要；

（3）抑制国际间通货膨胀的传递；

（4）集中外汇财力，增加外汇储备。

2．某国政府刚刚实行了全面的外汇管制，以防止本币贬值。你预期这一措施将产生什么样的直接后果？

第十二章　国际货币体系及其改革

【引言】

国际货币体系在世界经济中的地位举足轻重，它对于国际贸易支付结算、资本流动、各国的外汇储备、汇率的调整以及国际收支等会产生重大的影响。一个功能完善的货币体系能够为国际贸易和投资提供方便，并自然地适应各种经济变动；一个功能很差的货币体系不但阻碍国家间的贸易和投资，而且在对各种变化进行调整时会产生延迟，引起经济混乱和动荡。固定汇率制与浮动汇率制各有利弊，不同的国家根据自身的经济条件采取不同的汇率制度，因此对于汇率制度选择的讨论很有必要。本章重点阐述国际货币体系的含义及其历史演变、欧洲货币体系及欧元、固定汇率与浮动汇率选择理论以及国际货币体系存在的问题、改革方向等内容。

【学习目标】

① 国际货币体系及其类型；

② 国际金本位、布雷顿森林体系和牙买加体系；

③ 最优货币区理论；

④ 欧洲货币体系与欧元；

⑤ 固定汇率制与浮动汇率制的选择；

⑥ 国际货币体系的改革。

第一节　国际货币体系概述

一、国际货币体系的含义和基本内容

国际货币体系（international monetary system）是指国际货币制度、国际金融机构以及由习惯和历史沿革形成的国际货币秩序的总和。它是有关国际货币关系的有规则的组合体，既包括相关的有法律约束力的制度，也包括有关经济体在实践中遵守的规则，在国际货币关系中起协调监督作用的国际金融机构也包括在内。国际货币体系是规范国家间货币行为的准则，是在世界范围内需要各国共同遵守的货币制度。

国际货币体系一般包括三个方面的内容：（1）国际储备资产的确定，即用什么货币作为国际间的支付货币，一国政府持有何种资产用以维持国际支付原则和满足调节国际收支的需要；（2）汇率制度的确定，即一国货币与其他货币之间的汇率应如何决定和维持，能否自由兑换成国际间的支付货币，货币兑换时采取固定还是浮动汇率制度；（3）国际收支调解的方式，即当出现国际收支不平衡时，各国政府应采取什么方式弥补这一缺口，各国之间的政策如何进行协调等。

二、国际货币体系的类型

货币本位和汇率安排是划分国际货币体系类型的两项重要标准。货币本位涉及到储备资产的性质。一般地说，国际货币储备可以分为两个大类，即商品储备和信用储备。根据上述储备的性质，可将国际货币体系分为三类：（1）纯粹商品本位，如金本位制度，即以黄金作为国际储备资产或国际本位货币；（2）纯粹信用本位，如不可兑换纸币本位，即以外汇（美元、英镑等）作为国际储备资产，与黄金没有联系；（3）混合本位，如金汇兑本位制度，即同时以黄金和可自由兑换的货币作为国际储备资产。

随着世界政治、经济形势的发展，国际货币制度在不同的历史时期表现出不同的特征，大体上可将国际货币制度划分为国际金本位制、布雷顿森林体系、牙买加体系。伴随着国际货币制度的变迁，汇率制度也经历了几次变革，可以按照汇率弹性的大小将不同货币体系下的汇率制度分为固定汇率制和浮动汇率制两种。

第二节　国际货币体系的演变

国际货币体系是随着历史的发展而不断演变的。从时间发展的先后顺序来看，国际货币体系大体上可分为三个阶段，即国际金本位、布雷顿森林体系及现行的牙买加体系。

一、国际金本位制

金本位是指以黄金作为本位货币的一种货币制度，它包括金币本位制、金块本位制和金汇兑本位制。金币本位制是典型的金本位制。国际金本位制就是以各国普遍采用金本位制为基础的国际货币体系。

1. 国际金本位制的基本内容

在金本位制度下，各国对本国货币都规定了含金量，国际间的货币兑换以货币本身的含金量为基础。黄金作为国际支付手段和流通手段被各国所普遍接受，从而使黄金具有国际货币的性质。在金本位制下，汇率的基础是铸币平价，即两种货币的含金量之比。例如 1 英镑=4.866 5 美元，意味着 1 个英镑的含金量=4.866 5 个美元的含金量。市场汇率围绕着黄金输送点（例如±0.03 美元）自由波动，无须政府进行干预，属于严格的固定汇率制。在金本位制下，国际收支的顺差或逆差可以通过“价格—铸币流动机制”自动进行调节[①]。

黄金成为世界货币之后，各国的货币都与黄金挂钩，由此确立了金本位制度。英国是在 1816 年实行金本位制的。法国虽然是 1928 年正式实行金本位制，但在 1873 年限制银币自由铸造时事实上已是金本位制了。美国在 1900 年正式实行金本位制，但实际上在 1873 年也已经停止铸造银元。德国在 1871 年、日本在 1897 年也都相继实行了金本位制。不发达国家实行金本位制的时间稍晚于发达国家。

2. 金块本位制与金汇兑本位制

第一次世界大战以后，随着世界经济的发展和国际结算增多，各国越来越意识到用黄金作为支付手段携带十分不便，因而逐渐过渡为使用信用货币，不过当时的信用货币仍是以金币为本位货币，银行券等各种信用货币可以自由兑换金币或黄金。但由于大多数国家的黄金储备日益减少，这种制度无法再维持下去。20 世纪 20 年代，金本位制进入了一个新的阶段，即金块本位制和金汇兑本位制的阶段。

在金块本位制之下，国内不流通金币，银行券在一定数额以上才能按含金量兑换金块。第一次世界大战后，英国、法国、比利时、荷兰等国曾相继采用这种制度。在金汇兑本位制下，国内不流通金币，只流通银行券。银行券可以兑换外汇，但这种外汇只能到国外才能兑换黄金。这种制度，是把本国货币同另一金本位国家的货币保持固定比价，并在该国存放大量黄金或外汇基金，以备随时出售外汇。采用金汇兑本位制的国家在对外贸易和财政金融上受到与其相联系的金本位或金块本位制的国家的控制，在本质上是一种附庸的货币制度。实行金本位制或金块本位制的发达国家可以视其需要实行货币贬值，也就是降低其流通的银行券的含金量，这样，实行金汇兑本位制的落后国家由于要在发达国家存放大量外汇准备金，就会白白丧失部分价值。此外，因为实行金汇兑本位制的国家，其银行券只能购买外汇，再用外汇到国外才能兑换黄金，外汇行市下跌又会使金汇兑本位制国家受到损失。金汇兑本位制与金块本位制一样也很不稳定，1929 年世界经济危机以后，许多国家都实行了纸币制度。

---

① 关于金本位制下国际收支调节的“价格—铸币流动机制”请见第九章第一节。

3. 国际金本位的崩溃

金本位制虽然是一种比较稳定的国际货币体系，对世界经济的发展起到过重要的促进作用，但它同时也存在着明显的缺陷。首先，黄金供应不稳定和分布的不均衡，难以适应金本位制的要求。早在第一次世界大战爆发前，国际金本位制就已经出现了崩溃的迹象，一方面世界经济增长对黄金作为货币商品的需求量大大超过黄金的生产量，黄金不能充分满足需要，金本位制就会变得非常脆弱；另一方面经济发达的国家积累了较多的黄金存量，使其他国家的金本位制难以维持。其次，金本位下的自动调节机制要求各国必须自觉遵守游戏规则，即政府不需要对经济进行干预，如果进行干预，也应严格按照金本位制的要求实施货币政策，否则会使金本位制下的自动调节机制失去效力[①]。在国际金本位制的后期，各国政府违反这一规则的现象日益严重。最后，国家对货币流通的调节受到约束。金本位制使货币数量严格受到黄金数量的限制，使国家在不同的经济周期阶段对货币流通的调节受到很大约束。上述诸多缺陷都不利于世界经济和金本位制度的进一步发展，任何国际货币体系若不能适应世界经济发展的需要，则最终必将走向崩溃。

1929—1933 年世界经济危机爆发以后，金块本位制、金汇兑本位制和仅存在于美国的金本位制都无法继续维持下去了。许多国家改为实行不能兑换黄金的纸币本位制。美国则稍有不同，虽也改为纸币本位制，但在 1971 年以前，对外国银行持有的美元还允许以官价 35 美元换 1 盎司黄金的比率兑换黄金。在纸币本位制的基础上，主要发达国家又把一些在贸易、金融上与其有密切联系的国家以及海外殖民地联系在一起组成货币集团，建立其内部的依附性的汇率制度。主要有英镑集团、美元集团和法郎集团，后来这些货币集团又先后发展为英镑区、美元区和法郎区。

由于英镑区、法郎区和美元区的存在，世界上出现了以英镑、法郎和美元为中心的三个依附性汇率体系。这样世界外汇活动就主要集中在英镑、法郎和美元之间，世界各国五花八门的外汇交易就简化为以少数大国的货币为主的体系。而这些大国则利用各自的货币集团控制成员国，对抗其他货币集团，使外汇交易向有利于这些大国的方向发展。

总之，1929—1933 年的世界经济危机结束了 20 年代西方国家的相对稳定时期。相对稳定的货币制度——金本位制也随之瓦解了，各种对立的、排他性的货币集团及其依附

[①] 例如，按照价格—铸币流动机制，一国国际收支的顺差引起黄金流入，黄金流入使该国的货币供给增加，从而使价格水平上升，价格水平的上升使该国的商品变得昂贵，因此出口减少、进口增加，国际收支重新恢复均衡。然而，顺差国政府可能设法抵消黄金流动对货币供给的影响，在黄金流入时采取措施以阻止货币供给增加，这样自动调节机制就无法发生效力。

的汇率制度随之出现，这一切使得国际贸易和金融关系受到严重影响而处于混乱和动荡之中。

二、布雷顿森林体系

1. 布雷顿森林体系建立的历史背景

第二次世界大战之后，建立一个世界统一的货币汇率体系迫在眉睫。第二次世界大战既严重地破坏了社会生产力，又对战后社会生产力的迅速发展产生了巨大影响。战后固定资本的大规模更新和扩大，许多新兴工业部门应运而生。资本主义世界出现了一个比历史上的工业革命更为广泛、深刻的科技革命。在这一背景之下，世界各国经济联系更为紧密了，国际资本的流动也迅速增加。这是迫切需要建立一个统一的货币汇率体系的基本原因。

经过两次世界大战，世界的政治经济格局发生了重大变化，美国取代英国成为资本主义世界的霸主，其经济影响进一步扩大。它一方面担负起援建盟国的任务，另一方面又乘机扩展它的世界霸权，这些任务当然牵涉到巨额资金在国际范围的流动。于是，美国作为西方世界的霸主，也迫切要求建立一个统一的货币体系以便于外汇的流通和结算。

20 世纪 30 年代经济与社会的动荡以及两次世界大战的经历，也给 40 年代的政治家和经济学家们留下了深刻的影响。他们总结历史的经验教训，决心要建立一个新的货币汇率体系，以避免经济混乱和减少大萧条的影响。

1944 年 7 月，美、英、苏、法等 44 个国家的代表在美国新罕布什尔州布雷顿森林举行“联合国货币金融会议”，又称“布雷顿森林会议”，讨论重建国际货币制度。根据会议通过的《国际货币基金组织协定》（Bretton Woods Agreements），产生了以美元为中心的国际货币制度，称为布雷顿森林体系，并根据协定的条款产生了国际货币基金组织（IMF）。

2. 布雷顿森林体系的基本内容

第一，建立了一个永久性的国际金融机构，即国际货币基金组织。基金组织在国际金融领域的主要职能是：确立成员国在汇率政策、与经常项目有关的支付以及货币的兑换性方面的行为准则，并实施监督；向国际收支发生困难的成员国提供必要的短期资金融通；为成员国提供进行国际货币合作与协商的场所。

第二，实行以黄金—美元为基础的、可调整的固定汇率制。这一体系的特点是“双挂钩”，即美元与黄金挂钩；其他成员国的货币与美元挂钩。所谓美元与黄金挂钩。是规定美元按照 35 美元=1 盎司黄金的官定价格（1 美元的含金量为 0.888 671 克）与美元保持固定比价，各国政府或中央银行可随时按照这一比价用美元向美国兑换黄金。所谓其他成员国的货币与美元挂钩，是指各国货币与美元的汇率可按各国货币的含金量与美元含金量之比来确定，称为法定汇率，从而间接地与黄金建立联系。例如，1946 年 1 英镑的含金量为 3.581 34 克，1 美元的含金量为 0.888 671 克，则法定汇率为 R=3.581 34/0.888 671=4.03$/£。各国货币对美元的波动幅度不能超过平价的±1%，除美国外，各成员国均有义务在外汇市场进行干预以维持汇率的稳定。但在出现国际收支基本不平衡时，经 IMF 批准可以进行汇率调整，而不必紧缩或膨胀国内经济，所以叫做可调整的固定汇率制。

第三，取消对经常项目交易的外汇管制，但是对国际资本流动进行限制。在 30 年代国际金本位制崩溃后，各国都采取了严厉的外汇管制措施，这使国际间经济交流受到严重损害。为了改变这一状况，布雷顿森林体系要求各国尽快放开对经常项目交易的管理。但是，鉴于两次大战期间国际资本流动的投机给国际货币体系稳定所带来的冲击，因此布雷顿森林体系允许对国际资本流动进行控制，各国均严格限制资本的国际流动。

布雷顿森林体系的美元—黄金本位制实际上是一种国际金汇兑本位制，它使美元在战后国际货币体系中处于中心地位，各国货币只有通过美元才能同黄金发生关系。从此，美元就成了国际清算的支付手段和各国的主要储备货币。

3．布雷顿森林体系的历史作用

第一，布雷顿森林体系的形成，暂时结束了战前货币金融领域里的混乱局面，维持了战后世界货币体系的正常运转。固定汇率制是布雷顿森林体系的支柱之一，但它不同于金本位下汇率的相对稳定。在典型的金本位下，金币不仅本身具有一定的含金量，可以自由铸造，而且黄金可以自由输出输入，所以汇价的波动受到黄金输送点制约，波动界限是狭窄的。第一次世界大战后，各国通货膨胀严重，金币的自由兑换和黄金的自由流动受到阻碍，金本位制陷入严重危机。1929—1933 年的资本主义世界经济危机，引起了货币制度危机，导致金本位制崩溃，使世界的货币金融关系失去了统一的标准和基础，它是世界货币体系的第一次危机。各国先后组成了相互对立的货币集团，加强外汇管制，实行外汇倾销，进行激烈的货币战，国际货币金融关系呈现出一片混乱局面。而以美元为中心的布雷顿森林体系的建立，则使国际货币金融关系又有了统一的标准和基础，混乱局面暂时得以稳定。

第二，布雷顿森林体系的形成，在相对稳定的情况下扩大了世界贸易。美国以其丰富的黄金储备为背景，通过赠与、信贷、购买外国商品和劳务等形式，向世界各国供应了大量美元，客观上起到了扩大世界购买力的作用。同时，固定汇率制在很大程度上消除了由于汇率波动而引起的动荡，在一定程度上稳定了主要国家的货币汇率，从而有利于国际贸易的发展。据统计，世界出口贸易年平均增长率，1948—1976 年为 7.7%，而战前的 1913—1938 年仅为 0.7%。此外，基金组织要求其成员国取消外汇管制，也有利于国际贸易和国际金融的发展。

第三，布雷顿森林体系形成后，基金组织和世界银行的活动对世界经济的恢复和发展起了一定的积极作用。一方面，基金组织提供的短期贷款暂时缓和了国际收支危机。战后初期，许多国家由于黄金外汇储备枯竭，纷纷实行货币贬值，造成国际收支困难，而基金组织的贷款不同程度地解决了这一难题。1947—1969 年，基金组织贷款总额为 202 亿特别提款权。另一方面，世界银行提供和组织的长期贷款和投资不同程度地解决了成员国战后恢复和发展经济的资金需要。世界银行成立初期，贷款主要集中于战后重建的欧洲国家。后来，世界银行的贷款方向主要转向发展中国家，以解决开发资金的需要。

4. 布雷顿森林体系的缺陷及其崩溃

美国对于布雷顿森林体系负有两个基本的责任：第一，要保证按照固定官价兑换黄金，维持各国对美元的信心；第二，要提供足够的国际清偿力，即美元供应必须不断增长。然而信心和清偿力二者之间存在着矛盾，美元供应太多会使得美元与黄金之间的兑换性日益难以维持，而美元供应太少又会发生清偿力不足的问题，这就是美国耶鲁大学教授罗伯特•特里芬（Robert Triffin）于 20 世纪 50 年代提出的所谓“特里芬两难”（Triffin Dilemma）。这一命题表明要满足世界各国经济和贸易发展的需要，各国的国际储备必须有相应的增长，而这必须由储备货币供应国——美国的国际收支赤字来提供。但是各国手中持有的美元数量越多，则对美元与黄金之间的兑换关系就越是缺乏信心，并且越是倾向于将美元兑换成黄金。这一矛盾最终使布雷顿森林体系无法维持。

此外，由于美元的特殊地位，美国可以利用美元负债来弥补其国际收支赤字，从而使持有美元储备的国家的实际资源向美国转移，这种现象称之为“铸币税”或货币发行收益，即货币面值与造币费用之间的差额。因此，面对持续性的国际收支赤字，美国不会像其他国家那样必须付出调整国内经济的代价。所以，在布雷顿森林体系中，国际收支失衡难以依靠市场的力量自动进行调节。20 世纪 60 年代，美国国际收支存在逆差，美元的信用基础发生动摇，导致各国竞相大规模抛售美元和抢购黄金。1971 年 8 月 15 日，美国宣布停止美元对黄金的兑换，并放弃维持美元平价的义务，任由美元汇率在外汇市场上自由浮动，布雷顿森林体系最终崩溃。

三、牙买加体系

牙买加体系是现行的国际货币体系，是以美元为中心的国际储备货币多元化的浮动汇率体系。布雷顿森林体系崩溃之后，国际货币金融关系动荡混乱，美元的国际地位不断下降，出现了国际储备多元化的状况，许多国家实行浮动汇率制，汇率波动剧烈，全球性国际收支失衡现象日益严重。西方发达国家之间以及发达国家与发展中国家之间矛盾重重，斗争激烈。为了研究国际货币体系的改革问题，1976 年，国际货币基金组织“国际货币制度临时委员会”在牙买加首都金斯敦召开会议，并达成《牙买加协议》。同年 4 月，国际货币基金组织理事会通过了国际货币基金协定的第二次修正案，从而形成了国际货币关系的新格局。牙买加协议后，国际货币制度实际上是以美元为中心的多元化国际储备和浮动汇率的体系。

1．牙买加体系的基本内容

第一，浮动汇率合法化。各国可以自由选择决定汇率制度，汇率主要根据外汇市场的供求状况自发形成与自由浮动，既可以完全自由浮动，也可以有管理的浮动：既可以单独浮动，也可以联合浮动；既可以盯住单一货币浮动，也可以盯住一篮子货币浮动。

第二，黄金非货币化。黄金脱去了国际货币的外衣，黄金不再是各国货币的平价基础，也不能用于官方之间的国际清算。各国中央银行可按市价从事黄金交易。国际基金组织的黄金逐步加以处理，其中 1/6（2 500 万盎司）按市价出售，以其超过官价（每盎司 42.22 美元）部分作为援助发展中国家的资金；1/6 由会员国按官价买回；剩余的黄金须经投票决定向市场出售或由会员国买回。

第三，提高特别提款权的国际储备地位。在未来的货币体系中，应以特别提款权作为主要的储备资产，并作为各国货币定值的基础。凡有特别提款权账户的国家，可以通过账户用特别提款权进行借贷以及用来偿还 IMF 的债务。IMF 要加强对国际清偿能力的监督。

第四，扩大对发展中国家的资金融通。用在市场上出售黄金超过官价部分的所得收入建立信托基金，向最贫穷的发展中国家发放最优惠的贷款，帮助他们解决国际收支方面的困难。同时扩大 IMF 的信用贷款总额，由占会员国份额的 100%提高到 145%。

第五，增加各会员国对基金组织缴纳的份额。各会员国对基金组织缴纳的份额由原来的 292 亿特别提款权增加到 390 亿特别提款权，增加了 33.6%。同时，各会员国应缴纳份额所占的份额总数也有所改变，石油输出国的比重上升，除日本、西德外的西方主要工业国的份额均有所降低。

2. 对牙买加体系的评价

牙买加协议后的国际货币制度基本上摆脱了布雷顿森林体系时期基准货币国家与依附国家相互牵连的弊端，使以主要汇率为主的多种汇率安排能够比较灵活地适应世界形势多变的状况，建立了能够相互补充的多种国际收支调节机制，总体上能够适应世界经济发展的需要，对世界经济的正常运转起到了重要的积极作用。

第一，牙买加体系是以实施浮动汇率制为主的货币制度，浮动汇率不仅可以比较灵敏、准确地反应出不断变化的国际经济状况，而且还可以调节外汇市场的供求关系，从而促进国际贸易和世界经济的发展。主要表现在：（1）各主要国家货币的汇率可以根据市场供求状况自发调整，灵活地反应瞬息万变的客观经济情况；（2）硬通货币国家不负有类似固定汇率制下维持汇率稳定的义务，因此可以缓解市场上大量游资对这些货币的冲击，从而有利于外汇市场和国际货币秩序的稳定；（3）灵活的以浮动汇率为主的混合汇率体制可以使宏观经济政策更具有独立性和有效性；（4）可以促进国际金融制度的创新和发展。

第二，牙买加体系实际上是储备货币多元化的国际货币制度，基本上克服了布雷顿森林体系下基准货币国家与依附国家相互牵连、对单一货币即美元过度依赖的弊端，缓解了国际清偿力不足的压力，在一定程度上克服了先前美元的两难困境。

第三，牙买加体系采取多种调节机制互相补充的办法来调节国际收支，在一定程度上改变了布雷顿森林体系调节失灵的状况。除IMF和变动汇率外，还可以通过利率及国际金融市场的媒介作用、国际商业银行活动、外汇储备变动等渠道进行，多种调节手段还可以结合起来运用，从而对世界经济的发展起到积极的作用。

尽管牙买加体系对国际贸易与经济的正常运行起到了积极的作用，但它毕竟是布雷顿森林体系解体后国际金融领域较为动荡时期的产物，从建立伊始就有许多不完善之处。随着国际经济关系的发展变化，特别是亚洲金融危机之后，牙买加体系的某些弊端已经日益显露出来。

第三节　最优货币区理论与欧元的诞生

国际货币制度的变化以及国际金融关系的复杂性，使各国发现要形成国际公认的货币制度非常困难，从而开始转向区域货币合作，寻求地区性货币稳定。欧洲货币体系及欧元体系就是其中的典型，它是在最优货币区理论的基础上发展起来的。

一、最优货币区理论

20 世纪 50～60 年代，在固定汇率制与浮动汇率制的争论中，最优货币区理论（theory of optimum currency area）诞生了，这为部分国家实行共同货币提供了理论基础。理论的创新与欧洲货币合作的实践共同推动了最优货币区的发展。

一般而言，最优货币区是指一种“最优”的地理区域，在此区域内，支付手段或是单一的共同货币，或是几种货币，这几种货币之间具有无限的可兑换性，其汇率在进行经常交易和资本交易时互相钉住、保持不变，但是区域以内的国家与区域以外的国家之间的汇率保持浮动。“最优”在这里意味着内部平衡与外部平衡同时得以实现。

最优货币区理论最早由蒙代尔（Mundell，1961）在“A theory of optimum currency areas”一文中提出。在这篇论文中，蒙代尔从劳动的流动性、刚性价格、特定货币的交易成本、冲击等几个方面对最优货币区进行了分析。

假定世界上有两个国家 A 和 B，两国分别生产甲、乙两种商品。当对甲商品的需求转移到乙商品时，A 国会出现逆差，而 B 国则出现顺差。这时，如果两国货币的汇率是浮动的，那么通过 A 国货币贬值，B 国货币升值，在满足马歇尔一勒纳条件的情况下，汇率的调节会使 A 国的出口增加、就业扩大，同时 B 国的通货膨胀亦得到抑制，这是以国家货币为基础的浮动汇率机制的最理想效应。

但是如果 A、B 是同一国家的两个区域，它们使用同一种货币，则通过汇率变动无法同时解决 A 区域的失业和 B 区域的通货膨胀。因此，蒙代尔认为浮动汇率只能解决两个不同通货区之间的需求转移，而不能解决同一通货区内不同地区之间的需求转移问题。如果存在着生产要素高度流动的区域，在它们之间结成共同货币区，就可以不必通过汇率的变动而通过要素的流动来保持各区域的价格稳定和充分就业。

蒙代尔的生产要素流动论是对浮动汇率的扬弃。如果一个受到对称性冲击影响的地区之间劳动力和资本要素是自由流动的，当出现国际收支不平衡时，劳动力和资本的高度流动性可以消除不平衡，而不必借助于汇率浮动来保持宏观经济的稳定，达到这一标准的地区就成为“最优货币区”。可见，蒙代尔创造性地提出了以生产要素的高度流动作为确定最优货币区的标准。如果劳动力和资本在区域内能够自由流动，组成共同货币区既有利于提高微观经济的效率，又有利于抵抗外部冲击，维护宏观经济的稳定。

蒙代尔进一步阐述了共同货币的优势，例如它可以降低贸易中货币结算的交易成本、消除相关价格的不确定性等。他同时指出，共同货币的劣势在于：当需求发生变化或遇到其他不对称冲击，要求某一特定地区的实际工资下降时，则难以保持充分就业。

欧元区是目前全球范围内唯一成功的最优货币区，是国际金融合作方面的成功典范，对于区域经济合作以及国际货币体系改革有着重要的示范作用。

二、欧洲货币体系的回顾

1. 欧洲货币体系的建立

1950年欧洲支付同盟成立，这是欧洲货币一体化的开端。1957年欧洲经济共同体成立以后，在经济一体化方面取得了相当大的进展。随着欧共体工业品和农产品共同市场的巩固和发展，劳动力和资本的自由流动自然成为一体化的下一个目标。这不仅需要各国在经济政策上协调一致，而且还有赖于货币一体化的进程。另外，在20世纪70年代石油价格猛涨，欧共体各国的国际收支普遍困难，国际金融形势动荡不安的情况下，各国也需要结成一个区域性的货币集团来互相提供资金支持，以渡过国际收支难关，并联合抵御美元汇率和利率波动对各国经济的冲击，从而加强在国际金融领域与美国分庭抗礼的地位。在这一背景下，1979年欧洲货币体系协议正式实施。

2. 欧洲货币体系的基本内容

欧洲货币体系的主要内容有三个方面：

第一，实行联合浮动汇率制。早在1971年底“十国集团”达成“史密森协议”前[①]，欧共体内部就规定，各国货币汇率的允许波动幅度为平价上下1.125%，比“史密森协议”的规定（2.25%）还小一半。而当时IMF的规定为±4.5%，这种状况被称为“隧道中的蛇”（snake in the tunnel）。欧洲货币体系成立之后，其重点仍然放在稳定汇率上。当市场汇率的波动超过规定的幅度时，有关双方的货币当局应立即进行干预；如果形势比较严重，弱币国就需考虑收缩国内货币供应、提高利率等措施，强币国也要适当考虑降低利率、放松银根等措施；如果仍然无效，就只好调整篮子汇率并修订双边汇率。这实质上是一种可调整的固定汇率制。

第二，建立欧洲货币基金。建立欧洲货币基金是欧洲货币体系的一大任务，先是集中各参加国黄金储备以及外汇储备的20%，再加上与此等值的本国货币，总计约500亿ECU，作为共同基金。这样，基金的信贷能力比以前增大了，在稳定市场汇率、平衡各国国际收支方面起了更大的作用。虽然欧洲货币基金并没有按计划在两年之内建立起来，但基金向联合的欧洲中央银行发展的趋势一直未变，并最终实现了这一目标。

---

① “史密森协议”，1971年底，“十国集团”在华盛顿会议上达成协议，规定各国货币对美元比价的可容许波动幅度为上下2.25%（总幅度为4.5%），放宽了国际货币基金组织原定的上下1%的波动幅度。

第三，创建欧洲货币单位。欧洲货币单位（ECU）是欧洲货币体系的中心。在欧洲货币体系成立之初，各成员国向欧洲货币合作基金提供了 20%的黄金和外汇储备，然后基金以互换形式向各成员国提供相应数量的 ECU。在创设之时共向各国提供了 230 亿 ECU。在欧共体内部，ECU 具有计价单位和支付手段的职能。它被用于计算成员国货币的篮子中心汇率和相互之间的平价格网汇率，并作为计算汇率波动幅度的基础。ECU 还被用于发放贷款、清偿债务以及编制共同体统一预算等。在欧元创设之前，ECU 是比重仅次于美元和马克的国际储备货币。

由于有了这样的基础和传统，欧盟开始设计统一的货币，以使欧洲逐渐形成一个统一实体。马斯特里赫特条约的签署使单一货币——欧元的设想成为现实。随着 1998 年 5 月的欧盟首脑会议为欧元的诞生扫除了最后的障碍，1999 年 1 月 1 日欧元正式启动。现在，欧元已经成为欧元区成员国的法定交易货币，全世界都在关注这一重大事件给国际金融领域带来的广泛而深远的影响。

三、欧洲单一货币——欧元的诞生

欧元（EUR）是欧洲货币联盟（EMU）各国使用的统一法定货币。目前共有 15 个欧盟国家使用欧元作为统一货币，它们是奥地利、比利时、德国、法国、芬兰、爱尔兰、意大利、卢森堡、荷兰、葡萄牙、西班牙、希腊、斯洛文尼亚、塞浦路斯和马耳他，统称“欧元区国家”。[①]从 1999 年 1 月 1 日开始，欧元开始逐渐取代欧元区内各国的货币。

1. 欧元的转换进程

第一阶段：1991 年 12 月至 1998 年 12 月 31 日。从 1991 年通过《马斯特里赫条约》至 1998 年底为第一阶段，此期间为欧元实施的准备阶段。

第二阶段：1999 年 1 月 1 日至 2001 年 12 月 31 日。此阶段为欧元区内各国货币向欧元转换的过渡期，欧元汇率于 1999 年 1 月 1 日固定下来，并且不可撤销。金融批发市场的业务将以欧元进行，企业、个人可以在银行开立欧元账户，欧元的收付可以在账户之间进行，但欧元的纸币和硬币未投入流通。

第三阶段：2002 年 1 月 1 日至 2002 年 6 月 30 日。此阶段欧元纸币和硬币将投入流通，欧元在欧元区内与各国原货币的纸币和硬币同时流通。

第四阶段：2002 年 7 月 1 日以后。此时，欧元区内各国的原货币完全退出流通，欧元将成为欧元区内 11 个国家唯一的货币，欧洲统一货币正式形成。

[①] 欧元于 1999 年 1 月 1 日起在奥地利、比利时、法国、德国、芬兰、卢森堡、爱尔兰、意大利、葡萄牙和西班牙 11 个国家开始正式使用。希腊于 2000 年加入欧元区，成为第 12 个成员国；斯洛文尼亚于 2007 年加入，是 2004 年加入欧盟的中东欧 10 国中第一个加入欧元区的国家；从 2008 年元旦开始，塞浦路斯和马耳他加入欧元区，使其成员国扩大到 15 国。

2．欧元的国际地位及其影响

一种货币的国际地位是指它在国际货币体系中的地位。影响一种货币国际地位的因素主要有发行国的经济实力、发行国的对外贸易总额及进出口贸易的差额、该货币对内价值与对外价值是否稳定等。

发行欧元的欧盟目前有 27 个成员国，总人口达 4.8 亿。多年来，欧盟经济持续稳定增长，其国内生产总值、人均国内生产总值、在国际贸易中所占份额等均已超过美国和日本。首批参加欧元区的是欧盟 15 国中除英国、丹麦、瑞典和希腊以外的 11 个国家。尽管在某些方面，欧元一时还难以替代美元的传统地位，但是由于欧元拥有欧盟强大的经济实力作后盾，未来很有可能成为与美元分庭抗礼的国际货币。

从作为欧元后盾的经济体的规模及其在世界贸易中所占的份额来看，欧元的"后劲"十分强劲。欧元的启动将会推动国际汇率体制的合作与稳定，并促使国际汇率体制朝着美元—欧元—日元三极体制演变；欧洲的银行业将从欧洲金融市场的扩大和深化中受益；欧元的诞生使得区域内的汇率波动因此消失，各成员国之间的经济合作将得到进一步加强。

3．对欧元的总体评价

欧元的积极作用在于：第一，欧元推出以后，欧元区内各成员国之间消除了货币兑换成本，避免了汇率风险，这将有力推动成员国之间的贸易、金融和投资活动的扩展，使社会资源更有效地在整个欧洲货币联盟内配置；欧洲中央银行的建立将有利于为各国创造更良好的宏观经济环境，实现低通胀和低利率，从而刺激贸易和私人投资；金融工具极为丰富，给投资者提供了充分的选择余地；富有吸引力的市场将导致大量外国资本流入欧洲。这些都将有利于欧洲货币联盟的经济发展，使各成员国经济实力的总和大于各部分的简单加总。

第二，欧洲中央银行依赖货币政策工具可以创造一个更具深度和流动性的货币市场。欧洲统一货币市场的技术条件已经形成，现在可以通过 TARGET 系统将各国的全额实时结算体系相互连接起来，使欧元大额的跨境支付顺利进行。欧元的启动促进了统一的欧洲资本市场的形成，所有政府债券、股票及企业债券均以欧元计价并运作，原有的因国别而分割的市场将由于单一货币的运行而走向统一。单一货币使汇率风险消失、交易成本下降、买卖差价缩小；各国市场的整合使市场容量扩大；资本的供求可以在整个货币联盟范围内进行选择，从而极大地提高这一市场的深度、广度、效率和流动性。此外，由于该市场在上述方面的优越性，它将吸引更多区外的投资者，导致大量国际资本流入欧洲。

第三，欧元引入后，货币联盟内部提供跨国金融服务的最后一道障碍将被清除。随着那些因货币因素而形成竞争优势的银行业务的消失，以及那些以货币为基础的竞争因素的消失，银行业内部在单一货币基础上的竞争迅速地发展起来。在零售银行市场，通过技术创新，欧洲货币联盟将会促进支付体系的发展，特别是随着通信领域管制的放松，电话银行、计算机和互联网银行业务将得到长足的发展，以互联网为基础的电子货币支付系统将从全球化的竞争市场中获利。

从欧元几年来的运行情况看，尽管它在欧元区内表现良好，支付体系运行正常，物价比较稳定，但同时也存在一些问题。欧元面临的不稳定因素主要有：

第一，欧元疲软刺激了欧元区的出口，但同时也带来了通货膨胀的压力。爱尔兰的通货膨胀率2000年超过了5%，2001年西班牙和葡萄牙的通货膨胀率都达到3%～4%，远远超出了欧洲中央银行预定的范围。

第二，欧元区的一些成员国出现了巨额的国际收支逆差，如西班牙和希腊的国际收支逆差占到国内生产总值的3%～4%，而葡萄牙的国际收支逆差约占其国内生产总值的12%。长期的国际收支逆差表明一国在结构方面存在着不小的弱点。

第三，由于没有补偿性的财政转让机制，一些国家可能会离开欧洲经济与货币联盟，重新确立本国货币。

第四，由于欧洲中央银行的首要政策目标是稳定物价，而不是汇率，因而欧元汇率的稳定是没有政策保证的，这对投资者的决策必定会产生微妙的影响。

第五，失业率偏高的问题长期以来一直困扰着欧洲各国。以前在有独立的利率与汇率政策的时候，欧洲各国尚且无法解决这一难题，单一货币欧元实施以后，可供各国政府使用的调节手段就更少了，从一定意义上来说调节的难度加大了。

一般来说，货币联盟都是由于各成员国力图维持本国在财政政策上的自主权而归于失败的。参加欧元区的国家在尚未统一经济政策的情况下统一货币，本身存在着很大的风险。欧元最终能否成功，欧元区的发展前景究竟如何，在很大程度上正是取决于各成员国在经济政策上的协调和统一情况。

第四节　汇率制度选择理论

汇率制度对于一国经济的增长和稳定具有十分重要的作用。关于汇率制度的选择问题，传统上有固定汇率与浮动汇率的优劣之争。20世纪90年代中后期，全球范围内先后发生了一系列货币危机，由于这些危机都伴随着汇率制度的调整与变革，因而中间汇率与两极汇率之争又成为这一时期的焦点。

一、固定汇率与浮动汇率之争

1．国际收支失衡调节的效率

当一国国际收支失衡后，在固定汇率制度下，货币当局会通过调整外汇储备消除外汇市场的供求缺口，相应地通过变动货币供给量对经济失衡进行调节。而在浮动汇率制度下，货币当局则听任汇率变动来自动消除外汇供求缺口，进而调节经济的失衡。究竟哪一种调节机制更具有效率呢？

主张浮动汇率制度的人认为：（1）在浮动汇率制下，当一国国际收支失衡时，只需听任汇率这一唯一的变量进行调整即可，而无须像在固定汇率制下那样必须通过调整货币供给量进而调整本国价格体系，因而调整的时间更快、成本更低；（2）在浮动汇率制下，国际收支失衡的调整是通过汇率的变动这一自动调节机制来实现的，而在固定汇率制下，一般都需要政府制订特定的政策组合加以调整，由于这一过程存在着时滞，因而使其效率降低；（3）在浮动汇率制下，汇率可根据一国国际收支的变动情况进行连续微调，从而避免经济的急剧波动，而在固定汇率制下，一国对国际收支的调整往往是当问题积累到相当程度时才进行，因而调整幅度较大，震动也较为剧烈；（4）在浮动汇率制下，由于投机性资金不易找到汇率高估（或低估）的机会，因而该汇率安排具有稳定性，而固定汇率制下存在着资金高度流动与固定汇率两者的不稳定组合，极易发生货币危机。

主张固定汇率制度的人认为：影响汇率变动的因素很多，汇率未必能按照国际收支平衡的方向进行调整。并且汇率只能通过价格因素影响国际收支，而国际收支是由多种因素共同决定的，这就造成在很多情况下汇率调整乏力。另外，汇率对国际收支的调整往往需要国内政策支持，单凭汇率的调整难以发挥效力。因此，在很多情况下，仅通过汇率调整是不够的，对国内价格体系的调整也非常必要。固定汇率的支持者并不否认固定汇率的调节机制较为僵硬，但他们同时指出，固定汇率制可避免许多无谓的汇率调整，尤其是当这些调整是由货币性干扰所造成的。固定汇率制的支持者还对浮动汇率制具有稳定性的观点进行了反驳。他们认为在浮动汇率制下盛行的不是稳定性投机，而是非稳定性投机，因为投机者的心理是非理性的，其表现之一就是“羊群效应”。因而较之浮动汇率制，固定汇率制更具有稳定性。

2．政策的独立性和有效性

不同汇率制度的选择，导致在实现内外均衡的过程中政策工具的不同运用方式。在固定汇率制度下，货币政策被用于调节外部均衡，而在浮动汇率制下只需用汇率政策调节外部均衡。

主张浮动汇率制的人认为：浮动汇率安排可将货币政策从对汇率政策的依附中解脱出来，使货币政策专注于内部均衡的调节，这样既可增强财政政策和货币政策的效力，同时保持了货币政策的独立性。也可防止货币当局控制汇率，有意使本币高估或低估而导致对汇率政策的滥用。

主张固定汇率制的人认为：完全运用汇率政策调节外部均衡是不可能实现的，因为这意味着政府准备接受任何汇率水平。另外完全不受外部因素制约的独立的货币政策是不存在的，汇率政策只有与其他政策相配合才能发挥效力。固定汇率制的支持者还认为：固定汇率制可防止货币当局对货币政策的滥用，因为在这种汇率制度安排下，对货币政策的运用存在一定的制约。

3．通货膨胀的传递性

主张浮动汇率制的人认为：浮动汇率制可阻隔国外通货膨胀向本国的传递。因为在固定汇率制下，两国的货币市场和商品市场通过固定汇率紧紧联结在一起，一国的价格水平上涨必然引起另一国的价格水平上涨[①]。而在浮动汇率制下，汇率的变动可以抵消这一传递机制的影响，从而阻隔了通货膨胀在国际间的传播。

主张固定汇率制的人认为：浮动汇率制下同样存在通货膨胀的传递问题。首先，因为本国汇率的波动会通过货币工资机制等多种途径对国内物价水平发生作用。其次，当本币贬值时，进口成本上升引起的物价上涨由于价格刚性的存在，很难通过本币升值下降或较少下降，其净效应便是物价的上涨。将这种机制扩大到两国间的相互关系来看，浮动汇率制还会因“棘轮效应”导致世界性的价格水平上升。因为一国货币的贬值便是另一国货币的升值，贬值国家价格上升的程度要超过升值国家价格下降的程度，其结果必然导致世界性的通货膨胀。

4．对贸易和投资的影响

主张浮动汇率制的人认为：浮动汇率制可以推动经济自由化，这将极大地促进国际间经贸活动的发展。浮动汇率固然给国际贸易和投资带来了不确定性，但这种不确定性可以通过多种规避风险的外汇交易加以防范。

主张固定汇率制的人则认为：浮动汇率制给国际贸易和投资带来了极大的不确定性，尽管存在着各种规避风险的方式，但仍有许多经济活动仍然无法规避汇率风险，并且进

① 举例来说，如果外国的价格水平上升，则本国的价格水平相对较低，这会导致本国出口增加，进口减少，本币有升值的压力。为了维持固定汇率，货币当局在外汇市场上卖出本币、买入外汇，结果导致外汇储备增加，国内货币供给量上升，本国的价格水平随之上升，这就是固定汇率制下通货膨胀的国际传递机制。

行各种避险交易本身也是有成本的，有时成本甚至很高，这给国际经济活动带来了许多负面的影响。

在布雷顿森林体系瓦解之后，上述争论的焦点主要转移到：在何种汇率制度下，国内经济（主要指国民收入和价格水平）在面临内外冲击时可以更好地保持稳定。

第十章的分析说明，财政政策和货币政策对国内经济的作用效果取决于汇率制度和资本的流动性，内外冲击对国内经济的影响也是如此。假设一国国内的自主投资突然增加，这种变化使得 *IS* 曲线向右移动，在资本不能流动的条件下，收入水平的提高会引起进口的增加，国际收支出现逆差。在浮动汇率制下通过汇率的变化可自行恢复国际收支的均衡，并不影响国内收入水平，因此国内冲击之后会导致国内收入水平的提高。但是在固定汇率制下，国内冲击不会导致国内收入水平的提高，这是因为国际收支出现逆差后，一国货币当局为维持汇率稳定将不得不降低货币供给量，货币供给量的变动抵消了收入水平的提高，仍然维持原来的均衡水平。在资本完全流动的条件下，国内冲击的结果正好相反，即在浮动汇率制下将保持国内收入稳定不变，而在固定汇率制下则引起收入水平的提高。

如果冲击来自于一国外部，例如，假设由于国外消费者偏好发生变化一国的出口突然减少，那么该国的国际收支会出现逆差。在浮动汇率制下，汇率的自由调整可以消除这一变动的影响，国内收入水平保持不变。但是在固定汇率制下，为维持汇率稳定该国的货币供给量将必然减少，于是会导致国内收入水平的降低。

总的来说，在一定条件下，当一国面临内部冲击时，固定汇率制比浮动汇率制更能够保持国内经济的稳定；而当一国面临外部冲击时，浮动汇率制比固定汇率制更能够使国内经济免遭冲击的影响。

从以上的争论中可以看出，固定汇率制和浮动汇率制各有利弊，并不存在一种绝对占优势的汇率制度。因此，在汇率安排的实践中就产生了介于两种制度之间的中间汇率。然而这种中间汇率制度，又受到了“两极论”的挑战，由此引起了中间汇率与两极汇率之争。

二、中间汇率与两极汇率之争

1. 两极论的观点和主张

赞成两极论的观点认为，在金融开放的环境中，适合发展中国家的汇率制度只有自由浮动汇率制和固定汇率制。其依据如下：

第一，从汇率制度的变化趋势来看，近年来随着金融开放程度的提高，采用两极汇率制度的国家明显增加。就发达市场经济国家而言，欧洲多数国家参加了货币联盟，欧洲以外的国家基本上采用了自由浮动汇率制，因此，这些国家的汇率制度基本上分布于两极汇率制度。就新兴市场经济国家和发展中国家而言，进入 20 世纪 90 年代后，两极汇率制度有明显上升的趋势。截止到 1999 年，在 33 个新兴市场经济国家中，采用两极汇率制度的国家已达到 57%；在其他发展中国家中，采用两极汇率制度的国家高达 63%。就世界整体情况而言，从 1991 年到 1999 年，采用浮动汇率制的国家从 23%上升到 42%，采用固定汇率制的国家由 16%上升至 24%，采用两极汇率制度的国家合计达到 66%。

第二，从预防货币危机的角度来看。两极论者认为，两极汇率制度要比中间汇率制度更为安全。这是由于在中间汇率制度下，政府维护汇率稳定的努力容易助长短期资本流入，当短期资本流入超过外汇储备时，政府将丧失维护汇率稳定的能力。另外，中间汇率制度会助长未保值短期对外借款，这一状况会削弱金融部门和企业对货币贬值的承受能力。

第三，从对宏观经济的影响来看，在金融开放环境下，完全的自由浮动汇率制有利于保持金融政策的独立性，而严格的固定汇率制有利于促进贸易和投资的发展。从理论上讲，任何国家在选择汇率制度时，都面临三元悖论的制约，即在资本项目开放、汇率稳定和金融政策独立性这三项目标中，任何政府只能选择其中的两项。两极论者假定资本项目开放是外部给定的条件，在这一前提条件下，三元悖论实际上转化为两元悖论，即发展中国家只能在汇率稳定和金融政策的独立性之间做出选择。注重金融政策独立性的观点主张，发展中国家应放弃汇率干预政策，以此确保金融政策的独立性；注重汇率稳定的观点则认为，固定汇率制更有利于发展中国家的经济发展。

基于以上理由，一些学者和研究机构在有关国际金融体系改革的讨论中，提出了发展中国家采用两极汇率制度的改革方案。这一建议很快得到了 IMF 以及美国政府的支持。

2. 反对两极论的观点和主张

这一派的观点认为，两极论强调预防货币危机的重要性，但它忽视了汇率制度对发展中国家经济的整体影响。对发展中国家来说，完全的浮动汇率制是否有利于贸易和投资的发展是值得怀疑的；另一方面，在严格的固定汇率制下，政府追求汇率稳定的努力有可能妨碍发展中国家的经济发展。具体论据如下：

第一，两极汇率制度与经济发展。长期以来，设法减轻和避免汇率波动对贸易和投资的负面影响一直是各国政府和经济学家们所面临的重要课题之一。与发达国家相比，汇率稳定对发展中国家具有更为重要的意义，因为汇率波动对经济的影响在发展中国家和发达国家之间具有非对称性质。前者的贸易依存度和对外负债率要明显高于后者，而远期外汇市场的发展要明显落后于后者，这一状况加大了发展中国家采用浮动汇率制的成本和风险，因此发展中国家并不适合采用完全的浮动汇率制。浮动汇率制的支持者们常常用实证研究来证明布雷顿森林体系崩溃后，浮动汇率制下的世界经济、贸易和投资的发展并没有受到影响。这些论证忽视了这样一个事实，即真正采用浮动汇率制的国家仅局限于少部分对汇率变动负面影响有较强抵抗力的发达国家，而大部分发展中国家仍然采用了盯住汇率制。

另一方面，严格的固定汇率制也不可能成为发展中国家的最佳选择。在金融开放环境下，采用这一制度意味着放弃汇率和金融政策这两个重要的宏观经济调整手段。这意味着在价格、工资调整刚性的情况下，外部经济冲击的不利影响只能通过经济紧缩来加以吸收。因此，对多数发展中国家来说，采用固定汇率制实际上是用经济停滞来换取汇率的稳定。

第二，两极汇率制度与金融危机。两极论的反对者认为，无论是浮动汇率还是固定汇率制同样存在发生金融危机的可能性。在浮动汇率制度下不存在发生货币危机的可能性，但是本币慢性升值后的突发性贬值有可能产生与货币危机同样的破坏作用。在国内存在资产泡沫，或者在国内利率由于某种结构性原因而长期高于国外利率的情况下，资本流入会造成本币的升值。由于升值可以带来额外的利益，这就有可能促进非保值资本的加速流入。在这个过程中，本币升值会逐渐削弱一国的对外竞争能力，并最终导致国际收支恶化。这一变化如果引起市场恐慌的发生，那么突发性短期资本流出有可能引起类似亚洲金融危机的严重后果。另一方面，在固定汇率制下，中央银行无法发挥最后贷款人的职能，因而对金融部门脆弱的发展中国家来说，这一制度更容易引发银行危机和金融恐慌的发生。

第三，对两极汇率制度趋势论的质疑。两极论者把越来越多的国家采用两极汇率制度的趋势作为支持其论点的主要依据。然而，卡尔沃和莱因哈特（Calvo and Reinhart，2000）的实证研究表明：20 世纪 90 年代以来，虽然许多发展中国家在名义上采用了浮动汇率制，但这些国家的中央银行为了保持本国汇率稳定，经常利用利率手段和外汇交易手段干预外汇市场，这说明这些国家实质上仍然采用的是管理浮动汇率制或隐性的盯住汇率制，所谓中间汇率制度正在消失的说法并不符合发展中国家的实际情况。麦金农（Mckinnon）和一些日本学者对亚洲国家汇率制度的实证分析也得出了相同的结论。他们的研究结果表明，1997 年下半年亚洲一些国家采用浮动汇率制后，这些国家的汇率变化与美元的联系明显减弱。然而到 1998 年下半年以后，一些货币与美元的联动性又恢复到金融危机发生前的状况，这意味着这些国家实际上又恢复了盯住美元汇率制。

第四，对三元悖论制约论的质疑。两极论的另一个重要依据是“三元悖论”（the

impossible trinity），其基本含意是政府不可能同时维持资本自由流动、汇率稳定和金融政策独立性这三项政策目标。两极论假定资本自由流动是外部给定的条件，那么“三元悖论”实质上转化为“两元悖论”，即政府只能在汇率稳定和金融政策独立性之间进行选择，这意味着该理论假定在全球化时代，新兴市场国家已经完全丧失了控制资本流动的能力。然而，即使假定这一前提条件正确，“三元悖论”也并没有排除选择中间汇率制度的可能性。正如弗兰克尔指出的那样，两极论忽视了这样一个事实，即汇率稳定与金融政策独立性之间的矛盾，并不意味着不能在二者之间选择一个折中的方案。

就实际情况来看，在资本自由流动的前提下，实行固定汇率制国家的利率收敛于国际利率水平，因此政府无法通过利率手段来调节国内经济。如果政府要适当调整利率，就必须容忍一定幅度的汇率调整，中间汇率制度则有利于这种调整。当政府通过货币政策工具调整利率时，汇率将发生相应的变化，新的利率水平与调整后的汇率重新恢复均衡关系，政府将在新的均衡点继续维持汇率的稳定。这种局部调整与货币危机并不存在必然联系[①]。

鉴于上述原因，两极论的反对者主张发展中国家应选择中间汇率制度。其理由是：第一，在汇率制度选择方面，发展中国家主要面临两种风险，一种是完全自由浮动的汇率制度所固有的汇率变动风险；另一种是固定汇率制度所固有的道德风险。后一种风险发生在资本项目开放环境下，而弹性的中间汇率制在一定程度上可同时抑制以上两种风险的发生。第二，在一些财政、金融政策缺乏约束力的发展中国家，完全的浮动汇率制是助长通货膨胀的主要原因，而固定汇率制又是引起本币高估和对外竞争力下降的主要因素，弹性的中间汇率制则有利于调和以上两方面的矛盾。第三，在资本项目开放的国家，弹性的中间汇率制可提高金融政策的独立性。

三、汇率制度选择的依据

经济结构决定论认为，汇率制度的选择取决于一国经济的结构性特征。小型开放经济国家及出口产品结构较为单一的国家，实行固定汇率制比较适宜，因为它一般集中与一个或少数大国进行国际贸易和资本投资，实行浮动制会给它的国际贸易和国际支付带来许多不便；汇率的变化还会对其国内的出口和进口替代行业产生显著影响，从而给其内部经济造成不稳定。因此，把本国货币与大国的货币挂钩就可以获得更大的经济稳定性。相反，如果一国是一个大国，则应实行弹性较强的浮动汇率制，因为大国的对外贸

[①] 第一代货币危机理论认为：当政府一方面无节制地使用财政、货币政策，另一方面又拒绝汇率调整时，外汇储备的减少将不可避免地导致货币危机的发生。

易多元化，很难选择一种基准货币实施固定汇率。

政策搭配论则以“三元悖论”为依据，提出汇率制度的选择应与一国的宏观经济政策以及资本管制制度进行合理搭配。例如，在一国面临高通货膨胀问题时，如果采用浮动汇率制往往会产生恶性循环[①]，在固定汇率制下，由于存在着较严格的价格规范，政府政策的可信性增强，在此基础上制订的宏观政策调整容易收到效果。再如，一国为了防止通货膨胀的国际传递，应当选择浮动汇率制，因为在浮动汇率制下一国货币政策的效应显著，该国可以自主选择适合本国的通货膨胀率。又如，那些资本市场活跃、具有大规模资本流动的工业化大国，通常会选择浮动汇率制而不是固定汇率制[②]。

经济冲击决定论以蒙代尔—弗莱明模型和AA-DD模型为代表，认为应根据经济冲击的不同类型选择汇率制度。如果经济冲击多由国内的需求和货币因素造成，应当采取固定汇率制；如果经济的不稳定多由国外产品市场变动形成的真实冲击所导致，则浮动汇率制更能够起到隔绝外部冲击的作用。

成本—收益决定论则认为，由于固定汇率制和浮动汇率制各有利弊，并不存在一种十全十美的汇率制度，并且各国在进行汇率制度选择时要综合考虑经济的结构性特征、特定的政策目标、区域经济合作状况以及国际经济条件等因素，因此一个开放经济国家选择何种汇率制度取决于该国实行这一制度所产生的经济利益与所支付的成本之间的比较。

建立在货币数量论基础上的货币决定论则从国际货币本位制度的角度，提出在目前的国际信用本位制度下，各国实行浮动汇率制将是一种必然的选择。

总的来说，现行的汇率制度安排表现出的一般趋势是，大的工业化国家往往选择浮动汇率制或汇率可变的制度，而很多（并非是全部）发展中国家则倾向于选择固定的汇率制度。

第五节　国际货币体系的改革及其前景

一、现行国际货币体系存在的问题

现行的国际货币体系形成于 1976 年，即“牙买加体系”，该体系以国际储备多元化和浮动汇率制为特点，诞生之初曾被认为是一种较为理想的国际货币体系。但是过去 30

[①] 因为通货膨胀使本币贬值，而本币贬值通过成本、工资机制又进一步加剧了国内的通货膨胀。

[②] 具有大规模资本流动的工业化大国如果选择固定汇率制的话，其国际储备的状况就容易出现大幅度波动，因为大量的资本流出（流入）所导致的国际收支逆差（顺差）需要通过将巨额储备转移到其他国家（从其他国家转入）来维持固定汇率。

年来，该体系始终在极其脆弱的环境下运行，尤其在亚洲金融危机中，其存在的问题暴露无遗。

首先，汇率变动频繁剧烈，给国际贸易投资和各国经济带来不利影响。具体表现在：（1）汇率频繁变动，给进出口核算和正常经营带来困难；（2）汇率频繁变动，助长了外汇市场上的投机活动，加剧了国际金融市场的动荡和混乱；（3）汇率变动不定，容易引发债务危机，影响国际贸易的正常开展和国际金融形势的稳定；（4）汇率急剧变动，会使物价、工资以及就业发生大的变化，从而对贸易和经济产生不利的影响。

其次，国际市场对美元的高度依赖导致发展中国家的汇率制度安排仍以美元为核心。尽管布雷顿森林体系解体后，各国基本上实现了储备货币的多元化，但美元主导国际储备货币的基本格局并未发生明显改变。在国际贸易中，接近半数的交易以美元为主要计价货币；在国际金融市场的有关交易中，美元更是极为重要的交易货币。这使得各国尤其是大多数发展中国家经济政策的制定与执行效果在很大程度上受制于美元汇率变动，并进而导致这些国家汇率制度安排的实际操作与名义安排相背离。

再次，在现行的国际经济秩序下，不存在一个能够独立执行经济政策的国际机构。例如，国际货币基金组织（IMF）是一个旨在稳定国际汇价、消除妨碍世界贸易的外汇管制，并通过提供短期贷款解决成员国国际收支暂时不平衡问题的国际机构。但在现实中，基金组织在对危机国家进行援助时，迫使其按照自己开出的“药方”进行调整和改革。这些“药方”被称为“华盛顿共识”，主要内容包括实行“双紧”的经济政策，提高利率；整顿金融机构，实行严厉的破产法；采取更加审慎的监管规则；加速市场开放并迈向自由化等。“华盛顿共识”的调整、改革计划对于陷入危机的新兴市场经济国家影响是非常大的，因此遭到了来自各方面的强烈抨击。尽管如此，大多数发展中国家无论从经济实力还是从政治地位均无法改变现行国际货币体系，尤其是危机中的国家由于急需援助，被迫在严格的贷款条件下与基金组织合作，并不得不忍受经济紧缩和由此带来的高失业率。当然，也有一些国家（如马来西亚）权衡利弊后，拒绝了基金组织的援助和结构调整计划，依靠自身力量克服困难，渡过危机。

二、国际货币体系改革方案

布雷顿森林体系瓦解之后，国际间形成了目前以美元为中心的多元化储备和有管理的浮动汇率制度。随着国际贸易和金融的发展以及世界经济一体化趋势的不断加强，这一体系的弊端越来越明显。自 20 世纪 60 年代美元危机爆发以来，有关国际货币体系改革的建议和方案层出不穷，其主要内容有：

1．建立国际信用储备制度

这一方案认为国际货币制度改革的根本出路在于建立超国家的国际信用储备制度，并在此基础上创立国际储备货币。国际储备货币不应由黄金、其他贵金属或任何国家的货币来担当。目前各国应将其持有的国际储备以储备存款形式上交基金组织保存，基金组织将成为各国中央银行的清算机构。如果基金组织或其他类似的国际金融机构能将所有的国家都吸收为成员国，那么国际间的支付活动就反映为基金组织的不同成员国家储备存款账户金额的增减。基金组织所持有的国际储备总量应由各国共同决定，并按世界贸易和生产发展的需要加以调整。储备的创造可以通过对会员国放款、介入各国金融市场购买金融资产，或定期分配新的储备提款权来实现，但是不应受黄金生产或任何国家国际收支状况的制约。

这一设想反映了以主权国家的货币作为国际储备资产所具有的内在的不稳定性，其供应也必然受到储备货币国国际收支状况的制约。因此，必然应以一种由国际机构统一发行的储备资产来取代黄金和现有的储备货币。但这种主张要求各国中央银行服从于一个超国家的国际信用储备机构，这需要非常密切的国际货币合作，目前看来还不现实。

2．建立国际性的中央银行，发行统一货币

这方面有代表性的方案之一是创设以商品为基础的国际性货币。其主要内容包括：（1）建立一个世界性的中央银行，发行新的国际货币单位，其价值由一个选定的商品篮子来决定，商品篮子由一些基本的国际贸易产品，特别是初级产品来构成，各种商品在篮子中的比重或权数取决于它们在国际贸易中的地位；（2）现有的 SDRs 将被融合到新的国际储备制度中，其价值重新由商品篮子决定。其他储备货币将完全由以商品为基础的新型国际货币所取代；（3）世界性的中央银行将用国际货币来买卖构成商品货币篮子的初级产品，以求达到稳定初级产品价格，进而稳定国际商品储备货币的目的。另一类有代表性的方案是，如同欧元的创立一样，在各国经济条件“趋同”的前提下，由世界中央银行集各国货币于一体，发行统一的信用货币。

这一类改革方案在理论上讲得通，但是很难付诸实施。实行以商品为基础的储备制度，必须储存大量的初级产品，因此成本如何分担的问题难以解决。而且，由商品储备货币或统一信用货币来取代美元、欧元、日元等储备货币不可能强制推行。更重要的是，各国经济实力差距悬殊，经济结构和发展模式各不相同，政策目标乃至文化信念均存在巨大的差异，彼此之间的矛盾冲突也错综复杂，因此要建立世界性的中央银行发行统一货币，在短期看来显然是无法实现的。

3. 加强货币金融领域的国际合作

自东亚金融危机发生以来，关于国际货币基金组织在国际金融体系中的地位和作用、基金组织的救援方案和政策提出了许多深刻的反思，这方面的意见主要有：

（1）基金组织对各国经济的了解不一定准确，派往各国的金融专家提出的调整方案可能过于轻率，他们为条件各异的受援国提出的各种调整方案大同小异，并非是根据各国特点做出的具体建议。例如，对于同样发生金融危机的墨西哥和泰国来说，二者的储蓄率相差很大。又如，尽管外部冲击都是发生金融危机的导火索，但与东南亚国家由于宏观经济失衡导致危机发生不同，韩国金融危机的根源在于公司融资等微观经济因素，因此调整方案自然也应该有所差异，而国际货币基金组织专家小组提出的经济调整方案却大体相同。

（2）基金组织是将恢复贬值国的外部均衡，特别是维护这些国家货币的信誉放在首位加以考虑的。在提出调整方案时，一般是从自由市场经济的理论出发，鼓励各国通过经济开放和金融自由化，积极参与世界经济的竞争，实现经济的健康增长。这是基金组织贷款条件的两个基本特征。但是以外部均衡为目的的调整措施是否应当以牺牲内部均衡、甚至是导致长期衰退乃至失去产业升级的机会为代价，推行自由化和市场化的政策取向是否应当以“趁人之危”的方式强加给新兴市场国家，更进一步说，资源通过市场完全自由流动是否无条件地优于其他资源配置形式，这些都值得深入探讨。

（3）在国际经济形势动荡、金融风险增大的情况下，基金组织应该在预防与控制危机及减轻危机的后果方面发挥更大的作用，而不是等到危机全面爆发时才采取对策。例如，对基金组织的贷款条件进行改革，将贷款条件中的“改革目标”限制在操作性强、双方意见趋同、符合一国金融局势特点的指标上；增加基金组织的可贷资金并改革资金的支取机制，尽快批准新借贷安排；建立新的地区性金融监测系统，加强对金融机构的管理和监督，包括监测短期资本的流动情况；形成快速反应和干预机制，强化基金组织在危机预测、建议和应急方面的作用等。

4. 加强各国经济政策协调以稳定汇率

主要工业化国家货币之间汇率的剧烈波动对世界经济和国际金融的稳定产生了严重的影响，引起了各国的普遍关注。1985 年 10 月，西方五个主要工业化发达国家美国、日本、西德、法国和英国的财政部长和中央银行行长在美国纽约广场饭店（Plaza Hotel）举行的会议上提出了协调经济和金融政策，以促进汇率的稳定。1986 年，在东京召开的西方七国财长会议上，与会的七国财政部长提出通过控制 10 项指标来实现各国政策的协调[1]。基金组织同意对各国的经济指标进行监督，并且将这些指标又划分为绩效指标、政策指标和介于两者之间的中间变量，此后，各国又进一步提出要通过对经济指标的监控来实现各国之间的政策协调，并就此做出了具体规定。

西方工业国协调政策的建议得到各国的普遍欢迎。许多人认为在现行国际货币制度下，汇率的大起大落是各国宏观政策缺乏相互协调的结果。通过协调宏观政策来实现稳定汇率的建议尽管不能根本解决当前国际货币制度内在的不稳定性，但是这个建议如果能够有效地付诸实施，仍然有助于汇率和世界经济的稳定。但是，要做到真正的政策协调绝非轻而易举，因为协调宏观政策会削弱各国政策的独立性，损害某些国家的利益。此外在经济衰退时期，国内的严峻形势可能使各国无暇顾及与其他国家的协调。

5. 设立汇率目标区

汇率目标区的种类很多，但主要可以分为“硬目标区”和“软目标区”。“硬目标区”的汇率波动幅度很窄，不经常修订，一般是通过货币政策将汇率维持在目标区内。“软目标区”的汇率变动幅度较宽，而且经常修订，不要求必须通过货币政策加以维持。汇率目标区与现行管理浮动汇率制的区别主要在于前者为一定时期内的汇率波动幅度设立了一个范围，并且根据汇率变动的情况，调整货币政策以防止汇率波超出目标区。汇率目标区与固定汇率制的区别在于实行汇率目标区的国家当局没有干预外汇市场、维持汇率稳定的义务，也不需要货币当局做出任何形式的干预市场的承诺，并且目标区本身也可以随时根据经济形势变化的需要进行调整。

设立汇率目标区的建议问世以来，各方面的反应不一。发展中国家希望通过实行汇率目标区来实现汇率的稳定，而美国等发达国家则认为设立汇率目标区缺乏现实性。汇率目标区的特点是综合了浮动汇率制的灵活性和固定汇率制的稳定性，能够促进各国宏观经济政策的协调，但实施起来确有许多困难，如均衡参考汇率的确定、维持目标的有效方法等。如果实施不好，甚至有可能集固定汇率制和浮动汇率制的缺点于一身。当然，如果主要西方国家能在汇率目标区的基础上协调宏观政策，那么这个方案还是有助于促进汇率的稳定，并推动汇率制度的改革。

6. 重新回到金本位制度

赞成实行金本位的人认为对付通货膨胀和经济不稳定的唯一办法是恢复金本位制，只有恢复了纸币与黄金之间的兑换关系，才能使人们相信持有资产的购买力在将来是有保证的，从而达到增加储蓄和投资、促进经济增长、实现充分就业的目的。这种观点认

[1] 这 10 项指标是 GNP 增长率、通货膨胀率、利息率、失业率、财政赤字、经济账户差额、贸易差额、货币供应增长率、外汇储备和汇率。

为，由于现代银行制度的发达，所谓金本位制不是对历史上已出现过的金本位制的简单回归，而是要在结合市场的多样化、保持各个国别货币的前提下，建立国际货币管理与协调组织，并要求各国将货币的发行建立在黄金价值的基础之上，或者以直接的黄金储备、市场黄金的购买权为基础。这样，通过市场黄金对于本国货币的调节，保持国别货币与黄金相对稳定的关系。

反对恢复金本位制的主要论点是：（1）自20世纪70年代以来，世界金价起伏不定，很难准确地确定金平价。金价过高会导致人们向政府大量出售黄金，从而使货币供应量增长过快，金价过低则导致人们向政府大量购买黄金，从而使政府的黄金储备枯竭；（2）黄金产量的不稳定使其不能成为现代国际货币制度的基础，有限的黄金存量将会成为制约世界经济增长和汇率制度发展的因素，如果随着世界经济的增长不断地调整金价，又会使金本位制简单可靠的特点不复存在。

三、国际货币体系改革的前景

1. 改革之路任重道远

由于国际货币体系改革涉及到各国的自身利益，以及各种改革方案本身的缺陷等原因，国际货币体系改革之路将困难重重、任重而道远。主要表现在：

第一，改革方案存在缺陷，各国难以在具体方案上达成一致。在金融自由化的问题上，要求进一步推行经济自由主义的美国与主张对市场实行政治干预的欧洲之间的分歧日益明显。在1999年瑞士达沃斯召开的世界经济论坛年会上，美国重申了必须将全球化趋势保持下去的立场，而欧盟和日本则主张设立国际性的常设委员会，对金融市场进行监督。在汇率问题上，德国建议在特定地区限制美元、日元、欧元之间的汇率浮动幅度，以便帮助维持全球金融稳定，而美国对此持反对态度，强调应由市场来决定。

第二，对资本自由流动的控制问题是各国争论的焦点。资本项目的过早开放和资本过度流动是亚洲金融危机爆发的一个重要根源。深受危机之苦的亚洲国家与其他发展中国家都一致主张加强对资本流动，特别是短期资本在国际间流动的控制。但美国认为如果限制资本自由流动，将使外国投资者对未来丧失信心，从而引起连锁反应，而且限制资本流动会导致“寻租”之风盛行，因此坚决反对限制资本流动，尤其是反对把对冲基金看成是引起危机的罪魁祸首。有人主张用对外汇交易实行征税的办法来限制资本流动，但是如果税率定得太高会影响国际资本的正常流动，定得太低又无法起到在危机时阻止投机的作用。

第三，预警制度是一柄双刃剑。建立关于金融危机的预警制度是很多人的主张，但是它的积极作用与消极作用难以准确评估。预警制度可以在危机发生前或多或少地确定处于危险中的国家，但它“可能造成不稳定甚至恐慌”，而这正是建立预警制度需要避免的情况，尤其是在出现危机迹象的时候。一方面，如果基金组织公布机密信息，它将会失去政府亲密顾问的地位；另一方面，有可能引发一场也许本来不会爆发的危机。

第四，信息完全公开十分困难。改善信息会得到很高的收益。但是要获取有关的经济金融信息并不是一件容易的事。首先，私人部门和政府有可能掩盖问题；其次，现代金融市场如此复杂，投资者和决策者需要的信息如此之多，使及时收集信息变得非常困难；最后，还有一个如何明智地利用信息的问题，这与准确地获取信息同样重要。

第五，发达国家与发展中国家之间的矛盾将随着改革进程的加快而日趋突出。这种矛盾集中体现在两个方面：一是表现在改革的主导权问题上。发达国家特别是美国从一开始就试图主导改革的进程，而发展中国家认为任何新秩序都不能由少数富有的工业化国家来确立，它们希望在改革中有自己的声音，要求必须在各国间进行全面的磋商。二是体现在金融改革与政治改革的关系上。美、欧等发达国家的改革方案强调发展中国家的金融改革必须与政治改革同步进行，而这是众多发展中国家所坚决反对的。

2．改革方向基本达成共识

尽管改革的任务困难重重，但国际社会在国际货币体系改革的方向上还是基本上达成了共识，主要有以下几个方面：

第一，私营部门应该承担更多的责任。私营部门是国际金融市场的主体。让私营部门承担更多的责任符合市场经济利益与风险平衡的原则。在出现危机时，基金组织以奉行稳健政策为条件的临时资助非常重要，它可以为那些处于危机中的国家提供稳定货币、恢复市场信心和恢复增长所必需的喘息机会。但是在恢复金融稳定方面，私人部门应该承担更多的责任。如果投资者对他们的行动负有较大的责任，他们就有较大的积极性对风险进行适当的分析和评估。这反过来又能促使政府采取良好的政策，帮助防止动荡和危机，同时采取措施确保私营部门以适当的方式既“分享（它们的活动所带来的）利润”，也“分担损失”。

第二，公开宏观经济政策的信息，提高市场的透明度。充分准确的信息有利于投资者了解情况，做出正确的决策，从而减轻金融市场的过热，维护金融市场的稳定。需要公开和提高透明度的信息包括中央银行可用储备的情况、远期债务、商业银行的外汇债务以及金融部门状况、银行部门的贷款标准和技巧等，甚至一国的司法制度，与破产有关的法律和程序也在公开之列。还有人主张把各国信息是否公开和透明作为一国是否能得到基金组织援助的先决条件。

第三，基金组织和世界银行的作用应该得到加强。尽管国际社会也提出过诸如取消基金组织这样极端的改革方案，但主流的观点认为基金组织和世界银行的作用应该得到加强，而不是削弱。基金组织是主权国家的信贷联盟，是能够在短时间内向危机国家提供大规模紧急援助，以确保国际收支平衡的唯一国际实体，它对恢复亚洲金融稳定起到了核心作用，并将在今后对应付金融危机、稳定金融部门起到核心作用。一些银行界人士也主张加强世界银行的权威，尽快将世界银行从商业贷款者转变为担保者，承担新兴市场信息风险的一部分，以便在新兴国家更加合理地分配资金，促进国际债券市场的稳定。

第四，各国必须实行健全的宏观经济政策和进行结构改革。维护全球金融市场的稳定需要国际组织的监督和支持，但是各国实行健全的宏观经济政策和进行结构改革才是维护全球金融市场稳定的基础和前提。全球金融市场的稳定取决于单个国家金融市场的稳定，而一国金融市场的稳定除了基金组织等国际组织的监督、指导和支持外，从根本上说取决于国内因素，即自身实行稳健的财政货币政策和建立健全的银行体系。通过实行企业和银行的结构改革，建立强有力的金融部门无疑是新兴经济体系金融稳定和经济增长的关键。

第五，加强国际合作和对国际金融市场的监督。金融危机是一个受到自由化金融市场控制的世界固有特点，全球资本市场不能仅仅由市场来控制，国际合作与国际协调也是非常必要的。因此，无论是发展中国家还是发达国家都认为，应当以市场机制为基础，加强政府宏观调控，加强国际合作和对国际金融市场的监督，以抑制自由市场经济的盲目性和破坏性。全球化背景使得每个国家的问题都成为“大家”的问题，这就要求对全球资本市场进行监督。

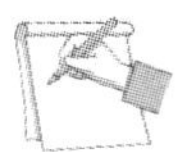

复习题

1．简述国际货币体系的内容和类型。
2．说明布雷顿森林体系的历史作用及其崩溃的原因。
3．牙买加协定的主要内容是什么？
4．简述欧洲货币体系的基本内容。
5．说明最优货币区理论的主要内容。
6．阐述固定汇率制和浮动汇率制之争的主要观点。
7．简述汇率制度选择的依据。
8．国际货币体系改革方案有哪些主要内容？

练习题

1．假设美元与黄金之间的比价为 1 盎司黄金=50 美元，又假设英镑与美元之间的比价为 1 英镑=1.5 美元，加拿大元与美元之间的平价为 1 美元=1.38 加拿大元。请计算：（1）英镑和加拿大元的铸币平价（相对于黄金的价格）；（2）加拿大元/英镑的汇率。

2．某区域由三个相对较小的经济实体构成，它们之间存在着大规模国际贸易并采取浮动汇率制，各经济体的居民在以本币兑换外币时，会发生高额兑换成本并面临汇率变动风险；另一方面，居住在该区域、持共同语言并具有相同文化背景的工人在区域内可以自由流动，请说明该区域是否具备组成最优货币区的潜在条件？

3．在资本完全流动的条件下，试分析在下列两种情形下，固定汇率制与浮动汇率制对国内经济的稳定作用。

（1）国内货币供给突然自发增加；

（2）外国资本突然大量流入。

第三篇　国际要素流动

第十三章　资本的国际流动

【引言】

在传统国际贸易理论的模型中，都假定生产要素在一国内部可以自由流动，而在国家之间不能流动。在当今世界，劳动力、资本等生产要素的国际流动发展十分迅速。生产要素的国际流动已经与商品贸易融合在一起，共同推动各国经济和整个世界经济的发展。与此同时，对各国经济也产生了不同程度的影响。本章重点阐述资本的国际流动，在对国际资本流动进行总体研究的基础上，分别对国际间接投资和国际直接投资进行专门分析。首先分析资本国际流动的静态福利效应和动态效应，然后阐述国际直接投资的主要理论和跨国公司的经济效应。

【学习目标】

① 资本国际流动的原因；

② 资本国际流动的静态福利效应；

③ 国际直接投资的各种主要理论；

④ 跨国公司对于东道国和投资国的经济影响。

第一节　资本国际流动概述

一、资本国际流动的产生与发展

资本国际流动的产生和发展，是与资本主义的发展相联系的。19世纪末，国际资本流动开始迅速发展。到第一次世界大战前夕，各种形式的国际投资总额已达到40亿英镑。第一次世界大战和1929—1933年的世界经济危机，使得国际资本流动的增长速度减缓，一些年份甚至出现绝对下降，直到第二次世界大战前夕，各主要资本主义国家的对外投资总额才略有增加。这一时期的对外投资主要为少数资本主义国家所垄断，绝大部分资本投向亚洲、非洲、拉丁美洲的殖民地和附属国。

第二次世界大战后，经济发达国家的资本积累日益增加，利用相对过剩的资本向国外贷款或投资，一方面可以生息增值，另一方面可以解决国际收支顺差的问题。而经济落后国家也需要资金发展本国经济，或弥补国际收支逆差。这使得资本的国际流动变得日益频繁，其规模越来越大，在国际经济中的作用也日益增强。

二、资本国际流动及其分类

资本的国际流动是指各国为了某种经济目的进行交易而产生的资本跨越国界，从一国转移到另一国的活动。国际资本流动包括资本流入和资本流出两个方面：资本流入是指资本从国外流入国内。这意味着外国在本国的资产增加，负债减少；或者本国在外国的资产减少，负债增加。资本流出是指资本从国内流到国外，这意味着本国在外国的资产增加，负债减少；或者外国在本国的资产减少，负债增加。

资本在国家之间大规模地流动，必须具备一定的前提条件：第一，各国不实行外汇管制或外汇管制较少。那些资本流动规模较大的国家，一般都不实行外汇管制或外汇管制较少；反之，那些外汇管制非常严格、管理条例繁杂的国家，其资本流动的范围、方式和规模必然会受到很大限制。第二，具有完善、发达的国际金融市场，特别是短期资金市场和长期资本市场，因为大部分资本的国际流动都是通过国际金融市场进行的。

按照流动的期限，资本的国际流动可以划分为短期资本流动和长期资本流动。短期资本流动是指期限为一年或一年以内的资本流动，主要通过各种信用工具来进行。信用工具主要包括政府短期债券、可转让银行定期存单、银行票据、商业票据以及银行活期存款凭证等。短期资本流动的主要方式有：（1）贸易资金流动，指国家之间由于进出口贸易往来的资金融通和资金结算引起的短期资本流动；（2）银行资金流动，指由各国经营外汇业务的银行与其他金融机构之间的资金调拨而引起的短期资本流动；（3）保值性资本流动，指资本持有者为保证短期资本的安全性和盈利性，采取各种避免或防止损失的措施，使资本在国际间转移所引起的短期资本流动；（4）投机性资本流动，指投机者根据对国际金融市场利率、汇率、证券和金融商品价格的变动差异的预期，进行各种投机活动而引起的短期资本流动。

长期资本流动是指期限在一年以上或未规定期限的资本流动。长期资本流动又包括两种主要形式：国际直接投资与国际间接投资。国际直接投资是指一国的政府、企业或个人在另一国创办企业或与当地资本合营企业，并获得对该企业全部或部分经营控制权的投资行为。直接投资以获取企业的经营控制权为核心，包括获取新股权资本、利润再投资等内容。当前，国际直接投资是国际私人资本流动的主要形式或渠道。

国际间接投资是指投资者通过在国际证券市场上购买中长期债券或者公司股票来实现的投资，或者为外国政府和企业提供中长期贷款的经济行为。国际间接投资又包括两种类型：（1）国际证券投资，指投资者通过在国际债券市场购买中长期债券或者在国际股票市场上购买外国公司股票来实现的投资；（2）国际贷款，指政府之间、国际金融机构之间以及政府、银行、企业在国际金融市场上的信贷活动，主要包括政府贷款、国际金融机构贷款、国际银行贷款等。

三、资本国际流动的原因

资本的国际流动离不开资本的供给与需求。从国际资本的供给来看，国际资本的提供者都是一些经济发展水平较高的发达国家，这些国家经济增长速度下降，国内有利的投资机会减少，投资收益下降，出现了大量过剩资本；欧洲货币市场的不断发展，吸引了大量的国际游资，并加速了国际资本的流通；浮动汇率制使从事外汇投机的货币数量迅速增长，促进了国际资本市场的进一步扩大。这些都使国际资本的供给变得充裕。

从国际资本的需求来看，经济发展水平较低的发展中国家为了启动本国的经济建设，迫切需要引入大量资本。资本是发展中国家内部一种稀缺的资源，一般来说，长期资本的形成主要依靠国内储蓄，短期资本的供给来自于国际资本。发展中国家由于国内收入水平低，储蓄能力有限，必须利用外资来加速经济增长和技术进步，以促进国内长期资本的形成。

一方面国际剩余资金供给充裕，另一方面国际资金需求旺盛，这是资本国际流动的基本原因。资本的国际流动具体受到以下因素的影响：

（1）对高额报酬的追逐。资本国际流动的基本动机是在国外可以获得更高的报酬。在这一点上，国家间的资本流动与一国内部不同地区（部门）之间的资本流动没有本质上的差别。除了贸易支付、政府间贷款和国际金融组织贷款外，大多数资本的国际流动都是为了追逐高额报酬，长期资本的流动更是如此。在不同的国家和地区，由于经济条件和政治环境等存在很大差异，同样的资本投入所产生的回报并不相同，这就造成了资本由报酬率低的国家和地区向报酬率高的国家和地区流动的趋势。

（2）国际风险因素。国际风险是指从事跨国信贷、投资以及金融交易可能蒙受损失的风险。投资者不仅对报酬率的高低感兴趣，而且会密切注意与每项具体投资相联系的风险的大小。一般情况下，投资者在收益率相同时，愿意持有风险较小的资产；而在风险相同时，则追求收益率更高的资产。资产组合理论说明，在不存在系统性风险的情况下，通过投资于收益负相关的数种资产，在给定收益水平时仅有较小的风险，而在给定风险水平时可以获得更大的收益。如果资本投入的国家潜在有政局动荡或经济形势恶化的趋势，有可能造成投资资本的损失，即使当前的报酬率很高，也应该把资本转移到其他安全的国家和地区。

（3）利率和汇率因素。利率和汇率对国际资本流动的方向和规模有着重要的影响。利率的高低在很大程度上决定了金融资产的收益水平，汇率的高低与变动会改变资本的相对价值。在短期内，一国货币利率上升，使得该种货币相对于外币升值，从而导致资本流入；而一国货币利率下降，使得该种货币相对于外币贬值，从而导致资本流出。此外，国际收支的状况也会通过汇率对资本的国际流动产生影响：如果一国国际收支存在顺差，外币的供给大于需求，则外币相对于本币贬值，外国对本币的需求增加，从而导致资本流出；如果一国国际收支持续逆差，外币的需求大于供给，则外币相对于本币升值，本国对外币的需求增加，从而导致资本流入。

（4）垄断优势与要素禀赋。企业对外直接投资的动机包括自身的垄断优势与市场的区位优势两个方面。从垄断优势来说，跨国公司通常拥有独特的生产专利和管理技能，可以凭借自身的优势在国外直接投资经营获利，同时又希望保留对其专门知识的直接控制权。在这种情况下，跨国公司就会对国外进行直接投资。从要素禀赋来说，如果一个国家（地区）具有较高的人均收入水平，或者拥有巨大并且迅速增长的市场，或者有丰富的能源、矿藏、原材料资源和人力资源等，都可以提供有利的投资机会，从而吸引跨国公司直接投资的进入。

（5）政治环境与经济政策。一国的政治环境表现为政治的稳定性，它可以用一定时期内政府更迭的次数来衡量。政府变更的次数越少，就意味着政局越稳定，对待外国投资者的政策就不会频繁发生变化。此外，一国的社会经济发展计划以及宏观经济政策也会对资本国际流动产生影响。

第二节　国际间接投资及其福利效应

20 世纪 80～90 年代以后，全球金融市场的一体化倾向日益加强，国际信贷市场稳步成长，国际证券市场也以惊人的速度发展起来，国际性的金融资产越来越成为具有强烈吸引力的投资工具。

一、国际间接投资的类型

国际间接投资是促进资本国际流动的重要形式之一。国际间接投资是指投资者通过在国际证券市场上购买中长期债券或者公司股票，或者为外国政府和企业提供中长期贷款来实现资本保值与增值的一种盈利性金融活动。目前，国际间接投资主要包括以下两种类型：

（1）国际贷款。国际贷款是指政府之间、国际金融机构之间以及政府、银行、企业在国际金融市场上的信贷活动，包括政府贷款、国际金融机构贷款、国际银行贷款以及出口信贷等。政府贷款是一国政府向另一国政府提供的、用于经济建设或其他指定用途的贷款，政府贷款利率低、期限长，具有优惠性质。国际金融机构贷款包括区域性国际金融机构（如亚洲开发银行）和全球性国际金融机构（如国际货币基金组织、世界银行）对其会员国提供的贷款，这类贷款一般利率较低，期限较长。国际银行贷款是指国际商业银行提供的中长期贷款，这类贷款金额大、期限长，但利率较高。出口信贷是指政府为了支持和扩大本国的出口，鼓励本国银行对本国出口商或外国进口商提供的利率较低的优惠贷款。

（2）国际证券投资。国际证券投资是指通过在国际债券市场购买中长期债券或者在国际股票市场上购买外国公司股票来实现的投资。国际证券投资者可以是国际金融机构、政府、企业和个人。对于一个国家来说，在证券市场上买进债券和股票，意味着资本流出，称为投资；在国际证券市场上出售债券和股票，意味着资本流入，称为筹资。证券投资的目的并不是掌握企业的经营控制权，而只是获取长期投资的收益，即取得债券或股票的利息、红利或从有价证券的买卖差价中获利。

关于国际间接投资与国际直接投资的划分标准存在着争议。一般认为，二者的主要区别在于是否获得生产经营的控制权，但是在确定具体数量界限时又有不同的认识。如美国政府规定，证券投资购买一个公司股票的数量不能超过该公司有投票权股票的 10%，如果超过这一界限就认为是直接投资。而在日本的官方统计资料中，则规定在外国企业中出资或贷款在 25%以上的属于直接投资；如果出资或贷款不到 25%，但存在着派遣董事、提供制造技术、供给原材料、购买产品等与被投资企业建立永久性经济关系的情况之一者，也属于国际直接投资。有的学者认为，国际间接投资与国际直接投资二者之间的界限并不是很明确的。在有些情况下，仅仅获得 10%的股份就能够获得控制权。而在另一些情况下，即使获得 49%的股份，也不能够获得控制权。因此，应根据实际情况来加以判断。

二、资本国际流动的静态福利效应

无论是国际借贷，还是国际直接投资，都会引起资本的国际流动。如果市场是完全竞争的，那么资本的国际流动总是可以实现资源配置的优化，促进世界整体福利的增长。

新古典经济学家采用资本边际生产力的概念和一般均衡分析的方法来分析资本国际流动的福利效应。在新古典学派的理论中，比较有代表性的是麦克道格尔（G. D. A.

Macdougall）肯普（M. C. Kemp）和琼斯（R. W. Jones）的模型。他们的模型假定，世界上有两个国家：本国和外国。本国有利的投资机会较多但资本短缺，外国资本丰裕但国内缺少有利的投资机会。以下用图 13-1 说明资本在两国间流动的情况。

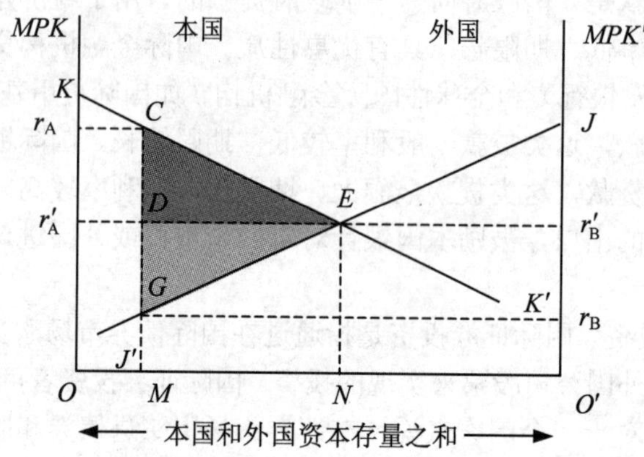

图 13-1 资本国际流动的静态福利模型

在图 13-1 中，横坐标表示两国的资本供给，轴长 OO' 代表两国的资本总量。其中，本国的资本总量为 OM，外国的资本总量为 $O'M$。纵坐标表示资本的边际产品价值，即利率[①]。由于收益递减规律的作用，两国的资本边际产出曲线 KK' 和 JJ' 分别向下倾斜。在两国开放其资本市场之前，由于资本短缺，本国资本的利率为 r_A，其产出为边际产出曲线 KK' 以下的梯形面积 $KCMO$；相反，由于资金丰裕，外国资本的利率 r_B，其产出用边际产出曲线 JJ' 以下的面积 $JGMO'$ 来度量。两者相加表示世界的总产出为 $KCMO+JGMO'$。

假设两国间不存在任何影响资金流动的障碍，由于资本在本国的报酬高于外国，于是外国的资本所有者会将部分资本转移到高收益的本国。随着资本在两国间的流动，本国的资本存量逐渐增大，外国的资本存量逐渐减少，最终达到新的均衡状态。在均衡点 E 上，有数量为 MN 的资本从外国流向本国，两国的利率差别消失，$r'_A = r'_B$。相应地，本国的产出增至面积 $KENO$，外国的产出减少至面积 $JENO'$。但是，由于一部分资本从低收益的外国转移到高收益的本国，资源配置效率的提高使得世界总产出增加。

资本的国际流动给世界带来了显而易见的利益。这种利益在两国的分割，使各自的国民福利得以增进。本国由于资金流入使得产出增加了面积 $CENM$，但由于其中面积

① 在完全竞争条件下，生产要素的报酬等于其边际产出与商品价格的乘积，即等于其边际产品价值。因此，资本的报酬用公式表示就是：$r = P \times MPK$。

DENM 的收益要以利润（或利息）返还的形式支付给外国，所以本国的净收益为三角形面积 *CED*；外国的资金流出导致产出减少了面积 *EGMN*，但由于可获得额外的利润（利息）收入 *DENM*，两相抵补仍可以取得正值的净收益三角形 *DEG*。加总之后，整个世界的获益水平为三角形面积 *CEG*。

但是在两国内部，资本国际流动导致的受益者和受损者是不同的。假设产出只受资本和劳动的影响，要素在转移前后都得到了充分利用，从图 13-1 中可以看出，对于资本输出国（外国）来说，总的和平均的资本报酬都增长了，而总的和平均的劳动报酬却都降低了。而对于资本输入国（本国）来说，外国投资的流入也导致了资本和劳动的国内收入的重新分配，其情况与资本输出国正好相反。由于这个原因，对外投资会招致资本输出国劳工的反对而对资本输入国的劳工有益。

在现实中，资本的国际流动受到市场条件或人为因素的限制，通常难以达到充分流动的程度。这时，资本市场不是均衡于利率差异得到消除的 *E* 点，而是在一个流动程度较低的水平上达到均衡。资本有限流动的福利效应，如图 13-2 所示。

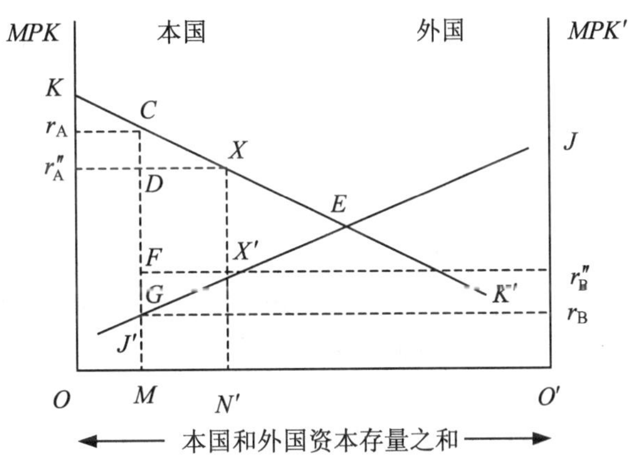

图 13-2　资本有限流动的福利模型

在图 13-2 中，资本国际流动使得数量为 *MN′* 而不是 *MN* 的资本由外国流入本国，本国利率水平从 r_A 降至 r''_A，即 *X* 点；外国利率水平从 r_B 升至 r''_B，即 *X′*点。但两者仍然存在着 $r''_A - r''_B$ 的利率差距。对于这种情形下的福利效应，可用以上相同的方法进行分析，得出的结论也是相似的：无论资本流动的程度如何，国际资本流动总能增进一国和世界整体的福利（只是获益的程度存在差异）。然而，一些利益集团会因此受益，另一些集团则因此受损。

三、国际间接投资的动态效应

以上关于资本国际流动的福利效应分析是一种静态分析。资本国际流动的影响往往深入到社会经济的各个层面，有些影响是短期的，有些影响则是长期的。因此，有必要从动态的角度进一步考察国际间接投资的经济效应。

第一，对资本积累的影响。资本积累取决于经济增长速度和储蓄水平，因而一国的生产能力和生产效率，是日后进行大规模资本积累的起点。一般来说，当一国拥有过剩劳动和有利的投资机会但资金匮乏时，如果能从国外借得资金，那么就可以利用这些资金扩大国内投资，或者利用这些宝贵的外汇进口新的资本品，并取得相应的技术援助，于是便可开拓新的投资项目。一旦投资项目投产运行，国家便获得现实的生产能力，除偿还债务外，这些投资项目所赚取的利润成为未来国内资本积累的重要源泉。此外，资金流入往往与技术输入相伴而行，技术援助通过改善人力资源的形式来确保流入资金的充分有效利用，促进经济增长。因此，这种与资金流动相联系的弥补人力资源缺口的过程也是增强国内资本积累能力的过程。对于资金流出国，从表面上看，随着资金的外流，降低了国内投资水平。然而，由于这些国家资本存量充足，投资机会有限，因而国内投资的边际收益缺乏吸引力。如果将剩余资金贷放到国外，所获得的利息可能高于国内投资的利润，日后，当这些利息收入转化为资本时，其资本积累非但没有受到损害，反而会得到增加。

第二，对经济国际化的影响。资本国际流动通常在两个方面对一国经济国际化发挥作用：（1）国际借贷需要按照国际惯例，遵循严格的程序和规则来进行。因此，一国在进入国际资本市场时，必须在国内金融政策和金融体制上做出相应准备，例如改革会计制度、实现银行业务标准化等，所有这些措施都有利于国内金融体制与国际接轨。（2）在进行跨国借贷时，资金的所有者尤其重视投资风险，所以，一国要在国际市场上筹措资金，必须让贷款人相信其资金的安全性并能按期得到偿付，并且资金的使用还要接受贷款人的监督。为此，一国在使用外来资金时，会在管理体制上进行重大变革，吸纳国外先进的管理经验和管理方法，这同样是一国经济走向国际化的重要步骤。

第三，对经济稳定性的影响。政治、经济环境变动或诸如此类的事件，都可能引起无法预料的资本国际流动。这种流动会导致货币供应量骤增或骤减而引致国内经济的动荡。资金突然流入使得经济中的货币供应量增加，导致利率下降并使支出扩大，最终引起通货膨胀。反之，资金突然流出使得货币供应量减少，从而引起经济衰退。当然，冲击的程度尚取决于一国实行的汇率制度。但是可以预见，在易于发生变化不定的资金流动的情况下，无论是资金的流出国，还是资金的流入国，其宏观经济的稳定性都将受到严峻的考验。

第三节　国际直接投资与跨国公司理论

二次大战后，随着经济全球化的发展，国际直接投资的规模日益扩大，使各国经济日益成为世界再生产过程的组成部分。这不仅扩大了市场规模，导致国际贸易的进一步发展，而且促进各国生产过程的相互渗透，加深了世界各国在经济上的相互依赖。

一、国际直接投资与跨国公司

国际直接投资又称为外国直接投资（foreign direct investment，FDI），是指投资者在另一国新建生产经营实体，或把资本投入另一国的工商企业，并以控制企业的经营管理权、获取利润为目的的对外投资活动。在当今世界，国际资本流动大都采取证券投资的形式，但是直接投资的重要性却远远超过其在国际资本流动中所占的份额。

国际直接投资分为以下三种类型：一是创办新企业，是指投资者直接在国外建立新的属于自己控制的企业。包括创办独资公司、创办合资经营企业或合作经营企业、设立分支机构或附属机构、参加跨国公司等；二是控股权投资，指投资者购买外国企业股票且达到一定的比例，从而拥有对外国企业的实质性所有权和经营管理权；三是利润再投资，是指投资者在国外企业获得的利润并不汇回本国，而是作为保留利润对该企业进行再投资（这种直接投资实际上并不伴随资本的流出或流入）。

国际直接投资的行为主体是跨国公司。由于跨国一词可以从经济、政治、法律、管理各个方面来理解，因此对于跨国公司至今尚无统一的定义。联合国 1986 年的《跨国公司行为守则草案》中对于跨国公司是这样界定的：跨国公司是指在两个或两个以上国家的实体所组成的公营、私营或混合所有制形式的企业，不论这些实体的法律形式和经营活动领域如何；该公司实施在一个决策体系下运营，通过一个或几个决策中心采取一致对策和共同战略；该公司中各实体通过股权或其他形式相联结，从而使其中的一个或几个实体可以对其他实体的活动施加有效的影响，特别是与其他实体分享知识、资源和责任。总之，跨国公司一般是指通过对外直接投资的方式，在国外设立分公司或控制东道国当地企业使之成为其子公司，从事生产、销售和其他经营活动的国际性企业。

二、国际直接投资的主要理论

由于跨国公司是国际直接投资的重要载体，二者是密不可分的。因此，国际直接投资的理论也称为跨国公司理论。以下介绍几种主要的国际直接投资理论。

1. 垄断优势理论

垄断优势理论是国际投资的独立理论，它是由美国经济学家斯蒂芬·海默（S. H. Hymer）在1960年提出的，后来由约翰逊（H. G. Johnson）、凯夫斯（R. E. Caves）和金德尔伯格（C. P. Kindleberger）进一步发展完善。这一理论突破了传统的在完全竞争的假设条件下分析国际资本流动的方法，提出国际直接投资和跨国公司产生于市场结构的不完善性。垄断优势理论强调决定对外直接投资的原因是利润差异，而非利息差异。跨国公司之所以通过对外直接投资而不是商品出口的形式获取利润，取决于它所拥有的某些垄断优势，包括某种专门技术、管理组织经验、市场营销技能以及规模经济优势等。这些优势是投资者所特有的，而且是不宜进入市场交换的。

跨国投资的企业在陌生的环境下组织生产经营活动，由于文化、法律、制度差别以及缺乏对国外市场的了解，与当地企业相比，要承担一定的附加成本。因此，跨国公司进行对外直接投资必须具备两个条件：一是它在国外投资的收益要高于在国内投资的收益，因而必然向国外扩张；二是它在国外子公司的收益要高于当地企业的收益，这是它具有竞争力并得以在国外生存的条件。与当地企业相比，由于跨国公司开发并控制了技术、管理和营销等方面的无形资产，它通过直接投资使用这些无形资产的边际成本几乎为零，因而可以获得由此带来的高额垄断利润。

垄断优势理论摒弃了传统理论关于完全竞争的假设，而采用了更贴近现实的不完全竞争假设，其理论中垄断优势和不完全竞争的核心概念，成为后来的国际投资理论的两大基石。

2. 市场内部化理论

垄断优势理论解释了国际直接投资的一部分原因，但是在现实中，一些具有垄断优势的企业却只有很少的对外直接投资，这说明拥有知识产权等方面的垄断优势只是进行国外直接投资的必要条件，还不是充分必要条件。一般来说，如果一个企业拥有某种垄断优势，并希望在国外市场实现其价值，有三种可供选择的途径：一是在国内进行生产并向国外出口，将企业的优势通过商品的形式实现其价值；二是可以通过向国外企业发放许可证的方式，将其以技术或其他无形资产形式存在的优势有偿转让出去，直接在技术市场上实现其价值；三是通过直接投资在国外设立分支企业，运用其拥有的特殊优势在当地进行生产并销售，从而获得高额利润。因此，一个企业是否会进行对外直接投资还要看这一投资的报酬率是否高于出口贸易或许可证贸易的收益率。内部化理论进一步说明了，为什么跨国公司的对外直接投资比出口贸易和许可证贸易具有更高的效率。

内部化理论的思想渊源可以追溯到"科斯定理"。1937 年，罗纳德·科斯（R. Coase）在《企业的性质》一书中认为，由于外部市场的不完全，市场对于进行某种类型的交易来说交易成本比较高，而通过企业内部的组织结构进行则会降低交易成本。20 世纪 70 年代中期，英国学者巴克利（P. Buckley）、卡森（M. Casson）和加拿大学者拉格曼（A. Rugman）发展了科斯的思想，并将其运用到对跨国公司的分析当中，系统地提出了市场内部化理论。所谓市场内部化是指"将市场建立在公司内部的过程，以内部市场取代原来固定的外部市场。"市场内部化理论的出发点是从外部市场的不完全性与企业资源配置效率关系的角度来说明决定对外直接投资的因素。这一理论认为，战后科技革命改变了中间产品的性质和内容，将它由传统的原材料、半制成品变为专利、专用技术、商标、管理技能、市场信息等知识产品。外部市场缺乏这些产品的定价与交易机制，导致市场交易成本上升，企业经营效率降低。为了避免市场的不完全对企业生产经营活动的不利影响，如果企业内部的行政协调成本低于市场交易成本，将外部市场交易内部化就成为一种理性的选择，即通过对外直接投资，以企业内部组织结构来替代市场交易方式，解决外部市场与企业资源配置效率之间的矛盾。也就是说，跨国公司是通过对外直接投资行为将企业之间的生产要素交易和产品交易内部化，从而提高资源配置效率的一种制度形式。

3. 国际生产折衷理论

上述国际直接投资理论虽然较好地解释了跨国公司进行国外直接投资的动机和原因，但是它们却不能说明为什么有些跨国公司在进行国外直接投资的同时又没有完全放弃出口贸易和许可证贸易的形式，也就是说，跨国公司对不同的国家采取了不同的进入战略。在现实中，出口贸易、许可证贸易和国际直接投资三种方式是并存的。

国际生产折衷理论是英国经济学家约翰·邓宁（J. H. Duning）在 1977 年提出的。它继承了上述理论关于市场不完全性的假设，将企业所有权优势与区位优势结合起来，并将其纳入市场内部化过程的分析中，从而对跨国公司进行对外直接投资做出更一般性的解释。国际生产折衷理论认为，对外直接投资是由三种特殊优势综合决定的，这三种优势是所有权优势（ownership）、区位优势（location）和内部化优势（internalization）。所有权优势是指企业所独有的优势，如对某种技术的垄断、发明创新的能力、管理和营销技巧等。区位优势是指国家或地区的特殊禀赋，包括资源拥有状况、交通和通信、政策环境等。内部化优势是指跨国公司的多国体系、组织结构等方面的优势，将企业在不完善的市场中的交易内部化，以降低交易成本。可以看出，邓宁的"所有权优势"沿袭了海默关于垄断优势的思想，而"区位优势"则吸收了传统国际贸易理论关于比较优势的思想。

具体来说，跨国公司进行对外投资的形式取决于：首先，就跨国直接投资来说，企业必须拥有其他国家的企业所不具备的与所有权相联系的特殊优势，这种优势能够提高企业的盈利，增加企业资产的净现值。其次，在拥有所有权优势的基础上，企业从事跨国生产还要求企业内部使用所有权优势要比通过外部市场交易这种优势更有利可图。最后，假设上述条件得到满足，企业是否进行跨国生产还要看国外的区位优势是否与企业的所有权优势相互吻合，从而使这两类优势的生产力同时提高。

总的来说，国际生产折衷理论是迄今为止有关跨国公司行为和国际直接投资理论中较为全面的一种，因而被称为跨国公司的一般理论。当然，这一理论也需要在实践中不断地丰富、完善和进一步发展。

三、跨国公司的经济效应分析

跨国直接投资的基本特征在于投资国的企业向东道国提供了包括资本、技术和企业家经验在内的一揽子生产要素，因此，跨国公司的全球扩张活动无论对东道国还是对投资国，都会产生重要的影响。

1. 跨国直接投资对于东道国的经济效应

（1）跨国投资的静态福利效应

新古典经济学家认为，跨国直接投资是增加东道国的资本存量同时减少投资国资本存量的一一对应行为，假定经济体系是完全竞争的并处于长期充分就业均衡；国际收支亦维持均衡状态；规模报酬不变且无外部性存在；资本的价格等于资本的边际产出；不考虑税收等，在上述假设条件下，分析生产资本流入对于东道国的静态福利效应。

如图 13-3 所示，假定劳动供给量一定，边际产出曲线 *II'* 把资本存量同资本的边际产品价值（或利润率）联系起来。其中 *OM* 代表封闭条件下东道国国内拥有的资本存量，利润率为 *OA*，资本的产出以矩形面积 *OMEA* 表示，三角形 *AEI* 为劳动的报酬。现在假设国外有 *MN* 的直接投资流入，这时东道国国内的资本存量增加到 *ON*，利润率由 *OA* 降至 *OB*，资本的产出由面积 *ONFB* 表示。其中，国内资本的收益为 *OMGB*，流入资本的收益为 *MNFG*。这时，虽然东道国劳动的报酬比资本流动前增加了 *BFEA*，但其中的 *BGEA* 只是国内资本收益向劳动的再分配，东道国从资本流动中增加的净福利为三角形阴影面积 *GFE*。从图 13-3 中可以看出，除非国外资本的流入导致利润率大幅度下降，否则东道国的所得要小于外资的利润。

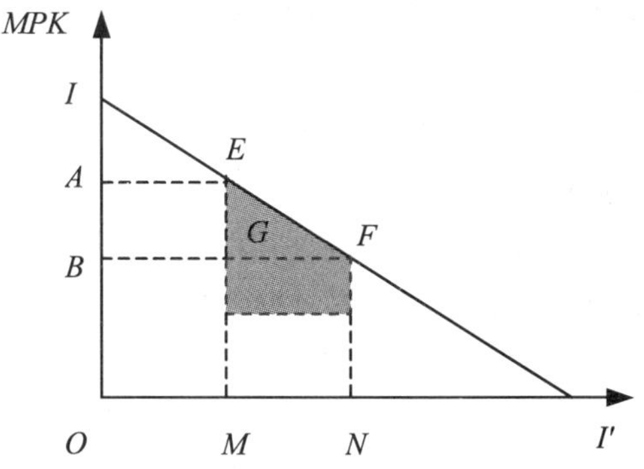

图 13-3 跨国直接投资对东道国的福利影响

如果放松上述模型的某些假定条件，东道国还可能获得额外的利益。例如，东道国对外国直接投资的收益通常要征收一定比率的税收，若所得税税率为 t，那么，外国直接投资所获得的利润将从 $MNFG$ 降至（$1-t$）$MNFG$，东道国则由于征税而产生图 13-3 中矩形阴影面积的净收益。另外，当外资企业引入的技术和专门知识逐渐在东道国扩散传播时，外国直接投资带来的外部经济也许还会进一步增加东道国的收益。

当然，跨国直接投资并不总是对东道国有利，一旦完全竞争的假设在现实中并不存在，一些不利的结果就会发生。常见的有，跨国经营的优势可能并不会以提高工资的形式转移到劳动者手中或以降低价格的形式转移到消费者手中，而是垄断性地使跨国公司的母公司增加利润。又如，私人资本净流入的波动和子公司利润的汇回，可能造成东道国国际收支平衡的困难等。

（2）国际资源转移效应

国际直接投资通过提供资本、技术和管理，可能对东道国经济做出积极的贡献。如果这些投入在当地是稀缺资源，那么外国投资可能促进东道国产出的增长。与此同时，这种资源转移作用的发挥又会受到种种因素的限制。

① 资本。跨国公司由于规模巨大和其他特殊优势，拥有进行海外投资的充裕资本，有助于填补东道国期望投资和国内储蓄的缺口。在资本供应方面，除了直接提供资本以外，跨国公司还可能起着间接的积极作用：首先，跨国公司通过提供有吸引力的投资机会而动员当地的储蓄；其次，跨国直接投资可能刺激来自跨国公司投资国和国际机构的官方援助。然而，跨国公司带来的这些潜在利益，也可能因各种逆向效应而减少。在许多情况下，跨国公司实际资本的流入相当少，大多数资本来自利润再投资和当地的储蓄。

另外，对于发展中东道国来说，接受私人直接投资的代价颇高。因为似乎有证据表明，跨国公司的利润率要远远高于国际资本市场的利息率。

② 技术。技术在经济增长中起着决定性的作用。由于跨国公司是技术创新和扩散的重要载体，因此，东道国通过外商直接投资可以获得现成的技术，而绕过成本高昂的技术发明和革新阶段。从这个意义上说，跨国公司的技术转移可能给东道国带来重大的利益。但是，在跨国公司通过直接投资进行技术转移的过程中，东道国究竟能否获利以及获利多少，尚取决于技术转移的条件以及技术的适用性。为此，东道国应当建立起一系列对引进技术进行消化、吸收的机制，同时注意引进技术应当适合于东道国的要素禀赋状况，包含高技术的产品应当适合东道国居民的消费偏好。

③ 管理。与跨国直接投资相联系的管理人员和管理知识的流入，可能给东道国带来相关的利益。首先，熟练管理人员和企业家经营能力进入后，将有助于促进当地企业家经营能力的提高；其次，跨国公司先进的管理模式，可以为当地的供应商和竞争对手提供良好的示范。但是在现实中，东道国在管理资源上的获益也具有局限性，如果跨国公司子公司的管理职务和熟练岗位均由外国人担任，那么就很难对东道国企业家的培养产生重要作用。而且，规模巨大而结构复杂的跨国公司的管理经验和技能，对东道国当地的小企业并不一定具有适用性。

（3）国际贸易和国际收支效应

跨国公司是当今国际贸易的主导力量，近年来国际贸易中相当大的一部分是通过跨国公司进行的。因此，如何引导跨国公司的活动以发展进出口贸易，越来越引起东道国的重视。将企业技术优势与东道国区位优势相结合的跨国直接投资有利于发掘东道国的要素禀赋潜力，扩大东道国的出口规模，并可以增加出口商品的技术含量和附加值。在贸易保护主义抬头的情况下，跨国公司的贸易活动和市场能力可以为发展中东道国制成品的出口取得较为稳定的销售渠道。当然，跨国公司能否促进制成品的出口还取决于跨国公司的市场目标取向。例如，当跨国投资以东道国的服务业为主要目标时，它对出口的推动作用就十分有限。但是，如果跨国公司将子公司作为一个出口供应点的话，那么就会对东道国的贸易产生有利的影响。

实现国际收支平衡是东道国政府一个重要的政策目标，因为外汇短缺如同缺少储蓄一样，也对经济增长起阻碍作用。因此，东道国往往把吸收外国直接投资看作是改善外汇瓶颈的重要手段。当跨国公司创办国外子公司时，就资本账户而言，东道国能够从创始企业的资本流入中得到利益，然而随之而来的则是持续的资本流出，包括支付给跨国公司母公司的红利、利息、特许权费等。但有利的一面是，跨国公司的贸易促进效应可能改善东道国经常项目的状况，从而缓解外汇的短缺。跨国公司的转移定价[①]（transfer pricing）对于东道国的国际收支也产生重大的影响。转移定价是跨国公司内部关联交易的产物，常用于在子公司与母公司之间、子公司相互之间暗中转移利润，其结果是使东道国从外国直接投资获得的收益减少，甚至遭受损失。

（4）市场结构效应

跨国公司的进入既可能产生竞争效应，冲破东道国原有的垄断市场结构，又可能诱发反竞争效应，增强市场的垄断力量，导致东道国福利水平的降低。跨国公司行为对东道国市场结构的影响，视东道国是发达国家还是发展中国家而有所区别：在经济落后的发展中国家，跨国公司几乎不会遇到当地企业的有效竞争，在这种情况下，跨国公司可能进行一系列提高价格、增加利润以及制造市场进入障碍等不利于东道国经济发展的活动。而在经济发达的东道国，跨国公司的进入可能会瓦解当地寡头垄断的市场结构，促进市场竞争的开展。但是，一旦子公司最终成为所在行业的"领头羊"，它就可能利用其垄断优势从事限制竞争的活动，设置市场进入障碍。

（5）经济主权效应

跨国公司对于国家经济主权的影响被看作是东道国为获得外部资本所付出的一种成本。虽然外国企业的进入可能会促进当地经济的发展，但也会造成东道国经济自主权的某些损失。由于跨国公司追求的是全球战略目标和整体利益，因此有关的投资决定和财务、销售、采购、雇佣和贸易政策可能全部由公司总部做出，这些都可能造成或加剧东道国对跨国公司在经济上的依赖性。

跨国公司的行为还常常危及东道国对经济的调控能力，削弱东道国政府实行它所期望的经济政策的作用。由于跨国公司能够进入国际资本市场，它可能绕过东道国政府的货币政策；东道国政府的财政政策可能遭受跨国公司转移定价的损害；贸易政策可能受到跨国公司全球市场战略的破坏等。特别是发展中国家的政府，在与跨国公司的讨价还价中处于相对较弱的地位，这意味着跨国公司可能获得过度的保护或税收特权。在这种情况下，跨国公司所获取的利益可能是以东道国较低或负值的社会收益为代价的。

2. 跨国直接投资对于投资国的经济影响

（1）凯恩斯关于跨国投资的观点

假设国内投资与国外投资的条件与风险完全相同，对于私人投资者来说，选择何种

[①] 转移定价是指跨国公司进行内部关联交易时使用的价格，与普通的市场价格不同，它是根据跨国公司的全球战略和利润最大化目标人为地制定的。跨国公司运用转移定价的形式，调整各子公司的产品成本，在公司内部转移利润，以实现整体利润的最大化。例如，低税国子公司向高税国子公司出口商品时抬高价格，高税国子公司向低税国子公司出口商品时压低价格，从而使跨国公司的总纳税额减少。

投资是无关紧要的。但是，对于作为整体的国家来说，这两种投资的结果就完全不同了。当企业投资成功，从而产生盈利时，国内投资所产生的利润将被留在国内使用，从而有利于本国的经济增长；而国外投资所产生的利润则会被留在国外，其中一部分成为东道国政府的税收收入，其余部分可能被用作利润再投资来发展东道国的经济。当企业投资失败时，在国内投资的场合，实物资产仍留在国内；而在国外投资的场合，实物资产则被留在了东道国，从而构成投资国财富的绝对损失。凯恩斯在这里提出了一个如何评价国外投资的社会成本与收益的问题，其结论是，在跨国投资的场合，私人投资者的利益与国家整体的利益显然是不一致的。

（2）跨国投资对投资国税收收入的影响

跨国公司对投资国一种可能的损害是由转移定价以及其他类似的活动带来的。跨国公司将经营活动转移到低税率国家，虽然企业的总利润增加了，然而投资国的税基和税收收入却减少了。具体地说，假设投资国国内的税率高于东道国国内的税率，在国际税务实践中，为了避免双重征税，东道国首先对跨国公司的子公司征税，投资国再对子公司汇回国内的利润征收两国税率间的差额。

举例来说，假设投资国的公司所得税率为 50%，而子公司在东道国的这一税率为 40%，税前利润率在东道国是 20%，在投资国只有 16%。如果一家跨国公司在本国投资，其利润率为 16%，交纳了 8%（=16%×50%）的税款后公司保留了 8%的利润。如果这家公司在国外投资，其利润率为 20%，在子公司所在的东道国纳税 8%（=20%×40%）后公司保留了 12%的利润。当跨国公司把这笔收益全部汇回国内时，投资国将对其征税 10%（=50%−40%），这样投资国只征到 1.2%（=12%×10%）的税收收入。如果投资国与东道国的所得税率是相等的，当跨国公司将其税后利润汇回国内时，投资国就不能对此再征税了。所以，跨国公司的对外直接投资减少了投资国的税收收入，侵蚀了它的税基。

（3）跨国投资所产生的其他社会成本

① 假如在跨国公司进行对外直接投资时，投资国国内的产业结构保持不变，从而资本—劳动比率也保持不变，那么，随着跨国公司对外直接投资的增加，投资国国内的失业率就可能趋于增加。正因为此，一些主要的投资国中的工会组织强烈反对跨国公司的对外直接投资活动。

② 跨国公司的对外直接投资意味着生产过程的国际转移，因此，跨国公司大量的对外直接投资势必会造成投资国的产业空心化。这时，投资国如果没有其他经济活动的发展与补充，不仅会使短期的就业问题变得更加严重，而且还会使长期的经济增长成为问题。

③ 跨国公司的对外直接投资会引起投资国的产业转移和技术扩散，由此可能损害投资国的技术领先地位和未来利益，使得投资国的国际竞争力逐渐下降，而东道国的国际竞争力则趋于提高。然而，为了防止可能的损害发生，跨国公司总是将其研究与开发工作集中于本国，以保持自身在技术上领先的优势。

综合上述，跨国投资究竟是利大于弊，还是弊大于利，还无法作出一个总体的评价。然而，对于各国的情况以及各个企业的投资，都应当按照上述不同的影响逐一进行考察，这使我们可以超越本章第二节所讨论的新古典的分析框架。在那里，资本国际流动的影响总是有利的。

3．跨国直接投资的全球经济效应

（1）促进要素的国际流动和要素价格的均等化

跨国公司的主观动机是利用各种生产要素的国际差价，通过对外直接投资进行套利活动，然而跨国公司的套利活动所产生的客观效果，却推动了要素在国际间频繁的流动和要素价格日益朝着均等化的方向发展。

（2）缩小落后国家在经济发展上的差距

跨国公司对外直接投资的直接动机是追求高额垄断利润，但其对外直接投资所带来的生产与技术的扩散却有利于其他国家的经济发展。特别是经济相对落后的发展中国家，随着跨国公司资本的进入，这些国家的经济一般都呈现出快速发展的态势，这有利于缩小它们与发达国家在经济发展上的差距。当然，要实现这一目标，引进跨国公司资本的发展中国家必须对跨国公司的活动进行有效的管理。

（3）促进了世界经济一体化的发展

跨国公司在世界范围内从事生产、销售与融资活动，不仅造成了世界范围内生产活动的一体化，而且也促进了商品市场、资本市场与其他要素市场的一体化发展。与此同时，跨国公司所拥有的经济权力显然已经超出了一个主权国家的疆界。为了防止跨国公司滥用其经济权力，就有必要对跨国公司的经济活动进行国际管理，而通过一系列的国际合作对其进行世界性的政府管理则是可能的。

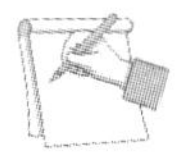

复习题

1．简述国际资本流动的原因。

2．画图说明资本国际流动的静态福利效应。

3．说明图 13-2 中资本有限流动后资本输入国与输出国的收益，并在图中用阴影表示出来。

4. 与本国居民相比，外国投资者并不熟悉当地的情况，为什么会进行对外直接投资？

5. 即使外国投资者拥有独特的生产专利与管理技能，为什么不通过产品出口或特许权贸易的方式实现其价值？

6. 为什么把邓宁的理论称为“国际生产折衷理论”？

7. 跨国直接投资对于东道国有哪些经济效应？

练习题

1. 用图 13-1 解释为什么发达国家的工会反对本国的对外投资？

2. 用图 13-1 解释为什么发展中国家的工人会从外国资本流入中获得好处？

第十四章　劳动力的国际流动

【引言】

劳动力的国际流动在生产要素的国际流动中占有重要的地位。在商品、资本和劳动力三者的国际流动中，劳动力的国际流动特别是大规模的劳动力流动是最困难的，难以像大规模资本流动那样容易地进行。在经济全球化的背景下，劳动力国际流动所产生的影响已经远远超出了对劳动力市场供求关系的影响，从而形成广泛的外部经济效应和社会效应。本章重点讨论劳动力国际流动的特点、原因以及对社会福利和经济的其他方面产生的影响。

【学习目标】

① 劳动力国际流动的特征；
② 影响劳动力国际流动的因素；
③ 劳动力国际流动的福利和经济影响。

第一节　劳动力国际流动概述

一、劳动力国际流动的发展阶段

本章所说的劳动力，是指具有一定心智和体力的劳动者，它是生产的基本要素之一。劳动力的国际流动是指具有自由人身的劳动者为了适应生产国际化和资本国际化的发展，在国外寻找有利的劳动力市场，使其就业位置越出一国界限在国际间进行转移。劳动力在国际间流动必须具备两个条件：第一，劳动者是自由人身，可以自主选择是在国内还是在国外劳动力市场上寻找雇主或提供劳务；第二，劳动力在国际间流动的目的，是为了寻找有利的劳动力市场，即出于纯粹的经济目的。这样，历史上由于奴隶贸易、战争、政治动乱以及民族问题等原因而形成的移民活动都不属于劳动力国际流动的范畴。

从历史上看，劳动力的国际流动主要经历了三个阶段：

（1）从 19 世纪中期到第一次世界大战前。这一时期劳动力的国际流动主要集中在欧美地区。19 世纪中期，经济自由发展成为欧美社会的主流思想以后，劳动力国际流动开始有了快速而明显的发展。这一思想认为，人口的自由流动对国家的发展和繁荣是必不可少的，因此一些欧洲国家对外国劳动力采取契约制度进行招募，其结果有力地推动了劳动力的国际流动。例如英国工业发展所需的庞大劳动力队伍有一半由国外移民所构成，从19世纪30年代到60年代初，爱尔兰向英国的移民就有几百万之众。这一时期，欧洲各国向美国的移民数额也十分巨大，1891年到1900年间为370万，而1901年到1909年间猛增到720万。这种劳动力的国际流动既减轻了欧洲的人口压力，也极大地促进了美国经济的迅速发展。

（2）从第一次世界大战开始到第二次世界大战结束。两次世界大战期间，国际间移民活动经历了从停滞到恢复的变化。由于第一次世界大战严重地损害了欧洲各国的经济，欧洲各国实行贸易保护主义和限制移民的政策，用以保护本国产业、市场与就业，其结果使许多欧洲劳工远渡重洋进入未受战争破坏的美国，而流向欧洲的移民活动基本陷于停滞。为了消除或降低劳动力国际流动的障碍，协调与保护在它国工作的劳动者的合法权益，推动各国经济的发展，于1919年成立了国际劳工组织。该组织的成立使得劳动力国际流动纳入了国际经济秩序的轨道，为减少国际间移民的障碍发挥了一定作用。随着劳动力国际流动日益国际化和规范化，移民的总体规模在停滞后得以恢复。

（3）从二次大战之后到现在。二次大战后，劳动力的国际流动进入了一个新的时期，在世界范围内形成了欧洲、北美、中东等国际性的劳动力市场。20世纪50～60年代，西欧每年都要吸收60万～110万来自世界各国的移民，逐渐形成为世界性的劳动力市场。战后，流入美国的外籍工人急剧增加，由20世纪50年代平均每年流入25万人发展到90年代平均每年流入约100万人，使得北美成为持续兴旺的国际劳动力市场。20世纪70年代，中东各国由于石油提价而获得了巨额石油美元收入，国内大规模经济建设的兴起也吸引了众多国家劳动力的流入。

二、当代劳动力国际流动的特征

1. 以实现自身利益最大化为目的

与其他生产要素不同的是，劳动力在跨国流动上能够进行自主选择，选择的基本原则是实现自身利益的最大化。在劳动力国际流动的过程中，就劳动者而言，或是寻找更有利的就业机会，或是追求良好的工作条件和环境，一般是从劳动和收入条件较差的国家或地区流向劳动和收入条件较好的国家或地区，以更好地实现劳动力自身的价值。

2. 基本格局不变的同时呈现出分散性与对流性

二次大战之前，劳动力的国际流动基本上是从非洲、亚洲、欧洲流入北美洲与大洋洲。当前跨国流动的基本格局并未改变，但已呈现出明显的分散性与对流性。20 世纪 70 年代末，全球有 2 000 余万劳工跨国流动，其中来自上述三大洲发展中国家的仅有 1 200 万，其余则来自发达国家；在流入分布中，流入北美的只有 600 万，流入西欧的约 500 万，其余则分散到其他国家。同时，劳动力国际流动一反从发展中国家流向发达国家的传统模式，开始出现对流现象。具体形式有从发达国家流向发展中国家、经济发展水平相似的国家之间对流等。

3．短期流动的形式越来越普遍

二次大战以前，劳动力国际流动的主要形式是移民定居，短期流动并不普遍。二次战之后，尽管以移民定居形式进行的劳动力国际流动从未停止过，但是随着世界经济形势的变化和科学技术的进步，许多国家对外来移民的政策发生了变化，越来越强调对人力资源予以调控，更加注重高素质专业人才的引进，这就使得低素质劳动者难以流动或只能进行短期流动。1972 年，加拿大政府就颁发短期或临时就业签证来调节国内劳动力供求矛盾。由于移民门槛的提高，劳动力跨国进行短期流动越来越普遍。

4．劳动力的国际流动更趋国际化和法制化

1976 年，国际劳工组织发起召开了世界就业会议，来自 121 个国家的政府、雇主和工人代表一致通过了行动纲领。这一纲领强调外国政府与雇主应给予外籍工人应有的经济利益，并使他们享受应有的社会权益和尊重。此外，该纲领提出劳动力输入国与劳动力输出国在订立流动协议时，既要考虑当前劳动力供求的利益，也要注重长期利益，避免由于劳动力供求的剧烈波动而影响经济与社会的稳定发展。该纲领还建议在现有的国际经济秩序构架下，提高来自贫困国家移民的报酬。国际劳工组织行动纲领的制定以及在实践中的不断完善，使劳动力的国际流动更趋国际化和规范化。

5．对高素质人才的需求不断增加

在当今世界，各国综合国力的较量越来越激烈，归根到底是人才在竞争中起关键作用。因此，各劳动力输入国都制定了各种政策措施，在限制低素质劳动力流入的同时大力引进高素质人才，从而使对高素质人才的需求不断增加。1952 年，美国出台了“移民国籍方案”，强调要改变以往由移民选择美国的做法，而由美国来选择合适的移民。据世界银行统计，1969—1979 年间，美国吸收了近 50 万外籍专业人员和技术工人，其中 3/4 来自发展中国家，在“硅谷”工作的高级工程师和科研人员中有 1/3 以上是外国人，从事高级科研的工程学博士后研究人员中有 2/3 是外国人。今后，随着全球一体化趋势的加强，各国对高素质人才的需求仍呈上升趋势。

三、劳务输出

劳务输出是劳动力国际流动的一种特殊形式，它是指劳务合作双方通过签订合同，由输出国派遣劳动者到输入国开展有关项目的劳动服务并获取相应的报酬。

1．劳务输出的特点

劳务输出具有以下四个特点：（1）劳动者具有劳务合作合同，由一定形式的组织机构派遣出国；（2）劳动场所发生了跨国界转移，即劳动者的工作地点从一个国家转移到另一个国家；（3）劳动者以获取经济利益为目的，通过向国外雇主提供劳务而获取报酬；（4）劳动者在合同履行完毕后即回国，在国外停留受到时间限制。从以上劳务输出的特点可以看出，它与移民有一定的区别：首先，移民不一定具有劳务合作合同，也不必由一定的组织机构派遣出国；其次，移民主要是在国外定居，因此停留国外的时间较长，甚至没有限制；最后，移民对进入国公共设施供给和社会环境形成的压力比劳务输出要大得多。

2．劳务输出的主要类型

劳务输出按提供劳务的内容主要可以分为两类：（1）要素性劳务输出。是指劳动者进入输入国的物质生产部门（主要是工农业部门）提供劳务，即劳动力作为生产要素发挥作用的劳务输出；（2）非要素性劳务输出，是指劳动者进入输入国的非物质生产部门提供服务。这种为非物质生产部门提供的服务，又包括生产性服务和消费性服务。所谓生产性服务，是指在非物质生产部门进行的与生产过程密切相关的服务，如运输、金融、保险、设计、技术服务、咨询、租赁、广告与经销、维修与售后服务等都属于这一类；所谓消费性服务，是指直接为消费所提供的服务，如旅游、文艺、体育、娱乐、卫生保健、文化教育等。

3．劳务输出的发展现状

发展中国家的劳务输出主要集中在要素性劳务输出和非要素性劳务输出中的消费性服务方面。由于发展中国家输出的劳动力大都是非熟练工人，再加上发达国家对来自发展中国家劳动力的一些限制性措施，多数发展中国家的劳工只能从事一些脏、累、差且收入较低的职业，因此发展中国家劳务输出的经济效益较低。至于技术含量高、对劳动力素质要求严格、经济收益也相应较高的非要素性劳务输出中的生产性服务，在发展中国家劳务输出总量中所占的比例较小。劳务输出在发展中国家的发展也是不均衡的，发展中国家中的一批劳务输出大国，如印度、巴基斯坦、印度尼西亚、菲律宾、墨西哥等国，其劳务输出的规模很大，劳务输出已成为这些国家经济发展的重要支柱。但相当多的发展中国家劳务输出的规模较小，对国民经济的发展起不到应有的作用。

在发达国家劳务输出中，非要素性劳务输出中的生产性服务在劳务输出总量中所占比例较大，在经济发展中起的作用越来越重要。此外，要素性劳务输出在发达国家的劳务输出中也占有重要地位。发达国家经过长期的发展，其产业结构中第三产业所占的比重已高达 70%左右。这必然影响到劳务输出的结构，使非要素性劳务输出中的生产性服务占据主要地位。发达国家在科技、资本、人才等方面所具备的优势也保证了它们在这一领域中的领先地位。在要素性劳务输出方面，发达国家输出的主要是科学技术人员、经营管理人员和熟练工人所提供的劳务。

第二节 影响劳动力国际流动的因素

生产要素的所有者提供要素服务的目的在于获取报酬，劳动者提供劳动则是要取得相应的工资。根据追求自身收益最大化的原则，劳动者之所以能够离别故土、远走他乡，在很大程度上是由于他预期在外国会比本国获得更为可观的工资。因此，工资率差异是劳动力国际流动的直接原因。此外，迁移过程中的风险、成本以及政策法规制度、经济周期、直接投资等因素也对劳动力国际流动产生重要的影响。

一、工资率差异

劳动是劳动者谋生的手段，劳动者总是期望自己付出的劳动能够得到较多的工资收入，然而同一质量的劳动力在不同国家的工资收入是不同的，甚至差距极大。劳动者对劳动报酬的趋利性，使劳动力具有从低工资国家向高工资国家流动的倾向。

工资有名义工资和实际工资之分，同劳动力国际流动密切相关的主要是实际工资。一般而言，导致工资率差异的原因主要有：（1）劳动生产率。生产率越高，劳动力在相同的劳动时间里，可以生产出更多的产品。（2）传统和道德因素。在不同的国度，人们对于基本生活资料的认识具有不同的内容，从而影响着工资水平。（3）劳动力市场的供求状况。前两个因素影响着工资率的长期变动趋势，而在短期内，劳动力的供求状况对于工资率有着决定作用。

各国劳动力的供求通常处于不均衡状态，其中既有总量上的不平衡，也有结构上的不平衡（即某种劳动力供求不平衡）。由于不同的国家国情不同，因而劳动力供求状况也不一样，一些国家在劳动力总量上供过于求而另一些国家供不应求；就某种劳动力而言，也存在着供过于求或供不应求的情况。劳动力的供求状况取决于一定时期内的人口因素与经济因素。

从人口因素来看，世界人口的发展规律对劳动力的供给产生重要影响。人口过渡理论认为人口发展的历史分为三个阶段：第一阶段，高出生率和高死亡率导致人口缓慢的增长；第二阶段，高出生率和低死亡率导致人口剧增；第三阶段，出生率和死亡率同时降低最终会使人口低增长或零增长。研究表明，发达国家与发展中国家的人口过渡是不同步的，因此人口的增长分布呈现出区域差异的特点。当今世界人口的增长呈现出一种二元体系，一般来说，发展中国家的劳动力供给过剩，发达国家的劳动力供给不足。

从经济因素来看，各种生产要素的综合禀赋水平以及世界经济发展不平衡规律对劳动力的需求产生重要影响。各种生产要素在世界范围的分布是不平衡的。首先是自然资源分布的不平衡，这使得各国对劳动力的需求存在差异，例如平原地区、山林地区、沿海地区对于劳动力数量和种类的需求肯定不同。随着社会经济的发展，生产要素分布的不平衡越来越表现为资本、技术和劳动配置的差异。有的国家和地区资本、技术雄厚，但劳动力匮乏，因此对国外劳动力的需求较大；有的国家和地区则是劳动力丰富，但资本和技术匮乏，因此对资本和技术的需求迫切，而对国外劳动力的需求较小。

另外，世界经济发展不平衡规律的作用必然导致各国经济贸易条件和资本积累等方面的不平衡，这种不平衡总会导致出现新的经济增长热点国家或地区，继而出现对劳动力需求旺盛的国家或地区，从而成为吸引外来劳动力的世界性劳动力市场。世界经济发展不平衡规律作用的结果，还加剧了世界范围的两极分化。发达国家经过几个世纪的发展，经济发展水平已经达到很高的程度，生活水平和社会福利较高；而众多的发展中国家，尤其是那些贫困国家，经济发展水平很低且发展缓慢，生活水平和社会福利低下。这些因素必然在劳动者的工资收入上体现出来，使同一质量的劳动力在发达国家与发展中国家中的工资收入呈现出较大的差距。

综上所述，在人口因素和经济因素的共同作用下，各国劳动力的供求状况各不相同，于是出现工资率的差异，从而导致劳动力的国际流动。具体表现在，人口密度大且经济相对落后的发展中国家面临劳动力过剩的压力，就业机会十分有限，工资率相应较低，因而存在劳动力流出的动力；相反，人口密度小且经济发达的国家则面临劳动力短缺的压力，就业条件较为有利，相对高的工资率对于劳动力流入具有较强的吸引力。

二、风险和成本

满怀理想的劳动力迁移者可能会发现，陌生的国度并非总是淘金者的乐园。当他们付出巨大代价到达目的国后，面临的却可能是举目无亲、生活无着的境遇，甚至在饱尝艰辛之后被迫黯然返乡。可见，风险广泛存在于劳动力流动的过程中，异国的政治法律制度、文化传统、风俗习惯以及信息方面的障碍，使得劳动力迁移者难以把握自己的命运。一般来说，劳动力迁移者在考虑流动时，会对其可能遇到的风险和成本进行认真的权衡。

1. 劳动力流动的风险

劳动力流动的风险首先是收益前景的不确定性。劳动者准备出国寻求就业机会时，首先关心的是他能否在国外顺利地找到一份理想的工作。如果就业无望，对于一个远在异国他乡的人而言，无疑意味着一种悲惨的境遇：无处栖身、衣食无着、招致歧视、备受欺凌，甚至沦为难民。因此，劳动力国际流动所面临的风险主要是国外就业的不确定性。

劳动力在国外就业的不确定性是由多种因素造成的。例如，外国的就业政策不利于移民；外国的劳动力市场相对饱和，没有相应的职位空缺；移民缺乏相关的技能训练；对劳动力市场的信息了解甚少等。随着当代人口的增长，各国的就业压力普遍增大，无形中提高了劳动力跨国流动的风险，从而在一定程度上抑制了人们出国谋生的欲望。此外，由于就业困难而产生的风险，还使得劳动力的国际流动更具有偏向性，那些受过良好教育、素质较高的劳动力比非熟练劳动力拥有更大的选择余地，因而移居国外的机会更多。

除了国外就业的不确定性，语言、宗教、文化背景等构成的社会环境，也是人们移居国外时需考虑的风险因素。语言障碍明显地影响移民在国外的人际交往，甚至会引起误解造成关系紧张。宗教是不同民族的信仰，不仅有明显差异，而且具有神圣不可侵犯性，不同的宗教容易引起种族冲突，因而对劳动力国际流动有很强的限制性。文化背景影响着人的思想观念，具有不同文化背景的人们有着不同的行为方式，其中不乏有冲突因素的存在，因而常常发生移民在移入国难以与人合作的情形。此外，背井离乡、在国外寂寞孤独所造成的精神创伤，也是移民必须考虑的一种潜在风险。

2. 劳动力流动的成本

劳动力所有者在提供其生产要素时，总是以收益最大化作为准则，收益最大化取决于两个方面：一是最大限度的报酬率，二是最小限度的成本。劳动力国际流动所涉及的成本多种多样，例如交通费用、中介费用、信息费用等金钱开支都属于移居过程中的成本，为学习迁入国的政治、法律、文化、语言所付出的各种代价属于适应过程中的成本。此外，为实现移民而耗费的时间和错失的其他机会、收入和福利等，也应当计入成本范围之中。随着成本增加，预期收益下降，移居的欲望减弱，一旦成本高到超过劳动力迁移者所能承受的限度，便会放弃迁移的计划。

影响劳动力流动成本的因素比较复杂，归纳起来主要有三个方面：国际迁移手段的技术水平、劳动力市场的国际化程度和移民程序的管理效率。国际迁移手段越趋多样化，技术水平越高，移民的选择余地越多，劳动力流动成本越低；劳动力市场的国际化程度越高，移民活动越规范，各种费用支出较少，劳动力流动成本越低；移民程序的管理效率越高，为实现移民而耗费的时间越少，劳动力流动成本越低。

三、影响劳动力国际流动的其他因素

1．政策法规的制约

劳动力国际流动是国家之间多种要素流动中最为棘手的问题，这是因为劳动力的国际流动不仅有关移民的切身利益，而且还会涉及到劳动力输出国与输入国的利益，因而各国政府对待劳动力国际流动都极为谨慎。相对来说，劳动力输出国对劳动力国际流动基本上持两种态度：一种是努力使国民留在国内或制定有关措施吸引移民回国；另一种则倾向于将劳动力国际迁移作为克服失业和人口过剩的手段。由于态度不同，制定的移民政策法规也有所不同，前者制定了严格的移民管理制度，后者倾向于在审批权、外汇管理上放松限制。这就必然对劳动力国际流动产生不同的影响。另一方面，劳动力输入国通过制定移民法规来鼓励或限制移民的流入，调控输入劳动力的素质结构。各输入国不同时期政策法规的差异，以及各输入国之间政策的差异，必然对劳动力国际流动的流向和流量产生不同的影响。

2．经济周期性波动

当一国经济处在繁荣高涨阶段时，企业往往会追加投资扩大生产以推动企业发展，此时不仅会增加对劳动力的需求，而且也会提高就业者的工资收入水平，这种情况不仅显示出吸纳劳动力的市场容量扩大，而且增强了对外国劳动力的吸引力，这样必然会推动劳动力的国际流动。反之，当一国经济处于萧条衰退阶段时，企业往往会缩减生产，此时不仅会削减对劳动力的需求，而且可能会降低就业者的工资收入水平，这种情况不仅会降低对外国劳动力的吸引力，而且还有可能引起本国劳动力和外国劳动力的外流。

3．对外直接投资的推动

随着经济全球化的日益发展，特别是国际直接投资的增长，跨国公司迅速发展使得资本在国际范围内的广泛流动，需要劳动力在国际范围内的流动与之相适应。对外直接投资对劳动力国际流动的推动作用表现在两方面，一方面是直接造成跨国公司的员工国际流动，另一方面是为劳动力国际流动创造了有利条件。对于前者而言，当一国企业在外国新建企业时，除了雇佣当地劳工外，为保证企业正常运转，最大可能降低经营风险，总是要安排一部分母公司或其他分公司老员工前往新建企业，充当生产、技术、管理或销售骨干，并对当地劳动力进行培训，这就形成了劳动力国际流动；对于后者而言，对外直接投资会引起投资接受国新生产部门的建立、新技术的应用，从而推动其经济发展，进而导致对劳动力的需求增长，为外国劳工进一步流入创造了有利条件。

4．区域经济一体化的发展

第二次世界大战后，区域经济一体化的趋势不断增强，各种形式的区域一体化组织不断出现。这些区域一体化组织的发展程度不尽相同，但都经历着一个从低级到高级、范围不断扩大的过程。在一体化程度较高的区域组织中，如欧盟基本实现了劳动力在整个区域范围内的自由流动。有的区域一体化组织如东盟，由于在语言、文化背景上具有共性，地理位置接近等原因，在内部劳动力流动方面也取得了一定成绩，例如新加坡是个劳动力严重短缺的国家，而菲律宾和泰国则成为弥补其缺口的劳动力输出国。

5．对人才的争夺

第二次世界大战后，各国经济迅速发展，人才在提高国际竞争力中的作用日益突出，因而受到各国政府的重视。发达国家利用其优厚的待遇、良好的环境力图吸引更多的高科技人才；而发展中国家也开始在注重资本引进的同时，更加重视人才的引进。在人才的争夺战中，发达国家始终处于优势地位。因此，总的趋势是人才大量从发展中国家流向发达国家。这种世界范围内对人才的争夺必然促进劳动力的国际流动。

第三节　劳动力国际流动的福利和经济影响

一、劳动力国际流动的福利分析

1．工资率差别完全消失的情况

如图 14-1 所示，纵轴表示劳动的边际产品价值，根据边际收益递减规律可知，随着劳动力的增加，劳动的边际产品价值会降低，图中曲线的走势表明了这一点。劳动的边际收入是指在其他生产要素不变的情况下，增加单位劳动投入使劳动力所有者增加的收入。在完全竞争条件下，均衡时劳动的边际收入等于劳动的边际产品价值。

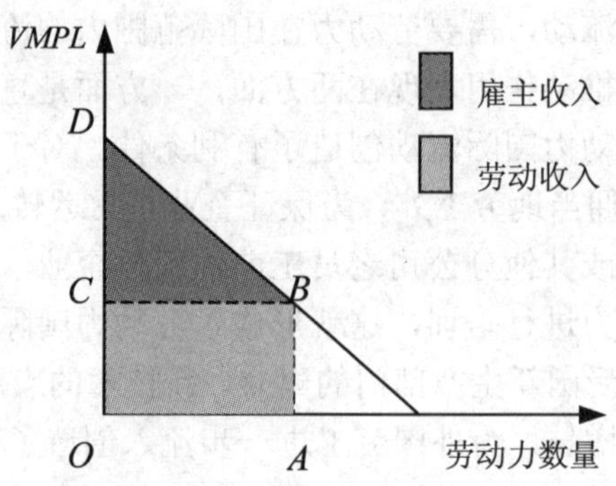

图 14-1 雇主收入与劳动收入

当实际支付给劳动力的工资（成本）低于劳动的边际收入时，雇主收益增加，这时雇主将增加劳工。然而随着劳动力的增加，劳动的边际产品价值却会下降，直到工资与劳动的边际产品收入相等时收益消失，此时雇主不会再增加劳工。假如实际支付的工资高于劳动的边际产品收入，雇主将会削减劳工，直到两者相等为止。因而，劳动的边际产品价值曲线也是工资曲线，劳动的边际产品价值曲线下方 *DOAB* 的面积等于总产品收入，图中长方形 *OABC* 的面积为劳动收入（即工资乘以劳动力数量），三角形 *CBD* 的面积为雇主收入（总产品收入减去劳动收入）。

图 14-2 表明劳动力的国际流动，最终会使各国的工资率差别完全消失。在这种情况下，分析劳动力的国际流动对各经济集团的福利影响。图中横轴表示本国和外国的劳动总供给之和，本国的劳动力数量为 *OF*，外国的劳动力数量为 $O'F$ 。纵轴表示劳动的边际产值。曲线 $VMPL_1$ 为本国劳动的边际产值曲线，曲线 $VMPL_2$ 为外国劳动的边际产值曲线。这两条曲线同时也是两国的工资曲线。

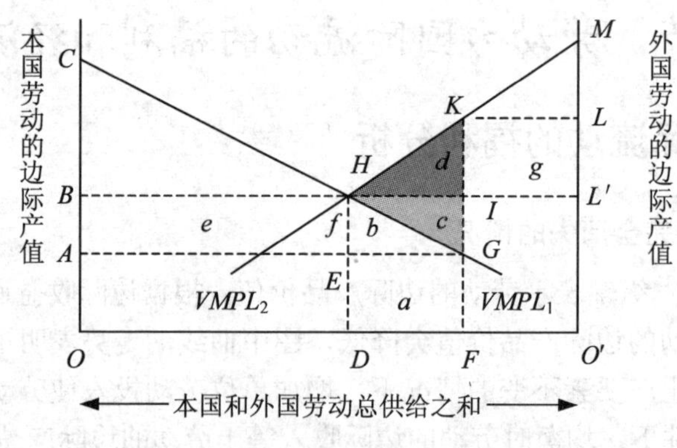

图 14-2 劳动力国际流动的福利模型

图 14-2 中，在 F 点本国的工资水平为 OA，外国的工资水平为 $O'L$，本国工资低于外国。根据劳动力追逐高工资的原理，本国有数量为 DF 的劳动力会流向外国，这种劳动力流动所带来的各种效应如下：

（1）劳动要素价格的变化。本国劳动力的平均工资水平提高，由 OA 提高到 OB。外国劳动力的平均工资水平下降，由 OL 下降到 OL'，正是由于这一原因，劳动力迁入国的工会组织历来反对外国劳工入境。

（2）经济产出规模的变化。本国的经济总产出规模下降，由 $COFG$ 下降到 $CODH$。外国的经济总产出规模增加，由 $MO'FK$ 增加到 $MO'DH$。

（3）要素收入分配的变化。假设在充分就业的状态下发生劳动力的国际流动，可能会使两国国内要素收入再分配结构发生变化：本国劳动收入占其总收入的比重可能会上升，其他要素收入所占的比重可能会下降；外国劳动收入占其总收入的比重可能会下降，其他要素收入所占的比重可能会上升。具体来说，本国总收入减少了 $HDFG$ 的面积（即 $a+b$），但留在国内的工人的收入增加了，原来他们的收入为 $OAGF$ 的面积，现在为 $OBHD$ 的面积，增加了 $ABHE$ 的面积（即 $e+f$）。就本国雇主而言，他们的收入减少了，他们原来的收入是 CAG 的面积，现在为 CBH 的面积，减少了 $BAGH$ 的面积（即 $b+e+f$）。劳工与雇主收入增减相抵，本国仍会损失收入为 HEG 的面积（即 b）。外国国内工人的工资由原来 $LO'FK$ 的面积减少为 $L'O'FI$ 的面积，减少了 $LL'IK$ 的面积（即 g）。外国雇主收入由原来 MKL 的面积增加到 MHL'的面积，增加了 $LL'HK$ 的面积（即 $d+g$）。雇主与劳工收入增减相抵，外国仍增加 KIH 面积的收入（即 d）。劳动力迁移者 DF 的收入由原来 $DFGE$ 的面积增加到 $DFIH$ 的面积，增加了 $EGIH$ 的面积（即 $b+c$）。

（4）世界净福利的变化。劳动力的流动使本国总产出减少了 $HDFG$，使外国的总产出增加 $KFDH$。所以从世界整体角度来看，世界总产出水平净增加 KHG，这说明劳动力的国际流动提高了世界总体的资源配置效率和总产出水平。图形分析结果显示，世界总产出的净增加发生在外国，所以，劳动力的国际流动对外国是有利的。

我们用收入的增减来直观地表示各经济集团福利的得失。综合上述分析可知，劳动力输出国总福利减少，但留在国内的工人福利增加，雇主福利减少；劳动力输入国总福利增加，但国内工人福利减少，雇主福利增加，劳动力迁移者福利增加。相应地，整个世界福利增加，如表 14-1 所示。

表 14-1　移民对各经济集团和整个世界的福利影响（1）

经济利益集团	收入增减（负号表示收入减少）
本国工人	$e+f$
本国雇主	$-(b+e+f)$
本国	$-b=e+f-(b+e+f)$
外国工人	$-g$
外国雇主	$d+g$
外国	$d=(d+g)-g$
劳动力迁移者	$b+c$
整个世界	$c+d=b+c+d-b$

2．工资率差别依然存在的情况

图 14-3 表示劳动力的国际流动未能完全消除各国之间的工资率差别，并在工资率差别依然存在的情况下达到均衡状态。仍然以两国模型来说明在这种情况下劳动力国际流动的福利影响。横轴表示雇佣劳动力的数量，纵轴表示工资水平。在没有劳动力流动的条件下，本国工人的工资水平为 P_1，劳动力供求在 A 点达到均衡。与其拥有相同技术水平的外国工人的工资水平为 P_2（$P_2 < P_1$），劳动力供求在 A' 点达到均衡。

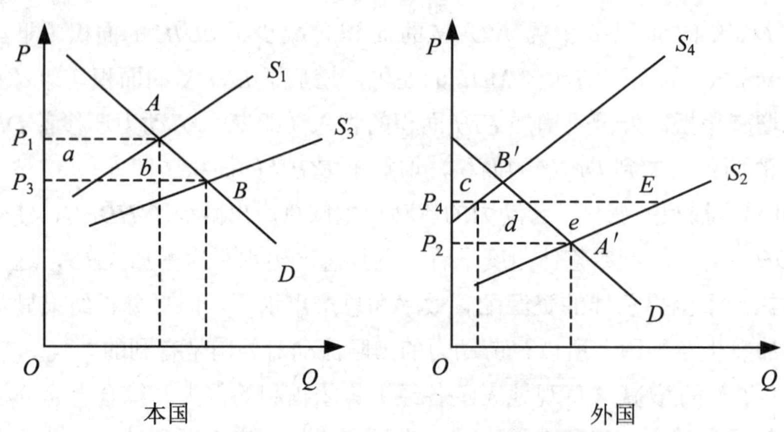

图 14-3　工资率差别存在情况下的劳动力国际流动

首先考察对工资率的影响。

假定两国将各种阻碍劳动力流动的壁垒全部取消，并且流动无须支付任何成本，那么，由于劳动力追求较高的工资，外国工人就会向本国流动，在本国劳动力市场上竞争就业机会。此时，外国由于工人数量减少而推动工资率上升至 P_4，本国却由于工人数量增加而使工资率下降至 P_3（$P_3 > P_4$），两国的工资率随着劳动力的迁移而发生变化。当两国工资率处于相等状态时，这种劳动力的迁移活动就会停止。这就是我们分析过的工资率差别完全消除的情况。

事实上，对于劳动力迁移者来说，迁移后既存在着能否竞争到就业机会的风险，又存在着能否适应迁入国社会文化环境的问题，还有迁移费用、失去原有工作而损失收入等。也就是说，迁移者在经济上、精神上都要付出代价（支付成本）。所以，实际情况是即使两国之间完全取消阻碍劳动力流动的壁垒，也会因迁移风险与成本的客观存在，以及因迁移引起的两国工资率的相对变化，而只有一部分工人会实施迁移，要达到两国工资率的完全相等几乎是不可能的，因此两国之间工资率的差异将依然存在。

若劳动力迁移者认为两国的工资率差异（P_3-P_4）作为补偿足以抵消他们因迁移而支付的成本，则此时两国的工资率将使两国各自的劳动力供求达到新的平衡，即本国为 B 点，外国为 B' 点。换言之，假如两国工资率差异大于 P_3-P_4，外国工人会继续向本国迁移；如果两国工资率差异小于 P_3-P_4，他们会认为迁移得不偿失，因而会停止流动。

其次考察对不同经济集团的福利影响。

（1）对劳动力输入国的影响。在上例中，本国为劳动力输入国。本国由于劳动力的流入使劳动力的供给增加，供给曲线由 S_1 移至 S_3，因此本国雇主可以用较低的价格雇佣到所需的劳动力（即劳动力价格由原来的 P_1 降低到 P_3）。由于雇主代表对劳动力的需求（即劳动力的消费者），而工人代表对劳动力的供给。用生产者剩余和消费者剩余概念解释劳动力价格变化后的福利效应，可知本国雇主福利增加为 $a+b$；本国劳工因劳动力价格下降而损失了 a，劳动力输入国福利的净增加为 $(a+b)-a=b$。

（2）对劳动力输出国的影响。外国为劳动力输出国。外国因部分工人的流出，使劳动力的供给减少，供给曲线由 S_2 移至 S_4，外国雇主为了获得生产所需要的工人，不得不提高工资率（即劳动力价格由原来的 P_2 上升到 P_4），外国雇主福利损失了 $c+d$。外国劳工因劳动力价格上升而使福利增加了 c，劳动力输出国福利的净损失为 $c-(c+d)=-d$。

（3）对劳动力迁移者的福利影响。对于从外国迁移到本国的工人来说，他在本国的工资率为 P_3，但是扣除迁移费用和为就业所付出的成本，实际收益只相当于外国的工资率 P_4，其净福利为 $d+e$。

（4）对整个世界的福利影响。在劳动力的国际流动中，劳动力输入国和劳动力迁移者的福利增加，而劳动力输出国的福利受损。就两国整体而言，新增福利为 $b+e$（$=(d+e)+b-d$），即整个世界的福利也增加 $b+e$，如表 14-2 所示。

表 14-2　移民对各经济集团和整个世界的福利影响（2）

经 济 集 团	福利影响（负号为福利损失）
本国工人	$-a$
本国雇主	$a+b$
本国	$b=(a+b)-a$
外国工人	c
外国雇主	$-(c+d)$
外国	$-(c+d)$
劳动力迁移者	$d+e$
整个世界	$b+e=(d+e)+b-d$

二、劳动力国际流动的经济影响

从总体上讲，劳动力的国际流动有利于劳动力资源的合理配置和劳动生产率的进一步提高，有利于世界先进技术、知识和经验的广泛交流。但劳动力国际流动对劳动力输出国和输入国的影响是有区别的。相比较而言，劳动力的国际流动对于输入国经济发展的积极作用更大一些。

1. 劳动力国际流动对财政的影响

从劳动力输出国的角度来看，劳动力迁移者所造成的未来各项税收以及兵役义务的损失很可能超过其移居国外而减轻的公共服务的负担，即迁移者对输出国的净财政效应是负效应。

从福利经济学的角度来看，一方面，许多公共财政支出项目属于真正的“公共产品”，每个人都可以享受，而不论享受人数的多少；一部分人移居国外，并不会增加其他人的享受程度，国家也不会减少这方面的开支。另一方面，劳动力迁移者通常是年富力强，受过良好的教育，在进入劳动年龄前，一般在本国接受教育，分享了本国提供的社会福利。但是，当他们成年以后需要他们为社会工作并且纳税时，他们却移居国外去为外国工作并且纳税。所以，不加限制地允许劳动力出境对输出国会带来财政方面的净损失。对此，一个可能的政策反应是巴格瓦蒂和其他一些经济学家所提出的，对移居国外的人征收一种“人才外流税”，其税额大致相当于国家在公共教育及其他方面为他们花费的净税款。

从劳动力输入国的角度来看，入境的劳动力显然增加了公共财政的负担，因为他们要使用输入国的各种公共设施，使享受社会福利的人员增加，还可能使社会治安管理费用上升。另一方面，入境的劳动力也要向输入国政府交纳各种税收并承担各种社会义务。那么，究竟哪个方面的效应大呢？

多数人认为，新入境劳动力所享受的公共服务和财政开支远远大于他们向政府交纳的税收和义务，移民输入国的财政效应是负值。但是，金德尔伯格认为，这种普遍的认识可能是错误的。原因是多数入境劳动力的年龄分布往往偏重于青壮年，他们在母国接受教育并有了一技之长，正处于一生中的工作和纳税高峰期，然而他们却离开母国去为新的国家工作和纳税。虽然他们要享受输入国的公共服务和公共设施，但是，由于这类开支属于真正的"公共产品"，并不会因为劳动力迁移者的到来而额外增加。至于社会养老金，他们需要很多年以后才能享受。关于失业保险金，由于新入境的青壮年劳动力不会成为高失业率的人口集团，因而不会成为失业保险金的主要消费者。所以，从一般意义上说，尤其是在短期，劳动力的国际流动对于输入国可能带来财政方面的净收益。

总的来说，从公共财政收支方面来考察，劳动力的国际流动从整体上看能给输入国带来净收益，而给输出国带来净损失。

2. 劳动力国际流动对就业市场的影响

（1）对输入国的影响。首先，劳动力的输入可以满足输入国就业市场对劳动力的需求，从而使劳动力短缺对经济发展的制约得以缓解。劳动力的大量流入会改变流入国劳动力的供求状况，导致劳动力成本下降，这对提高企业利润水平，增强其产品的国际竞争力，都是有益的。其次，劳动力的输入可以改善输入国就业市场的劳动力供给结构。从国外输入的劳动力，一般正值青壮年，最富活力和创造力，其中包括大量高科技人才和专业技术人才。发达国家在国际竞争中建立起的人才优势，主要是通过吸引外国、特别是发展中国家的人才而获得的。另外，由于输入的劳动力大多是可以立即进入生产过程的成熟劳动力和专业人才，而不必经过长期的教育和培训，因此可以大大地节约输入国的教育和培训费用。

（2）对输出国的影响。劳动力国际流动对输出国就业市场的影响主要表现为缓解就业压力，二次大战后，特别是 20 世纪 70 年代以来，由于农村劳动力的大量转移，多数发展中国家都出现了不同程度的劳动力过剩问题。劳动力输出对缓解这些国家的就业压力确实起到了较大的作用。但是伴随着劳动力的输出，也造成了发展中国家大量的人才外流。所谓"人才外流"问题是指发展中国家中受过专业技术教育的高层次人才大量地流向发达国家定居或工作，他们在发展中国家的教育系统中接受了高等教育却为发达国家的经济发展服务。这种人才外流使发展中国家失掉了非常重要的人力资源，弱化了发展中国家自我发展的动力和能力，而且在培养人才的过程中发展中因家为此而支付的社会成本远远大于私人成本，这种人才外流即使从静态的角度来看也是社会财富的重大损失。由此可见，劳动力的国际流动对输出国既有积极影响，又有消极影响。

3. 劳动力国际流动对国际贸易和资本国际流动的影响

劳动力国际流动带动与之相关的商品贸易的发展。大规模劳动力国际流动必然带动其他生产要素和生活资料的国际流通。劳动力国际流动在一定程度上扩大了国际贸易量，促进了国际贸易的发展。劳动力国际流动还会影响国际贸易的格局，会使科技人才、熟练劳动力更加集中到那些人均国民收入高的发达国家，使这些国家能够较快地发展高科技新兴产业。依靠人才优势，发达国家就能较长时期在高新产业的生产和市场上占据垄断地位，从而在国际市场上夺得更大的份额。而发展中国家由于科技人才的流出，使其难以改善贸易条件和经济地位。

劳动力的国际流动加速了资本的国际流动，使资本国际流动的范围更为广泛。它使资本在世界任何地方都不缺少可以利用和开发的劳动力，为资本国际流动的最佳方向的选择以及投资场所的选择提供了更大的余地。随着劳动力国际流动规模的扩大和技术层次的提高，资本国际流动的规模越来越大。劳动力国际流动使生产要素的配置优化和国际投资的效益提高，为加速国际资本的周转提供了有利的条件。

4. 劳动力国际流动对国际收支的影响

在劳动力国际流动的同时，会出现一个与劳动力国际流动方向相反的货币流动，即劳动力输出国因移民或劳务输出人员向国内汇回外汇而形成的收入，劳动力输入国却因此而形成外汇支出。例如，菲律宾 20 世纪 90 年代初约有 150 多万人在世界 100 多个国家或地区打工，每年从海外汇回 20 多亿美元，相当于其商品出口收入的 20%左右。对于外汇短缺的劳动力输出国来说，劳动力国际流动有利于改善本国的国际收支状况，实现国际收支平衡。

5. 劳动力国际流动对整个世界经济发展的影响

首先，劳动力国际流动可以使生产要素在世界范围内进行更合理的配置，形成更高的经济发展水平。在有些发达国家以及经济增长热点国家或地区，国外劳动力的流入可以满足其经济高速增长的需求，从而促进经济的发展。有些国家和地区资源十分丰富，国外劳动力的流入可以加速这些资源的开发。其次，随着科学技术和世界经济的发展，经常需要兴办一些重大项目，在劳动力广泛流动的情况下，可以从世界各国迅速集中所需各种专业的劳动力，加速这些项目的建设。再次，劳动力国际流动可以促进新知识、新思想、新观念、新技术技能和经营管理经验的传播和相互交流，对世界经济发展具有重要的促进作用。

6. 劳动力国际流动的其他影响

劳动力的国际流动为输入国创造了社会财富，对输入国的资本积累有明显的促进作用。但是大规模的人口流动会提高输入国的人口密度，带来与人口增加相关的种种外在成本如噪声、种族冲突与犯罪、交通住房紧张等现实问题。

复习题

1. 当代劳动力国际流动的特征有哪些？

2. 影响劳动力国际流动的直接原因有哪些？

3. 在工资率差别依然存在的情况下，劳动力国际流动对不同经济集团的福利有什么影响？

4. 分析劳动力国际流动对输入国和输出国的财政效应。

练习题

1. 以下哪一种人口流动给美国政府带来的净税收（纳税额减去福利享用额）可能最多，那一种可能最少？

（1）在 2000 年以后到来的政治难民；

（2）在 20 世纪 80 年代中期到来的电器工程师；

（3）在 2000 年以后到来的前劳动力迁移者的父母。

2. “劳动力输出国应当为本国人移居国外而高兴，因为这会改善本国的经济福利”。请对这一观点进行评析。

练习题答案

第一章

1.（1）情况 A，可以进行贸易（绝对优势）；情况 B，可以进行贸易（比较优势）；情况 C，可以进行贸易（比较优势）；情况 D，按照比较优势无法进行贸易。

（2）在情况 B 中，如果 4W=4C，本国：1C 或 1/3 小时；外国：2W 或 2 小时。

（3）在情况 B 中，如果 4W=6C，本国：3C 或 1 小时；外国：1W 或 1 小时。

（4）在情况 B 中，互惠贸易的交换范围为（3/4～2）布

2.（1）贸易前的相对价格是：本国 6W=2C；外国 15W=12C。

（2）比较优势的形态：本国在小麦生产上具有比较优势，外国在布的生产上具有比较优势。

3.（1）本国劳动力资源相对丰富。

（2）本国在 Y 产品的生产上具有比较优势，而外国在 X 产品的生产上具有比较优势。

第二章

1. 判断下列情形中规模经济与比较优势的相对重要性：

（1）规模经济；（2）规模经济；

（3）比较优势；（4）比较优势。

2. 在下列进出口条件下，计算产业内贸易指数：

（1）$T=1$（2）$T=85.71\%$

（3）$T=66.67\%$（4）$T=4.88\%$

（5）$T=0$

第三章

1.（1）、（2）参照图 3-4；（3）外国的社会福利改善。

2. 参照图 3-6。

第四章

1.（1）小国汽车的国内价格上升为 10 000 美元，但世界市场价格和贸易条件不变。

（2）关税会使小国出现净损失，因为消费者扭曲与生产者扭曲导致的效率损失大于关税收入。

（3）在大国情况下，征收关税提高了受保护产品（汽车）的国内价格，同时降低了该产品的世界市场价格。

2. 自由贸易时该国应进口 200 单位，而配额把进口数量限定在 50 单位，则：

（1）国内价格的增幅为 10 元；（2）配额租金为 500 元；

（3）消费扭曲损失为 500 元；（4）生产扭曲损失为 250 元。

3.（1）有效保护率为 20%；（2）有效保护率为 10%；

（3）有效保护率为−5%；

（4）上述情形说明，一国对某种产品的保护程度不能单从该产品进口关税率的高低来判断，还应综合考虑进口原材料等中间投入品的进口关税率。

第五章

1.（1）外部性；（2）生产补贴优于征收关税；（3）对技术创新活动给予补贴等。

2. 政策（3）成本最大；政策（1）成本最小。

3.（1）很难实现；（2）是对自由贸易的逆转；（3）、（4）有利于推进贸易自由化。

第六章

1. 自由贸易区的成员国不需要统一对外关税，所以在政治上简单易行，但是在执行上会遇到产品原产地难以区分的问题；关税同盟由于成员国统一对外关税避免了执行上的难题，但是它涉及到政策制定权利的让渡，所以在政治上比较复杂。

2.（1）贸易转移=1 亿美元；（2）在线性供求曲线下，为抵消这 1 亿美元的损失，进口量的变化（ΔM）必须使贸易创造的收益等于 1 亿美元。结果增加的进口 ΔM=1 000 万美元。

第七章

1. 该国的经常项目余额为−990 亿美元。

2．交易（3）会导致经常项目的盈余，因为该项交易是 A 国的出口，记该国国际收支平衡表经常项目的贷方（+）。

第八章

1．（1）美元贬值；（2）美元贬值；（3）美元升值；（4）美元升值。

2．（1）金本位制属于长期不变的固定汇率制。

（2）在可调整的盯住汇率制下，可以改变或调整法定平价，因此比金本位制具有一定的灵活性。但确定新的平价后，各国仍然负有维持固定汇率的义务。

（3）在爬行盯住汇率制下，各国对法定平价可以进行连续地、小幅度地调整，因此又区别于可调整的盯住汇率制。

3．见下表：

美国的利率	英国的利率	即期汇率	远期汇率
10%	5%	2 美元/英镑	2.10 美元/英镑
8%	6 %	2 美元/英镑	2.04 美元/英镑
10%	10%	2.10 美元/英镑	2.10 美元/英镑
8 %	9%	2 美元/英镑	1.98 美元/英镑

4．（1）美元的贬值率是 0.05；

（2）比较期美国通货膨胀率和欧盟通货膨胀率之差是 5%。

第九章

1．首先，金本位制下各国的货币供给是由黄金或以黄金为基础的纸币构成的，对于逆差国来说，黄金外流就意味着货币供给减少；其次，上述调整的核心是货币供给的减少会引起国内价格水平的下降；最后，在满足马歇尔—勒纳条件的情况下，国内价格下降会带来净出口的增加，从而改善国际收支。

2．情况（1）对本币贬值并无影响，但本币贬值会使该国出口品的外币价格下降，进口品的本币价格上升；在情况（2）下，由于贬值引起的数量变动缺乏弹性，该国的货币贬值不能减少它的经常项目赤字。

3．同意。因为在本币升值后的数月内，汇率变化的价格效应要大于数量效应，因而本币升值使以外币表示的出口商品价格迅速上升，在短期内经常项目余额会得到改善。

4．同意。在固定汇率制下，货币供给是通过国际储备的流动来适应货币需求，从而使国际收支恢复均衡；而在浮动汇率制下，货币需求将通过汇率的变动来适应货币供给，从而消除国际收支失衡。

第十章

1．（1）紧缩的财政政策和紧缩的货币政策；

（2）紧缩的财政政策和扩张的货币政策；

（3）扩张的财政政策和扩张的货币政策；

（4）参照图 10-1 画图。

2．（1）支出紧缩政策和本币升值；

（2）支出扩张政策和本币升值；

（3）支出紧缩政策和本币贬值。

3．在固定汇率和资本完全流动的条件下，货币当局增加货币供给将使利率下降，导致资本外流；反之，货币当局减少货币供给将使利率上升，吸引资本流入，最终都使得一国的货币供给保持不变，货币政策失效。

4．（1）在浮动汇率制和资本完全流动的条件下，日本政府实施扩张性财政政策会导致日元升值和净进口的增加。由于日本是美国的重要进口国，因而带动了美国净出口的增加，这符合美国的利益（详细讨论请画图分析）。

（2）美国希望日本政府采取紧缩的货币政策，因为它会增加美国的净出口（详细讨论请画图分析）。

5．不同意。根据蒙代尔—弗莱明模型，只要资本的国际流动没有被完全禁止，即使是在浮动汇率下，一国的经济政策会通过收入机制和利率机制的作用影响到其他国家的经济条件，产生正的或负的溢出效应，从而提出了国际政策协调的必要性。

第十一章

1．各国实行外汇管制的一般目的都是为了减轻国际收支危机，稳定本国货币汇率。除此之外，发展中国家实行外汇管制的主要目的在于发展本国经济和解决外汇短缺的问题，即上述目的（1）和（4）。

2．外汇管制的目的是限制对外汇的过度需求。外汇管制会造成消费者剩余和生产者剩余的减少，导致整个国家的净福利损失。此外，外汇的需求者还可能以贿赂政府官员的方式得到外汇，或从非法外汇黑市以高于官方平价的价格得到外汇。

第十二章

1．（1）英镑的铸币平价为 1 盎司黄金=33.3 英镑；加拿大元的铸币平价为 1 盎司黄金=69 加拿大元；

（2）加拿大元/英镑的汇率=2.07 加拿大元/英镑。

2．该区域具备构成货币联盟的潜在条件。一般认为，构成货币联盟的潜在条件是：

（1）资源的自由流动（包括商品、劳动力和资本的自由流动）；

（2）经济体制和经济发展水平相近（例如，都是市场经济体制并且具有相近的经济增长速度、利率和通货膨胀率）；

（3）具有相同或者相似的文化背景。

3．在资本完全流动的条件下：

（1）在浮动汇率制下，国内货币供给的自发增加不会使国内收入发生变化，而在固定汇率制下则会使收入水平提高；

（2）在浮动汇率制下，外国资本突然大量流入不会使国内收入发生变化，而在固定汇率制下则会通过货币供给的增加使国内收入水平提高（详细变化过程请参考本章和第十章内容画图分析）。

第十三章

1．发达国家的工会通常反对本国对外投资，因为这降低了发达国家的资本—劳动比率，减少了工人的工资收入。

2. 外国资本的流入使得发展中国家的资本—劳动比率上升，提高了工人的工资水平，增加了就业量。

第十四章

1．提供净税收最多的应当是（2），他们的高平均工资使其可以交纳较多的税金。带来净税收最少的既可能是（1），也可能是（3），因为他们可能没有能力交税，但还要享受一定的社会福利。

2．这一观点对劳动力迁移者的情况缺乏具体分析，需要根据迁移者提供净税收的能力来考虑。如果迁移者提供的净税收大于其享受的社会福利，输出国的经济福利减少；反之则改善。

参 考 文 献

1．[美]保罗·克鲁格曼，茅瑞斯·奥伯斯菲尔德著．国际经济学．海闻等译．北京：中国人民大学出版社，2006

2．[美]Dvominick Svalvatore 著．国际经济学．朱宝宪等译．北京：清华大学出版社，2004

3．[美]托马斯·普戈尔，彼得·林德特著．国际经济学．李克宁等译．北京：经济科学出版社，2001

4．[美]丹尼斯·R·阿普尔亚德，小艾尔佛雷德·J·菲尔德著．国际经济学．龚敏等译．北京：机械工业出版社，2001

5．[美]保罗·克鲁格曼著．战略性贸易政策与新国际经济学．北京：中国人民大学出版社，2000

6．Grossman G. Imperfect Competition and International Trade．Cambridge: MIT Press，1985

7．[日]小岛清著．对外贸易论．周宝廉译．天津：南开大学出版社，1987

8．薛敬孝，佟家栋，李坤望．国际经济学．北京：高等教育出版社，2000

9．袁志刚，宋京．国际经济学．北京：高等教育出版社，上海：上海社会科学院出版社，2000

10．陈家勤．当代国际贸易新理论．北京：经济科学出版社，2000

11．华民．国际经济学．上海：复旦大学出版社，1998

12．姜波克．国际金融学．北京：高等教育出版社，1999

13．杨惠昶．国际经济学．长春：吉林大学出版社，2000